Michael Wolffsohn

EWIGE SCHULD?

Umschlag: Jorge Schmidt, München
Umschlagfotos: picture alliance
Innengestaltung und Satz: Sibylle Schug
Druck und Binden:
Friedrich Pustet GmbH & Co. KG, Regensburg
Printed in Germany
ISBN: 978-3-7844-3651-7
www.langenmueller.de

Michael Wolffsohn

EWIGE SCHULD?

75 Jahre deutsch-jüdisch-israelische Beziehungen

Dieses Buch widme ich meinem Freund und Kollegen Thomas Brechenmacher, dem einstigen Mitarbeiter und Schüler, der seinen Lehrer übertrifft. Das schönste Geschenk, das ein Lehrer bekommen kann.

Inhalt

LESEHINWEIS

Alle meine im Jahre 2023 der Erst- und Zweitfassung von 1988 und 1993 hinzugefügten Ergänzungen sind blau hervorgehoben. Auf diese Weise können die Leser Sinn oder Unsinn meiner damaligen Analysen, Bewertungen und Vorhersagen überprüfen. Ohne Kritik und Selbstkritik oder -korrektur demaskiert sich Wissenschaft als Popanz oder Propaganda.

Michael Wolffsohn, im Januar 2023

ESSAY

Antisemitismus: das alte, das neue und das persönliche Gespenst

Es gibt viele Theorien, Vermutungen und Analysen dazu, warum Antisemitismus entstanden ist und sich bis heute in den unterschiedlichsten Facetten hartnäckig hält. Doch keine von ihnen findet eine eindeutige Antwort auf die Frage. Auch ich habe keine Antwort – vielleicht ist es einfach nicht möglich, das Irrationale rational zu erklären. Trotzdem dürfen wir uns nicht damit zufriedengeben, sondern müssen uns weiter mit dem Antisemitismus beschäftigen – einerseits, indem wir seine religiösen, kulturellen, politischen und gesellschaftlichen Ursachen eruieren und seine aktuellen Ausprägungen auf der ganzen Welt betrachten. Andererseits, indem wir persönliche Erfahrungen, Biografien und Erlebnisse heranziehen. Denn durch sie lässt sich Antisemitismus nachempfinden. Das Wissen über Antisemitismus und die Empathie für dessen Leidtragende bilden die Basis, um ihn bekämpfen zu können. Deshalb möchte ich beide Betrachtungsweisen – die historische und meine ganz persönliche – im Folgenden vornehmen.

Im Judentum gibt es ein Fest, das Purim genannt wird. Es wird gefeiert, um an die Rettung der persischen Juden im 5. Jahrhundert vor Christus durch die Königin Ester zu erinnern. Laut Altem Testament wollte Haman, der höchste Regierungsbeamte des persischen Königs, damals alle Juden an einem Tag ermorden. Der Grund: Er war verärgert darüber, dass der Jude Mordechai sich nicht vor ihm verneigt hatte. Was danach geschah, wird im Alten Testament so beschrieben: »Und Haman sprach zum

König Ahasveros: Es gibt ein Volk, verstreut und abgesondert unter allen Völkern in allen Provinzen deines Königreichs, und ihr Gesetz ist anders als das aller Völker, und sie tun nicht nach des Königs Gesetzen. Es ziemt dem König nicht, sie gewähren zu lassen. Gefällt es dem König, so lasse er schreiben, dass man sie umbringe; so will ich zehntausend Zentner Silber darwägen in die Hand der Amtleute, dass man's bringe in die Schatzkammer des Königs.«

Ob diese Geschichte wirklich stattgefunden hat oder nicht, ist erst mal unwichtig. Tatsache ist, dass sie in den jüdischen Narrativen zweieinhalbtausend Jahre überlebt und dazu geführt hat, dass daraus ein Fest entstanden ist, das die Juden jedes Jahr feiern. Diese Geschichte ist entstanden, noch bevor Christen die Juden als Gottesmörder bezeichneten. Noch bevor die Kreuzfahrer bei ihrem ersten Kreuzzug im 11. Jahrhundert rheinländische Juden willkürlich ermordeten. Noch bevor Mohammed die jüdischen Stämme auf der arabischen Halbinsel zunächst versuchte anzuwerben, und sie dann, als sie sich weigerten, bis zur Vernichtung bekämpfen ließ.

Verachtung, Verfolgung, Ablehnung, Hass und Mord, Angst, aber auch Neid und Bewunderung: Juden leben seit Jahrtausenden als *die anderen* in den unterschiedlichsten Gesellschaften. Egal, in welchem Zeitalter und unter welchen Bedingungen sie lebten; egal, wie sich die Gesellschaft zusammensetzte; egal, was sie getan haben, welche Sprache sie sprachen, ob sie sich anpassten, ihre Namen änderten, reich waren oder arm, religiös oder säkular, sie waren immer die anderen und blieben es. Zudem waren sie diejenigen, die immer wieder für Krisen in der Welt verantwortlich gemacht und denen immer wieder Eigenschaften der Übermacht zugeschrieben wurden, wie heute beispielsweise die heimliche Kontrolle der Medien- und Finanzwelt, ja gar der gesamten Weltordnung.

Betrachtet man die lange Geschichte antisemitischer Taten, sieht man deutlich, dass es für die Ablehnung und den Hass keinen Anlass braucht. Nichts, was ein Jude macht, wird sie mildern. Sollen die Juden schuld daran gewesen sein, dass die Kreuzfahrer sie auf ihren Weg nach Jerusalem ermordeten? Wo soll die Schuld der jüdischen Opfer gelegen haben in dem koscheren Supermarkt in Paris, dem jüdischen Museum in Brüssel, der Synagoge in Kopenhagen oder in Toulouse, Malmö, Göteborg, Berlin? Überall wurden Menschen verletzt oder getötet. Begleitet wurden die Vorfälle von einem steigenden Gefühl der Unsicherheit und einem Gefühl der Hoffnungslosigkeit: schon wieder.

Was verbindet diese so unterschiedlichen Menschen, die an so unterschiedlichen Orten Opfer wurden, als allein die Tatsache, dass sie in den Augen der Täter als Juden wahrgenommen worden waren?

Auch der Täter, der im Oktober 2019 einen Anschlag auf die Synagoge von Halle verübte, hat sich nicht mit dem Judentum auseinandergesetzt, mit Juden Gespräche geführt und sich dann letztendlich für den Anschlag entschieden.

Diese Täter leben in einer Fantasiewelt. Weder Tatsachen noch gute oder schlechte Erfahrungen mit Juden oder gutes oder schlechtes Verhalten von Juden ändern etwas an ihrem Hass.

Auch Versuche, Antisemitismus durch bestimmte Eigenschaften, Persönlichkeitsstrukturen oder Verhaltensweisen von Juden zu begründen – ja, solche Versuche gibt es immer noch! – entbehren jeglicher Grundlage. Denn genauso wenig wie man Menschen pauschal bestimmte Persönlichkeitsstrukturen aufgrund ihrer Hautfarbe zuschreiben kann, gibt es *den* Juden.

Antisemitismus ist die Pathologie der Antisemiten. Und zwar ausschließlich.

Kommen wir nun zum Nahostkonflikt und meiner ganz persönlichen Geschichte.

Seit ich vor fast zwanzig Jahren als arabischer Israeli nach Deutschland kam, treffe ich hier sehr oft Menschen, die mir erklären wollen, welche Zustände in meiner Heimat Israel herrschen und warum meine Erfahrung und die daraus resultierende

Sichtweise auf das ganze Land und den Nahostkonflikt inkorrekt seien. Manchmal reicht es, beim Kennenlernen zu erwähnen, dass ich – ein Araber – aus Israel komme, um Leute dermaßen aufzuregen, dass sie hochemotional reagieren. Die Meinung der Menschen zum Thema Israel scheint so fixiert zu sein, dass die Toleranz für Ambiguität auf der Strecke bleibt. Doch nicht nur der Blick in meine Lebensgeschichte zeigt, wie komplex und fast einmalig die Herausforderungen im Nahostkonflikt sind.

Ich bin jetzt 46 Jahre alt. Meine ersten 28 Lebensjahre verbrachte ich im Zentrum des Nahostkonflikts. Ich war in diese Zustände hineingeboren worden und bin mit ihnen aufgewachsen. In meiner Kindheit verbrachten wir oft die Wochenenden in Gaza am Strand und unsere Einkäufe erledigten wir fast wöchentlich in den palästinensischen Gebieten.

Ich bin mit einem arabischen TV-Sender in der Region großgeworden, auf dem Israel als der Feind dargestellt wurde. Mein Großvater hatte auf der Seite der arabischen Streitkräfte gegen den neu gegründeten jüdischen Staat gekämpft. Bis zu seinem Tod war er stolz auf die Narbe, die eine israelische Patrone ihm zugefügt hatte. Damit konnte er »Allah beweisen«, dass er gegen die Juden gekämpft hatte, sagte er immer. Mein Vater trägt das Trauma des Unabhängigkeitskrieges tief in seiner Seele. Er ist 1946 geboren und musste die ersten drei Jahre seines Lebens viele Male mit seiner Mutter vor dem Krieg in die Berge fliehen. Bis heute bestimmen diese Erfahrungen in vieler Hinsicht sein Dasein.

Jüdische und arabische Israelis leben dicht an dicht und oft zusammen. Geboren wurde ich in Kfar-Saba, etwa 15 Kilometer nordöstlich von Tel-Aviv. Dieser Ort liegt unmittelbar an der grünen Linie des Westjordanlandes. Auf der Geburtenstation des lokalen Krankenhauses lag meine Mutter damals neben vielen jüdischen Müttern und wurde von jüdischen Ärzten und Krankenschwestern betreut. Mein Elternhaus lag 200 Meter Luftlinie entfernt vom nächsten jüdischen Dorf. Mein Vater arbeitete auf

Orangenplantagen. Sein Arbeitgeber war ein Jude, der uns häufiger besuchte. Er brachte immer köstliche Schokolade mit und diskutierte stundenlang leidenschaftlich mit meinem Vater über die Palästinenser und Israel. Sie waren nie derselben Meinung, aber sie akzeptierten einander.

Als ich mich im Alter von 13 islamistisch radikalisierte, verbrachte ich jede freie Minute in Jerusalem in der Al-Aqsa Moschee, und zwischen dem täglichen Beten und Falafelessen suchten wir arabischen Jugendlichen der Moschee-Gemeinde Reibung und Konflikt mit den israelischen Streitkräften vor Ort. Meine Schule absolvierte ich auf arabisch mitten in Israel und lernte dort als zweite Sprache auch Hebräisch.

Leid, Freude und Traumata, das alles gehört zu meinen Erinnerungen. Ich erinnere mich an die Schüsse im Jahr 1987 während der ersten Intifada, als wir beim wöchentlichen Einkaufen im Westjordanland waren. Soldaten sehe ich vor mir, wie sie 1991 Gasmasken an uns verteilten, und ich werde nicht vergessen, wie ich ein paar Wochen später mitten in der Nacht vom Heulen der Sirenen aus dem Schlaf gerissen wurde, als von Saddam Hussein geschickte Raketen um uns herum explodierten. Wir versteckten uns damals in abgedichteten Zimmern mit Gasmasken vor dem Gesicht.

Und es gibt eine andere Seite meiner Erinnerungen. Ich weiß noch, wie die Leute aus meinem Dorf auf den Straßen feierten, wie sie weinend jubelten, als der ehemalige israelische Ministerpräsident Yitzhak Rabin dem Präsidenten der Palästinensischen Autonomiebehörde Jassir Arafat die Hand gab, und auch dann wieder, als später das Oslo-Abkommen unterschrieben wurde. Dieselben arabischen Israelis zeigten sich schockiert und traurig, als Rabin im November 1995 wegen seiner Friedensbemühungen von einem rechtsradikalen Israeli umgebracht wurde. Arafat wählte ein paar Jahre später den Weg der Gewalt und richtete seine Sicherheitskräfte systematisch gegen genau jene Israelis, die ihn damals in Israel begrüßt hatten.

Nach meinem Schulabschluss studierte und arbeitete ich in Tel-Aviv. Unvergessen sind die vielen Checkpoints auf dem Weg zur Arbeit während der zweiten Intifada zwischen 2000 und 2004. Ich erinnere mich an Busse, die in die Luft gejagt wurden und an die Angst der Menschen.

Damals in Israel fuhr ich wie jeden Tag mit dem Auto von der Kleinstadt Tira, dem Wohnort meiner Eltern, in die Großstadt Tel Aviv, in der ich an einer Klinik als angehender Psychologe arbeitete. Plötzlich fiel mir auf, dass viele Menschen aus ihren Autos stürzten. Sie rannten in meine Richtung, an meinem Wagen vorbei. Ihre Gesichter waren von Angst verzerrt, erschüttert, entsetzt. Ein Attentat! Schockartig wurde mir klar, dass ich mitten in einen Anschlag geraten war. Um mich herum waren Menschen in Todesangst, die mich genauso erfasste.

Wieder hatte ein Palästinenser, getrieben von Hass und aufgepeitscht von Ideologie, es darauf abgesehen, Juden zu ermorden, die für ihn und sein Umfeld der Inbegriff des Übels der Welt waren. Dass in dem Korso der Autos auch Palästinenser fuhren, die ebenfalls Opfer des Anschlages wurden, war dem Täter oder den Tätern egal. Wer sich in der Nähe von Juden aufhielt, mit Juden arbeitete, sich mit ihnen anfreundete, der wurde auch zum Feind.

Dieser Tag liegt jetzt achtzehn Jahre zurück, und er ist mir immer noch sehr präsent. Denn er brachte eine Wende in mein Leben: In diesem Land der Verwerfungen, des Hasses und der Verfolgung Unschuldiger wollte ich nicht länger leben. »Ich will von hier weg!« war der Satz, gegen den ich nicht mehr ankam. Mit einem Stipendium für Deutschland, das mir meine israelischen Professoren an der Universität Tel Aviv ans Herz legten, kam ich nach Berlin, lernte Deutsch, setzte mein Studium fort.

Man könnte mir durchaus Naivität vorwerfen, dass ich geglaubt hatte, ausgerechnet in Deutschland würde ich Frieden finden vor der notorischen Ablehnung von Juden und allem Jüdischen, als ich Israel 2004 verließ. Ich hatte gehört, dass gerade in Deutschland die Vergangenheit aufgearbeitet, das Bewusstsein für Antisemitismus stark und der soziale Friede sicher seien. Doch ich erlebe hier und heute einen neuen Albtraum des Antisemitismus. Antisemitismus ist nicht wieder da – er ist noch immer hier, er wird lauter und aggressiver, in nahezu allen Milieus.

Eine der größten Herausforderungen im Kampf gegen Antisemitismus ist seine schillernde Erscheinung. Er trägt bekanntlich nicht mehr nur Glatze, Springerstiefel, nicht mehr nur salafistische Gewänder am Körper und Baseballschläger in der rechten Hand. Antisemitismus trägt Krawatte und Tweed-Sakko, Hosenanzug, Jeans, T-Shirt und Blaumann, Sommerkleid und Trainingsjacke. Er brodelt bei der Polizei, in Schulen, Banken und auf Baustellen und zeigt sich damit in seinem schwer zu packenden Ausmaß.

Auch und gerade an Hochschulen ist Antisemitismus – verkleidet als »Israelkritik« – intellektuelle Mode, indem durch fragwürdige postkolonialistische Theorien Israel gern zum Hauptakteur gemacht wird, der den Weltfrieden gefährde.

Die alten Zerrbilder wirken fort, welche Juden als Verkörperung des Bösen darstellen. Waren das früher wahlweise Kommunismus oder Kapitalismus oder auch Pest und Seuchen, nutzt man heute Labels wie »Establishment«, »Ostküste Amerikas«, »Zionisten« und »Israel«, um Ressentiments und fatalen Aberglauben auszudrücken. Antisemitismus traut sich wieder ans Licht. In Deutschland, Frankreich und vielen anderen westlichen Staaten wagen es immer mehr Menschen, offen auszusprechen, was sie über Jüdinnen und Juden, Israel und Zionismus »wissen«.

Wieso ist das auch in Deutschland möglich? Bei meiner Arbeit beachte und beobachte ich die Argumente, etwa, wenn ich mit jungen Leuten in Schulen und Berufsschulen diskutiere. Auffällig ist, wie wenig sie sich für das sichtbare und selbstbewusste jüdische Leben im Land interessieren. Ihre Phantasmen kommen aus dem Internet, mit dem realen Leben haben sie wenig Verbindung. Das scheint auch deshalb so, weil an dem Ort, an dem sie es kennenlernen, nämlich meist in der Schule, die Begriffe »Juden« und »Deutschland« fast durchweg von Opfernarrativen geprägt sind.

Zunehmend bemerke ich, wie ähnlich die Kommunikation von deutschen und islamistischen Antisemiten ist, wie sich antisemitische Inhalte ohne Gegenwehr verbreiten – und das trotz verschärfter Gesetze. Kaum jemals wird antisemitische Propaganda strafrechtlich konsequent verfolgt. Darstellungen in Texten und Karikaturen, die Israel als Aggressor markieren, Verschwörungstheorien und Denunziationen meines Landes sind zu einer regelrechten Online-Plage geworden. Auch die Bundeszentrale für politische Bildung versagt hier auf der ganzen Linie. Ohne Zweifel kann man sich bessere, sympathischere Staatschefs vorstellen als Benjamin Netanjahu. Aber woher kommt diese deutsche Besessenheit von der »Israelkritik«?

Vielleicht ist vor allem die vermessene Erwartungshaltung an die Übermoralität von Juden und des Staates Israel eine Hauptursache für die aktuelle Antihaltung großer Teile der deutschen Gesellschaft gegenüber Israel und jüdischen Menschen. Fälschlicherweise setzen sie sie pauschal mit Israel gleich. Mit der historischen Verantwortung gegenüber den Juden in der Welt haben diese Haltungen nichts zu tun.

Mir persönlich begegnet der Antisemitismus in meinem Job, in Schulen, in Asylheimen oder im Gefängnis. Dieser Hass agiert nicht leise, er versteckt sich nicht mehr, er ist selbstbewusst, deutlich und sichtbar geworden. Meine öffentlichen Statements zum Thema Israel und meine Arbeit im Bereich Antisemitismusbekämpfung haben dazu geführt, dass ich täglich bedroht, diffamiert und sogar des Öfteren auf der Straße angespuckt werde, mitten in Deutschland, hier in Berlin. Ich sei ein Zionist, ein Verräter, ein Agent des Mossads. Ein Rechtsradikaler, ein Onkel-Tom-Araber, der Gefallen finden will bei den Deutschen und bei den Juden. Angriffe, die keinesfalls nur von Palästinensern kommen, sondern und vor allem von Anhängern des linksextremen Spektrums.

Das heutige Israel ist irritierend. Es ist ein Land voller Gegensätze und Widersprüche. Es ist ein quicklebendiger, selbstbewusster Staat, der sich für seine Fortexistenz stark macht und proaktiv, auch militärisch, für seine Rechte kämpft. Das passt nicht in den Rahmen der Opfer-Erzählung. Autonome, kreative Israelis, jüdische und muslimische Staatsangehörige, die ihr Leben meistern, mehr oder minder erfolgreich, wie viele andere auch – all das passt nicht zum Opferlamm, das man bemitleiden und neben dem man sich großzügig fühlen kann. Weil Israels Selbstbehauptung provoziert, weil das alltägliche, selbstbewusste jüdische Leben provoziert, so scheint mir, fühlen sich Europäer – insbesondere Deutsche – zu Israels Feinden in der arabischen Welt hingezogen. Dieser antisemitische Magnetismus gipfelt in der grotesken Phrase, Israelis seien »die neuen Nazis«. Fassungslos höre ich als Psychologe, als israelischer Araber und historisch aufgeklärter Moslem, wie Europäer heute solche Sätze sagen. Und viel schlimmer noch: höchstwahrscheinlich auch daran glauben.

Sich gegen Feinde mit manifesten Auslöschungsfantasien zu verteidigen und dabei Stärke, Autonomie und Selbstvertrauen zu signalisieren, das sind legitime Bedürfnisse des Jüdischen Volkes, resultierend aus einer Geschichte der Pogrome und Verfolgungen, die im Holocaust kulminierte. Dies zutiefst zu verstehen, als israelischer Palästinenser, als Araber, als Muslim und als Mensch, der die Menschenrechte achtet, verstehe ich als meine Pflicht. Als deutscher Staatsbürger übernehme ich Verantwortung, indem ich mich der Aufklärung und dem Kampf gegen jeglichen Antisemitismus widme, egal ob dieser im Namen Allahs, der Kirche, der BDS-Bewegung, im Namen von Neonazis, der AfD oder aus der Mitte der Gesellschaft geschieht. Israel »Apartheid« vorzuwerfen ist historisch wie faktisch schlicht falsch. Mehr noch: Die einzig echte Demokratie im gesamten Nahen Osten einseitig als Täternation darzustellen ist sogar fatal und liefert Rechten und Antisemiten verbale Munition auf dem

Silbertablett. Solch irregeleiteten Narrativen muss – vor allem in Deutschland – entschieden entgegengetreten werden.

Die Gegenwart befindet sich nicht in einem Kampf zwischen Religionen oder »Kulturen«. Es ist kein Wettstreit zwischen Juden, Muslimen und Christen. Es ist ein Kampf zwischen Demokraten und Antidemokraten. Auf der einen Seite stehen Rechtsradikale, Neonazis, Antisemiten, Islamisten, Linksradikale, patriarchalische Autoritäten und Ultranationalisten. Auf der anderen Seite stehen Demokraten, Grundgesetzpatrioten – Menschen, die für Frieden, Menschenwürde und Freiheit einstehen.

Ich hoffe, dass die Beschäftigung mit den Inhalten dieses Buches dazu beiträgt, die Demokratie zu stärken und Antisemitismus zu reduzieren. Zum Abschluss möchte ich betonen, dass es mir – gerade vor dem Hintergrund meiner Biografie – eine riesige Ehre ist, das Vorwort für dieses Buch schreiben zu dürfen. Ich hoffe, dass meine Geschichte vielen Menschen als Beispiel dafür dient, dass es möglich ist, sich von extremistischen Ideologien zu befreien und antisemitische Vorurteile abzubauen. Wenn ich mich verändern konnte, können andere das auch!

Ahmad Mansour,
Berlin, im Januar 2023

VORWORTE

Vorwort 1988

Dieses Buch mag den deutschen, den jüdischen oder israelischen Leser bisweilen verletzen, es möchte ihn aber vor allem veranlassen, vertraute Vorstellungen über die Vergangenheit, Gegenwart und Zukunft des deutsch-jüdisch-israelischen Verhältnisses zu prüfen und vielleicht zu ändern.

Innerhalb dieses Verhältnisses zeichnet sich durchaus Neues und Erfreuliches ab: eine Entwicklung, die – von Politikern und Ideologen noch nicht wahrgenommen – auf der Ebene des Alltagshandelns zu mehr Selbstverständlichkeit, zur Entkrampfung im Umgang miteinander führen kann. Dies bietet die Gelegenheit, alte Interpretationsmuster zu untersuchen und daraus für die Gestaltung der Zukunft zu lernen.

Das Sortiment der historisch-politischen Platten in Bezug auf deutsch-jüdisch-israelische Themen soll erweitert werden, damit nicht nur altbekannte neu aufgelegt werden.

Das zarte Pflänzchen des damals Neuen und Erfreulichen, die Möglichkeit einer Entkrampfung, hat sich nicht durchgesetzt, die alten Platten wurden weiter aufgelegt. Aus Überdruss und Trotz wendet sich das Publikum ab. Antijüdischer sowie antizionistischer Extremismus von rechts und links, nicht zuletzt auch islamischer Extremismus ist seit den 1990er-Jahren im Vormarsch. Nicht zu vergessen: Der »gute alte Rischess«, sprich: der diskriminatorische, nicht liquidatorische Antisemitismus der »Feinen Leute« (oder derer, die sich dafür halten), lebt. Wieder oder immer noch? Sichtbarer als zuvor jedenfalls. Ergo: Mehr Verkrampfung, allerdings mehrdimensional.

Die Gegenüberstellung von Deutschen und Juden ist ein Begriffskürzel, das zu Mißverständnissen führen könnte. Es wurde gewählt, um die sprachlichen Ungetüme »nichtjüdische Deutsche« und »jüdische Deutsche« zu vermeiden. Wie Kapitel X/2 allerdings zeigt, kennzeichnet für viele Juden, die in der Bundesrepublik Deutschland leben, der begriffliche Gegensatz von Deutschen und Juden ihr Selbstverständnis.

Die üblichen deutsch-jüdisch-israelischen Rituale der Schuldzuweisung, -zurückweisung oder -bekenntnisse werden in diesem Buch nicht vollzogen. Aufgrund meiner jüdisch-israelischen Herkunft, der Gnade meiner Geburt, und meiner vornehmlich in der Bundesrepublik Deutschland gesammelten, positiven Lebenserfahrungen wegen habe ich diese Rituale nicht nötig. Meine Umwelt war stets sowohl jüdisch-israelisch als auch nichtjüdisch-bundesdeutsch. Ich kenne beide Seiten und kann weder die eine noch die andere nur preisen oder nur anklagen. Im Gegenteil, ich schätze beide Seiten, und die Ketten, die Deutsche, Juden und Israelis verbinden und gleichzeitig schmerzen, spüre auch ich, weil ich mit allen drei Seiten verbunden bin: den Deutschen, den Israelis und den Diasporajuden.

Ich bin etwas, das es seit 1933 kaum noch gibt: ein in Israel geborener deutsch-jüdischer Patriot, genauer: ein bundesdeutsch-jüdischer Patriot, zu dessen deutschem Wir-Gefühl die DDR oder die ehemals deutschen Ostgebiete nicht gehören. Ein deutsch-jüdischer Patriot ist im Grunde genommen ein wandelnder Anachronismus, und er gefällt weder den ganz Rechten noch den ganz Linken.

Das Bindestrich-Adjektiv »kosmopolitisch-westlich« und »Israel stark verbunden« hätte ich schon damals hinzufügen und bei »deutsch-jüdische« auf den Bindestrich verzichten sollen, um die die Unauflöslichkeit beider in mir hinzuweisen: Also: »Ein in Israel geborener, mit Israel stark verbundener, kosmopolitisch-westlich deutschjüdischer Patriot«. Zugegeben: Sperrig, aber genauer. Da die meisten Menschen in Schubladen denken und Vereinfachungen lieben, müssen bedauerlicherweise mehrere gleichzeitig geöffnet werden. Gegensteuern tut not.

Konzentrieren wollen wir uns auf die Entwicklung der bundesdeutsch-israelischen Beziehungen seit der Errichtung dieser beiden fast gleich jungen Staaten. Am 14. Mai 1948 verkündete David Ben-Gurion die Unabhängigkeit Israels. Durch die Anwendung des jüdischen Mondkalenders fiel der vierzigste Jahrestag auf den 21. April 1988; Anlaß genug, nicht nur die Aufbauarbeit des jüdischen Staates zu würdigen, sondern auch die Höhen und Tiefen zwischen Bonn und Jerusalem zu skizzieren. Glück gehabt, 1988. Einen Tag nach »Führers Geburtstag«. Auch wenn zufällig, lohnt es, über mögliche Inhalte der Zahlensymbolik nachzudenken. Eine in die Einzelheiten gehende Darstellung der deutsch-israelisch-jüdischen Beziehungen ist hier nicht beabsichtigt; vielmehr sei der Versuch unternommen, zeithistorisch-politische Skizzen mit Essays zu verbinden, einen Interpretationsrahmen zu liefern.

Wir betrachten den Wald, weniger die Bäume. Freilich setzt die Beschreibung des Waldes genaue Kenntnisse der Bäume voraus, und diese Kenntnisse glaube und hoffe ich durch jahrelange Studien der Quellen und des Themas erworben zu haben.

Ermöglicht wurde diese Arbeit vor allem durch die großzügige Förderung meines Forschungsvorhabens »Deutsch-Israelische Beziehungen« durch die »Stiftung Volkswagenwerk«.

Eine quellengesättigte, in die Einzelheiten gehende und vornehmlich für die interessierte Fachwelt bestimmte Gesamtdarstellung des Themas ist zu einem späteren Zeitpunkt vorgesehen, wissenschaftliche Einzelstudien liegen bereits vor. In den Literaturhinweisen sind diese Veröffentlichungen erwähnt.

München, im Februar 1988

Vorwort
zur fünften Auflage 1993

EWIGE SCHULD? ist in Bezug auf das Wir-Gefühl ein Buch der alten Bundesrepublik Deutschland – wie sie bis zum Fall der Mauer bestand. Das gilt auch für die Mauer in meinem eigenen Kopf. Wer allgemein für die Selbstbestimmung ist, kann und darf sie den Deutschen nicht verweigern. Deshalb gehören inzwischen auch die Neuen Bundesländer zu meinem deutsch-jüdisch-patriotischen Wir-Gefühl, wenngleich die politische Geografie Neudeutschlands uns manche Unerfreulichkeit beschert hat. Jeder weiß: Dort spukt noch mehr Altdeutsches als in der Alt-BRD. Vorsicht, die Statistik zeigt Allgemeines auf der Makroebene, auf der Mikroebene verbietet sich jede Verallgemeinerung.

In EWIGE SCHULD? werden allgemeine Grundgegebenheiten (»Strukturen«) geschildert, die auch heute noch weitgehend gelten. Sie sind auf alle Fälle noch wirksam, denn Strukturen können nicht von heute auf morgen verändert werden.

Ergänzen ließen sich viele Ereignisse und Entwicklungen seit 1988. Weil aber 1988 zugleich das Ende der altbundesdeutschen Epoche war, soll EWIGE SCHULD? als Buch jener Epoche wiedererscheinen. Die Ausstrahlungen in die Zeit nach der Vereinigung mag jeder selbst prüfen.

München, im Januar 1993

Vorwort 2023
zur (selbst)kritisch-aktualisierten Neuauflage nach 35 Jahren

Selbstverliebte Selbstbespiegelung oder Selbstkritik? Diese Frage stellt sich, wenn man die Chuzpe besitzt, das eigene, erstmals vor 35 Jahren veröffentlichte Buch der Öffentlichkeit erneut zuzumuten. Zu meiner Rechtfertigung: Nicht ich selbst habe die Idee hierzu ausgebrütet. Freunde und Verleger haben mich seit 1988 wiederholt gefragt, ob ich »ein Buch wie EWIGE SCHULD heute genauso schriebe wie damals«. Pauschal konnte, kann und will ich diese Frage nicht beantworten. Nur im Detail. Deshalb diese aktualisierte Neuauflage. Vorsicht, Ironie: Besonders freundlich und hartnäckig hat mich hierzu Michael Fleissner ermuntert und ermutigt. Ihn trifft daher diese, wie ich finde, verzeihliche »Schuld«, während ich »meine Hände in Unschuld wasche«.

Aus zwei Gründen wage ich mit dem deutsch-jüdisch-israelischen Thema den neuerlichen Schritt in die buchlesende Öffentlichkeit. Mich reizt Selbstkritik, sie schreckt mich nicht ab. Sie zeigt einem nämlich, bar jeder auch sich täuschenden Taktik, ob, wo, wie und warum man sein Denken und Fühlen verändert hat.

Jenseits dieser Privatangelegenheit, des sowohl persönlichen als auch wissenschaftlich rationalen Abenteuers, ist das deutsch-jüdisch-israelische Thema eine immer noch und immer wieder und vielleicht mehr denn je umstrittene und polarisierende res publica, also eine öffentliche Angelegenheit. Ein Seismograph.

Die geneigten Leser mögen mir deshalb dieses Buch verzeihen. Vielleicht, hoffentlich, verbessert es sogar hier und dort etwas.

Sowohl im privaten als auch im öffentlichen Bereich. Die Hoffnung stirbt bekanntlich zuletzt, wenngleich (bei mir) Ernüchterung (altersbedingt?) vorherrscht. Mein früherer Optimismus ist verflogen. Weniger altersbedingt, behaupte ich, als vielmehr durch die nüchterne Analyse von Demografie und Ideologie in der neudeutschen Gesellschaft.

Mea culpa 1. Ich gestehe (m)einen Fehler. Ich hätte seinerzeit vor allem die Belegstellen aus den bundesdeutschen, israelischen, US-amerikanischen, britischen und französischen Primärquellen zitieren sollen, verzichtete jedoch (wie auch jetzt) darauf, weil sich dieses Buch eben nicht nur an die Fachwelt im Elfenbeinturm richtet. Wer die Echtheit im Sinne von Belegbarkeit der hier getroffenen Tatsachenaussagen bezweifelt, kann die Primärquellen im Archiv der Heidelberger Hochschule für Jüdische Studien nachprüfen. Alle meine deutsch-jüdisch-israelische Themen betreffenden Unterlagen habe ich jenem Archiv überlassen. Um freundliche Hintergedanken zu entkräften: kostenlos.

Mea culpa 2: Noch eine zweite Schuld habe ich auf mich geladen. Den Begriff »Geschichtspolitik« habe ich in der ersten Auflage, 1988, ins deutsche Vokabular eingepflanzt. Mein von mir sehr und vielen anderen weniger geschätzter Bonner Kollege Konrad Repgen fand diesen Begriff ganz schrecklich. Er bat, ich möge ihn »zurücknehmen«. Zu spät, unmöglich und warum? Längst gehört »Geschichtspolitik« zum etablierten Wort»schatz« im neudeutschen Sprachraum. Das Eingepflanzte hat sich fortgepflanzt. Neugedachtes braucht und erbringt neue Begriffe. Vielleicht ist das meine »Ewige Schuld«?

München, im Januar 2023

I.

OHNE HITLER KEIN ISRAEL?

ZUR HISTORISCHEN EINORDNUNG DER STAATSGRÜNDUNG

»Ohne Hitler kein Israel! Ohne den Holocaust an den Juden gäbe es keinen Staat der Juden!« Immer wieder hört man diese Behauptung, und sogar der wahrlich unverdächtige Sebastian Haffner wiederholt sie in seinen »Anmerkungen zu Hitler« mehrfach; ja, der einstige Präsident des Jüdischen Weltkongresses, Nahum Goldmann, verkündete nicht selten: »Ohne Auschwitz kein Israel!« Andere, gegen den altdeutsch-braunen Bazillus nicht Immunisierte, tragen diese These aus ganz anderen Gründen ebenfalls gerne vor.

Aber auch durch ständige Wiederholung wird die Behauptung nicht richtig, bleibt sie Legende. Der Mörder der Juden war nicht der Geburtshelfer des jüdischen Staates.

Doch nicht genug mit der einen Legende: Zu hören ist ebenfalls, daß es ohne die Rolle der einstigen Mandatsmacht über Palästina, also Großbritanniens, dann der Vereinigten Staaten von Amerika und auch der Sowjetunion »niemals« zur Gründung Israels am 14. Mai 1948 gekommen wäre. Eine merkwürdige Koalition scheint sich, diesen Legenden zufolge, zugunsten der Zionisten gebildet zu haben; eine Koalition, in der es kaum einer mit ihnen gut meinte, aber jeder offenbar gut machte: Hitler und Himmler, Chamberlain und Churchill, Attlee und Bevin, Roosevelt und Truman, nicht zuletzt Stalin. In der Tat, eine Groteske; eine Groteske, die Hitler einen Platz einräumt, der ihm weder historisch noch moralisch gebührt.

Über Hitlers Verhältnis zu den Juden erübrigt sich jedes Wort. Das im Sommer 1933 mit den Zionisten geschlossene »Transferabkommen«, das Juden die Ausreise nach Palästina gestattete, sollte ihm helfen, das »arische« deutsche Volk »judenrein« zu machen, das Judengeld als Preis der Auswanderung zu behalten, ohne sich durch tausendfache Judenmorde schon so früh sichtbar beschmutzen zu müssen. Hitler, auch das Auswärtige Amt und das Reichswirtschaftsministerium, erhofften sich außerdem ein Aufpolieren des deutschen Ansehens, das durch den am 1. April 1933 organisierten Boykott jüdischer Geschäfte gelitten hatte.

Das bessere Deutschlandbild sollte gleichzeitig psychologische Exportbarrieren im Ausland abbauen. Überzeugt von der »Allmacht des Weltjudentums« wollte Hitler den im westlichen Ausland von Juden und Nichtjuden begonnenen Gegenboykott entschärfen.

Die Zionisten schlossen diesen Pakt mit dem Teufel aus zwei Gründen: Erstens sollte den verfolgten Juden und zweitens dem zionistischen Aufbauwerk in Palästina durch den nun gestatteten Kapitalimport der auswandernden Juden geholfen werden.

Das Abkommen, das bis 1937 recht gut und danach bis 1939 eher schlecht als recht funktionierte, blieb in den Reihen der zionistischen Bewegung stets umstritten. Bemerkenswerterweise wurde dieses Abkommen von den linken Mehrheitszionisten geschlossen, die schon damals von David Ben-Gurion geführt wurden. Die rechtszionistische Opposition der »Revisionisten« hat es von Anfang an kritisiert, jede Zusammenarbeit mit Hitler abgelehnt und einen Boykott des nationalsozialistischen Deutschland gefordert – eine bis in die 50er-Jahre folgenreiche Tatsache. Als nämlich die Regierung Ben-Gurions im Januar 1952 bereit war, mit dem Rechtsnachfolger des Deutschen Reiches, mit der Bundesrepublik Deutschland, über die Wiedergutmachung zu verhandeln, wurde ihm von Menachem Begin vorgeworfen, »wie damals« einen Pakt mit dem deutschen Teufel schließen zu wollen.

Das Transferabkommen des Jahres 1933 verhinderte nicht den Holocaust, die millionenfache Vernichtung von Juden, vor allem von osteuropäischen Juden, die stets weitaus mehr zionistische Begeisterung gezeigt hatten als ihre assimilierten Glaubensbrüder in Westeuropa und Amerika.

Genau hier stoßen wir ins Herz der »Ohne-Hitler-kein-Israel«-Legende: Der Holocaust, so heißt es, habe den Zionismus im Judentum überhaupt erst mehrheitsfähig gemacht, ihm den politischen Rechtfertigungsschub gebracht. Ohne den Holocaust wäre der Zionismus eine bekämpfte Minderheit innerhalb der jüdischen Gemeinschaften der Diaspora geblieben. Der Holocaust, so schrecklich er für die Opfer gewesen sei, habe den Überlebenden, vor allem den Zionisten, geholfen; die zionistische Führung um Ben-Gurion hätte den Holocaust zunächst verschwiegen, als er spätestens im November 1942 in Palästina sowie im westlichen Ausland bekannt war, nichts gegen ihn unternommen, um diese Katastrophe als Beleg für die Richtigkeit zionistischer Warnungen vor den Gefahren des Antisemitismus propagandistisch ausnutzen zu können, heißt es weiter. Hierüber brach Mitte der 80er-Jahre in Israel ein heftiger »Historikerstreit« aus. Die tatsächlichen und vermeintlichen Funktionen des Holocaust in der israelischen und jüdischen Geschichtspolitik werden wir im dritten Kapitel ausführlicher erörtern.

Doch sollten die zionistischen Politiker tatsächlich nicht nur so zynisch, sondern auch so dumm gewesen sein, einfach zuzusehen, wie ihr größtes »Menschenreservoir«, die »Ostjuden«, vernichtet wurde, um dann mit den überlebenden westlichen Juden einen zionistisch verwässerten Staat aufzubauen? Die zionistische Führung in Palästina stammte zudem, wie Ben-Gurion, selbst aus Osteuropa, hatte dort Verwandte und Freunde. Weder politisch noch menschlich sind die Vorwürfe Ben-Gurion und seinen zionistischen Mitstreitern gegenüber stichhaltig.

Hier und da gab es unmittelbar nach der »Machtergreifung« Zionisten, auch deutsche, wie zum Beispiel Kurt Blumenfeld, der im April 1933 meinte, daß durch die antisemitische Politik des nationalsozialistischen Regimes die sonst dem Zionismus gegenüber eher distanzierten deutschen Glaubensbrüder für die jüdische Nationalbewegung gewonnen werden könnten. Er sah seinen Irrtum bald danach ein, erkannte, daß der Nationalsozialismus kein Instrument für, sondern letztlich nur gegen Juden sei, Zionisten wie Nichtzionisten.

Der deutsche Nationalsozialismus wurde im Allgemeinen schon sehr bald von der zionistischen Rechten und Linken als das erkannt, was er tatsächlich war: eine für Juden höchst gefährliche

Bedrohung. Wie tödlich diese Bedrohung war, wurde tatsächlich vergleichsweise spät und zögernd, in der Breite Ende 1942, erkannt.

Nach dem Holocaust hätte die Welt zur Gründung eines jüdischen Staates nicht mehr »nein« sagen können, behauptet die Legende weiter. Tatsache ist, daß die Welt auch nach 1945 zunächst durchaus noch »nein« gesagt hat. Vor allem Großbritannien, die Mandatsmacht in Palästina, sagte »nein«. Mehr noch: Sie hielt die Tore Palästinas für die einwanderungswilligen Juden, Überlebende des Holocaust, verschlossen, um sich das Wohlwollen der Araber zu erhalten und um in Palästina später einen arabischen Staat zu gründen, keinen jüdischen.

Zu seiner Rechtfertigung und als Beweis seiner Notwendigkeit benötigte der Zionismus den Holocaust jedenfalls nicht, denn schon seit den Zeiten der Propheten war das jüdische Geschichtsverständnis von der Annahme bestimmt, Diaspora und Judenverfolgungen seien zwei Seiten derselben Medaille, die Geschichte der Juden sei die Geschichte ihrer Verfolgungen. So gesehen ist das Problem der Einzigartigkeit des Holocaust, ist der »Historikerstreit« in Deutschland, für einen traditionsbewußten Juden ebenso unjüdisch wie »unhistorisch«. Für ihn ist der Holocaust ein keineswegs einzigartiger Teil der langen Leidensgeschichte seines Volkes.

Die Grundannahme des Zionismus, daß es immer und überall Judenverfolgungen gäbe, bedeutete daher lediglich eine im späten neunzehnten Jahrhundert entwickelte, modern-verweltlichte Variante des jahrtausendealten jüdischen Welt- und Geschichtsbildes. Sie war zwischen den sonst keineswegs einigen weltlich orientierten Zionisten und den jüdisch-religiösen Traditionalisten auch nicht umstritten. Umstritten waren – und blieben auch nach dem Holocaust – die Schlußfolgerungen, die Juden aus dieser Tatsache zogen: Nur die Minderheit, ob religiös oder nicht, wollte – und will – wegen der Judenverfolgungen in den jüdischen Staat ziehen. Die meisten nichtreligiösen, assimilierten

Juden hielten den Antisemitismus nicht für lebensgefährlich und wollten keinen jüdischen Staat; weder als inhaltliche noch örtliche Alternative. Die religiösen bekämpften den Zionismus, weil er in »Gottes Werk«, das heißt in die Geschichte der Juden, also in die Heilsgeschichte, eingriffe.

Die Legende »Ohne Hitler kein Israel« übersieht zudem die grundlegende Tatsache, daß der Zionismus schon vor Hitler in Palästina durchaus aktiv war und seit 1929 immer stärker wurde. Gewiß, der große Einwanderungsstrom setzte erst 1933 ein, doch es kamen damals weit mehr polnische als deutsche Juden. Von den rund 217 000 jüdischen Einwanderern, die zwischen 1932 und 1938 in Palästina eintrafen, stammten 47 Prozent aus Polen und nur 18 Prozent aus Deutschland. Die Juden Polens waren seit der wiedererlangten Unabhängigkeit ihrer Heimat ständigen Drangsalierungen ausgesetzt; man machte sie für die zahlreichen Schwierigkeiten des alt-neuen Staates mitverantwortlich. Viele Juden flohen nach Palästina, weil seit Anfang der 20er-Jahre die Tore der USA verschlossen waren.

Wichtiger noch: Diesen polnischen Juden, von denen viele mit den oppositionellen Rechtszionisten, den »Revisionisten« Jabotinskys, sympathisierten oder ab 1937 dessen militärischem Arm »Etzel« angehörten, stand schon in den beiden Jahrzehnten vor dem Holocaust das Wasser bis zum Hals. Die antijüdische Militanz in Polen nahm ständig zu und schuf damit bei vielen Juden die innere Bereitschaft, selbst gewalttätiger zu werden. Die jüdischen Einwanderer aus Polen waren entschlossen, in Palästina mehr als nur eine jüdische »Heimstätte« (wie von den Engländern 1917 versprochen) oder ein jüdisches »Gemeinwesen« aufzubauen (was die stets gemäßigteren Mehrheitszionisten erst 1942 forderten). Sie strebten einen jüdischen Staat an; mit allen Mitteln, auch mit offensiver Gewalt. Die politisch-militärische Infrastruktur der kleinen jüdischen Gemeinschaft, die bereits vor Hitler in Palästina lebte oder die ohne sein Zutun ins Land eingewandert war, verfolgte dieses Ziel unbeirrt. Unter der Führung Menachem Begins schlug die Stunde der Ungeduldigen und Militanteren 1944 in der »Rebellion« gegen die britische Mandatsmacht.

Wenn man außerdem die Entstehung des israelischen Staates in den welthistorischen Zusammenhang der Entkolonialisierung teilt, vermag man kaum einzusehen, weswegen gerade diese hochmoderne, zu allem entschlossene zionistische Gemeinschaft »ohne Hitler« weniger Bereitschaft zum Kampf um ihre Unabhängigkeit gezeigt haben sollte als die Bevölkerung vieler Kolonien.

Man könnte dieser These entgegenhalten, daß es »ohne Hitler«, also ohne den von ihm ausgelösten Zweiten Weltkrieg, keine Entkolonialisierung und daher auch keinen jüdischen Staat gegeben hätte. Diese Gegenthese übersieht freilich, daß die Entkolonialisierung lange vor Hitler begonnen hatte. Man könnte sie mit der Unabhängigkeit der USA im Jahre 1776 beginnen lassen oder mit der Selbständigkeit der lateinamerikanischen Kolonien im ersten Drittel des neunzehnten Jahrhunderts. Ein Beispiel für diese Entwicklung im ausgehenden neunzehnten Jahrhundert ist die wichtigste Kolonie Großbritanniens, Indien, wo sich die Kongreßpartei 1885 formierte. Die Zionistische Weltorganisation wurde annähernd gleichzeitig – 1897 – gegründet, nachdem 1882 bereits eine wenngleich sehr begrenzte Zahl von jüdischen Pionieren nach Palästina gekommen war. Den Zweiten Weltkrieg (und Hitler) können wir deshalb nur als unfreiwilligen »großen Beschleuniger« einer Entwicklung bezeichnen, die schon längst begonnen hatte.

Gegen die Umwandlung Palästinas in die 1917 versprochene jüdische Heimstätte stemmte sich die britische Mandatsmacht in den späten 30er-Jahren immer mehr; dagegen organisierten die zionistischen Gruppierungen den politischen und militärischen Widerstand. Dies bedeutet: Der antibritische Kampf der Zionisten um die Unabhängigkeit wurde durch den Holocaust unterbrochen, nicht aber gefördert.

1944, als sich der Sieg der Alliierten über Hitler, doch keine Kurskorrektur der proarabischen Politik Großbritanniens abzeichnete, verkündete Menachem Begins »Etzel« die »Rebellion« gegen die britische Mandatsmacht. Für einen eher politisch-diplomatischen, doch notfalls auch gewaltsamen Kampf gegen Großbritannien entschied sich Ben-Gurion, der in dieser Auseinandersetzung auf die USA setzte.

Bis 1947 hatten die Gründer Israels schließlich die Briten aus Palästina im wahrsten Sinne des Wortes hinausgebombt, dabei jedoch weitgehend nur militärische Ziele und Soldaten angegriffen, keine Zivilisten. Im Februar 1947 warf die britische Regierung das Handtuch und übergab das von ihr nicht gelöste Problem den Vereinten Nationen.

Die UNO-Vollversammlung stimmte dann am 29. November 1947 für die Teilung Palästinas in je einen jüdischen und einen arabischen Staat.

Wie so oft in der Geschichte Israels rankt sich auch um diese Entscheidung eine Legende: die Legende vom Gewicht dieser Abstimmung, bei der das schlechte Gewissen der meisten Staaten gewiß eine Rolle gespielt haben dürfte. Sie wußten, wie wenig sie seinerzeit zur Rettung der vom Nationalsozialismus bedrohten Juden getan hatten. Die Abstimmung in der UNO-Vollversammlung hat die Gründung Israels jedoch lediglich völkerrechtlich legitimiert. Es kann kein Zweifel daran bestehen, daß der jüdische Staat eher früher als später auch ohne die UNO errichtet worden wäre. Die tatsächliche Entscheidung war in Palästina gefallen, als die Engländer aufgaben, das heißt im Februar 1947.

Und wie verhielten sich die USA, auf die Israels Staatsgründer Ben-Gurion setzte? Auch sie hatten den Holocaust an den Juden nicht ohne moralische Blessuren, zumindest nicht ohne Kratzer, überstanden. Geradezu einladend hatte man sich gegenüber jüdischen Flüchtlingen aus dem Machtbereich der Nationalsozialisten ebenfalls nicht verhalten. Besonders erschütternd war die Zurückweisung des mit deutschen Juden vollbesetzten Schiffes

»St. Louis« im Mai 1939. Als kein Staat bereit war, die Flüchtlinge aufzunehmen, kehrte die »St. Louis« nach Europa zurück, die Juden gingen nach Frankreich, Holland, Belgien und Großbritannien. Nur hier blieb ihnen der Weg in die Gaskammern nach 1940 erspart.

Das Drängen jüdischer und zionistischer Bittsteller, Auschwitz und die übrigen Vernichtungslager oder zumindest die Zufahrtswege zu diesem innersten Kreis der nationalsozialistischen Hölle zu bombardieren, war von der Roosevelt-Administration zurückgewiesen worden – mit keineswegs überzeugenden Argumenten. »Wiedergutmachung« in Form einer aktiven Unterstützung der Gründung eines jüdischen Staates wäre dennoch nicht unangebracht gewesen – wollte man moralisch »nach und wegen Hitler« argumentieren.

Darüber hinaus bestand in den USA eine aktive »zionistische Lobby«, und die regierende Demokratische Partei von Präsident Roosevelt, dann Truman, stützte sich seit den dreißiger Jahren nicht zuletzt auf das jüdische Wählerreservoir.

Trotzdem ließ die amerikanische Unterstützung aus der Sicht der Zionisten zu wünschen übrig. Der angeblich von jüdischen Wählerstimmen so abhängige Präsident Roosevelt hatte noch kurz vor seinem Tode, im Februar 1945, dem saudi-arabischen König Ibn Saud gegenüber viel Verständnis für die Haltung der Araber in Palästina bekundet. Ohne die Araber zu befragen, versprach er, würde seine Regierung nichts in Bezug auf Palästina unternehmen. Saudi-Arabien war nämlich die erste wirkliche politisch-wirtschaftliche Bastion der USA im Nahen Osten – und die wollte der US-Präsident ausbauen.

Roosevelts Nachfolger Truman wollte sich zunächst nicht in der Palästina-Frage mit der englischen Regierung anlegen, tat es dann aber doch, als Umfragen ein ungünstiges Abschneiden der Demokraten bei den Kongreßwahlen des Jahres 1946 vorhersagten. Trumans prozionistische Wende vom Oktober 1946 – er verlangte von der britischen Regierung, für einhunderttausend

Juden unverzüglich die Einwanderungssperre nach Palästina aufzuheben – sowie seine Befürwortung der Teilung Palästinas und der damit verbundenen Errichtung eines jüdischen Staates blieb im Weißen Haus keineswegs unumstritten; das State Department sowie das Pentagon lehnten sie ab, ja, bekämpften sie. Erfolgreich waren diese beiden Ministerien, als sie Ende 1947 ein amerikanisches Waffenembargo über den Nahen Osten erzwangen, das in erster Linie Israel traf. Sie konnten sich im Frühjahr 1948 erneut durchsetzen, als die Truman-Administration ihre im November getroffene Entscheidung zugunsten der Teilung Palästinas zurücknahm und für eine UNO-Treuhandschaft in diesem Gebiet eintrat. Aber Ben-Gurion und seine Anhänger waren entschlossen, die Unabhängigkeit Israels sofort nach dem Rückzug der Briten, am 14. Mai 1948, zu verkünden. Lediglich das US-Waffenembargo traf die Israelis hart.

Indes, ein anderer Lieferant bot sich an: die Sowjetunion. Mit ihren Waffen konnte Israel seine Existenz im Unabhängigkeitskrieg 1948/49 retten. Einen Tag nach der Unabhängigkeitserklärung, also am 15. Mai 1948, hatten die arabischen Nachbarstaaten Israels versucht, das Rad der Geschichte zurückzudrehen und den jüdischen Staat zu zerstören.

Seit dem Frühjahr 1947 war die prozionistische, später proisraelische Politik der Sowjetunion erkennbar geworden. Sie überraschte viele – vor allem die Zionisten, die seit Jahrzehnten nur an härteste Kritik aus Moskau gewöhnt waren. Zionismus, so die traditionelle Lesart der Kommunistischen Partei der UdSSR, sei bürgerlich-reaktionär.

Begründet wurde die plötzliche prozionistische Politik der UdSSR unter anderem mit dem Holocaust: Nach allem, was den Juden von Hitler angetan worden sei, könne man ihnen den ersehnten Staat nicht mehr verweigern. Das klang schön und moralisch, verdeckte aber die tatsächlichen Motive.

Moskaus Wende war durch den sich anbahnenden Rückzug Londons aus Palästina bedingt. In das entstehende politische

Vakuum hoffte die Sowjetunion eindringen zu können; dies blieb eine Fehlkalkulation, denn trotz ihrer mehrheitlich sozialistischen Weltanschauung lehnten es die Gründungsväter Israels ab, für Moskau die Funktion eines nahöstlichen Sprungbrettes zu übernehmen.

Die Israelpolitik hatte Stalin in eine heikle innenpolitische Situation manövriert, die er zunächst offenbar übersehen hatte: Hilfe für die jüdische Nationalbewegung im Nahen Osten und für den jungen jüdischen Staat entfachte bei den sowjetischen Juden Zionsbegeisterung und verstärkte 1947/48 die jüdisch-sowjetische Eigenidentität. Eine derartige nationale Wiedergeburt innerhalb einer »Volksgruppe« bedeutete Gefahr für das delikate Gleichgewicht der gesamten sowjetischen Nationalitätenpolitik.

Deshalb steuerte Stalin bereits im Winter 1948/49 gegen, indem er zionistische Aktivisten in der UdSSR verhaften ließ, was das sowjetisch-israelische Verhältnis trübte und seit Anfang der 50er-Jahre vergiftete. Im Februar 1953, kurz vor Stalins Tod, brach die Sowjetunion die diplomatischen Beziehungen zu Israel ab.

Israel ist in erster Linie durch die politische, wirtschaftliche, gesellschaftliche und militärische Leistung seiner Gründer errichtet worden. Natürlich hatten sie dabei Partner, aber – und darauf kommt es an – diese Partner wechselten, waren nicht zuverlässig. Einer war freilich gewiß nicht ihr Partner, weder subjektiv noch objektiv: Adolf Hitler.

Dies zu behaupten, hieße den Verlauf der Geschichte umdrehen, denn schon vor dem Holocaust befand sich Israel auf dem Weg zur Staatsgründung. Die – ungewollte – Funktion einer solchen Geschichtsklitterung liegt darin, daß Hitler damit auf einem Teilgebiet entlastet wird; keineswegs nur von Ewig-Gestrigen, die ihren »Führer« reinwaschen wollen, sondern von völlig unverdächtigen Kronzeugen wie Nahum Goldmann, dem britischen Oberrabbiner Jakobovits oder Sebastian Haffner.

Ende der 70er und Anfang der 80er-Jahre wurde in der Bundesrepublik Deutschland die »Ohne-Hitler-kein-Israel«-Legende um eine bemerkenswerte Variante erweitert. Sie gilt als salonfähig, weil sie nicht zuletzt von Bundeskanzler Helmut Schmidt wiederholt vorgetragen wurde: Ohne Hitler kein Israel, wegen Israel das Flüchtlingsleid der Palästinenser und daher die indirekte deutsche Mitverantwortung am Los der Palästinenser und die Notwendigkeit einer zumindest politischen »Wiedergutmachung« Deutschlands an den Palästinensern durch die Befürwortung ihres Rechtes auf Selbstbestimmung und Staatlichkeit.

Über die Berechtigung dieses Rechtes wurde unter anderem 1981 zwischen Kanzler Schmidt und Ministerpräsident Begin gestritten. Nicht gestritten werden kann jedoch über die Tatsache, daß Deutschland am Leid der Palästinenser unschuldig ist und Israels Mitverantwortung an eben diesem Leid nicht mit der deutsch-jüdischen Geschichte zusammenhängt.

Die Anhänger dieser »indirekten Mitverantwortung« Deutschlands begeben sich mit diesem fragwürdigen historischen Rückgriff wissend oder unwissend auf schlüpfrigem Boden, der zur direkten Verantwortung zurückführt: Von 1936 bis 1943 arbeitete nämlich die Palästinensische Nationalbewegung unter Amin el-Husseini mit Adolf Hitler zusammen und bot Hilfe bei der »Endlösung« an. Damit machte sich Deutschland noch mehr und direkt an den Juden schuldig; von einer deutschen Schuld an den Palästinensern kann keine Rede sein. Die Palästinenser waren nicht Opfer, sondern Komplizen der Täter – aus politisch verständlichen Gründen, die ihre Schuld erklären, jedoch nicht tilgen.

Gemeinsam mit irakischen Nationalisten hatte Amin el-Husseini im Irak 1941 einen antibritischen, von Hitler-Deutschland unterstützten, Aufstand angezettelt, der niedergeschlagen wurde. Kurz danach rächten sich Einheimische durch ein Pogrom an irakischen Juden. Britische Soldaten standen Gewehr bei Fuß, um die Iraker nicht noch mehr zu »provozieren«. Husseini floh nach Deutschland. Im November 1941 wurde er von Hitler empfangen. Danach mobilisierte Husseini in Bosnien und Herzegowina Muslime für die Waffen-SS.

Auch mit arabischen Untergrundaktivisten, zum Beispiel den »Freien Offizieren« Ägyptens, wie Gamal Abdel Nasser, arbeitete Hitler-Deutschland von Anfang an bis zum Zusammenbruch von Rommels Afrikakorps 1942/43 im Zweiten Weltkrieg gegen die Briten zusammen. Nach 1945 fanden NS-Raketenspezialisten sowie hochgestellte Nationalsozialisten in Ägypten sowohl bis 1952 in der Monarchie als auch unter den NS-freien Offizieren, die sich 1952 an die Macht geputscht hatten, Unterschlupf. Wie zuvor sollten »die« Juden bekämpft werden, diesmal im jüdischen Staat. Ähnlich gastfreundlich war man auch in Syrien.

Diese ergänzenden Fakten sind für die sogenannte deutsche Erinnerungs»kultur« von größter Bedeutung. Die bisherige und inzwischen mehr denn je versteinte orientiert sich demografiehistorisch und -politisch irrigerweise an der Vorstellung, die heute in Deutschland Lebenden wären die direkten Nachfahren der damaligen Deutschen. Falsch, total falsch angesichts der Tatsache, dass heute rund ein Viertel aller Deutschen einen Migrationshintergrund aus der Zeit nach 1945 hat. Millionen stammen aus der islamischen Welt. Kaum jemand erwähnt jemals beim Gedenken an die NS-Verbrechen jene deutsch-islamischen Gemeinsamkeiten. Deshalb ist Muslimen in Deutschland nicht vorzuwerfen, wenn sie im Zusammenhang mit dem Dritten Reich »Geht mich nichts an« sagen. Wer in Deutschland »Gegen das Vergessen« wettert (und damit eigentlich »gegen das Verdrängen und Verherrlichen der NS-Megaverbrechen« meint), muss aufgrund jener historischen Verbindungen die Fakten erst einmal vermitteln, bevor sie »vergessen«, verdrängt oder gar verherrlicht werden könnten. Das geschieht bislang nicht. Kein Wunder, dass deutsches Erinnern zunehmend kenntnislos wird. Von »Kultur« ganz zu schweigen.

Meine Literaturempfehlung hierzu: Dan Diners 2021 erschienene Studie über »Das jüdische Palästina im Zweiten Weltkrieg«. Er ist, soweit ich sehe, der einzige Autor, der, wie hier skizziert, die universalhistorischen Zusammenhänge dieses Teilthemas erkennt und vor allem im Schlusskapitel, auf den Seiten 292f., benennt. Der finale Satz: Die jüdischen »Überlebenden und Flüchtlinge, dem politischen Zionismus meist fremd oder agnostisch eingestellt, waren nach dem Geschehen des Holocaust allein von dem Wunsch beseelt, unter Juden zu leben«.

Fazit: Ja, auch ohne Hitler beziehungsweise »Endlösung der Judenfrage« gäbe es, welthistorisch betrachtet, Israel als jüdische Wiedergeburt. Ja, ohne Zionismus kein Israel, doch glühende Zionisten waren nur Israels Staatsgründer, nicht die Mehrheit der Staatsbürger. Zionismus musste (und wurde) ihnen, so der selbstironische hebräisch-israelische Ausdruck, in den ersten Jahrzehnten der Staatsexistenz »eingehämmert«. Der Idealismus des Zionismus hatte Konjunktur. Bis 1973/74, also bis zum Jom-Kippur-Krieg und dessen Nachwehen. Dem Idealismus folgte der Hedonismus, besonders in der urbanen Metropolregion Tel Aviv.

II.

ETAPPEN DEUTSCH-JÜDISCH-ISRAELISCHER GESCHICHTSPOLITIK

Israels Existenz ist ein Störfaktor der deutschen Außenpolitik, der deutschen Politik schlechthin. Sie konfrontiert nämlich die Deutschen nicht nur mit ihrer nationalen, sondern vor allem mit ihrer nationalsozialistischen Geschichte. Normale, das heißt pragmatisch bestimmte staatliche Interessenpolitik wird im Heute durch das gegenwärtige, nicht vergehende Gestern erschwert, manchmal sogar unmöglich.

Die Politik von Staaten unterscheidet sich auch hinsichtlich ihrer Beziehung zur eigenen Vergangenheit: Sie kann versuchen, die Geschichte nicht zu beachten und sich an den Interessen der eigenen Gegenwart orientieren – wir nennen das im folgenden Tagespolitik; sie kann aber auch ihre geschichtliche Erfahrung ihrem Handeln voraussetzen, sich mit diesem Handeln auf die eigene Geschichte beziehen – wir sprechen dann von Geschichtspolitik. Diese Beziehung auf die Geschichte wird innen- und außenpolitisch wirksam, sie bestimmt die Selbstdarstellung und Identität eines Staates sowie seiner Bürger wesentlich mit.

Obwohl die NS-deutsche Schuldgeschichte inzwischen weiter zurückliegt, hat diese Aussage an Aktualität und Allgemeingültigkeit nichts verloren – sofern man »Israel« durch »die politisch-instrumentellen Nachwirkungen des NS-Regimes auf Bundesdeutschland« ersetzt. Man denke an die wiederholten Reparationsforderungen an Deutschland aus Griechenland oder Polen, die Diskussion über Raubkunst, »Cancel Culture« (Kultur?) und viele, viele andere Beispiele. Wenn Druck auf Deutschland ausgeübt werden soll, bleiben »Hitler-Oberlippen-Bürsten« auf dem Gesicht deutscher Kanzler (männlich ebenso wie weiblich) besonders beliebt. Aufmerksamen Beobachtern wird nicht entgangen sein, dass es in der jüdischen Welt solche Geschmacklosigkeiten längst nicht mehr gibt. Umgekehrt und bezogen auf Israel sind im neuen Deutschland NS-Vergleiche weit oben auf der Hitliste. Populär ist diese Aussage:

»Die israelische Armee benimmt sich im besetzten Westjordanland wie einst Hitlers Wehrmacht.« Es lebe der Unterschied. Wer hört da nicht den christlichen Patriarchen von Jerusalem aus Lessings »Nathan der Weise«? »Tut nichts! Der Jude wird verbrannt.«

Ausgerechnet Israel gegenüber hat sich die deutsche Außenpolitik – abgesehen von Betroffenheitsvokabular und Kranzniederlegungen in der Jerusalemer Holocaust-Gedenkstätte Jad Waschem dieses Störfaktors weitgehend entledigt. Nicht zuletzt die deutsche Beteiligung an antiisraelischen UN-Abstimmungen bezeugt diese Entwicklung.

1.
Wiedergutmachung, 1949–1953/55

In den ersten Jahren bundesdeutscher Existenz war diese Begegnung mit der Vergangenheit durch Entschädigung und Wiedergutmachung finanzpolitisch eine Bürde, doch außenpolitisch verlieh sie dem neuen (West-)Deutschland Würde. Das Ansehen der jungen Republik und ihres Kanzlers stieg nicht zuletzt deswegen, weil die Wiedergutmachung freiwillig und ohne amerikanischen Druck geleistet wurde.

Die US-Drucklosigkeit hatte ich auch in diversen wissenschaftlichen Aufsätzen dokumentiert. Unverdrossen versuchten Kollegen, den Gegenbeweis anzutreten. Bis heute sehe ich keinen überzeugenden. Es bleibt dabei: Spätestens seit Ausbruch des Koreakrieges hatten die USA zwar nichts gegen bundesdeutsche Wiedergutmachung an Juden und Israel, aber die (Wieder-)Bewaffnung (West-)Deutschlands war ihnen weltpolitisch, strategisch erheblich wichtiger. Realpolitik versus Moralpolitik. Jene obsiegte. So ist das Leben, der Mensch.

Die Aufnahme der Bundesrepublik Deutschland in die feine Gesellschaft der westlichen Staaten in den 50er-Jahren war eine Folge des Kalten Krieges, nicht das Ergebnis der Wiedergutmachung an Israel und den Juden. Obwohl also keine Eintrittskarte, erleichterte die Bereitschaft zur Sühne diesen Eintritt zumindest atmosphärisch.

Die Bundesrepublik Deutschland betrat den Salon der internationalen Gemeinschaft keineswegs im gebückten Gang oder im Büßergewand. Betrachten wir den geschichts- und israelpolitischen Aspekt ihres Eintritts kurz: Im Januar und März 1951 hatte die israelische Regierung die vier Siegermächte wissen lassen, daß sie von Deutschland, West ebenso wie Ost, materielle Wiedergutmachung verlange. Direkte Verhandlungen mit den Deutschen lehnte sie ab. Die Sowjetunion reagierte offiziell gar nicht, und die Westmächte verwiesen Jerusalem auf Bonn, das erst aufgewertet und dann aufgerüstet werden sollte; eine geschichtspolitische Provokation des Westens Israel gegenüber. Auch in den folgenden zwei Jahren, bis zur Ratifizierung des Wiedergutmachungsabkommens durch den Bundestag am 18. März 1953, konnte die Bundesregierung erhobenen Hauptes den Israelis und Diasporajuden entgegentreten, denn Interesse und Einsatz der westlichen Regierungen, der Medien und der Öffentlichkeit blieben vor, während und nach den schwierigen Verhandlungen äußerst gering. Vor und nach dem Israel-Vertrag war Westdeutschlands Ansehen so gut, benötigte der Westen das neue Deutschland so sehr, daß es der Wiedergutmachung nicht bedurfte, um gesellschaftsfähig zu werden. Geschichtslegenden, genährt von einer seltsamen Koalition aus deutschen und arabischen Gegnern der Wiedergutmachung sowie israelischen und einigen diasporajüdischen Historikern, behaupten das Gegenteil: Ihnen zufolge hätten besonders die USA Druck auf Bonn ausgeübt. Doch davon kann keine Rede sein. Washington wußte, daß Westdeutschlands Wiederbewaffnung und die Wiedergutmachung viel Geld kosten würden; Geld, das Bonn möglicherweise nicht aufbringen könnte und das die USA schließlich zahlen müssten. Das wollten die Amerikaner verhindern. Wiederbewaffnung und Wiedergutmachung, schien es, waren nicht möglich; die Wiederbewaffnung hielten die USA für wichtiger und deswegen bremsten sie das israelisch-jüdische Wiedergutmachungsdrängen.

Um das für den Aufbau des Staates dringend benötigte Geld trotzdem zu erhalten, mußte Jerusalem dem Willen der Westmächte entsprechen und sich direkt an Bonn wenden.

Als Bedingung für öffentliche und direkte deutsch-israelische Kontakte beharrte Ben-Gurions Regierung auf einem öffentlichen Schuldbekenntnis des Bundeskanzlers. Mehr noch: Er sollte sich in Bezug auf den Holocaust zur Kollektivschuld der Deutschen bekennen. Das Schuldbekenntnis des bundesdeutschen Regierungschefs erfolgte am 27. September 1951 vor dem Bundestag. Von deutscher Kollektivschuld war darin jedoch nicht die Rede.

Um jedes Wort dieser als Adenauer-Initiative verpackten Erklärung hatten Israelis und Deutsche zuvor wochenlang hinter den Kulissen gerungen, und stets hatte sich der Kanzler geweigert, eine deutsche Kollektivschuld anzuerkennen oder gar zu erwähnen. Er setzte sich durch.

Massive und zum Teil polemische Kritik an der Wiedergutmachung kam weniger aus den Reihen der parlamentarischen Opposition als vielmehr aus der Regierungskoalition, denn die SPD-Fraktion im Bundestag unterstützte den Kanzler hierbei vorbehaltlos. CSU, FDP und Deutsche Partei (DP) jedoch zeigten sich mehr als nur reserviert. Besonders wurde auf die begrenzte wirtschaftliche Leistungsfähigkeit der neuen Westrepublik hingewiesen: Tagespolitik, nicht Geschichtspolitik bestimmte die Diskussion. Wiedergutmachung und Wiederbewaffnung und die Bezahlung der fälligen Auslandsschulden könne man nicht leisten; die Wiederbewaffnung und das Begleichen der Auslandsschulden, so Finanzminister Schäffer (CSU) Anfang 1952 im Kabinett, hätten Priorität und seien außenpolitisch ebenfalls erwünscht. Sein Parteifreund Franz Josef Strauß, die spätere CSU-

Ikone, wurde im Auftrag von Kanzler Adenauer durch seinen außenpolitischen Frontmann Herbert Blankenhorn regelrecht in den politischen Schwitzkasten genommen.

Man konnte also gegen die Wiedergutmachung polemisieren und stand trotzdem auf der historischen Sonnenseite. Im Zeichen des Kalten Krieges befürworteten die historisch unbelasteten Westmächte Westdeutschlands Wiederaufrüstung, und außerdem sahen sie das Geld der Westdeutschen lieber in der eigenen Staatskasse als im israelischen Säckel; das gaben sie unumwunden zu, den Deutschen und den Israelis gegenüber. Als sich Israels Ministerpräsident Ben-Gurion im Frühjahr 1951 darüber beklagte, daß es den Deutschen, dem Volk der Täter, bessergehe als den Israelis, dem Volk der Opfer, entgegnete ihm der Leiter der Deutschlandabteilung im amerikanischen Außenministerium unbeeindruckt: »Das sind unsere Prioritäten.«

Wir sollten die Argumente der Wiedergutmachungsgegner ausführlicher wiedergeben, um Adenauers Leistung besser einordnen zu können. Bundesjustizminister Dehler (FDP) war es ebenso wie Fritz Schäffer gelungen, in brauner Zeit eine weiße Weste zu behalten. Trotzdem (oder gerade deswegen?) hegte er seine Zweifel über eine Bevorzugung der Juden und Israels bei der Wiedergutmachung; sie müsse »allen Wünschen Rechnung« tragen, jüdischen ebenso wie nichtjüdischen. Man könne beispielsweise einen Bauern, der von den Nationalsozialisten enteignet und durch »Arisierung« entschädigt wurde, nicht dadurch bestrafen, daß man ihm nun das einst jüdische Eigentum im Rahmen der Wiedergutmachung entwende, erklärte er am 26. Februar 1952 im Kabinett.

In seiner Ablehnung der Wiedergutmachung entwickelte Finanzminister Schäffer ebensoviel Phantasie wie mangelndes politisches Fingerspitzengefühl: Da für eine Wiedergutmachung an Israel ohnehin keine Haushaltsmittel zur Verfügung stünden, käme nur eine internationale Dollaranleihe in Frage, eröffnete er am 7. März 1952 Franz Böhm (CDU), dem späteren Leiter der deutschen Delegation bei den Verhandlungen über eine Wiedergutmachung an Israel. Böhm war ein energischer, kämpferischer Befürworter der Wiedergutmachung. Die Aussichten für eine solche Anleihe beurteilte Schäffer als »nicht schlecht«. Die »amerikanischen Juden würden zur Zeit durch Druckmittel aller Art ganz ungewöhnlich stark zu ›freiwilligen Leistungen‹ für den Aufbau des Staates Israel herangezogen. Diese Kreise würden wahrscheinlich geneigt sein, eine der Bundesrepublik zum Zweck der Wiedergutmachungsleistungen an Israel zu gewährende Anleihe zu zeichnen, um auf diese Weise ihre Inanspruchnahme durch Israel zu limitieren.«

Zunehmend verkamen die geschichtspolitischen Motive zu rein finanzpolitischem Schachern. Hermann Josef Abs, Bonns Delegationsleiter bei den Verhandlungen über die Auslandsschulden, erklärte am 5. April 1952 in Anwesenheit des Bundeskanzlers, »den Israelen (!) müsse klargemacht werden, daß ... nicht mehr als zehn bis fünfzehn Millionen Dollar« jährlich in Frage kämen, »und nicht, wie sie erwarteten, zweihundert Millionen. Die Härte der Enttäuschung werde nur herausgeschoben, aber niemals aufgehoben werden können«.

Vizekanzler Blücher (FDP) befürwortete Wiedergutmachung an Einzelpersonen, nicht am Staat Israel. »Nur für das jüdische Problem« sei bei den bestehenden Forderungen mit zehn Milliarden Mark zu rechnen. Ohne Inflation könne man die auf Westdeutschland zukommenden Ausgaben, von denen die Wiedergutmachung eben nur eine (und für ihn keinesfalls die wichtigste) war, nicht leisten, behauptete er am 20. Mai 1952 im Kabinett. Er sah bereits die »Gefahr eines neuen Antisemitismus« am politischen Horizont aufziehen. Blücher betrachtete also die Wiedergutmachung nicht als Sühne für, sondern als neuen Auslöser von Antisemitismus, und ähnlich argumentierte Finanzminister Schäffer auf der Kabinettssitzung am 17. Juni 1952.

Die bundesdeutschen Umfragen, besonders die heftige Ablehnung der Wiedergutmachung durch die Anhänger der damals eher deutschnationalen FDP, lassen vermuten, daß sich Blücher auf seine eigene politische Klientel bezog. Während 44 Prozent der Bundesdeutschen die Wiedergutmachung für »überflüssig« hielten, vertraten 57 Prozent der FDP-Anhänger diese Auffassung.

An seine eigene Hausmacht dachte auch Verkehrsminister Seebohm (Deutsche Partei, später CDU). Dessen Ja-Aber war eine Mischung aus Weltpolitik, Kirchturmpolitik, Vertriebenenpolitik, Antikommunismus, Sühnebereitschaft, Rücksichtnahme auf die eigene Gruppe sowie Empfindungslosigkeit gegenüber fremden Völkern; vor allem aber war es handfeste Realpolitik. Der aus dem Sudetenland stammende Verkehrsminister befürwortete in einem Brief an Böhm im Mai 1952 grundsätzlich die »Notwendigkeit deutscher ausreichender Wiedergutmachungsleistungen an die Judenschaft in der Welt, zu der auch der Staat Israel, aber ebenso andere jüdische Mitmenschen und Vereinigungen gehören«. Er versprach sogar, dies mit aller »zur Verfügung stehenden Kraft« zu vertreten, hielt allerdings »die Erfüllung einer solchen sittlichen Pflicht« nur dann für gerechtfertigt, »wenn dadurch nicht anderen Menschen dafür Opfer ähnlicher Art (was er wohl damit meinte? M.W.) auferlegt werden ... So steht also für mich die Frage der Erfüllungsmöglichkeit der deutschen Verpflichtung gegenüber der Judenschaft in engem Zusammenhang mit der Aufgabe, unser Volk und damit Europa gegen ein weiteres Vordringen bolschewistisch-asiatischer Tendenz zu sichern. Dort, wo diese Aufgabe in ihrer Erfüllung bedroht ist, endet zur Zeit auch die moralische Verpflichtung jeder Wiedergutmachung.« Das hieß im Klartext: Wiederbewaffnung statt Wiedergutmachung.

Der Verknüpfung mit seinem allgemeinpolitischen Ziel folgte das Interesse des Vertriebenenpolitikers: »Wenn ich jederzeit bereit bin, die sittliche Wiedergutmachungspflicht gegenüber der Judenschaft anzuerkennen, so kann ich das nur tun, wenn auch die übrigen Kräfte in der Welt bereit sind, ihre sittliche Wiedergutmachungspflicht gegenüber den deutschen Heimatvertriebenen zu erfüllen ... Für mich stehen die Freiheit, die Würde des Menschen und das Recht auf Heimat absolut gleichwertig nebeneinander ... Wer einen Menschen in diesen Rechten kränkt oder sie ihm gar nimmt, begeht das schwerste Verbrechen, das überhaupt begangen werden kann ..., und es ist gleichgültig, ob am Ende eines Raubes die Auslöschung der physischen Existenz steht, auf die es nicht so ankommt, wie auf den Willen, diese unbedingten Voraussetzungen unbedingten Menschentums für einen Menschen oder eine Gruppe von Menschen zu vernichten. Die Methoden, die seitens der nationalsozialistischen Führung gegen die Juden angewandt wurden und die wir alle auf das erbittertste verurteilen, stehen deshalb durchaus den Methoden zur Seite, die gegen die deutschen Heimatvertriebenen angewandt worden sind.« Seebohm setzt Holocaust und Vertreibung gleich, die Leiden werden gegeneinander abgewogen und so rhetorisch das eine durch das andere entschärft.

Mit nur fünf gegen vier Stimmen billigte das Kabinett am 11. Juli 1952 den Betrag von 500 Millionen Mark für die verschiedenen, in der »Claims Conference« zusammengefaßten diasporajüdischen Organisationen. Außer Schäffer opponierten Bundesratsminister Heinrich Hellwege (Deutsche Partei), Justizminister Dehler (FDP) und der Minister für Gesamtdeutsche Fragen, Jakob Kaiser (CDU-Sozialausschüsse, also linke CDU).

Adenauer versuchte, die Wiedergutmachungsskeptiker und -gegner, also die Opposition innerhalb der Regierung, mit moralischen und nicht zuletzt auch mit wirtschaftspolitischen Überlegungen zu überzeugen: Die Juden der Welt, besonders die amerikanischen Juden, verfügten über großen wirtschaftlichen Einfluß; ihr Wohlwollen käme auch der deutschen Exportwirtschaft zugute. In den Kabinettsprotokollen und in den Aufzeichnungen über die entscheidenden Sitzungen der jeweiligen Bonner Runden ist dieser Hinweis immer wieder zu finden.

Als Finanzminister Schäffer (CSU) den Kanzler im Kabinett am 17. Juni 1952 darauf hinwies, daß die Wiedergutmachungspolitik unpopulär sei und die Union Wählerstimmen kosten könnte, überhörte Adenauer diese innenpolitische Warnung und erörterte außenpolitische Fragen, zum Beispiel Wiedergutmachungs-Erwartungen der USA, die allerdings viel zurückhaltender geäußert worden waren, als sie vom Kanzler aufgenommen wurden.

Daß die Wiedergutmachung tatsächlich außerordentlich unbeliebt war, ist durch Umfragen belegt; nur 11 Prozent der Bundesbürger befürworteten sie, knapp die Hälfte lehnte sie ab. Das fügt sich jedoch zu einem Gesamtbild, wenn man berücksichtigt, daß damals noch rund 10 Prozent der Westdeutschen Hitler für einen bedeutenden Staatsmann hielten.

Adenauer nahm innenpolitische Risiken auf sich, zu denen er außenpolitisch keineswegs gedrängt wurde; demütigen oder pauschal verurteilen lassen wollte er freilich weder die Deutschen noch sich selbst. Eine Mischung aus Sühnebereitschaft und Selbstbewußtsein kennzeichnete seine Geschichtspolitik gegenüber Israel und den Juden. Das zeigt beispielsweise sein Auftreten kurz vor der Unterzeichnung des »Luxemburger Abkommens« über die Wiedergutmachung. Ursprünglich war vorgesehen, daß nach der Unterzeichnung Ansprachen gehalten werden sollten. Am Vorabend erhielt der Kanzler den Text der Rede, die Israels Außenminister Scharett zu halten gedachte. Adenauer fand sie, so sein Intimus Blankenhorn, zu »alttestamentarisch«. Der Kanzler verlangte Änderungen, die akzeptiert wurden; schließlich einigte man sich trotzdem darauf, überhaupt keine Reden zu halten.

Nahostpolitische Balanceakte wegen des bevorstehenden Israel-Vertrages zu vollführen, hielt das Kabinett noch am 22. August 1952 nicht für notwendig. Wiedergutmachungsgegner und -befürworter waren sich einig, daß eine »Spende für die arabischen Flüchtlinge aus Palästina« »unzeitgemäß« sei. Doch eine Woche später erhob Vizekanzler Blücher (FDP) in Anwesenheit Adenauers »schwere Bedenken wegen der Rückwirkung des Vertrages auf die arabischen Staaten«.

Die gleichen Bedenken äußerten die Vertreter der Koalitionsfraktionen von Brentano (CDU/CSU), Schäfer (FDP) und Merkatz (Deutsche Partei) auf der entscheidenden Sitzung des Bundeskabinetts am 8. September 1952, zwei Tage vor der geplanten Unterzeichnung.

Adenauer – und Staatssekretär Hallstein vom Auswärtigen Amt – schoben diese Bedenken beiseite, und schließlich stimmte außer Finanzminister Schäffer (CSU) nur noch Arbeitsminister Storch (CDU-Sozialausschüsse) gegen das Wiedergutmachungsabkommen.

Nein, versöhnungsunwillig oder gar antisemitisch waren die regierungsinternen Gegner des Wiedergutmachungsabkommens nicht. Sie opponierten manchmal durchaus heftig und nicht selten historisch unsensibel, wilhelminisch-polternd, zumindest germanozentrisch. Man denke nur an Seebohms Gleichsetzung von Vertreibung und Holocaust und Blüchers Forderung nach Wiedergutmachung auch für »Nichtarier«. Ernsthafte Zweifel an der Durchführbarkeit, vor allem an der Finanzierbarkeit, der Absichten des Kanzlers standen im Mittelpunkt dieser Kritik. Daß Adenauer die finanzpolitischen Probleme außer Acht gelassen hatte, war seine Stärke und Schwäche zugleich. Der Wortführer der Opposition gegen die Wiedergutmachung, Fritz Schäffer (CSU), vermied jedwede proarabische Liebedienerei zugunsten der traditionellen deutsch-arabischen Freundschaft. Seine Mitopponenten waren hierbei nicht so konsequent, und nach der Unterzeichnung des Abkommens versuchte Bonn, guten arabischen Willen durch Wirtschaftshilfen zu erkaufen.

Die arabischen Staaten, die seit Oktober 1952 alle Hebel in Bewegung setzten, um die Ratifizierung des Luxemburger Abkommens durch den Bundestag zu verhindern, ordneten Adenauers Selbstbewußtsein historisch falsch ein; sie vermuteten dahinter altdeutschen antiwestlichen Trotz. Sie glaubten außerdem (wie viele Deutsche damals und heute), daß Adenauer nur aufgrund amerikanischen Drucks Wiedergutmachung an Israel leisten wollte. Ihre Delegation, die Bonn damals besuchte, erinnerte daher hinter den Kulissen an deutsch-arabische Gemeinsamkeiten der inzwischen politisch falschen Art: an den gemeinsam gegen den Westen verlorenen Zweiten Weltkrieg, an gemeinsame antijüdische Ressentiments, die nur angedeutet wurden, doch unmißverständlich waren.

Die internen Berichte darüber, wie Staatssekretär Hallstein vom Auswärtigen Amt im Auftrag von Bundeskanzler (und Außenminister) Adenauer dieser Abordnung die Tür wies, sind unmißverständlich und dokumentieren die selbstgezogenen Grenzen der frühen bundesdeutschen Nahostpolitik; sie dokumentieren zugleich die ersten israelpolitisch bedingten Probleme bundesdeutscher Außenpolitik.

2. Zwischen Geschichts- und Tagespolitik, 1955–1965

Im Mai 1955 wurde die Bundesrepublik Deutschland souverän, die Verflechtung von Geschichts- und Alltagspolitik wurde bis zur Aufnahme diplomatischer Beziehungen zu Jerusalem im Jahre 1965 allerdings noch komplizierter: Diplomatische Beziehungen zu Israel hätten Bonns Anspruch auf die gesamtdeutsche Alleinvertretung gefährdet (Hallstein-Doktrin), denn die arabischen Staaten drohten ihrerseits mit der Anerkennung der DDR; außerdem kündigten sie für diesen Fall einen Boykott der bundesdeutschen Wirtschaft an.

Hinzu kam folgende delikate Situation: Seit Mitte der 50er-Jahre war der Einfluß der USA, Großbritanniens und Frankreichs in der arabischen Welt gesunken. Damit der Westen nicht völlig aus dem Nahen Osten verdrängt würde, beknieten diese Staaten die Bundesrepublik geradezu, intakte Beziehungen zur arabischen Welt aufrechtzuerhalten und diese nicht durch die Aufnahme diplomatischer oder die demonstrative Pflege besonderer Beziehungen zu Israel aufs Spiel zu setzen. Bonn sei aufgrund der traditionellen deutsch-arabischen Freundschaft bestens geeignet, die Interessen des Westens in dieser Region zu vertreten.

Es mutet wie eine Ironie der Geschichte an: Im Auftrag des Westens – also der einstigen Kriegsgegner Hitlers – stand Westdeutschland auf der Sonnenseite der Tagespolitik und sollte sich dabei auf die Schattenseite der deutschen Geschichte, das heißt, auf die einstige Zusammenarbeit von Arabern und Hitler-Deutschland, berufen.

Durch diesen Persilschein der Westmächte wurden nun auch die meist im Auswärtigen Amt sitzenden Befürworter einer aktiveren Bonner Arabienpolitik legitimiert, die auf Kosten Israels gehen sollte und mußte. Dies versuchte Adenauer in ständiger Auseinandersetzung mit dem Auswärtigen Amt zu verhindern: Er pflegte besondere, seit 1957 insgeheim auch militärische Beziehungen zu Israel, ohne diplomatische aufzunehmen: fast die Quadratur des Kreises. Seinem Nachfolger Erhard, der diese Politik weiterverfolgen wollte, fehlte dann allerdings das Geschick und Glück des Alten.

Daß Israel ein Störfaktor der bundesdeutschen Außenpolitik blieb, zeigte sich erneut 1956/57 in den Monaten der Suezkrise. Israel weigerte sich trotz amerikanischer und sowjetischer Aufforderungen, die im November 1956 eroberte Sinai-Halbinsel zu räumen. Um den Druck auf Jerusalem zu verstärken, wandte sich US-Außenminister Dulles an seinen Freund Adenauer und bat ihn, die Zahlung der Wiedergutmachungsgelder so lange einzufrieren, wie sich Jerusalem sperrte, das besetzte Gebiet zu räumen.

Adenauer lehnte dieses Ansinnen ab: Die Wiedergutmachung sei eine grundsätzliche, die Räumung der Gebiete eine tagespolitische Frage. Er nahm zugunsten seiner Israelpolitik Schwierigkeiten mit dem wichtigsten Bündnispartner, USA, und dem persönlichen Freund, Dulles, in Kauf. Der Kanzler ließ den geschichtspolitischen Zug immer noch und freiwillig auf dem

Gleis der Vergangenheit fahren, obwohl in dieser Situation ein Wechsel auf das Gleis der Gegenwart möglich gewesen wäre. Das ehrt Adenauer zweifellos, doch rein pragmatisch betrachtet, wird unsere These erneut bestätigt. Israel erwies sich als Störfaktor bundesdeutscher Außenpolitik, wenngleich die Schatten der deutsch-jüdischen Vergangenheit durch diesen geschichtspolitischen Sonnenschein verschwanden – für kurze Zeit. Sie wurden 1959/60 erneut sichtbar: Begonnen hatte es mit der Diskussion über die Rolle von Vertriebenenminister Oberländer bei einer Mordaktion im Zweiten Weltkrieg. Dann schmierten politische Rowdies, einige – doch wahrhaftig nicht alle – von der DDR angeheuert, landauf, landab Hakenkreuze, schändeten jüdische Friedhöfe und lösten besonders im Ausland einen Aha-Effekt aus: So neu, wie es sich gab, war (West-)Deutschland offenbar doch nicht.

Zur DDR-Regie Belege in meinem Buch »Die Deutschland-Akte« (1995) sowie bei Stefan Meining (2002). Gegen diese Fakten stemmten sich nicht wenige Kollegen, weil auch noch nach der Wiedervereinigung manche die DDR immer noch für den »besseren deutschen Staat« hielten – »wenigstens beim Überwinden des NS-Erbes«. »Dass nicht sein kann, was nicht sein darf.«

Unerwartete Hilfe kam ausgerechnet aus dem Nahen Osten, aus Israel: Ministerpräsident David Ben-Gurion erklärte öffentlich allen, die es hören und – in Israel – eher nicht hören wollten, daß er trotz der Kampagne altdeutscher Politmaler an das neue Deutschland glaube. Er war im Januar 1960 sogar bereit, gemeinsam mit Adenauer in Fernsehen und Rundfunk hierüber zu sprechen. Bundesaußenminister von Brentano riet seinem Kanzler ab, da ein derartiges Medienereignis die Beziehungen zur arabischen Welt trüben würde und die Schmierwelle ohnehin abnähme. Der Außenminister hielt die nahostpolitische Last für schwerer als die geschichtspolitische Bürde. Wieder versuchte Adenauer die Quadratur des Kreises: Er verzichtete auf den Medienauftritt, traf sich mit Ben-Gurion am 14. März 1960 im New Yorker Hotel Waldorf Astoria – ohne öffentliche Vorankündigung – und erhielt auf diese Weise trotzdem den geschichtspolitischen Persilschein aus Israel. Diese Entlastung durch Israel war letztlich der Gewinn aus der geschichtspolitischen Investition Adenauers. Und die ganz pragmatische, damals wie heute gültige Lehre daraus: Die Sühne für das Gestern ist keineswegs nur Belastung, sie kann durchaus auch Entlastung im Heute bringen.

Zum Nulltarif war dieser Persilschein jedoch nicht erhältlich. Die beiden alten Herren tauschten in New York nicht nur Freundlichkeiten aus, sie redeten auch Tacheles miteinander. Ben-Gurion erwartete Gegenleistungen, und Adenauer war einverstanden: mit Finanzhilfen und – streng geheim zwei Wochen vorher zwischen Verteidigungsminister Strauß und dem damaligen stellvertretenden israelischen Verteidigungsminister, Schimon Peres, vereinbart – mit Waffenlieferungen, die, so die beiderseitige Bewertung, die Sicherheit Israels stärken und damit Deutschlands Verpflichtung gegenüber dem jüdischen Staat entsprechen würden. 1962 wurde auf Betreiben der USA ein umfangreicheres Abkommen über Waffenlieferungen informell, das heißt mündlich, geschlossen.

Adenauer, der Geschichtspolitiker, nicht Brentano, der Tagespolitiker, sollte recht behalten, und der Persilschein erwies sich schon bald als außerordentlich nützlich: Nur zwei Monate nach dem Treffen zwischen Adenauer und Ben-Gurion, im Mai 1960, warf die Vergangenheit erneut ihre Schatten auf die deutsch-israelischen Beziehungen: Die Entführung Adolf Eichmanns erneuerte die innerdeutsche sowie die deutsch-jüdisch-israelische Diskussion über die deutsche Vergangenheit; der einstigen, nach 1945 verordneten, folgte nun erstmals eine zwar umstandsbedingte, aber doch eher freiwillige Vergangenheitsbewältigung: Intensiver und mit weniger Selbstmitleid betrachtete man die braune Epoche, untersuchte sie wissenschaftlich und weniger beschönigend oder entschuldigend; Gerichtsverfahren gegen nationalsozialistische Verbrecher, zum Beispiel der »Auschwitz-Prozeß«, wurden beschleunigt eingeleitet, und die Theaterwelt setzte sich 1963 mit Hochhuths »Der Stellvertreter« oder 1965 mit Peter Weiss' »Die Ermittlung« auseinander. Hochhuths Drama geißelte die Rolle des Papstes und damit der Kirche während des Holocaust, und Peter Weiss bearbeitete den Auschwitz-Prozeß für die Bühne. Die Anerkennung der neudeutschen Leistungen durch Ben-Gurion war dabei durchaus hilfreich. Sie widerlegte die Behauptung der Alt- und Neugestrigen, Deutschland könne es trotz Gutmachens Israel und den Juden nie recht machen.

Tatsächlich konnte durch das Verhältnis der beiden alten Herren, Ben-Gurions und Adenauers, manche schwierige Situation aufgefangen werden: die Entführung Eichmanns durch die Israelis im Mai 1960, der Eichmann-Prozeß 1961 und auch die seit 1962 öffentlich ausgetragene Auseinandersetzung über die Tätigkeit deutscher Raketenexperten in Ägypten.

Wie zuvor bei der Wiedergutmachung erwies sich der Bundeskanzler keineswegs nur als reuevoller, sondern auch als selbstbewußt auftrumpfender Deutscher. Er bekundete öffentlich sein Mißfallen an der vom israelischen Geheimdienst »Mossad« inszenierten Entführung Eichmanns aus Argentinien und zeigte sich verärgert, weil die Israelis den Prozeß im eigenen Land durchführen wollten. In Bezug auf die deutschen Raketenexperten in Ägypten weigerte er sich beharrlich, dem israelischen Drängen auf gesetzgeberische Maßnahmen nachzugeben. Ein freier Staat könne seinen Bürgern nicht vorschreiben, wo sie sich aufzuhalten hätten oder betätigen könnten.

1963 traten die beiden Großen von der politischen Bühne ab, das Problem der deutschen Raketenexperten in Ägypten blieb, und Ben-Gurions Nachfolger, Levi Eschkol, versuchte Bonn geradezu ultimativ zu gesetzgeberischen Schritten zu bewegen. Er bemühte die Geschichte als Argument und Instrument, wenn er kritisierte, daß ausgerechnet deutsche Waffenschmiede Israels Sicherheit gefährdeten.

In dieser aufgeheizten Atmosphäre des Jahres 1964 galt es, ein heißes Problem zu erörtern und zu entscheiden: die Verjährung nationalsozialistischer Verbrechen. Darüber hinaus verlangte Jerusalem immer heftiger die Aufnahme diplomatischer Beziehungen und eine Verlängerung finanzieller Wiedergutmachungsleistungen der Bundesrepublik. Und noch ein weiteres Problem kam hinzu: Auf israelischen Wunsch hatte US-Präsident Johnson Bundeskanzler Erhard im Juli 1964 gebeten, die Waffenexporte an Israel zu erhöhen und auch Panzer zu liefern.

Rückkehr der Raketenexperten, Verjährung, Waffen, Wiedergutmachung und diplomatische Beziehungen – Israel forderte immer mehr, immer energischer und im Ton, seit Ben Gurions Rücktritt, immer unversöhnlicher und rauher. Am 1. Oktober 1964 meldete die *Frankfurter Allgemeine Zeitung*, daß »Israel mit Bonn unzufrieden« sei, und am 20. Oktober bestritt Ministerpräsident Eschkol »der deutschen Politik die moralische Grundlage«.

Viele Indizien deuten darauf hin, daß Israel 1964 zu hoch gepokert hatte. Irgendjemandem platzte der Kragen. Bis heute ist unbekannt, wer der »Frankfurter Rundschau« und der *New York Times* im Herbst 1964 Einzelheiten über bundesdeutsche Waffenlieferungen an Israel mitteilte. Klar war danach, daß die Waffenlieferungen nicht mehr in gleicher Weise weitergeführt werden konnten. Es ist kaum anzunehmen, daß die Indiskretion von Jerusalem ausging, denn weshalb hätten die Israelis die ihnen so wichtigen Waffenlieferungen erschweren oder verhindern sollen? Manches deutet darauf hin daß vor allem im Bonner Auswärtigen Amt die Israelpolitik als störend für die bundesdeutsche Arabienpolitik empfunden wurde. Außerdem hatten die israelischen Forderungen, hatte besonders deren Ton empört.

Vergessen wir nicht, daß in Bonn zunehmend, und im Wahlkampf 1965 demonstrativ auch im Kanzleramt, der Geist des »Wir sind wieder Wer« einzog.

Trotz aller Indizien ist Vorsicht in Bezug auf die Lokalisierung der Indiskretion angebracht, bleiben offene Fragen und Widersprüche, solange nicht alle Dokumente zugänglich sind. Der damalige Bonner Regierungssprecher von Hase wußte in einem vertraulichen »Informationsgespräch mit Chefredakteuren der CDU-Presse« am 18. Februar 1965 zwar auch nichts Genaues hierüber, aber er verlegte den Ort der Handlung in den Nahen Osten: Weil Bonn aus dem Waffengeschäft ohnehin aussteigen wollte, könnte Jerusalem die Absicht verfolgt haben, die Bundesrepublik zur Fortsetzung der Lieferungen zu »zwingen»: Durch die Bekanntgabe sollte die Bundesrepublik vor den Arabern bloßgestellt und Bonns »Bruch mit der arabischen Welt« eingeleitet werden; dadurch hätte Deutschland die Möglichkeit gehabt, Israel ganz offen mit Militärgütern zu versorgen.

Aber auch ägyptische Erpressungsabsichten hielt von Hase für möglich: Aus der Drohung, als Vergeltung für bundesdeutsche Waffenlieferungen an Israel die DDR anzuerkennen, ließ sich für Kairo im wahrsten Sinne des Wortes Bonner Kapital schlagen. Bundeskanzler Erhard selbst schloß in einem Hintergrundgespräch mit ARD-Chefredakteuren am 22. Februar die Möglichkeit kategorisch aus, daß der Informant »in Bonn sitzt«.

Wer immer die Indiskretion veranlaßt haben mag, Ende Oktober 1964 erfuhren die Zeitungsleser im Zusammenhang, was sie bei aufmerksamer Lektüre zwischen den Zeilen schon längst wissen konnten, doch, wie die meisten Politiker, nicht wissen wollten: Die Bundesrepublik Deutschland hatte ihre Unschuld in Bezug auf Waffenlieferungen in Spannungsgebiete längst verloren. Noch Ende 1957 hatte die Bundesregierung öffentlich – im Zusammenhang mit zutreffenden Gerüchten über Waffenlieferungen an Israel – beteuert, sie liefere keine Rüstungsgüter in Krisenzonen; tatsächlich aber hatte sie seitdem im Geheimen anders gehandelt.

Kurzfristig wurde im Herbst 1964 aus dem Problemknäuel ein Chaos; die Regierung Erhard schien nur noch mit dem Reparieren von Pannen, nicht aber mit der Gestaltung ihrer eigenen Nahostpolitik beschäftigt zu sein. Kabinett und Regierungsfraktionen sägten am Stuhl des Kanzlers, der eher Zickzack steuerte als Richtlinien bestimmte, während Außenminister Schröder genau wußte, was er wollte: keine Waffen mehr an und noch keine diplomatischen Beziehungen zu Israel. Am Ende erreichte Israel nur scheinbar alles, was es wollte: Die Raketenexperten wurden durch Lockangebote in die Heimat zurückgeködert, die Verjährung der nationalsozialistischen Verbrechen verschoben, diplomatische Beziehungen zwischen Bonn und Jerusalem aufgenommen, die Waffenlieferungen durch die USA fortgesetzt, zinsgünstige bundesdeutsche Darlehen dem jüdischen Staat angeboten. Doch all dies geschah 1965/66 in einer durch die Ereignisse vergifteten Atmosphäre, die sogar Adenauer bei seinem Israelbesuch 1966 zu spüren bekam, als er nicht nur von Ministerpräsident Eschkol geradezu rüde behandelt wurde.

Langfristig bahnte sich seit Oktober 1964 eine entscheidende geschichtspolitische Wende an, die den Zeitgenossen im allgemeinen erst viel später bewußt wurde. In der Zeit des »Wir-sind-wieder-wer«-Geistes ließ man sich weniger denn je bieten.

Die kurzfristige Verärgerung war schon 1964/65 unüberhörbar. Von Hase bezeichnete im vertrauten Kreis »die israelische Reaktion« auf das Bonner Anliegen, die Waffenlieferungen zu beenden, als »insgesamt enttäuschend und ohne einen gewissen Teil von Verständnis für unsere Situation« der arabischen Welt gegenüber. Selbst der wirklich gutmütige und wohlwollende Ludwig Erhard konnte seine Verärgerung zumindest in dem erwähnten Gespräch mit den ARD-Chefredakteuren am 22. Februar 1965 nicht verheimlichen: »Wenn Herr Eschkol der Meinung ist, daß wir gegenüber dem israelischen Volk eine moralische Verpflichtung hätten, die nicht mit einer Waffenlieferung allein erledigt werden kann, dann hat er völlig recht...

Aber wir haben keine ewigen Verpflichtungen, Waffen nach Israel zu liefern.«

Gemeinsam mit Fraktionschef Barzel und Franz Josef Strauß, die ihn israelpolitisch stützen, ansonsten eher stürzen wollten, setzte Bundeskanzler Erhard im Frühjahr 1965 die Entscheidung zugunsten der Aufnahme diplomatischer Beziehungen mit Jerusalem gegen seinen Außenminister Schröder durch. Der Chef des Auswärtigen Amtes meinte zwar, daß sich die Haltung Deutschlands »angesichts der Vergangenheit ... gegenüber dem Judentum« stets »nach moralischen Prinzipien richten« müsse, doch die »wichtigste menschliche und moralische Aufgabe« sei die »Politik der Wiedervereinigung in Freiheit«, mahnte er ausgerechnet den Vorsitzenden des Rates der Evangelischen Kirche in Deutschland (EKD), Kurt Scharf, im Dezember 1964.

Daß Ludwig Erhard am 22. Februar auf die israelischen Angriffe nur hinter den Kulissen so ungehalten reagierte, mag darauf zurückzuführen sein, daß Ben-Gurion einige Tage zuvor den Kanzler gegen schwere Anschuldigungen öffentlich verteidigt hatte: Solange Adenauers Politik fortgesetzt werde, bleibe sein Vertrauen zu Bonn unverändert. Auch Erhard sei »kein Hitler«, schleuderte Israels ehemaliger Ministerpräsident seinen skeptischen Landsleuten entgegen.

3. Die »Wende« zur »Normalität«, 1965–1973

Mit dem Botschafteraustausch wurde ein neues Kapitel eröffnet, das wegen der Wehrmachtsvergangenheit von Botschafter Pauls gereizt begann, dann jedoch dank dessen Charme wie ein Honigmond aussah. Bei näherer und besonders rückblickender Betrachtung wird deutlich, daß Rolf Pauls schon im Sommer 1966 in seinen öffentlichen Reden die politische Diskussion zwischen

Bonn und Jerusalem erstmals vom Gleis der Vergangenheit auf das Gleis der Gegenwart und Zukunft lenkte, also auf das, was bald darauf vorsichtig und noch sehr zurückhaltend als Normalisierung bezeichnet wurde.

Die Vorsicht der Bundesregierung, ihre Bitte um israelische Nachsicht bei durchaus zugegebenem arabienpolitischem Opportunismus sowie die angestrebte Normalisierung in Form der Neutralität wurden zu Beginn des Sechs-Tage-Krieges, im Juni 1967, deutlich.

Damals regierte in Bonn die Große Koalition; Kiesinger (CDU) amtierte als Kanzler, Brandt (SPD) als Außenminister, und nach der Art Adenauers suchte man die Quadratur des Kreises – diesmal freilich noch widerspruchsvoller: Brandt sprach von der gebotenen politischen Neutralität Bonns einerseits und der für Deutsche Israel gegenüber unmöglichen »Neutralität des Herzens« andererseits.

Man war also neutral und war es doch wieder nicht, man betrieb interessenbestimmte Alltagspolitik, und doch gab man vor, Geschichtspolitik zu betreiben. Die bundesdeutsche Öffentlichkeit hingegen – das dokumentieren Umfragen – stand erstmals mit Überzeugung auf der Seite des jüdischen Staates. (vgl. Kapitel VI.)

Lange hatten Adenauer und Erhard die Bevölkerung vergeblich auf einen geschichtspolitisch begründeten proisraelischen Kurs hinzusteuern versucht; 1967 war dieses Ziel erreicht, und jetzt wurde vorsichtig etwas weggesteuert – kaum merklich zunächst.

Diese Zurückhaltung gab die seit Oktober 1969 regierende sozialliberale Brandt-Scheel-Regierung auf, eine Tatsache, die oft wegen ihrer ost- sowie judenpolitischen Sühnebereitschaft und Demutssymbolik – man denke an den Kniefall Brandts im Warschauer Ghetto – übersehen wird.

1971 strebte Walter Scheel offen Normalität an. Er besuchte damals als erster amtierender Bundesaußenminister Israel. Willy

Brandt kam als erster amtierender Bundeskanzler im Juni 1973 in den jüdischen Staat. Dort versuchte er – sehr zum Mißfallen des amtlichen und nichtamtlichen Israel – die Aktie der Normalität auf der Börse der deutsch-israelischen Beziehungen zu plazieren. Die Aktie war dort nicht plazierbar. Ihren Heimvorteil nutzend, hat Israels energische Ministerpräsidentin, Golda Meir, dem Bundeskanzler geradezu die Leviten gelesen, als er Normalisierungsvorstöße unternahm, die dann – in Israel – kleinlauter klangen. Auf heimischem Boden bewegte sich die Bundesregierung wieder sicherer, aber trotzdem immer noch zaghaft: Dem einen Teil gingen die demonstrativen Normalisierungsversuche zu weit, dem anderen nicht weit genug, und Willy Brandt selbst schwankte zwischen beiden Positionen. Während des Jom-Kippur-Krieges, im Oktober 1973, konnte man es beobachten.

Denkmalsturz – Die Ära Willy Brandt, 1969–1973

Hier muss erheblich ergänzt und Kanzler Willy Brandt zumindest teilweise vom Denkmalssockel heruntergebracht werden. Nicht ganz, doch ganz erheblich.

Willy-Brandt-Biografien – darunter gute, wie die von Gregor Schölgen oder Peter Merseburger – gibt es zuhauf. Ebenso Studien über die Außenpolitik der Sozialliberalen Koalition. Erstaunlicherweise hat keiner die Genesis des Warschauer Kniefalls vom 7. Dezember 1970 oder Brandts Nahost-, Israel- und Judenpolitik dokumentarisch erforscht. Das machte mich neugierig, und daraus entstanden zwei Bücher: »Denkmalsturz« (2005) sowie »Friedenskanzler?« (2018). Hier seien einige Ergebnisse skizziert.

Brandts Kniefall – ohne Überzuckerung

Der Kniefall war eine grandiose, moralische Geste – nach einem kaltschnäuzigen und teils blutigen Vorlauf. Der Kniefall war nicht nur angesichts der NS-Verbrechen eine demutsvolle geschichtspolitische Geste, sondern auch kurzfristige, tagespolitische Reue. Spontan oder nicht, diese Großgeste verwandelte sekundenschnell Realpolitik – nach außen und dauerhaft – in Moralpolitik. Hinter dieser schönen Fassade verbarg sich handfeste und manchmal zynische Realpolitik. Voraussetzungen und Verlauf der drei realpolitischen Dimensionen seien hier beschrieben und bewertet.

Judenpolitik auf dem Altar der Ostpolitik

Realpolitik 1: Auf dem Altar der neuen Ostpolitik wurden die traditionell projüdische Staatsräson der Bundesrepublik sowie, daraus abgeleitet, die proisraelische Nahostpolitik geopfert. Der Schlüssel zum Erfolg der Brandt'schen Ostpolitik lag in Moskau. Die Sowjetunion war der Patron von Israels Feindstaaten Ägypten und Syrien. Von Januar bis August 1970 befand sich die Sowjetunion, am Suezkanal, mit Israel faktisch im Kriegszustand, nachdem sie bereits seit 1955 Hauptwaffenlieferant und Ausbilder der ägyptischen Streitkräfte gewesen war. Nach dem Sechs-Tage-Krieg zwischen den Arabischen Staaten und Israel (Juni 1967) setzten sich besonders viele jüdische Sowjetbürger an die Spitze der Dissidentenbewegung gegen das kommunistische Regime. Ihre von Israel und Diasporajuden unterstützte Forderung lautete: »Let My People Go« – nach Israel. Judenpolitik war somit für die UdSSR zugleich Israelpolitik und Ostpolitik für Brandt daher zugleich Israel- und Judenpolitik. Daraus folgte realpolitisch zwingend, doch geschichts- und moralpolitisch zynisch: Brandt musste Prioritäten setzen. Das geschah. Erstmals und sichtbar ging Bonn zu Juden und Israel auf Distanz. Diesem Drehbuch folgte die neue Ostpolitik von Kanzler Brandt und Außenminister Walter Scheel konsequent.

Realpolitik 2: Nach dem Sechs-Tage-Krieg handelte die Alte Linke unter der Regie der Sowjetunion mit ihren Satelliten, allen voran der DDR, als Patron der diversen Palästinenserorganisationen. Diese setzten damals fast ausschließlich auf Terror als Mittel der Politik. Dessen Ziele waren das »Zionistische Gebilde« Israel sowie dessen diasporajüdische »Fünfte Kolonne«. Nicht ausgenommen blieben Israels »imperialistische« Helfer und Helfershelfer in den USA und ganz allgemein im Westen. In Westeuropa und nicht zuletzt in Westdeutschland wurden (O-Ton) »die durch Israel brutal unterdrückten Palästinenser« von der meist jugendlichen Neuen Linken beziehungsweise APO (Außerparlamentarische Opposition) als Teil der »antikolonialistischen« Dritten Welt idealisiert und politisch unterstützt. Ebendiese Neue Linke umwarb damals die von Brandt geführte SPD mithilfe der Jungsozialisten (Jusos). So wollten Kanzler und SPD die APO ins parlamentarisch-demokratische Gefüge der BRD einbinden. Das gelang langfristig. Die Anfänge dieser Integrationspolitik führen in die Jahre 1968 bis 1973. Auf ihrem Altar wurde der Großteil der SPD-Freundschaft zu Israel und israelverbundenen Diasporajuden geopfert. Der extremistisch-terroristische Rand der Neuen Linken, in Deutschland besonders die Rote Armee Fraktion (RAF), leistete zudem materielle und personelle Unterstützung der palästinensischen Gewalt.

»Ohne Komplexe«

Realpolitik 1 und 2 führten zur judenpolitisch dominanten Realpolitik 3, nämlich einem neubundesdeutschen, geradezu demonstrativ auftrumpfenden, kaltschnäuzig selbstbewussten Auftreten gegenüber Israel und »den« Juden. Auf den ersten Blick ist dieser selbstbewusste Ansatz verständlich, denn, anders als Millionen seiner Zeitgenossen, hatte Brandt in brauner Zeit eine weiße Weste bewahrt. Er hatte Hitler-Deutschland bereits im April 1933 Richtung Norwegen verlassen. Als die Wehrmacht sein Exil-Land 1940 besetzte, schloss er sich dem antideutschen Widerstand an. Zum Teil hielt er sich im »neutralen« Schweden auf – das durchaus mit Hitler kooperierte.

Der Historiker David Bankier hat die Haltung der aus Deutschland geflüchteten Sozialdemokraten erforscht. Sein Fazit: Die systematische Judenverfolgung habe für sie, wenn überhaupt, kaum Beachtung gefunden. Gleiches gelte für Willy Brandt. Werfen wir einen kurzen Blick auf sein Jugend-Judenbild: »Der Kampf gegen die jüdischen Kapitalisten ist das Einzige, was vom antikapitalistischen Programm des Nazismus übriggeblieben ist«, schrieb Brandt vor dem Krieg, am 1. Januar 1939, im norwegischen »Telegraf og Telefon«. Im Klartext: Zumindest die meisten Juden wären Kapitalisten, und gegen sie vorzugehen sei richtig. Die Selbstaufgabe des Jüdischen der Diasporajuden, also vollständige Assimilation der Juden. Das verlangte Brandt. Wer das nicht wolle, solle nach Zion: »Palästina ist genau der Ausweg.« Kurz vor Kriegsende, am 9. Februar 1945, nannte Brandt auf einer Mitgliederversammlung der SPD-Ortsgruppe Stockholm gleichermaßen (!) Juden und das deutsche Volk Opfer der NS-Politik: »Was die Bürger jüdischer Herkunft betrifft, die – hoffentlich in nennenswerter Zahl – nach Deutschland zurückkehren, so sind sie – auch in Bezug auf Entschädigungsfragen – gleichzustellen mit allen von den Nazis verfolgten Deutschen.« Diese Gleichsetzung deutscher und jüdischer Opfer entsprach, sagen wir, schon 1945 einer »etwas« schiefen Optik. Eignete sie sich noch 1970 als Basis neudeutscher Juden- und Israelpolitik?

Das politische Märchen besagt: Die Regierung Brandt-Scheel wäre NS-frei gewesen. Das hatte am 24. November 1969 Brandt-Intimus und Kanzleramtsstaatssekretär Egon Bahr Israels Botschafter Ben Nathan verkündet. Deshalb werde man Israel gegenüber frei von Schuldgefühlen auftreten. Dass Egon Bahr diesbezüglich »keine Komplexe« hatte, versteht sich aufgrund seiner jüdischen Mutter und Großmutter von selbst. Dank überparteilichem »Desinteresse« und jahrzehntelanger US-»Diskretion« bezüglich der erst seit 1994 frei zugänglichen Akten des einstigen »Document Center« wussten (wissen?) nur wenige um die NSDAP-Mitgliedschaft der SPD-Minister Karl Schiller, Horst Ehmke, Lauritz Lauritzen, Hans Leussink (parteilos, aber auf dem SPD-Ticket) und Erhard Eppler sowie der FDP-Minister Walter Scheel, Hans-Dietrich Genscher und Josef Ertl. Auch die Biografien von vier SPD- und zwei FDP- Staatssekretären (Karl Mörsch im Auswärtigen Amt und Wolfram Dorn im Bundesinnenministerium) waren eher belastet. Noch mehr Braun gab es auf der Bundesländer-Ebene. Vom SPD-Blechtrommler Grass und Helmut Schmidts Schriftsteller-Freund Siegfried Lenz ganz zu schweigen. Fazit: Nazifrei war auch die sozialliberale Politik-Klasse unter Willy Brandt nicht. Geschickt verbarg sie das Faktum. Gewiss, nicht jeder, der bis 1945 NSDAP-Mitglied war, kann als überzeugter Nazi gelten oder gar als NS-Täter, aber rechtfertigte selbst eine nur braun gepunktete Weste die von Brandt 1945 unterstellte Gleichrangigkeit jüdischer und deutscher NS-Opfer oder, wie zu zeigen, in den 1970er-Jahren die sozialliberale Juden- und Israelpolitik »ohne Komplexe«?

Chronik und Ethik der Brandt'schen Judenpolitik, 1969/70

28. Oktober 1969: »Mehr Demokratie wagen« wollte der erste SPD-Kanzler der Bundesrepublik und schwärmte vom »mündigen Bürger«, der (im Plural und geschlechtsübergreifend) mehrheitlich vom Kanzler schwärmte. Ungläubig und betreten hörte oder las die jüdische Welt die Botschaft. Erstmals enthielt die erste Regierungserklärung eines Bundeskanzlers kein Wort über das besondere Verhältnis zu und die Verantwortung für Israel und die Juden. Besorgt hierüber, bat der Vorsitzende des deutschjüdischen Zentralrats, Werner Nachmann, am 4. November den Neukanzler um ein klärendes Treffen. Die Antwort ließ ungewöhnlich lange auf sich warten. Nein, hieß es am 24. November, der Terminkalender des Kanzlers ermögliche keinen baldigen Termin. Das überraschte den Zentralrat zusätzlich, denn am 9. November, dem Jahrestag der »Reichskristallnacht«, hatten die von Dieter Kunzelmann gegründeten linksterroristischen »Tupamaros Westberlin« ein Bombenattentat auf die Jüdische Gemeinde (West-)Berlin und deren Vorsitzenden, Heinz Galinski, versucht. Es missglückte eher zufällig. Die Westberliner Tu-

pamaros, eine Kopie der »Genossen« aus Uruguay, waren Vorläufer der Terroristen der »Bewegung 2. Juni« sowie der Rote Armee Fraktion (RAF). Sie alle verfügten über einen großen Sympathisantenkreis bis hinein ins linksbürgerliche, überwiegend sozialliberale Milieu der Brandt-Scheel-Koalition. Trotz ihres offenen Israelhasses legten jene »Bomber« Wert auf die Feststellung, keine Antisemiten zu sein. Die jüdische Welt sah (und sieht) es anders. Milieu versus historische Haftung und Verantwortung. Das war die Alternative des Kanzlers. Er suchte die Quadratur des Kreises: Durch das für einen deutschen Neukanzler ungewöhnlich lange Hinhalten »der« Juden das Wohlwollen sozialliberalen Milieus bewahren.

Nachmann, der jüdische Repräsentant, achtete die Advents- und Weihnachtszeit der Christen. Er hakte erst am 8. Januar 1970 bei Brandt nach. Zwölf Tage vergingen. Am 20. Januar schlug das Kanzleramt ein Treffen am 3. Februar vor. Verschoben wurde es auf den 6. Februar. Drei Themen lagen Nachmann und seinen Begleitern am Herzen: Das deutsch-jüdische, das deutsch-israelische Verhältnis sowie, angepasst an die Neue Ostpolitik Brandts, doch naiv, weil die Realitäten verkennend, »die Möglichkeit einer Hilfe für die jüdische Gruppe in Polen«. Auch Letzteres leuchtet ein, denn im März 1968 hatte das kommunistische Regime Polens eine regelrecht antisemitische Kampagne inszeniert. Brandt, und später mehrfach Ehmke, entzogen sich jener Bitte vehement. Sie könnten und würden sich nicht in die inneren Angelegenheiten Polens einmischen. Für die Sowjetunion und Polen war Jüdisches ein heißes Eisen, an dem sich Brandt die Finger verbrannt und damit die ostpolitische Mauer gerammt hätte. Ost- und Judenpolitik, das war unmöglich. Wertfrei gefolgert: Brandt entschied sich für Ost- statt Judenpolitik. Wer will die Fakten wie bewerten?

10. Februar 1970: Palästinensische Terroristen scheitern beim Versuch, in München ein Flugzeug der israelischen El Al zu entführen, töteten dabei aber einen Israeli und verletzten noch einen

Piloten sowie elf Passagiere schwer, darunter die 1923 in Berlin geborene, 1933 nach Britisch Palästina geflohene Schauspielerin Hanna Maron, die noch als Kind unter der Regie von Max Reinhardt im Deutschen Theater sowie u. a. mit Hans Albers und Emil Jannings gespielt hatte.

Rein zufällig stand tags darauf, am 11. Februar 1970, die Israelpolitik der neuen Regierung auf der Tagesordnung der Koalitionsspitzen. Von Erschütterung ob des antiisraelischen Terrors tags zuvor keine Spur. Teilnehmer der SPD waren Brandt und Helmut Schmidt (Verteidigung), die beiden ehemaligen NS-Parteigenossen Eppler und Ehmke, auch SPD-Geschäftsführer Wischnewski, der wegen seiner Arabienliebe »Ben Wisch« genannt wurde. Die FDP vertraten die Ex-Pgs: Scheel (Außen) und Genscher (Innen) sowie der Chef der Bundestagsfraktion Wolfgang Mischnick.

Mühelos bestimmte Brandt die neue Richtlinie: »Ausgewogen« sei die neue Nahostpolitik. »Im Ganzen müssten wir auch gegenüber Israel eine Politik ohne Komplexe betreiben.« Allein Walter Hesselbach, Chef der Bank für Gemeinwirtschaft und bis zu seinem letzten Atemzug ein felsenfester Israel-Freund, widersprach: »In Israel seien mancherlei Befürchtungen über den Kurs der Bundesrepublik entstanden«, und meinte damit die Verflechtung sozialliberaler Ost- und Judenpolitik.

Trotz oder wegen der neuen Regierung »ohne Komplexe« fühlten sich seit November1969 judenfeindliche Terroristen in Deutschland sicherer denn je. Zwei Tage nach der komplexfreien Koalitionsrunde, am 13. Februar 1970, brannte das Altenheim der Jüdischen Gemeinde München. Sieben Tote. Aufgeklärt ist der Anschlag bis heute nicht. Die Spur führte eher ins linksterroristisch-deutsche, propalästinensische Milieu.

Am 21. Februar 1970 explodierte eine Swissair-Maschine auf dem Weg nach Tel Aviv in der Luft. 47 Tote. Verantwortlich war die Volksfront zur Befreiung Palästinas (PFLP). Die Täterspur führte nach München. Am selben Tag wurde in einem Flugzeug der Austrian Airlines eine ebenfalls von der PFLP, diesmal in Frankfurt, eingeschmuggelte Bombe gezündet. Keine Toten oder Verletzten. Dieses Wunder bewirkte der Flugkapitän.

Die Judenfeinde spielten mit den (komplexfreien?) deutschen Behörden weiter Katz und Maus: Im Juni 1970 wurde die Münchener Hauptsynagoge in der Reichenbachstraße geschändet.

Trotzdem oder unabhängig von alldem – der größte Erfolg der Brandt-Regierung: Am 12. August 1970 wurde der Moskauer Vertrag unterzeichnet. Entspannungspolitik pur.

Brandts Erstgeburtsrecht auf »Entspannungspolitik« im Ost-West-Konflikt muss relativiert werden. Die Entspannung eingeleitet hatten Frankreichs Präsident de Gaulle seit 1958 sowie die USA unter Nixon und Kissinger seit Januar 1970. Selbst im deutschen Politvokabular sprach man zuerst von »Détente«. Viel später nannte man sie »Entspannung«. Willy Brandt selbst hat bereits in seiner Moskauer Fernsehansprache an die »Lieben Mitbürgerinnen und Mitbürger« am 12. August 1970 seine Entspannungs- beziehungsweise Ostpolitik ganz undramatisch und historisch zutreffend eingeordnet: »...mit diesem Vertrag geht nichts verloren, was nicht längst verspielt worden war.« Mit anderen Worten: »Land für Frieden«. Möglicherweise versteint der ostpolitische Erfolg dieses Brandt'schen (eigentlich Egon Bahr'schen) Ansatzes das Scheindenken der gegenwärtigen Nahostpolitik Deutschlands (und Europas). Israel hat für Frieden im Sinai (1982), Raum Hebron (1997), Süd-Libanon (2000) und Gazastreifen 2005 auf Land verzichtet – doch keinen Frieden und stattdessen jede Menge Raketen aus dem Gazastreifen und Libanon bekommen. Trotzdem klammern sich das politische Berlin und die EU an diese nach Brandt widerlegte Formel.

Nach dem Moskauer Vertrag war das ostpolitische Momentum nicht mehr aufzuhalten, der Weg nach Warschau im Dezember 1970 und im Herbst 1972 zum Grundlagenvertrag mit der DDR frei. Genau deswegen gab es vermehrten judenpolitischen Ärger. Dass die BRD als Folge der NS-Verbrechen die Realitäten in und um Deutschland anerkannte, fand sowohl in Israel als auch in der Diaspora breite Zustimmung. Verunsichert war man, weil immer deutlicher wurde, dass die vorher projüdische und proisraelische Politik Bonns auf dem Altar der Ostpolitik geopfert wurde. Um jenen Zorn zu dämpfen, schickte Brandt Israel-Freund Walter Hesselbach am 28. August nach Jerusalem und im Oktober zu US-Juden. So nahm Hesselbach Brandts Sicht wahr: Das amerikanisch-jüdische »Establishment« scheine ihm, »da seine Spitze aus Großunternehmern« bestehe, »in seinem Wirtschaftsverständnis konservativ geworden zu sein. Von vornherein misstraue man deshalb einer sozialistisch geprägten Regierung« wie seiner, zumal sie eine »Entspannungsoffensive nach Osteuropa eingeleitet« habe. Weil Hesselbach »Sozialist und Großbankier« sei und zudem »über gute Verbindungen zur jüdischen Welt« verfüge, sei er »der richtige Mann für diese Mission«. Diesem kontrafaktischen Judenbild begegnet man auch heute nicht selten.

Megaterror und in dessen Folge gut gemeinte, doch plumpe deutsche Vermittlung verstärkten die deutsch-jüdisch-israelischen Verstimmungen. Am 6. und 9. September hatten palästinensische Terroristen drei Flugzeuge mit rund 300 Passagieren nach Jordanien entführt. Es folgte so etwas wie eine »Selektion« à la Auschwitz. Juden und Nichtjuden wurden getrennt. Bis auf 50 Juden und sechs Schweizer, Deutsche und Briten ließen die Terroristen alle Geiseln frei. Im vorauseilenden Gehorsam hatten am 7. September die SPD/FDP-Bundes- und bayerische CSU-Landesregierung die drei nach ihrem Münchener Terrorakt vom 10. Februar einsitzenden Palästinenser entlassen. Israel tobte. Am 12. September sprengten die Terroristen die drei Flugzeuge. Am 13. September traf »Ben Wisch«, SPD-Geschäftsführer Wischnewski, in Jordanien ein. Sich demonstrativ als Palästinenserfreund profilierend, versuchte er bis zum 27. September, die Geiseln freizubekommen. Vergeblich. Israel tobte noch mehr.

New York, 29. September. Treffen der Außenminister Abba Eban und Walter Scheel. Dieser versichert, als wäre nichts vorgefallen: »Das Verhältnis zu Israel« habe sich auch durch die Ostpolitik »nicht verändert« und genieße »einen eigenen Status«. Eiskalt reagierte Eban.

2. Oktober. Die »scheinbare Abkühlung der Beziehungen Bonn/Tel Aviv«, bedrücke die Gemüter in Israel, schreibt Kanzler-Freund und Israel-Kenner Klaus Harpprecht dem Lieben Willy. Das liege vornehmlich am Auswärtigen Amt. Die von der Bundesregierung angestrebte »Normalisierung« der Beziehungen zu Israel, dieses »missverständliche Wort«, solle zudem »korrigiert« werden. Als Ausgleich für das spektakuläre und nicht allzu überzeugende Abenteuer »Ben Wischs« »wäre eine öffentliche Geste von Dir sehr angebracht«. Hier wird sie erstmals erwähnt – die öffentliche Geste.

Am 4. Oktober sprach Horst Ehmke als Brandt-Gesandter bei den Spitzen der US-Juden. Die ostpolitisch ausgelösten Bedenken gegenüber der Bonner Juden- und Israelpolitik wollte er ausräumen. Höflich reagierten die Gastgeber. Überzeugt waren sie nicht, und in Israel nahm man ihnen ihre höfliche Zurückhaltung übel.

Genau die scheint den Kanzler beruhigt zu haben, denn der Kanzler wiegelte am 3. November bei Harpprecht ab: Die Abkühlung »ist wirklich nur scheinbar, wir haben zur Zeit keine aktuellen Probleme mit Israel«, antwortete der Liebe Willy. War Brandt blind? Taub? Nein, denn zugleich informierte er Klaus Harpprecht, den besorgten Freund, dass Wischnewski »im Frühjahr nächsten Jahres ... nach Israel fahren und damit Gelegenheit haben« werde, »manche Missverständnisse, die wegen seiner Mission in Amman aufgekommen sind, aufzuklären«. Den Vorschlag jener »öffentlichen Geste« hielt er »für sehr erwägenswert«. Er dachte an die Eröffnung der »Woche der Brüderlichkeit« im März 1971. Das starke, sichtbare Zeichen – noch war es nicht Ereignis, wohl aber Idee.

Neues Porzellan zerschlug Außenminister Scheel am 9. November 1970, dem Jahrestag der »Reichskristallnacht« – heute (nur in Deutschland gut meinend, doch, weil wenig wissend, ahistorisch) »Reichspogromnacht« genannt. Scheel besuchte Auschwitz. Kein Wort über die Einzigartigkeit der millionenfachen Judenvernichtung in seinem Gästebuch-Eintrag. Verärgert, doch diskret der einsetzende Ärger jüdischer Repräsentanten.

In Verkennung der ostpolitischen Prioritäten des Kanzlers bat Werner Nachmann vom deutschjüdischen Zentralrat am 12. November die Bundesregierung erneut um ihren Einsatz zugunsten der miserablen humanitären Situation der polnischen Juden. Nein, antwortete Ex-Pg Ehmke am 27. November und ließ den deutschjüdischen Spitzenvertreter abblitzen. Er sei darüber »sehr deprimiert«, vermerkte Nachmann diskret und intern. Ebenfalls (viel zu?) diskret bat der Zentralrat, Brandt möge in der Delegation zur Unterzeichnung des Warschauer Vertrages einen deutschjüdischen Vertreter berücksichtigen. Nein. Aus dem Kanzleramt verlautete: »Es sind ... nach dem Wunsch und den Vorstellungen des Bundeskanzlers Einzelpersönlichkeiten angesprochen und eingeladen worden.« Zum Beispiel der weltpolitisch bedeutsame Kinder- und Jugendverband der SPD, die »Falken«, oder die Schriftsteller Günter Grass und Siegfried Lenz. 2006 gestand Grass seinen freiwilligen Dienst in der Waffen-SS. 2007 erfuhr man, dass Lenz am 12. Juli 1943 seine Aufnahme in die NSDAP beantragt hatte. Von seiner Aufnahme hätte er nichts gewusst. Der Kanzler wusste wohl weder dieses noch jenes, aber auch so hatte er die Juden vor den Kopf gestoßen, denn aus seiner Delegation waren sie ausgestoßen. »Wir sind hierüber befremdet und erwarten eine Stellungnahme der Bundesregierung«, erklärte der Zentralrat am 4. Dezember öffentlich. Die CDU/CSU-Opposition kritisierte ebenfalls den Ausschluss jüdischer Vertreter, aber sie kritisierte das Warschauer Abkommen an sich.

Unethik ist selten einseitig. Nicht unerwähnt bleiben sollte dies: Werner Nachmann, damals deutschjüdischer Repräsentant, hatte zwar (natürlich) keine braune Weste, doch auch keine weiße. Ende Januar 1988 starb er. Wenige Wochen danach war es nicht mehr zu verheimlichen: Er war ein Betrüger, denn er hatte Wiedergutmachungsgelder in einer Höhe von 29 Millionen D-Mark veruntreut. Über Nacht wurde aus dem vorherigen Idealbild eines Juden das Zerrbild des Juden. Realbilder von Juden? Fehlanzeige. 2022? Immer noch!

Zurück zum 4. Dezember 1970, der Kniefall-Genesis: Irgendwas spielte sich nun doch im Innern Brandts ab, denn noch am 4. Dezember, nur drei Tage vor seinem Abflug, setzte er höchstpersönlich – gegen den Willen der polnischen Seite! – den zuvor nicht geplanten Abstecher zum Ghetto-Mahnmal durch. Die amtspolnische Verärgerung barg lediglich ein taktisches Risiko, denn strategisch waren die Würfel durch den Moskauer Vertrag gefallen. Nun musste Brandt die geschichtsethische Flanke gen Westen und Juden sichern. Das geschah – gleichgültig, ob spontan oder nicht – tief bewegend am 7. Dezember 1970 durch den Kniefall.

Im Ostblock wurde die Mega-Geste verschwiegen. Dort galten »die« Sowjets und »die« Polen als Hauptopfer. Die Judenvernichtung war für die Kommunisten, wenn überhaupt, nur ein Randthema und die jüdischen Opfer als zum Beispiel polnische oder russische Opfer, nicht als Juden. Zudem waren Juden und Israel ein heißes Eisen der polnischen und sowjetischen Tagespolitik im Innern. Erst im März 1968 hatten Staat und Kommunistische Partei Polens eine heftige antisemitische Kampagne inszeniert. Kein Wunder, dass der Kniefall im Osten Europas verpuffte. Im Westen – besonders in den USA, Frankreich und Britannien – waren die Reaktionen weit mehr tages- und ostpolitisch als geschichtspolitisch und daher verhalten bis kritisch. Frankreichs Präsident Pompidou reagierte geradezu empört: Zeichen der Schwäche, befand er, seien schlechte Politik. In Israel und der jüdischen Welt gefiel deutsche Demut, doch nicht gegenüber dem Ostblock, der in Nahost gegen Israel Krieg und führte und innenpolitisch Juden verfolgte. Für diese Kritik revanchierten sich Willy Brandt und Walter Scheel bald.

Olympia-Terror und Terroristenbefreiung, September/Oktober 1972

Wo endet Demut und beginnt törichte Nachgiebigkeit gegenüber Macht, Gewalt und Terror, die ihrerseits neue Gewalt geradezu provoziert? Eine allgemeingültige Antwort dürfte nicht zu finden sein. Jeder Einzelfall sei geprüft. Bezüglich der schließlich blutüberströmten, geplant »Fröhlichen Spiele«, Olympia 1972 in München, verweise ich erneut auf Primärquellen und Sekundärliteratur in meinem Buch »Friedenskanzler?«, wo auch die Belege zu finden sind.

Das Erst-Ereignis vom 5. September 1972 lässt sich in drei Phasen einteilen. Erstens der Überfall, zweitens die Phase bi- und multilateraler Verhandlungen und drittens das Debakel der in Fürstenfeldbruck katastrophal misslungenen Geiselbefreiung.

Locker kletterten die Terroristen zwischen vier und fünf Uhr morgens über den Zaun zum Olympischen Dorf. Mühelos drangen sie in die Unterkunft der Israelis in der Connollystraße 31 ein. Zwei Olympioniken wurden dort umgebracht.

Die zweite Phase war die längste jenes qualvollen Tages. Die Verhandlungen zogen sich über Stunden hin. Die Koordinierung der Rettungsbemühungen zwischen Bund, Land Bayern, Stadt München und Israels Regierung war vertrackt. Die von Bonn kontaktierten arabischen Staaten interessierten sich nicht für das Leben der israelischen Geiseln.

Eigentlich gewaltunwillig, den Umständen und besonders israelischem Druck geschuldet, wurde »der deutsche Staat« schließlich doch gewaltwillig, wenngleich nicht gewaltfähig. Das zeigte Phase drei auf dem Flugfeld Fürstenfeldbruck. Bis zum frühen Morgen des 6. September fanden dort neun weitere israelische Geiseln und der deutsche Polizist Anton Fliegerbauer den Tod. Die Bilanz unter den Terroristen: Fünf Tote und drei Verletzte.

Der 6. September 1972, vormittags: Außenminister Walter Scheel sah keinen besonderen diplomatischen Handlungsbedarf. Er notierte: »Das Leben geht weiter« (Belege bei Matthias Dahlke, Der Anschlag auf Olympia 1972, 2006, S. 65). Scheels Odem wehte bis Israel und stärkte dort das Einsamkeitssyndrom der Juden. Dass die olympische Gedenkfeier diese Wahrnehmung abgeschwächt hätte, lässt sich kaum behaupten. Dort rief IOC-Präsident Avery Brundage: »The games must go on.« Tosender Beifall des Publikums im Stadion. Die israelischen Terroropfer erwähnte Brundage mit keinem Wort, und dieses Schweigen war beredt. Weshalb?

Deshalb: Avery Brundage, seit 1929 Präsident des Olympischen Komitees der USA, hatte in den 1930ern eine politische Liebelei mit Hitler-Deutschland gepflegt und sich ebenso heftig wie erfolgreich den Forderungen widersetzt, aus Protest gegen die NS-Judenpolitik die Winter- und Sommer-Olympiade in Deutschland zu boykottieren. Drahtzieher jener Initiative waren für Brundage »jüdisch-kommunistische Verschwörer«. Nicht genug, und es gäbe mehr zu ergänzen: 1936 hatte Mr. Brundage durchgesetzt, dass zwei für die Berliner Olympiade nominierte jüdische US-Sprinter durch nichtjüdische ersetzt wurden.

Auf der Schlussfeier der Münchener Olympiade wehte allein Israels Flagge auf Halbmast, und die versammelte »Jugend der Welt« feierte den 85-jährigen Brundage als Jolly Good Fellow. Auf der großen Stadion-Anzeigetafel stand: »Thank you, Avery Brundage.«

Bundesinnenminister Genscher und seine Länderkollegen stimmten nicht in den Jubelchor, sie schlugen eine härtere Gangart ein: Wirkliche oder vermeintliche Aktivisten und Sympathisanten palästinensischer Terroristen wurden umgehend und scharenweise ausgewiesen. Das missfiel im Auswärtigen Amt. Scheel-Intimus, Staatssekretär Paul Frank, am 21. Oktober 1972: Diese Maßnahmen hätten »den Eindruck entstehen lassen, es herrsche bei uns eine Pogromstimmung«. Auch andere Spitzen-Diplomaten fürchteten um den »guten Ruf der Deutschen in der arabischen Welt«. Sie wussten und betonten (intern, versteht sich, doch in zahlreichen, längst zugänglichen Dokumenten des Auswärtigen Amtes nachlesbar), dass dieser »gute Ruf« auch 1972 einen Namen hatte: Hitler.

Außenminister Scheel (FDP) intervenierte bei seinem Parteifreund Genscher gegen die Abschiebungen. Das wiederum empörte Innenpolitiker in Bund und Ländern. Hier sprach man über Araber und Palästinenser ruppiger als im Auswärtigen Amt: Ministerialdirigent Gemmer vom Hessischen Innenministerium, so eine Notiz im Auswärtigen Amt, erging »sich ... des längeren in Beschimpfungen der Palästinenser ..., die er ausschließlich als ›Dreckskerle‹ und ›Halunken‹ bezeichnete«.

Die deutsche Industrie protestierte ebenfalls. Als Folge der Ausweisungen von Arabern befürchtete sie Exporteinbußen auf dem arabischen Markt. Die israelischen Terroropfer? Kein Thema.

Der Erst-Aktion der Ereigniskette, dem 5./6. September 1972, folgte am 29. Oktober 1972 die zweite: Ein neues Terrorkommando der Palästinenser entführte die Lufthansamaschine LH 615 auf dem Flug von Damaskus nach Frankfurt und landete mit den Geiseln in Zagreb. Dorthin ließ die Bundesregierung, fast im vorauseilenden Gehorsam und ohne die bayerische Landesregierung oder gar Israel zu befragen, die drei in Fürstenfeldbruck verletzten und dann verhafteten Mörder bringen. Entführer, Befreite und Geiseln flogen nach Libyen weiter, wo die Terroristen als Helden jubelnd begrüßt wurden. In seinem Buch »Heimat oder Tod« nannte selbst Abu Ijad, Kommandeur des Schwarzen September, die deutsche Entscheidung »feige«. Außenminister Scheel wirkte erleichtert: Er hoffe, dass »nunmehr die Konfliktparteien die völkerrechtlichen Grundsätze respektieren und ihre Aktivitäten nicht auf das Territorium der Bundesrepublik Deutschland erstrecken« mögen (Dahlke, S. 69).

Kein Ende des Ärgers: An der Olympiaunterkunft der Israelis sollte im November 1972 eine Gedenktafel für die Terroropfer angebracht werden. Auf ihr prangte das christliche Symbol schlechthin: ein Kreuz. Zum Gedenken an tote Juden eine, wenngleich unabsichtliche, Provokation, der diese Panne folgte: Einige Namen waren falsch geschrieben oder verwechselt, und ein Trainer, der nicht ermordet wurde, erschien auf der Totentafel. Die 1995 im Münchener Olympiapark aufgestellte Skulptur des Landshuter Bildhauers Fritz Koenig, ein Meisterstück des Erinnerns und Gedenkens durch Kunst, ließ die pietätlosen Pfuschereien vergessen.

Waren bundesdeutsche Inkompetenz, Behördenchaos und Peinlichkeiten Pannen oder System? Man vergesse nicht: Im September 1972 beäugten sich im deutschen Krisenstab Repräsentanten der sozialliberalen Koalition und CSU-Opposition misstrauisch, denn im November wurde der Bundestag gewählt. Nicht Nahost, sondern Ostpolitik war das deutsche Großthema. Alles andere störte. Und direkte israelische Hilfe gegen die Terroristen lehnte die Bundesregierung kategorisch ab. Pfuschbehaftete, deutsche Souveränität versus israelische Anti-Terror-Qualität und Angst, als Erfüllungsgehilfe Israels dazustehen. Dafür wurde das Leben der israelischen Olympioniken riskiert. Sie wurden liquidiert.

Lange logen Land Bayern, Stadt München und der Bund. Angeblich gab es »keine Dokumente« zu München 1972. Auf seltsamen Pfaden wurden sie dann 1992 (!) sozusagen »entdeckt«, den Hinterbliebenen zugespielt und dann zugänglich.

Wurde das Los der Hinterbliebenen wenigstens materiell erleichtert? Amtsdeutschland verkündete: Man trage weder rechtlich noch finanziell Verantwortung für die Ermordung der elf Israelis. Basta. Israels Regierung übte wenig Druck aus. Sie wollte die trotz allem enge militärische und Anti-Terror-Zusammenarbeit mit Deutschland nicht aufs Spiel setzen. Endlich, 2004, wurde ein Kompromiss geschlossen.

Die Mehrheit der Bundesbürger billigte 1972 den Kurs ihrer Politiker im Zusammenhang mit der Flugzeugentführung nach Zagreb und Tripolis, Libyen. 59 Prozent der Westdeutschen, so das Allensbacher Institut für Demoskopie, meinten, die Bundesregierung habe getan, »was möglich war«.

Ganz anders Israels Regierung, Presse und Öffentlichkeit. Bis 1972 hatten sie Deutschland, wie gewohnt, mit dem Wahrnehmungsfilter Hitler und Holocaust betrachtet und waren nun über Nach-Hitler-Deutschland entsetzt. Der Deutschen »Umerziehung«, die nicht zuletzt Israel und die jüdische Welt wollten, wirkte. Doch am 5. September 1972, zwanzig Jahre nach dem am 10. September 1952 in Luxemburg geschlossenen Wiedergutmachungsabkommen (und eigentlich bis heute) wirkt(e) jene Umerziehung der Deutschen nicht im Geiste ihrer Mit-Erfinder. Wie kam es dazu?

Vereinfacht, aber der Dinge Kern kennzeichnend: »Nie wieder Täter«, sagen »die« Deutschen. »Nie wieder Opfer!«, sagen »die« Juden. Die Folge: »Sie können einander nicht finden.« Deutschland und Israel wechselten nach Weltkriegen und Holocaust ihre vorherigen Stellungen beziehungsweise. Einstellungen: Deutschland vom Extrempunkt überzeugter Gewaltanwendung im Bereich des Politischen auf die Seite (zum Extrem?) der Gewaltverachtung. Um nicht »wieder Opfer« zu werden, rechtfertigen »die« Israelis und »die« Juden, anders als »die« Deutschen (bis zur Aggression Putins gegen die Ukraine im Februar 2022 – aber auch danach?), Gewalt als Mittel der Politik.

Im schon 1972 längst neuen Deutschland galt und heute gilt Weichheit als Weisheit, als Moral und »Lehre aus der Geschichte«. Nach Brandts Warschauer Kniefall 1970 machte München 1972 das weiche Deutschland weltweit sichtbar. Das Olympia-Motto »Heitere Spiele« war Marketingkonzept und Kopfgeburt. Das Sicherheitsdebakel von München (Olympiadorf) und Fürstenfeldbruck dokumentierte besser als jeder PR-Spruch, dass die neudeutsche Weichheit als Weisheit den Weg vom Kopf zum Herzen gefunden hatte und bis zur Gegenwehrunfähigkeit verinnerlicht worden war. Und gerade diese neudeutsche Weichheit machte die deutsche Nachkriegsolympiade als Terror-Ziel so attraktiv.

Die palästinensischen Planer kalkulierten realistisch. Sie wussten: Das neue Deutschland lag im sicherheitspolitischen Tiefschlaf, mit wirksamer Gegenwehr sei nicht zu rechnen, und notfalls könne man die eigenen Leute durch neuen Terror freipressen.

Ohne Farbbeutel und trotz (vielleicht doch wegen?) der angewandten Gewalt ging auch die globale Medienstrategie der Terroristen auf: Nach dem Massaker von München wandte sich mit Ausnahme der USA fast die ganze Weltöffentlichkeit emotional allmählich vom israelischen Opfer ab und dem palästinensischen Täter zu. Nationale und internationale Umfragen dokumentieren diese Entwicklung. Es genügen allerdings minimale Kenntnisse der Psychologie und Geschichte, um zu wissen, dass sich faktische und potenzielle, individuelle ebenso wie kollektive Opfer von Diktatoren, Mördern oder anderen Tätern mit diesen arrangieren oder gar identifizieren und, wenn überhaupt, dann spät ihre Gegenwehr aktivieren. Weichheit gilt dann als Weisheit, als Moral. Ausnahme Israel, und Ausnahmen sind unbeliebt. So gesehen ist Israels seit 1972/73 fast weltweite und nicht zuletzt in Deutschland gestiegene Unbeliebtheit verständlich.

Schon 1972, recht besehen schon früher, liebte die Welt dieses neue, weiche Deutschland. Sonst wäre im April 1966 die Olympiade von 1972 nicht an Deutschland vergeben worden. In diesen historischen Zusammenhang des neuen, weichen und so sympathisch wehrunwilligen Deutschland gestellt, war das Debakel von München und Fürstenfeldbruck die logische Folge und Höhepunkt des neudeutschen Gewaltverständnisses.

Der Höhepunkt war zugleich Wendepunkt. München, Fürstenfeldbruck und dann Zagreb verdeutlichten das fundamentale Dilemma des neuen Deutschland. Es war verwundbar, erpressbar, eher getriebenes Objekt als frei handelndes Subjekt der Politik. Dieser deutsche Staat schien nicht mehr die elementare Aufgabe jeglicher Staatlichkeit zu erfüllen: den Schutz der Bürger nach innen und außen. München 1972 war der allen sichtbare Anfang dieser Entwicklung.

Die Folge: Prinzipielle Weichheit wurde durch die Willigkeit und Fähigkeit zu punktueller (nicht grundsätzlicher) Härte, sprich Gewaltanwendung ergänzt. Das war und ist der Grundgedanke der Anti-Terroreinheit GSG 9 und – nach der Wiedervereinigung – der aktiven, aber doch immer multilateralen Sicherheits- beziehungsweise Militär- und Anti-Terrorpolitik der Bundesrepublik. Deren Umsetzung verlief jedoch stümperhaft. Siehe Afghanistan 2021, siehe den unendlichen und vorhersehbar ebenfalls erfolglosen Einsatz im afrikanischen Mali.

Als Wendepunkt bundesdeutscher Sicherheitspolitik ist München/Fürstenfeldbruck 1972 daher ein historischer Ort beziehungsweise Einschnitt. Den Wechsel von demonstrativer sicherheitspolitischer Passivität zu verhaltenem Aktivismus (ohne Aufgabe des, zumindest amtlich bis zu Putins Ukraine-Krieg geltenden, strukturellen Pazifismus) vollzog Kanzler Helmut Schmidt, nicht Willy Brandt. Am 18. Oktober 1977 wurde die weichharte Strategie in Mogadischu sichtbar: Die GSG 9 befreite die von Palästinensern entführten Passagiere der »Landshut«-Lufthansa. Der Kreis schloss sich: Das deutsche Elite-Kommando führte Ulrich Wegener. Er hatte, neben anderen, in der deutsch-israelisch-jüdischen Schreckensnacht zum 6. September 1972 ohnmächtig auf dem Tower von Fürstenfeldbruck zugeschaut, als neudeutsche Moralpolitik sicherheitspolitisch scheiterte.

Die »Premiere« der GSG 9, die gewaltsame Geiselbefreiung von Mogadischu, hatte ein israelisches Vorbild: Die Geiselbefreiung durch Israels Elitekommando »Sajeret Matkal« im ugandischen Entebbe am 4. Juli 1976. Im Anti-Terrorkampf hatten Deutschland und Israel seit München 1972 gemeinsam einen Strategiewechsel vollzogen: Sicherheit für die eigenen Bürger notfalls außerhalb des eigenen Staates zu gewähren.

Der weiche Ansatz deutscher Außen- und Sicherheitspolitik hat sich bewährt und gelohnt. Belohnt wurde Deutschland. Es ist seit Jahren, empirisch repräsentativ nachweisbar, einer der weltweit beliebtesten Staaten. Selbst in Israel erfreut sich das neue Deutschland seit Jahren großer Beliebtheit.

Auch wirtschaftspolitisch wird Beliebtheit belohnt. Exporterfolge sind auf den Goodwill der Käufer angewiesen. Ohne ihre Beliebtheit wäre die Bundesrepublik nicht Export-Weltspitze. Weichheit erweist sich als harter Wirtschaftsfaktor. Softness sells, Weichheit verkauft sich gut. Werden sich »die« Deutschen auf Dauer diese Weichheit, »die« Israelis ihre Härte leisten können, ohne in Sackgassen zu enden?

Frieden verspielt und Krieg begünstigt: Willy Brandt in Israel, Juni 1973

Den Zionismus mochte Willy Brandt seit seiner Jugend nicht, zu Israel blieb er distanziert, mit seiner resoluten Klare-Kante-Kollegin, Golda Meir, obwohl ebenfalls Sozialdemokratin, wurde er nicht warm, und solange die ostpolitischen Kapitel Sowjetunion, Polen und DDR noch nicht abgeschlossen waren, blieb Israel ein Störfaktor seiner (und Egon Bahrs) Strategie. Deshalb schob er seinen mehrfach angekündigten Israelbesuch immer wieder hinaus. Nach Abschluss des Grundlagenvertrages mit der DDR und seinem Wahltriumph im November 1972 gab es keine Ausrede mehr. Im Juni 1973 war es so weit. Einzelheiten finden interessierte Leser ebenfalls in meinem Buch »Friedenskanzler?«

So viel sei hier im Sauseschritt erzählt: Israels Premierministerin Golda Meir plante Ägypten gegenüber eine Friedensinitiative mit weitgehenden territorialen Verzichten und informierte hierüber als ersten Ausländer den Kanzler bei seinem Besuch. Mehr noch: Trotz des angestauten Ärgers über Brandts Israelpolitik seit dem Herbst 1969 bat sie ihn, sich aktiv bei Ägyptens Präsident Sadat als Vermittler einzusetzen. Der Kanzler blieb nach seiner Rückkehr passiv, übergab den Vorgang dem Israel wenig gewogenen Außenstaatssekretär Paul Frank, der ihn seinerseits weitergab. Der Kanzler flog indessen an die Côte d'Azur, um neue Kraft für seine von der Welt gefeierte Friedenspolitik zu sammeln. Im Oktober 1973 begann der Jom-Kippur-Krieg, und kraftvoll agierte Brandt bis zu seinem Rücktritt im Mai 1974 nicht mehr.

Freunde in der Not? Brandt, Scheel und der Jom-Kippur-Krieg 1973

Auch hierzu wurden inzwischen Dokumente freigegeben, die das Bild erheblich erweitern. Pinselstriche seien versucht. Das ganze Bild ist ebenfalls in »Friedenkanzler?« zu betrachten. Ein atomarer Weltkrieg drohte am 25. Oktober 1973. US-Soldaten bezogen an der Grenze zur DDR und ČSSR Stellung. Nur während der Kubakrise vom Oktober 1962 hatten die damaligen Weltmächte USA und Sowjetunion näher vor dem Dritten Weltkrieg gestanden. Was war geschehen? Am 6. Oktober 1973 überfielen Ägypten und Syrien den jüdischen Staat, Israel. Israel drohte die Auslöschung, der zweite Juden-Holocaust im 20. Jahrhundert. Die Verluste an Menschen und Material waren enorm, Waffen und Munition gingen aus. Erst eine Woche nach Kriegsbeginn, am 13. Oktober 1973, begannen die USA, Israel Material-Nachschub zu liefern. Auch aus der Bundesrepublik wurden US-Kriegsgeräte abgezogen. Der amerikanische Nachschub rettete Israel. Es ging zur Offensive über. Am 22. Oktober verfügte der UN-Sicherheitsrat einen Waffenstillstand. Da stand Israels Armee kurz vor Kairo und Damaskus. Die Kämpfe gingen weiter. Nun drohte die Sowjetunion, ihrerseits zugunsten der arabischen Verbündeten einzugreifen. Daraufhin lösten die USA am 25. Oktober den Atomalarm aus. Das ist die Rahmen»geschichte« des nun folgenden deutsch-amerikanisch-israelischen Dramas. Seit Kurzem zugängliche Dokumente der Bonner und Jerusalemer Entscheidungsträger zeichnen ein neues Bild. Am Willy-Brandt- und Walter-Scheel-Denkmal werden Risse sichtbar. Alle Zitate dieses Textes stammen aus den erwähnten deutschen und israelischen Quellen.

Überlebenswichtiges Kriegsmaterial lieferte die Nixon/Kissinger-Administration aus den USA via Azoren (Portugal) über Luft und Wasser an Israel. Sie zog es – ohne Vorankündigung – auch aus der Bundesrepublik ab. Diese Methode verärgerte die Bundesregierung. Trotzdem gab Außenminister Scheel am 16. Oktober US-Botschafter Martin Hillenbrand grünes Licht. Deutschland zeige »besonderes Verständnis für die besondere Rolle seines Hauptverbündeten«, heißt es im Protokoll. Das entsprach der Haltung Brandts.

Scheels größte Sorge galt, so wieder das Protokoll, nicht der Strategie für Israels Überleben, sondern zum Beispiel dieser taktischen Frage: »Wie soll man die Tatsache dieser Transporte der Öffentlichkeit und den arabischen Ländern am besten erklären?« Das Beste war nicht das Ehrlichste: »Was die arabischen Staaten angehe, so wollten wir sie nicht über den Umfang der amerikanischen Lieferungen aus der Bundesrepublik Deutschland unterrichten.« Man übersehe nicht: An ebendiesem 16. Oktober beschlossen die Ölexportstaaten, ihre Fördermenge zu drosseln. Über die vermeintlich besonders proisraelischen USA und die Niederlande verhängten sie ein Ölembargo.

Ungeachtet der auch nach dem UN-Waffenstillstand fortgesetzten Kampfhandlungen verlangte Außenstaatssekretär Frank am 24. Oktober vom US-Gesandten in Bonn das Ende der US-Waffenlieferungen »unter Benutzung des Territoriums der Bundesrepublik Deutschland... Die Notsituation sei vorüber«. Der Gesprächsaufzeichnung zufolge widersprach der US-Gesandte Cash: Es »sei nicht klar, ob die Notsituation tatsächlich vorüber sei«. Wusste Frank nicht, dass an diesem Tag, dem 24. Oktober, und auch am Folgetag heftige Boden- und Luftkämpfe zwischen Israel und Ägypten auf den Golanhöhen mit Syrien tobten; dass die Sowjetunion am Tag des Frank-Cash-Gesprächs drohte, zugunsten von Kairo und Damaskus militärisch zu intervenieren?

Daraufhin lösten die USA am 25. Oktober Defcon 3 aus, also die Alarmierung zur Einsatzbereitschaft der Atomstreitkräfte.

Auch die US-Truppen in der Bundesrepublik wurden alarmiert. An ebendiesem 25. Oktober 1973, an dem ein weltweiter Atomkrieg der Großmächte drohte und amerikanische Soldaten die deutsche Grenze schützten, attackierte der deutsche AA-Staatssekretär Frank verbal US-Botschafter Hillenbrand. Und umgekehrt. Knallhart, direkt und undiplomatisch, auch persönlich, fielen Frank und Hillenbrand sozusagen auftragsgemäß übereinander her.

Kanzler Brandt wirkte eher als Statist, Scheel und Frank spielten die Hauptrollen, denn erst nachträglich, am 26. Oktober, informierte das AA das Bundeskanzleramt über die beiden hier zusammengefassten Gespräche. Dort, so der Vermerk, hielt der verantwortliche Ministerialdirigent Per Fischer eine »Vorlage bei BK (=Bundeskanzler) ... für entbehrlich«. Man ließ den Urlauber Brandt die Französische Riviera in La Croix Valmer, bei Klaus Harpprecht, genießen.

In dieser Weltkrieg-in-Sicht-Situation war Bonn bereit, die Basis der NATO-Zusammenarbeit zu gefährden. Einerseits, zeigt jener Vermerk, rief der undiplomatische deutsche Diplomat die USA zur Bündnisordnung, andererseits trat er in die Fußstapfen Kaiser Wilhelms II: »Unsere ausgewogene Politik sei diktiert durch vitale deutsche Interessen.« Wusste der Staatssekretär nicht, dass ebendiese vitalen, also lebensentscheidenden, deutschen Interessen von US-Soldaten an den Grenzen seines Staates gesichert wurden, während er in seinem Büro den amerikanischen Botschafter abkanzelte? Sicher wusste er um diese Sicherheit. Eine andere schien ihm noch vitaler: Arabisches Öl.

Botschafter Hillenbrand war am Ende seines Diplomatenlateins. Kissinger oder Präsident Nixon persönlich müsse sich einschalten. Also donnerblitzte am 26. Oktober Mr. K, US-Außenminister Henry Kissinger, auf den deutschen Botschafter Berndt von Staden. Der berichtete: »Die Haltung der Bundesregierung zur Verschiffung amerikanischer Waffen aus der Bundesrepublik habe in Washington sehr erstaunt. Er wolle vorausschicken, dass die USA keine proisraelische Politik zu betreiben gedächten. Diese Zeit sei vorüber.... Umso mehr sei er erstaunt, dass wir in dieser Lage fundamentale Allianzfragen berührt hätten ... Präsident Nixon wolle wegen dieser Frage eine persönliche Botschaft an den Bundeskanzler senden.« Kissinger gab später selber zu, Israels militärische Schwächung, sein »Bluten«, in Kauf genommen zu haben, um es leichter zu politischen Zugeständnissen zwingen zu können. »Let Israel bleed a bit but not too much«, ließ er zunächst nur seine Vertrauten wissen.

Kissingers Donnerwetter erreichte das Bundeskanzleramt. Blitzartig wurde Brandt in seinem Urlaubsort informiert. Der Kanzler, sein Amt und Außenamt kamen, den Unterlagen des Kanzleramts zufolge, überein: Es sei »psychologisch günstig«, dem Brief des US-Präsidenten zuvorzukommen. Brandt persönlich solle den Brand löschen. Den Entwurf verfasste Außenstaatssekretär Frank. Kanzleramtschef Hort Grabert bat ihn brieflich, »an einigen Stellen (...) die allzu deutliche Sprache zu mildern«. »Im Sinne der Milderung« sollte schließlich der für Nahost im Kanzleramt zuständige Per Fischer den Text »noch einmal durchsehen«. Brandts Urlaubsmannschaft sowie Bundesminister Egon Bahr legten ebenfalls Hand an. Brandt hat dann den Text »stark bearbeitet«, so der Vermerk eines Mitarbeiters.

Dann das: Die endgültige, am 28. Oktober versandte Fassung polierten der deutsche Botschafter in Washington und Außenstaatssekretär Frank offenbar erneut eigenmächtig. Per Fischers Wut ist schriftlich dokumentiert: »Obwohl die Textänderungen nicht schwerwiegender Natur sind, halte ich einen derartigen Eingriff in vom Bundeskanzler selbst redigierte Schreiben für unstatthaft.« Das war nicht nur »unstatthaft«, es zeigt, wie gewichtslos der Kanzler für die Spitzen des Außenamts inzwischen war. Gleiches galt für Teile seiner eigenen Partei. Am 8. Oktober 1973 hatte »Der Spiegel« SPD-Fraktionschef Herbert Wehner zitiert, der auf seiner Moskaureise über Brandt gesagt habe, »der Herr bade gerne lau«.

Wie Israels Botschafter Ben Chorin »aus absolut zuverlässiger und hochstehender Quelle« erfahren und seinen Vorgesetzten berichtet hatte, war Brandt selbst durchaus für die Fortsetzung der amerikanischen Waffenlieferungen, aber in der entscheidenden Kabinettssitzung habe er geschwiegen. Er konnte oder wollte sich gegen Scheels Amt nicht durchsetzen. So wenig wie Verteidigungsminister Georg Leber (SPD), der sich jedoch vehement in der Ministerrunde gegen den Lieferstopp ausgesprochen hatte. »Persönlich und geheim« kooperierte der Verteidigungsminister mit den Israelis. Der öffentliche Protest des Auswärtigen Amtes gegen die Waffenverschiffung an sich und der dadurch ausgelöste Presserummel beendeten diese Leber-Hilfe ans gefährdete Israel, so Israels Botschafter.

Zwar musste auch das AA Federn lassen, aber zumindest in der beziehungsweise dieser US-, NATO- und Nahostpolitik bestimmte nicht der Kanzler die Richtlinien der Politik, sondern der Staatssekretär im Auswärtigen Amt, Paul Frank. Gegen die öffentliche Wut von US-Präsident Nixon, Außenminister Kissinger und Verteidigungsminister Schlesinger vermochte Paul Frank nichts.

Am 29. Oktober wurde eine schein-salomonische Lösung eingeleitet: Die USA sollten ihre Waffen auf eigenen oder Schiffen und Flugzeugen solcher Nationen liefern, »die nicht im Nahost-Konflikt involviert« seien, nicht mehr auf israelischen. So das Protokoll der Vereinbarung zwischen Botschafter Hillenbrand und Staatssekretär Frank. Nach dem Grollen von Kissinger, Nixon und Brandt spielte Frank fröhlich auf.

Nun trat auch Kanzler Brandt wieder in Erscheinung. Am 7. November 1973 reagierte Bundeskanzler Willy Brandt wortgewaltig auf den Überfall Ägyptens und Syriens. Bei einem Empfang der Universität Bonn erwähnte er den »erpresserischen Druck«, den »die Ölstaaten« auf die Bundesrepublik ausübten, doch dem werde sich sein Land keinesfalls beugen, selbst dann nicht, »wenn wir einen harten Winter erdulden«. Das lesen wir im Dokument des Kanzleramts. Sogar im Kabinett bot Brandt Außenminister Scheel Paroli. Da waren der Krieg vorbei, Israel nicht mehr existenziell bedroht und aus Staatsräson das deutsch-amerikanische Verhältnis sowie die NATO wieder »intakt«, taktvoll ausgedrückt. Mit der ihm eigenen Taktik wollte aber Scheel eine neue deutsche Nahost-Strategie: »Besondere Beziehungen« sollten nicht mehr allein Israel gelten, sondern auch der arabischen Welt. Doch die Wiedergabe dieses Kapitels sprengt den Rahmen dieser Geschichte.

Hier haben wir dies gelernt: Es hätte im Herbst 1973 wenig gefehlt, und ein Atom-Weltkrieg wäre ausgebrochen. In dieser heiklen Situation setzte die von Scheel mehr als von Brandt geführte Bundesrepublik Ölinteressen über die deutsch-amerikanische Partnerschaft und die Bündnissolidarität. Dabei ignorierte die Bundesregierung wissentlich die Tatsache, dass selbst bei einem arabischen Boykott genügend iranisches Öl über Israel nach Deutschland gelangt wäre. Bonns Haltung war panisch und grenzte an Selbstmord. Brandt, Scheel und vor allem Staatssekretär Paul Frank hatten den USA und Israel die ersten Blüten eines neudeutschen Wilhelminismus gezeigt. Unter Helmut Schmidt und Gerhard Schröder gingen die damals noch zarten Blüten auf.

4.
Durchbruch zur demonstrativen »Normalität«, 1973–1984

»Mitten im Jom-Kippur-Krieg, als Israel einer Endlösung so nah war wie nie zuvor und seitdem nie mehr, sperrte die deutsche Bundesregierung deutsche Häfen für amerikanische Nachschublieferungen, die in Israel dringend gebraucht wurden. In der US-Militärhilfe für Israel, die über deutsches Territorium ging, sah die Regierung der Bundesrepublik eine Verletzung ihrer ›politischen Neutralität‹ in dem Konflikt zwischen Israel und seinen Nachbarn ... Da war eine neue Judenkatastrophe zum Greifen nahe, und sie hätte die vorausgegangene vergessen gemacht«, empörte sich Henryk M. Broder. Die falsche Analyse führt zu einer richtigen Feststellung: dem demonstrativen Drang der Bundesrepublik nach Normalität durch Neutralität. Richtig ist, daß Israel im Oktober 1973 militärisch außerordentlich gefährdet war. Falsch ist, daß die Bundesregierung den USA die Nachschublieferungen während der Kriegshandlungen, in der für Israel lebensgefährlichen Situation, verbot. Im Gegenteil, die Bundesregierung hat *während* der Kampfhandlungen ihre Augen absichtlich verschlossen, um die US-Lieferungen an Israel nicht zu be- und verhindern. Erst *nach* der militärischen Wende zugunsten Israels untersagte die Regierung Brandt/Scheel weitere amerikanische Transporte. Die Nixon-Administration protestierte ebenso wie die Regierung von Golda Meir, doch hat Israels Präsident Chaim Herzog Jahre später, vor seinem Staatsbesuch in der Bundesrepublik Deutschland im April 1987, die Vorgehensweise der sozialliberalen Regierung ausdrücklich gewürdigt.

Durch ihre Haltung schlug die Regierung Brandt/Scheel mehrere Fliegen mit einer Klappe: Israel war geholfen worden und damit auch dem eigenen Gewissen; nach außen hatte man zeigen können, wie normal die bundesdeutsche Außen- und Nahostpolitik geworden war. Sowohl Israel als auch der wichtigsten westlichen Macht, den USA, hatte man die Stirn geboten, rechtliche und politische Souveränität bewiesen. Man befand sich damit im Bereich des Rechtes und der Tagespolitik, nicht mehr in der Geschichtspolitik. In der Tagespolitik schließlich konnte man auf diese Weise Ölpolitik betreiben, arabisches Wohlwollen anpeilen.

Der Motor dieser Politik war Außenminister Scheel, weniger Kanzler Brandt, weswegen er vom FDP-Chef kurz danach öffentlich, wenngleich noch sanft, kritisiert wurde. Demonstrierte und demonstrative Normalität war eher die Sache Scheels, Sühnesymbolik die Brandts. Dies war die Arbeitsteilung der Regierung

Brandt/Scheel in Bezug auf ihre Geschichts- und Israelpolitik. Man könnte es auch anders sehen: Brandt war für die Höhen der Geschichtspolitik zuständig, Scheel für die Niederungen der Tagespolitik.

Die Substanz des Normalitätsstrebens blieb unter Bundeskanzler Helmut Schmidt und Außenminister Hans-Dietrich Genscher unverändert, aber sie führten einen neuen Stil vor: Israelpolitik ohne Sühnesymbolik. Schon wenige Monate nach ihrem Amtsantritt wurde diese Normalität in der Vollversammlung der Vereinten Nationen demonstriert. Als erster Vertreter eines Staates der Europäischen Gemeinschaft verlangte Bonns Botschafter von Wechmar Selbstbestimmung für die Palästinenser – für die Israelis ein Reizwort. Selbstbestimmung für die Palästinenser sei, so die amtliche israelische Auffassung, eine propagandistische Umschreibung der Forderung nach einem Palästinenserstaat und daher für das jüdische Gemeinwesen unannehmbar.

Symbol dieser Normalität wurden bundesdeutsche Leopard 2-Panzer. Kanzler Schmidt und Außenminister Genscher wollten sie an Saudi-Arabien verkaufen, so war 1980 beschlossen worden. Das Motiv dieser Politik lag wohl zunächst in der Sicherung der Öleinfuhren und der Produktausfuhren; entwickeln mußte sich diese Tagespolitik bei diesem Ausfuhrprodukt jedoch zur Geschichtspolitik – und das war eigentlich vorhersehbar gewesen. Spinnt man allerdings den Faden des Jahres 1980/81 (Leopard-Export) bis 1974 zurück (Deutschland fordert als erster westeuropäischer Staat Selbstbestimmung für die Palästinenser), sind Zweifel an den eher tagespolitischen Erwägungen angebracht, wird das eigentliche Ziel erkennbar: eine neue Geschichtspolitik. Die folgenden deutsch-israelischen Wortgefechte bezeugten es.

Diese Politik innen- und außenpolitisch zu verkaufen, fiel nicht zuletzt deswegen leichter als früher, weil in Israel seit 1977 Menachem Begin als Ministerpräsident regierte. Er war vielen sowohl politisch-ideologisch als auch persönlich-menschlich unsympathisch. Er handelte den Palästinensern gegenüber als unnachgiebiger Politiker, als Falke, der auch in der Friedenspolitik mit Ägypten Konfrontationen nicht scheute. Bundeskanzler Schmidt verbarg seine politischen und menschlichen Antipathien gegenüber Begin keineswegs.

Schmidt und viele Deutsche übersahen bei aller berechtigten Kritik an Begin, daß er, im Gegensatz zu seinen Vorgängern im Amt des israelischen Ministerpräsidenten, vom Holocaust persönlich und direkt betroffen war. Ben-Gurion, der erste israelische Premier, war ebenso wie seine Nachfolger Scharett und Eschkol bereits Anfang des 20. Jahrhunderts nach Palästina eingewandert; Golda Meir kam in den 20er-Jahren, und Rabin war in Palästina geboren. Sie alle lebten während der Greueljahre fernab vom Schauplatz des Holocaust und waren, gottlob, nicht direkt betroffen. Ganz anders Begin. Die Feinfühligkeit, die Begin anderen Völkern gegenüber abverlangt wurde, brachte man ihm selbst nicht entgegen, obwohl sie geschichtlich durchaus angebracht gewesen wäre.

Im Oktober 1980 bezeichnete Kanzler Schmidt Premier Begin hinter verschlossenen Türen, die für Indiskretionen geöffnet wurden, als »Gefahr für den Weltfrieden«. Kurz danach erfuhr die Öffentlichkeit, daß er friedenssichernde Geräte, wie zum Beispiel Panzer, an Saudi-Arabien liefern wollte. So selbstbewußt und selbstsicher zeigte sich inzwischen der deutsche Bundeskanzler dem israelischen Ministerpräsidenten und der Welt. Die neudeutsche Geschichts- und Israelpolitik, verpackt als Saudi-Arabien-Politik im gesamtwestlichen Interesse nach dem Umsturz im Iran sowie als Ölimport- und Industrieexportpolitik, wäre durch Begins politischen Keulenschlag vom 3. Mai 1981 in der bundesdeutschen Öffentlichkeit tatsächlich verkäuflich geworden. Er ritt unbegründete Verbalattacken auf die Mitschuld des einstigen Oberleutnants der Wehrmacht, Helmut Schmidt, und die kollektive Schuld des deutschen Volkes an den nationalsozialistischen Verbrechen. Immerhin war der Vorwurf Begins ebenso polemisch wie unwahr und Helmut Schmidt so etwas wie ein Überkanzler, der nicht nur von den Wählern der SPD, sondern von ungefähr drei Viertel aller Bundesdeutschen geschätzt wurde.

Anhand von Primärquellen wirft das Buch von Sabine Pamperrien (2014) allerdings Schatten auf das helle Helmut-Schmidt-Bild im Dritten Reich, und man übersehe nicht, dass Genscher Mitglied der NSDAP war – wie überzeugt auch immer. So oder so, keiner der beiden konnte Juden und Israel gegenüber (wie Brandt es 1970 im anderen Zusammenhang gesagt hatte) »ohne Komplexe« auftreten.

Die Bundestagsfraktionen der SPD und FDP kauften dieses Politikpaket aber trotzdem nicht, und im Mai 1982 mußten Schmidt und Genscher ihr Vorhaben, deutsche Waffen nach Saudi-Arabien zu exportieren, aufgeben. Bei den sozialliberalen Parlamentariern war einerseits die Abneigung gegen eine weitgehende Liberalisierung der Waffenausfuhren im Allgemeinen und gegen eine zu forsche Israelpolitik im besonderen zu stark.

Oft wird der Auslöser für Begins Vorwurf vom 3. Mai 1981 vergessen: Wenige Tage zuvor hatte Kanzler Schmidt im Deutschen Fernsehen vom Leid gesprochen, das Hitler-Deutschland anderen Völkern angetan habe. Dabei nannte er viele Völker namentlich und faßte die übrigen unter einem »Und-so-Weiter« zusammen. Ein Volk fiel dabei in diese Kategorie: das jüdische. Das mag Begins Verhalten erklären, seinen Rückgriff auf die Kollektivschuldthese kann es allerdings nicht rechtfertigen. Der Kern des Problems wurde bald erkennbar: Er umfaßte weit mehr als deutsche Ölimport- oder Industrieexportinteressen, Saudi-Arabiens Rolle im Nahen Osten, westliche Nahostsorgen oder Israels vermeintlich gefährdete Sicherheit. Letztlich mußte die Frage beantwortet werden, ob die bundesdeutsche Außenpolitik der 80er und 90er-Jahre »normal« sein könne. Helmut Schmidt hat dies durchaus erkannt. Er soll am 30. April 1981, auf dem Rückflug von Saudi-Arabien in die Bundesrepublik

Deutschland, gesagt haben, deutsche Außenpolitik könne und werde nicht mehr von Auschwitz überschattet sein. Diese Äußerung hörte nur ein kleiner und zudem nicht amtlicher Kreis, aber die entscheidenden Adressaten in Deutschland und Israel erfuhren sie.

Schmidt hatte seine Karten damit allerdings überreizt, und sogar Begins Angriffe vom 3. Mai halfen ihm nicht, sein Vorhaben zu verwirklichen, mit dieser geplanten Waffenausfuhr die deutsche Politik zu normalisieren. Der Kanzler erkannte seinen taktischen Fehler sehr wohl und sehr bald; er ließ daher wenige Tage danach seine Rede verbreiten, die er im November 1978 in der Kölner Synagoge, anläßlich des vierzigsten Jahrestages der »Kristallnacht« gehalten hatte. In dieser Ansprache bekannte er sich zur direkten deutschen Verantwortung gegenüber dem jüdischen Volk; er erinnerte seine Landsleute außerdem daran, daß »unsere Freunde in Israel« bei geschichtspolitischen Entscheidungen Deutschlands mitzureden hätten. Er meinte die Verjährung nationalsozialistischer Kriegsverbrechen.

Trotzdem war Schmidt zu spät auf den geschichtspolitischen Zug aufgesprungen, den er ursprünglich hatte ausmustern wollen.

5.
Einbruch auf dünnem Eis: Die Gegenwart der Vergangenheit, 1984–1987

Schmidts Nachfolger, Helmut Kohl, setzte im Oktober 1982 da ein, wo sein Vorgänger im Mai 1982 aufhören mußte: beim Plan, deutsche Waffen, auch den Leopard 2, an Saudi-Arabien zu verkaufen.

Kohl verfolgte dabei dasselbe Ziel wie sein Vorgänger, nämlich demonstrative Normalität, mit derselben Symbolik – jedoch plumper verpackt und unvorsichtiger taktierend: Sein damaliger Regierungssprecher Peter Boenisch wiederholte während seines Israel-Besuches im Januar 1984 in Jerusalem über die deutsche Politik und Auschwitz beinahe wörtlich, was Helmut Schmidt im April 1981 gesagt hatte. Ein feiner, aber entscheidender Unterschied bestand allerdings: Schmidt hatte vor einem kleinen, geschlossenen Kreis gesprochen, konnte deshalb die Wirkung der Normalitätsoffensive probieren und mußte daher nicht dementieren. Boenisch sprach öffentlich, auf einer Pressekonferenz, und konnte daher gar nicht dementieren, selbst wenn er es gewollt hätte.

Der historisch wesentlich sensiblere Staatsminister im Auswärtigen Amt, Alois Mertes, formulierte fast zur gleichen Zeit Kohl-Boenisch-Gedanken sanfter: Israel solle Auschwitz nicht als Argument mißbrauchen. In seinem Nachlaß findet man viele Hinweise dafür, daß ihn, den Freund Israels und der Juden, der politische Ge- und Mißbrauch des Holocaust beunruhigte, aus Sorge um intakte deutsch-jüdisch-israelische Beziehungen.

Die Kontinuität der deutsch-israelischen Beziehungen trotz des Wechsels der Koalitionen ist unverkennbar.

Bundeskanzler Kohl trat im Januar 1984 in Israel keineswegs sanft auf, im Gegenteil; mit allen Mitteln des Wortes und der Körpersprache versuchte er den Durchbruch zur Normalität zu dokumentieren. Selbst Kohls inhaltlich und historisch durchaus zutreffender Satz von seiner, seiner Generation und aller Nachgeborenen »Gnade der späten Geburt« erweckte durch Art und Zusammenhang der Präsentation den Eindruck, daß er, trotz gegenteiliger Beteuerungen, über eine Hintertür den Ausgang aus der historischen Verantwortung in die tagespolitische Normalität suchte – samt Waffenexport an Saudi-Arabien.

Bei Schmidt und Kohl war der Wunsch der Vater des Gedankens; eines Wunsches, den die beiden Regierungschefs mit der überwiegenden Mehrheit der Bundesbürger teilen: Geschichte sollte nicht mehr politisches Argument oder gar Instrument gegen ein unzweifelhaft demokratisches, politisch sowie generationell neues Deutschland sein.

Inhaltliche und generationsbedingte Aufbruchstimmung, unter freilich ganz anderen ideologischen Vorzeichen, versuchte Ende 1984 eine Delegation von Bundestagsabgeordneten der Grünen zu verbreiten. Als von der Geburt begnadete Nachgeborene und des Antisemitismus wirklich Unverdächtige setzten sie sich über ihre nationale und damit geschichtliche Zuordnung hinweg und erteilten ungefragt den Israelis gute Ratschläge zur Lösung des Konfliktes mit den Palästinensern und den arabischen Staaten. Prompt hielt man ihnen ihre deutsche Herkunft entgegen, der sie sich ebenso ungeschickt wie unvorbereitet stellen mußten. Daß sich zwei Realpolitiker der Grünen wie Otto Schily und Waltraut Schoppe im Herbst 1987 in Israel dieser Geschichte stellten, ohne grundsätzliche Positionen ihrer Partei aufzugeben, sorgte dann für erneute innerparteiliche Auseinandersetzungen.

Halten wir fest: In *allen* bundesdeutschen Parteien besteht der Wunsch, im deutsch-jüdischen beziehungsweise im deutsch-israelischen Buch vom Kapitel der Vergangenheit zum Kapitel der Gegenwart und Zukunft weiterzublättern.

Kohls Israel-Besuch hob sich von den meisten anderen bundesdeutschen Normalisierungsvorstößen weniger durch die Substanz als vielmehr durch den viel offensiveren Stil ab. Statt des Durchbruchs zur Normalität, den er bewirken sollte, führte der Besuch zum Einbruch auf dem dünnen Eis der Geschichte neudeutscher Außenpolitik.

Indem Kohl geschichtspolitische Normalität gegenüber den Israelis und der Welt durch seine Worte und geplanten Taten (Waffenexporte) so bemüht betonte, löste er unfreiwillig Zweifel an genau dieser Normalität aus. Wenn die deutsche Normalität so selbstverständlich war, warum, so fragte man sich in Israel und im westlichen und östlichen Ausland, mußte sie dann so hervorgehoben werden?

Gewiß, die Bundesrepublik Deutschland genießt seit Jahren im Ausland außerordentliche Sympathien, doch offenbar war man in Israel und ganz allgemein im Ausland nicht gewillt, die einseitige Normalitätserklärung kritiklos hinzunehmen. Hatte im Jahre 1964 Israel Deutschland gegenüber zu hoch gepokert, so war es jetzt genau umgekehrt.

Ministerpräsident Jitzchak Schamir beließ es jedenfalls nicht nur bei Worten der Kritik an Kohls Israel- und Waffenexportpolitik, er ließ Taten folgen, die er dem Kanzler gegenüber angedroht hatte: Da es den Israelis nicht gelungen war, Deutschlands neuen geschichtspolitischen Schwung zu dämpfen, sollte es mit amerikanischer Hilfe versucht werden; und das geschah in den folgenden Monaten. Daß eine Flucht vor der Geschichte nicht möglich ist, macht die Abfolge der Ereignisse und Ärgernisse seit dem Besuch des Kanzlers in Israel im Januar 1984 deutlich. Kohls geschichtspolitischer Wurfspieß sollte sich als Bumerang erweisen, und das schon bald. Bei den Feierlichkeiten aus Anlaß des vierzigsten Jahrestages der Invasion der Alliierten in der Normandie war ein Politiker sichtbar unsichtbar: der Bundeskanzler. Man hatte ihn nicht gebeten, dabei zu sein. Mit den Juden und Israel hatte dies direkt nichts zu tun, wohl aber mit der Last der deutschen Geschichte.

Italiens Außenminister Andreotti, wie Kohl ein Christdemokrat, bezeichnete kurz danach das deutsche Streben nach Wiedervereinigung als »Pangermanismus«. Ein derartiger Vorwurf an die Bundesrepublik, so unsinnig und deshalb unhaltbar er sein mag, ist jedenfalls nur aus der Geschichte ableitbar und durch die Geschichte verständlich. Die Unhaltbarkeit des Vorwurfs entlarvt seinen instrumentellen Charakter und belegt unsere These, daß sich bundesdeutsche Politik nicht von der Geschichte abkoppeln kann.

Das zeigt auch der Revanchismus-Vorwurf, den der Ostblock Bonn gegenüber bereits früher erhoben, aber im Sommer 1984 verstärkt vorgetragen hat. Wesentlich schärfer und geschichtspolitisch grundsätzlicher war dann die Auseinandersetzung um das Besuchsprogramm von US-Präsident Reagan in der Bundesrepublik Deutschland. Bonn hatte Ende 1984 zunächst zwar Bitburg auf der Reiseroute eingeplant – einen politisch alles andere als unproblematischen deutschen Soldatenfriedhof mit Gräbern von Angehörigen der Waffen SS –, doch keines der ehemaligen Konzentrationslager auf westdeutschem Boden. Das war nicht nur moralisch und gegenüber dem eigenen Volk bedenklich; es war darüber hinaus ein krasser geschichts- und außenpolitischer Fehler.

Jetzt bot sich nämlich die Gelegenheit einer geschichtspolitischen Gegenoffensive für Israel und die Juden, auch für amerikanische Nicht-Juden, darunter Freunden der Bundesrepublik, nicht jedoch der von ihr selbst verkündeten Normalität. Diese Gegenoffensive hatte Israels Ministerpräsident Schamir im Januar 1984, wie erwähnt, bereits angekündigt. Jegliche Bewertung der israelisch-jüdischen Gegenoffensive muß die vorangegangene bundesdeutsche Geschichtsoffensive der Kanzler Schmidt und Kohl berücksichtigen.

Empörung über die eine *oder* andere Seite ist unangebracht. Jede Seite kann nur die politischen Instrumente benützen, die ihr zur Verfügung stehen. Bonn hatte als extremes Instrument der Normalität den Leopard 2, Israel und die Juden als geschichtspolitisches Instrument den Holocaust. Ob der Einsatz dieser Instrumente tatsächlich weise oder auch nur sinnvoll sein kann, ist die einzig angebrachte Frage.

Der Besuch von US-Präsident Reagan und der von Bonn organisierte Weltwirtschaftsgipfel fanden Anfang Mai 1985 statt, fast auf den Tag genau vierzig Jahre nach der bedingungslosen Kapitulation. Präsidentenvisite und Wirtschaftsgipfel sollten die von Westdeutschland inzwischen erreichten politischen Höhen markieren. Durch die von Ministerpräsident Schamir angekündigte Gegenoffensive Israels und der amerikanisch-jüdischen Organisationen kam es anders: Bonns Geschichtspolitik sollte mit dem amerikanisch-diasporajüdischen Hebel aus den Angeln gehoben werden. Statt Höhen zu erklimmen, war man auf dem dünnen Eis der Geschichte eingebrochen, und erst durch die beachtliche

Rede ihres Präsidenten Richard von Weizsäcker konnte sich die Bundesrepublik selbst wenigstens teilweise aus dem Geschichtssumpf ziehen, in den sie durch den vorangegangenen Einbruch geraten war.

Wie gereizt die bundesdeutsche Stimmung inzwischen geworden war, bewiesen die Kontroversen um das von vielen Juden und Nicht-Juden als »antisemitisch« bezeichnete Fassbinder-Stück im Sommer und Herbst 1985 in Frankfurt sowie die törichten Äußerungen des Grafen Spee (CDU) und des Abgeordneten Fellner (CSU), die sich zum Sprachrohr eines Teiles von Volkes Stimme machten: Juden und Geld, Bereicherung durch Wiedergutmachung, das waren altbekannte Plattheiten, die – das muß betont werden – auch den Parteiführungen von CDU und CSU erheblich zu weit gingen. Spree und Fellner mußten widerrufen; der eine, Graf Spee, wurde außerdem abberufen.

Deutsche Politik jedenfalls galt immer noch nicht als normal; das erkannte nach diesen Querelen jedermann und natürlich auch der Bundeskanzler. Nun versuchte er zu retten, was noch zu retten war und lenkte bei seiner Ansprache in Bergen-Belsen im April 1985 eine vorsichtige Wende ein. Hier war weder von Normalität die Rede noch gab es, wie vorher, demonstrative Gelassenheit, sondern bekundete Betroffenheit. Erleichtert wurde ihm dann das weitere Ein- und Umlenken durch die Rede des Bundespräsidenten von Weizsäcker am 8. Mai 1985. Das westdeutsche Staatsoberhaupt verdeutlichte eindrucksvoll die Zweideutigkeiten und Probleme deutscher Politik, die sich ihrer Geschichte erinnern müsse.

Im Januar 1986 in Berlin, bezeichnenderweise zur Eröffnung einer wissenschaftlichen Tagung über »Juden in Deutschland 1933 bis 1939«, setzte der Bundeskanzler weitere, geradezu demutsvoll ins Mikrofon gehauchte Akzente: Aus seinem Bekenntnis zur geschichtlichen Verantwortung leitete er die deutsche Verpflichtung gegenüber Israel ab. Sein Erklärungsansatz in Bezug auf die nationalsozialistischen Verbrechen war eher anthropologisch als national: Die Greueltaten des Holocaust bewiesen nicht, wozu der *deutsche* Mensch, sondern wozu *der Mensch* an sich fähig sei.

Im Dezember 1986 vor dem Bundestag und am 7. April 1987 in Anwesenheit des israelischen Staatspräsidenten Herzog bekannte sich der Bundeskanzler hingegen zur Einzigartigkeit der nationalsozialistischen Verbrechen, also zu einem mehr nationalen als anthropologischen Verständnis des Judenmordens: »Wir wissen ..., daß das Verbrechen dieses Völkermordes in seiner kalten, unmenschlichen Planung und in seiner tödlichen Wirksamkeit in der Geschichte der Menschheit einmalig ist ... Wir wollen diese Verbrechen nie vergessen. Und wir werden uns gegen jeden Versuch zur Wehr setzen, dies zu verdrängen oder zu verharmlosen.«

Was war geschehen? Ergab das letztlich auf Israel und die Juden abzielende interpretatorische Zick-Zack des ersten politischen Steuermannes der Republik doch eine Linie? Der erste Steuermann steuerte den politischen Kurs nicht mehr selbst, wie in den Jahren 1982 bis 1985; er wurde von den Ereignissen gesteuert. Das entscheidende Ereignis war der sogenannte *Historikerstreit,* in dem darüber debattiert wurde, ob der Holocaust einzigartig gewesen sei, was zum Beispiel von Jürgen Habermas sowie Eberhard Jäckel behauptet und vor allem von Joachim Fest bestritten wurde. Ernst Nolte bestand darauf, die Greueltaten Hitlers und Stalins aufeinander bezogen zu sehen und leitete, auf eine einfache Formel gebracht, Auschwitz vom Archipel Gulag ab: ohne Stalin also kein Hitler.

Zu einer deutsch-israelischen und deutsch-jüdischen Staatsaffäre, deren Bedeutung gewöhnliche Professorenscheite weit übertraf, wurde der Historikerstreit aber durch seinen politischen Zusammenhang. Schon vor Ausbruch des Historikerstreits war Nolte an einem deutsch-israelischen Projekt der »Deutschen Forschungsgemeinschaft« (DFG) beteiligt. Es war nicht irgendein Forschungsvorhaben; man plante eine umfassende Ausgabe der Briefe und Tagebücher von Theodor Herzl. Herzl (1860–

1904) wiederum war als Begründer des Zionismus eine Symbolfigur; er gilt als der geistige Vater des Staates Israel. Anfang 1987 war eine Verlängerung des Herzl-Projektes fällig – an sich eine rein formale Angelegenheit. Sie wurde aber, trotz zahlreicher Dementis, eine deutsch-israelisch-jüdische Staatsaktion; sie *mußte* es unter den Gegebenheiten werden.

In der nun am Siedepunkt angelangten deutsch-israelischen Beziehungskrise war eine Geste der Entspannung von israelischer Seite nicht zum Nulltarif zu erhalten. Dem Sturm vorangegangener Jahre, angefangen vom Waffengeschäft mit den Saudis 1981 über den Kohl-Besuch in Israel 1984 und wiederum Waffenexporte nach Saudi-Arabien bis zur Reagan-Visite und Bitburg 1985, folgte, trotz der Rede des Bundespräsidenten vom 8. Mai, der Orkan des Jahres 1986, der Historikerstreit.

Entspannung wurde aber nun von Bonn und Jerusalem gewünscht, denn man hatte die Wunden der gegenseitigen Keulenschläge geleckt und aus den Fehlern gelernt. Entspannender Höhe- und Wendepunkt deutsch-israelisch-jüdischer Geschichtspolitik sollte der erste Deutschlandbesuch eines amtierenden israelischen Staatspräsidenten im Frühjahr 1987 werden.

Diesen Besuch hätte kein israelischer Politiker unter den gegebenen Umständen, also mit der Begleitmusik des Historikerstreits, innenpolitisch rechtfertigen können. Daher war es notwendig, daß sowohl der Bundespräsident als auch der Bundeskanzler vor der geplanten Staatsvisite von Präsident Chaim Herzog im Historikerstreit mehr oder weniger deutlich Flagge zeigten – was auch geschah. Sie nahmen Stellung zugunsten der These von der Einzigartigkeit der nationalsozialistischen Verbrechen und damit zuungunsten Noltes, dessen Projektbeteiligung im Februar 1987 von der DFG beendet wurde, ganz unpolitisch, wie es hieß – und heißen mußte. Die Staatsräson gebot es, zugunsten des außen-, israel- und geschichtspolitischen Zieles das wissenschaftspolitische Gebot, die Trennung von Politik und Wissenschaft, hintanzustellen.

Ob durch diese Entscheidung die deutsch-jüdisch-israelischen Wogen tatsächlich langfristig geglättet werden konnten, bleibt abzuwarten, denn im Historikerstreit wurde eine große Errungenschaft der bundesrepublikanischen Entwicklung in Frage gestellt: die Integration der konservativen Rechten in die parlamentarisch-demokratische und gegen den Antisemitismus gerichtete Wertegemeinschaft. Jetzt drängte man die konservative Rechte in die antisemitische Ecke, in die sie nicht oder nicht mehr gehörte und wo sie falsche Verbündete bekommen könnte: echte Antisemiten. Das kann weder im deutschen noch im israelischen oder jüdischen Interesse liegen. Vielleicht war auch hier das gut Gemeinte das genaue Gegenteil des Guten, das kurzfristig Gebotene das langfristig Unvernünftige?

Politisch-psychologisch bleibt eine andere Frage interessant: Weshalb attackierte 1986/87 die politische Welt und die Fachwelt die anfechtbaren Argumente eines im Elfenbeinturm sitzenden Professors (Nolte) sehr viel heftiger als den Vergleich, den Bundeskanzler Schmidt im Jahre 1981 vorgenommen hatte, als er das von Deutschland anderen Völkern angetane Leid erwähnte, dabei viele Völker ausdrücklich nannte und das jüdische in der »Und-so-weiter«-Gruppe zusammenfaßte? Dieses »Und-so-Weiter« beinhaltete letztlich das Bezweifeln der Einzigartigkeit des Holocaust; es verglich den Holocaust mit dem Leid, das Hitler-Deutschland auch anderen Völkern angetan hatte, und verharmloste so das jüdische Leid.

Dieser Ausblick entspräche einer eher pessimistischen Einschätzung des Historikerstreits in Bezug auf die Zukunft der deutsch-jüdisch-israelischen Geschichtspolitik.

Optimistisch stimmt jedoch, was die mehr geschichtspolitischen als wirklich geschichtlichen Auseinandersetzungen bewiesen haben, wie erregt und manchmal erregend nämlich in der westdeutschen Gegenwart inzwischen über die nationalsozialistische Vergangenheit gestritten wird, *freiwillig* gestritten wird. Hier wurde nichts, aber auch gar nichts unter den Teppich gefegt, man schenkte sich nichts. Eine intensivere Beschäftigung mit der Vergangenheit ist kaum denkbar. Der dritte Zyklus der Vergangenheitsbewältigung scheint – nach wieder rund zwanzig Jahren – begonnen zu haben.

Dieser Zyklus hat längst begonnen – aber verlief anders als von mir erwartet und erhofft. Dazu später mehr. Hier und jetzt nur dies: Salonfähig ist inzwischen in linksliberalen Kreisen innerhalb und außerhalb von Academia, wie bei Nolte und doch anders, diese Sicht: Nein, einzigartig sei der Holocaust nicht gewesen. Die Kolonialverbrechen »des« nicht nur deutschen weißen Mannes wären, besonders in Afrika, nicht nur vergleichbar, sondern teils sogar schlimmer.

6. Dauerteilung, Mauerfall, Wiedervereinigung, 1988–1990

September 1987: Roter Teppich für die politische Nummer Eins des Roten Deutschland. Der Vorsitzende des DDR-Staatsrates, Erich Honecker, auf Staatsbesuch in der Bundesrepublik Deutschland. Der ostdeutsche Rote Zar und die DDR auf dem Gipfel nationalen sowie globalen Ansehens. »International anerkannt« war die DDR längst, auch national. Doch ein Staatsbesuch des Staatschefs des zweiten deutschen Staates schien lange unvorstellbar. Nun ward das Unvorstellbare Ereignis. Deutschland schien dauerhaft geteilt. Der Schein trog. Das wurde am 9. November 1989 sichtbar. Ostdeutschlands Roter Zar war, wie in Andersens Märchen »Des Kaisers neue Kleider«, nackt. Der Macht entkleidet hatte ihn der Große Bruder in Moskau, Michail Gorbatschow. Der war nicht gewillt, den spätestens seit Oktober 1989 auf landesweiten Massendemonstrationen erkennbaren Selbstbestimmungswillen der großen DDR-Bürgermehrheit länger zu unterdrücken. Ausgerechnet am 9. November, dem 51. Jahrestag der »Reichskristallnacht«, am westdeutsch- längst und seit 1988 gesamtdeutsch-amtlich ritualisierten Trauer- und Gedenktag, fiel die Mauer von Berlin. Millionen Deutsche jubelten – und mit ihnen fast die ganze Welt.

Und die Jüdische Welt? Einerseits und andererseits. Kulturjuden wie Daniel Barenboim und Leonard Bernstein eilten an Berliner Dirigentenpulte, um Jubelkonzerte zu leiten. Wohl die meisten Diasporajuden, Repräsentanten und Basis, begrüßten das sich abzeichnende Ende des DDR-Unrechtsstaates, fühlten aber, wie der Friedensnobelpreisträger, Schriftsteller und Auschwitzüberlebende Eli Wiesel, historisch und psychologisch nachvollziehbar, Angst vor Deutschland, vor einem, wie sie zu Recht ahnten, nun bald vereinten Deutschland. Sie waren keineswegs allein. Weltweit wurde die Angst vor Deutschland oder dem »Vierten Reich« von vielen Politikern und Nicht-Politikern zumindest unausgesprochen geteilt. Mit Ausnahme von US-Präsident George W. Bush senior und dem sozialdemokratischen Ministerpräsidenten Spaniens, Felipe González. Was Wunder, dass auch das amtliche Israel besorgt war. Premier Schamir fürchtete gar, dass Deutschland »wieder die Juden umbringen« würde. Um die Verwirklichung dieses Albtraums zu verhindern oder zu verzögern, war Israels Regierung sogar bereit, gegebenenfalls diplomatische Beziehungen zur DDR aufzunehmen. Die wiederum, im festen Glauben an die über Israel zu beeinflussende US-»Jüdische Weltmacht«, willigte gerne ein. Mitte Februar 1990 hatte sich Israels Außenminister Mosche Arens in Bonn von Kanzler Kohl, Außenminister Genscher und anderen Deutschen davon überzeugen lassen, dass weder an neue Judenmorde noch deutsche Hegemonie in Europa oder Welt gedacht sei. Auch nicht an die Aufkündigung der engen Beziehungen zu Israel, Entschädigungszahlungen und anderen Wiedergutmachungsleistungen an »die« Juden. Die Krise Israel-BRD war entschärft und Israels Interesse an diplomatischen Beziehungen zur inzwischen erkennbar absterbenden DDR erloschen, zumal Kanzler Kohls Regierung um fast jede denkbare, freundliche Geschichtsgeste Israel und »den« Juden gegenüber bemüht war.

7. Die Sowjets kommen – nach Deutschland oder Israel? 1990/91

Ein neues Problem entstand. Es war die Folge einer heftigen Kontroverse zwischen Israels Regierung und der bundesdeutsch-jüdischen Führung um Heinz Galinski. Juden aus der im Chaos versinkenden, über dem Abgrund schwebenden, traditionell antisemitischen Sowjetunion wollten massenweise auswandern. Nach Israel? Nein. In die USA? Gerne, aber die hatten Ende der 1980er-Jahre strenge Quoten für Sowjetjuden erlassen. Auf Drängen Israels, denn: Erstens benötigte der Jüdische Staat ökonomisch und soziologisch gut ausgebildete jüdische Neueinwanderer. Zweitens verstand (und versteht) sich Israel ideologisch, dem zionistischen Fundamentalanspruch gemäß, als staatliche Verkörperung des (im Sinne Rousseaus) »Allgemeinen Willens« des jüdischen Volkes. So gesehen, bedeutet jeder Jude, der Land A verlässt und nicht nach Israel einwandert, eine doppelte Niederlage des Jüdischen Staates. Um Existenzielles wurde also gerungen. Erst recht auf Seiten Heinz Galinskis und »der« deutschen Juden. Die etwa 28 000 westdeutschen Juden waren überaltert, die circa 400 registrierten und (Dunkelziffer) vielleicht tausend DDR-Juden ebenso. Das biologische Ende von Juden in Deutschland war – nach der »Endlösung« und ohne sie – absehbar. Diesen »Sieg Hitlers« wollte der Auschwitzüberlebende Heinz Galinski jenem Megaverbrecher nicht gönnen. »Sein oder Nichtsein«, das war für ihn »hier die Frage«. Historisch, politisch, demografisch.

Zwischen Hammer und Amboss die Bundesregierung. Sie hatte die Wahl zwischen Pest und Cholera. Wofür auch immer sie sich entschied, es konnte nur falsch sein. Einer jüdischen Seite, Israel oder den Juden in Deutschland gegenüber. Zugunsten dieser wurde entschieden. Juden, die nach Deutschland wollen, die Tür vor der Nase zuschlagen? Fragte Kanzler Kohl. Unmöglich. In den folgenden Jahren kamen rund 200 000 Juden aus der ehemaligen UdSSR ins vereinte Deutschland. Die Bundesregierung half nach Kräften, und die deutschjüdischen Gemeinden gelangten fast ans Ende ihrer Kräfte. Doch nun gab (und gibt) es doch eine »jüdische Zukunft« in Deutschland. Zumindest einstweilen, zumindest quantitativ, denn viele (wenngleich nicht alle) waren Juden ohne Judentum. Jüdisch wussten sie nichts, und viele (natürlich nicht alle) wollten vom Judentum nichts wissen. Religion? Auch für Antikommunisten (und das waren die meisten Sowjetjuden) »Opium fürs Volk«. Folgerichtig trat nur etwa die Hälfte der »Russen« in die jüdischen Gemeinden ein. Viele der Neumitglieder verließen sie wieder, nachdem diese ihnen bei der wirtschaftlichen und gesellschaftlichen Eingliederung, besonders bei der Arbeits- und Wohnungssuche sowie der seelischen Betreuung, massiv geholfen hatten. Trotz aller Defizite haben die deutschjüdischen Gemeinden jene Herkules- (beziehungsweise Samson-)Aufgabe bravourös gemeistert. In ungefähr einem Jahrzehnt haben die Altmitglieder etwas mehr als siebenmal so viele Neumitglieder integriert. Projiziert auf Deutschland, die rund 80 Millionen Deutschen und die Flüchtlingswelle des Jahres 2015 ergäbe der Faktor sieben eine Zahl von 560 Millionen Neu-Einwohnern. Man kann sich ausdenken, was gesellschaftlich, politisch und wirtschaftlich geschehen wäre.

Israels Politik und Gesellschaft fanden sich mit der entstandenen Situation ab. Etwa eine Million »Russen« waren trotzdem eingewandert. Langfristig in jeder Hinsicht ein Riesengewinn für Land und Leute, wenngleich kurz- und mittelfristig die Herausforderungen für die Alt- und Neubürger zeitweise unüberwindbar schienen und durch die Neuanfänge für die erste Generation der Einwanderer mit menschlichen Tragödien verbunden waren. Welcher Einwanderer-, Flüchtlings- oder Exilgruppe blieben wo und wann Probleme dieser Art erspart? Doch »wem es just passieret, dem bricht das Herz entzwei«. Manchmal mehr, sogar das Leben.

8. Der Golfkrieg und die Folgen, 1991–1998

In der Nacht vom 17. zum 18. Januar 1991, nur wenige Wochen nach Deutschlands (verhaltenem!) Wiedervereinigungsjubel, schlugen vierzig irakische Raketen in Israel ein. Sie zerbrachen auch Teile der deutsch-jüdisch-israelischen Gemeinsamkeit, denn: Seit 1983 war der Bundesregierung und ab 1984 der deutschen und somit der Weltöffentlichkeit bekannt, dass Iraks Diktator Saddam Hussein mithilfe deutscher Firmen Chemiewaffen herstellen ließ. Politisch geschah offenbar nichts, um die Rechtswidrigkeiten der deutschen Unternehmen zu beenden. »Wieder deutsches Giftgas gegen Juden.« So die Befürchtung 1991. Glück im Unglück. Die irakischen Raketen transportierten »nur« herkömmlichen Sprengstoff. Mitte Februar 1991 zeigte eine Umfrage, dass ungefähr die Hälfte der jüdischen Israelis meinte, Deutschland habe sich nach dem Zweiten Weltkrieg eben doch nicht geändert. Diese Einschätzung hatte der nach jenen Bombeneinschlägen hastig arrangierte Israelbesuch von Bundesaußenminister Genscher nicht abwenden können.

Die Israel-Stimmung der westdeutschen Gesellschaft hatte seit Mai 1981 von Tiefpunkt zu Tiefpunkt gewechselt. Ende 1990 war Israel im neuvereinten Deutschland, einer Infratest-Umfrage zufolge, der weltweit unbeliebteste Staat! Über Nacht, nach der Raketennacht vom Januar 1991, schnellten die Sympathiewerte nach oben. Erfreulich, könnte man sagen. Man könnte aber ebenso einwenden: Nur tote oder lebensbedrohlich gefährdete Juden seien für »die« Deutschen »gute Juden«. Allenthalben Schwankungen, Unsicherheiten. Die Folgen der Katastrophe, »Holocaust« genannt?

Nein, hier wirken keine Zyklen, also Schwankungen, sondern Strukturen, heißt: langfristig wirksame Faktoren, denn: Schon bald nach dem Zweiten Golfkrieg verschlechterten sich die Sympathiewerte für Israel in Deutschland dramatisch. Dramatisch. Dauerhaft (vgl. Wolffsohn (Grill, S 164ff. und Stetter/Wolffsohn). Ganz anders das Deutschlandbild der Israelis: Es wurde besser. Dauerhaft (ebd.).

Zurück zu Genscher in Israel, 1991. Wie ein begossener Pudel stand er vor den getroffenen Häusern bei Tel Aviv. Die fehlende deutsche Prävention sollte durch die nahezu ritualisierte (nur deutsche?) Reaktion wieder»gut«gemacht werden: Genscher sagte deutsche Wiederaufbaugelder zu. Geld statt Politik? Nicht ganz oder, besser, nicht mehr. Wie das?

Bereits in den 1950er-Jahren hatte die Bundesrepublik Israel »prinzipiell« als »Wiedergutmachung« deutscher Verbrechen die Lieferung von U-Booten zugesagt, obwohl der Jüdische Staat kein NATO-Mitglied war (und ist). Der Zusage folgte – Jahrzehnte nichts.

Dann jene Raketen im Januar 1991. Um einen damals befürchteten atomaren Erstschlag des IraK (man beachte das K) auf Israel durch einen atomaren Zweitschlag Israels kontern – und damit den IraK vom Erstschlag abschrecken! – zu können, versprach die Kohl-Genscher-Regierung Israel – unausgesprochen, doch faktisch – atomwaffenfähige U-Boote. Zwei geschenkt, das dritte hälftig finanziert. Bis 2020 wurden es sechs solcher U-Boote. Spätestens seit dem dritten Golfkrieg von 2003 droht einstweilen keine Gefahr mehr vom IraK – wohl aber vom IraN (N!). Die kurzfristige Gefahr wurde strategischer Gewinn für den Frieden, denn ein gefährdeter Iran dürfte vorsichtiger als ein ungefährdeter agieren.

Bis zum Herbst 1998, dem Ende der CDU/CSU-FDP Koalition, herrschte zwischen Bonn und Jerusalem wieder eitel Freude und Freundschaft. Wie Adenauer konnte sich sein »Enkel« Kohl, nach Zwischenverärgerungen, im Ruhm des Versöhners von Deutschen und Juden sonnen.

9. Rot-Grüne Distanz und Nähe, 1998–2005

Dem wärmenden Sonnenschein auf beiden Regierungsebenen folgte auf der deutschen Seite, zumindest aus dem Bundeskanzleramt unter Gerhard Schröder (SPD) vom Herbst 1998 bis November 2005, Eiszeit.

Schon als Juso-Chef und Ministerpräsident von Niedersachsen hatte er Israel-Distanz zelebriert. Ein einziges Mal, im November 2000, besuchte er während seiner Amtszeit seinen Jerusalemer Kollegen, kurzzeitig, von 1999 bis Anfang 2001, Ehud Barak von der Arbeitspartei. Der nannte den Deutschen »einen der besten und wohlwollendsten Freunde Israels in Europa«. Da hatten Barak, seine Zu- und Mitarbeiter entweder unzureichend recherchiert oder Barak bediente sich, alttestamentlich ausgedrückt, einer »Weißen Lüge«, die den Zuhörer nicht provozieren sollte.

Schröders Israel-Distanz wirkte sich zusätzlich auf die Israel-Ablehnung der deutschen Öffentlichkeit aus und umgekehrt auf das Deutschlandbild der Israelis (Wolffsohn/Grill, S. 167f). Es verschlechterte sich.

Dass der Grüne Joschka Fischer als Bundesaußenminister Israel-atmosphärisch zum Kanzler gegensteuerte, hatten viele nicht erwartet. Auch ich nicht. Die Mehrheit der Grünen hatte von Anfang an Israel wenig Sympathien entgegengebracht. Kurz nachdem im Januar 1991 irakische Raketen auf den Großraum Tel Aviv geprasselt waren, verkündete MdB und Grünen-Sprecher Hans-Christian Ströbele, also die Nummer Eins der Partei, im Februar 1991, jenes Bombardement sei »die logische, fast zwingende Konsequenz der israelischen Politik den Palästinensern und den arabischen Staaten gegenüber«. Kurz danach wurde er auf dem Grünen-Parteitag von Neumünster umjubelt. Joschka war »entsetzt«. Er arbeitete seit Anfang der 1990er-Jahre kontinuierlich daran, seine Partei zunächst und zumindest vom Anti-Israel-Radikalismus abzubringen. Das gehörte zweifellos zur Bewältigung seiner eigenen Vergangenheit, denn noch im Oktober 1969 hatte er als Gast am Palästinensischen Nationalrat in Algier teilgenommen und, wie die meisten im Saal, Jassir Arafats Rede stehend beklatscht, in der dieser Israels Auslöschung gefordert hatte. Stefan Meining von »Report« München und ich haben diese bis dahin unbekannte Tatsache im Januar 2001 ermittelt und die Öffentlichkeit wissen lassen. Dadurch wurden seine Jahre als junger Wilder der Frankfurter 68er-Rebellen thematisiert. Ein Sturm in Wasserglas folgte, sogar Rücktrittsforderungen. Er ebbte schnell ab. Seit Juni 2001 versuchte der inzwischen etablierte Ex-Wilde, den Friedensprozess zwischen Israel und den Palästinensern wiederzubeleben. Wie so viele vor und nach ihm scheiterte auch er, doch »Joschkas« Zuneigung und Bemühungen wurden honoriert. Er mutierte zum Liebling »der« Israelis. Ganz anders als der Kanzler. Aber: Die geplante und vereinbarte Lieferung zusätzlicher deutscher U-Boote erfolgte nicht. Oder doch, fast. Auf der buchstäblich letzten Kabinettssitzung der rot-grünen Koalition wurde die Erlaubnis erteilt, um die man sich seit 1998 gedrückt hatte. Somit hatte die Regierung Angela Merkel, die Große Koalition aus CDU/CSU und SPD, einen Israel-Traumstart. Zumindest aus israelischer Sicht.

10. Schutzengel Angela? 2005–2021

Jenem Traumstart folgte ein neuer deutsch-israelischer und deutsch-jüdischer Honigmond. Höhepunkt war der 18. März 2008. Angela Merkel sprach vor dem israelischen Parlament, der Knesset. Zufall oder nicht, ein historisch, aus deutscher Sicht, gut gewähltes Datum. Der 18. März war Siedepunkt der deutschen Bürgerrevolution, und bei den Wahlen vom 18. März 1990 hatten sich die Bürger der Spät-DDR für deren Ende entschieden. Nie vor dem 18. März 2008 war einem deutschen Bundeskanzler diese Gelegenheit geboten worden. Als Israels Schutzengel präsentierte sie Deutschland: Die »historische Verantwortung Deutschlands ist Teil der Staatsräson meines Landes. Das heißt, die Sicherheit Israels ist für mich als deutsche Bundeskanzlerin niemals verhandelbar. Und wenn das so ist, dann dürfen das in der Stunde der Bewährung keine leeren Worte bleiben.«

Vor lauter Begeisterung bei den Einen und Aufregung bei den Anderen wurden diese Sätze als deutsche Sicherheitsgarantie für Israel total missverstanden – als käme ein Angriff auf Israel für Deutschland einem Angriff auf Deutschland gleich. Ein Überfall auf das NATO-Mitglied Deutschland würde automatisch alle NATO-Mitglieder zum Beistand für Deutschland verpflichten. Käme ein Angriff auf Israel einem Angriff auf Deutschland gleich, hätte die Kanzlerin – einseitig, ohne Absprache mit oder Zustimmung der Allianzpartner – Israel implizit zum NATO-Mitglied gekürt. Bereits formal unmöglich.

»Staatsräson« ist außerdem kein politisch operativer, sondern ein eher schwammiger Begriff. Kein einziges Mal wird dieses Wort im Grundgesetz genannt. Kein Wunder, denn im Mittelpunkt der bundesdeutschen Verfassung steht der Mensch, die Würde beziehungsweise das Leben des Menschen, und, in bewusster Abgrenzung zum Nationalsozialismus (und Kommunismus), eben nicht der Staat.

Welche Begriffsbestimmung würde im Fall der Fälle gelten, wenn Israels Sicherheit tatsächlich gefährdet wäre? Persifliert ausgemalt: Eine neue deutsche Kommission bekäme den Auftrag, den Begriff zu präzisieren. In der Zwischenzeit könnte Israel untergegangen sein – wäre es auf die Hilfe der Bundeswehr angewiesen.

Bundespräsident Joachim Gauck, anders als viele Politiker ein Mann der klaren Sprache, packte den Begriffsstier bei den Hörnern, als er im Mai 2012 Israel einen Staatsbesuch abstattete: »Ich will nicht in Kriegsszenarien denken«, aber das »Staatsräson«-Wort könne die Bundeskanzlerin noch in »enorme Schwierigkeiten« bringen (Daniel F. Sturm, Die Welt, 29.5.2012).

Manche mögen wegen des angeschnittenen Sicherheitsthemas in der Kanzlerinrede »Staatsräson« mit »casus belli« verwechselt haben. Alles Spekulation, keine Realpolitik, und mit wem hätte Deutschland über Israels Sicherheit zu »verhandeln«? Alles unausgegoren. Wärmende Gefühle, keine Handlungsmaximen.

Selbst ohne NATO-Bündnisfall war schon 2008 jedermann klar: Sollte Israel in die Lage versetzt werden, den Beistand der Bundeswehr für seine Existenz zu benötigen, wäre ein präventiver Exodus der neuen »Kinder Israels« angebracht, und der letzte seinem Land entfliehende Israeli müsse unbedingt das Licht am Flughafen ausschalten. Daran ändern auch die gemeinsamen Flugmanöver der maroden deutschen und höchst einsatzbereiten israelischen Luftwaffe über dem einstigen KZ Dachau oder der Negev-Wüste nichts.

Immerhin: Es gelang den Merkel-Regierungen, mit Ausnahme der FDP-Partnerschaft von 2009 bis 2013 meistens eine Koalition aus Union und SPD, gute Juden- und Israelgefühle auszustrahlen, und sie wurden bei den Empfängern dankbar registriert. So dankbar, dass manche benebelt wurden und zwischen Wort und Wirklichkeit nicht mehr unterschieden.

Die praktizierte Israel- und Judenpolitik der Merkel-Koalition aus Union und SPD sah nämlich jenseits schöner Worte in lebenswichtigen Bereichen ganz anders aus. Das betraf besonders das deutsche Abstimmungsverhalten in der UNO. Kaum ein Entschließungstext gegen Israel war aggressiv wirr genug, dass Deutschland sich dagegenstemmte oder stimmte. Einwand: Lebenswichtige Waffen, U-Boote und Korvetten zum Beispiel, wurden, anders als unter Gerhard Schröder und Joschka Fischer, an Israel exportiert. Gegeneinwand: Unter der Regie von Kanzlerin und Außenminister dann (nicht deswegen) Bundespräsident Steinmeier.

Spielte Deutschland auf dem Weg zum 2015 vereinbarten und von Israel heftig abgelehnten, weil als lebensbedrohlich empfundenen, Atomabkommen mit dem Iran eine Schlüsselrolle? Innerlich gespalten waren Israels Gesellschaft und Politik der Merkel'schen Migrationspolitik der Jahre 2015/16 gegenüber. Einerseits beeindruckten der »Humanitäre Imperativ« der Kanzlerin sowie die »Willkommenskultur« von Millionen Deutschen. Andererseits wurde diese Haltung als naiv empfunden, zumal den israelischen Diensten Informationen vorlagen, dass sich diverse islamische Terroristen, auf der Flüchtlingswelle reitend, einschleusten. Diesbezügliche Warnungen wurden Deutschland übergeben – und dort in den Wind geschlagen. Bis einige dieser Terroristen zuschlugen, zum Beispiel am 19. Dezember 2016 an der Berliner Gedächtniskirche.

Ironie der Geschichte: Antrieb jener neudeutschen Naivität ist (!) echte Humanität. Sie entspricht genau dem Ziel, das die Siegermächte über Deutschland sowie »die« Jüdische Welt für Deutschland und »die« Deutschen anstrebten: den sanften Deutschen Michel. Bittere Früchte der Umerziehung. Dialektik pur. Ambivalenz 1.

Ambivalenz 2: Dass Deutschland aus wirklich humanitären Gründen (und, unausgesprochen, doch faktisch aufgrund der niedrigen Geburtenraten der »Biodeutschen« mit demografisch-realpolitischen Hintergedanken) Migranten zu- und einwandern lässt, findet in der Jüdischen Welt prinzipiell vorbehaltlose Zustimmung. Alles andere wäre für eine Gemeinschaft, deren Vorfahren immer wieder Schutz suchen mussten und oft nicht fanden, inakzeptabel und unmoralisch. Einerseits. Andererseits: Bereits die konkreten Erfahrungen mit neudeutschen muslimischen Mitbürgern sowie die bekannten Umfragen aus dieser Bevölkerungsgruppe sind bezüglich Juden, Antisemitismus und Israel alles andere als, im Sinne von Toleranz und Akzeptanz, erfreulich. Noch unerfreulicher und vor allem physisch gefährlicher, so die allgemeinjüdischen Befürchtungen, wären Einstellungen und Handlungen der Zuwanderer aus extrem antijüdischen und antiisraelischen Staaten wie Syrien. Deshalb ist die jüdische Gemeinschaft in Deutschland »den« Muslimen gegenüber zweigeteilt. Hier die Optimisten, dort die Pessimisten. Im Kern sind sich beide darin einig: Menschlichkeit und politische Vernunft gebieten Zusammenhalt, Kooperation und nicht Konfrontation der islamischen und jüdischen Minderheit in Deutschland und Europa. Aber...

Aus alldem folgt These 1: Auf absehbare Zeit ist eine Entradikalisierung der westeuropäisch-muslimischen Minderheit Juden und Israel gegenüber nicht zu erwarten. These 2: Als Staatsbürger einer wachsenden und wählenden (!) Minderheit werden die deutschen und anderen europäischen Muslime wachsenden innen- und damit auch außenpolitischen Einfluss erlangen. Entweder in den traditionellen Parteien oder durch die Gründung eigener Migrantenparteien. Das wiederum führt zu These 3: Über kurz oder lang ist nicht nur, aber nicht zuletzt deshalb mit einem Ende der »besonderen Beziehungen« zu »den« Juden und Israel zu rechnen. Der vermeintliche deutsche Schutzengel »der« Juden und Israels, »Angela«, personifiziert den Anfang vom Ende der herkömmlichen Juden- und damit auch Geschichtspolitik Deutschlands. Im Zusammenhang mit der öffentlichen Gewichtung von Holocaust und Kolonialismus werden wir diesen Gedanken empiriebasiert vertiefen.

11. Politischer Biologismus, politische Mechanik und Antigermanismus

Ob schwarz oder rot, grün oder blau-gelb – die Parteien und ihre Spitzenpolitiker drücken mehr oder weniger geschickt und taktvoll das aus, was die Mehrheit der Deutschen laut Umfragen denkt: daß vor allem die nach 1945 Geborenen an den nationalsozialistischen Verbrechen nicht schuldig und für diese Greueltaten nicht verantwortlich seien. (Einige dieser Meinungserhebungen erwähnen wir in Kapitel VI.). Bundespräsident von Weizsäcker hat am 8. Mai 1985 überzeugend erklärt, weswegen Schuld nicht kollektiv, sondern nur individuell sein könne. Er hat theoretisch Recht. Praktisch, das heißt politisch, ist die Trennung von individueller und kollektiver Schuld reine Theorie. Sie ist überzeugend und ehrenwert, ja wünschenswert, aber sie ist akademisch, denn außenpolitisch tritt der Staat mit seinen Amtsträgern als Verkörperung der Allgemeinheit in Erscheinung, nicht der einzelne Bürger, sei er alt oder jung, schuldig oder unschuldig.

Die nationalsozialistische Vergangenheit Deutschlands ist schon längst nicht mehr reine Geschichte; sie wurde zum politischen Instrument.

Bei Bedarf bedienen sich Nichtdeutsche dieses Instruments, seien diese Nichtdeutschen nun Juden oder Nichtjuden.

Von dem realen Deutschen und vom realen Deutschland ist dieses Instrument längst abgelöst, aber gerade deswegen ist und bleibt es so wirksam – und wer läßt sich freiwillig ein bewährtes, weil erfolgversprechendes politisches Instrument aus der Hand schlagen?

Das Instrument des *Antigermanismus* ist ebenso wirksam wie das des der Antijudaismus, der sich ebenfalls von seinem Objekt verselbständigt hat. Der Antijudaismus hat mit dem realen Juden und dem realen Judentum, wenn überhaupt, nur sehr wenig gemein. Der Antigermanismus als Instrument zeichnet, verzeichnet und überzeichnet das heutige Deutschland ebenso wie einst der Jude nur als Fratze dargestellt wurde. Seit Jahrtausenden leben die Juden mit dem Antijudaismus, die Deutschen werden sich, wohl oder übel, an die Allgegenwart des Antigermanismus gewöhnen müssen. Er wird ihnen nicht nur die Israel- und Nahostpolitik, sondern jegliche Politik erschweren.

Als Neu-Kanzler Olaf Scholz (SPD) und Neu-Außenministerin Annalena Baerbock Polen ihren deutscherseits seit Jahrzehnten üblich frühen Antrittsbesuch abstatteten, empfingen sie zahlreiche Großplakate mit Hakenkreuzen und ähnlich freundlichen Willkommenszeichen.

Überspitzt formuliert ließe sich aus der Geschichte der Juden für die Zukunft der Deutschen eine Art Analogie ableiten, die Ablauf und Wirkungsweise der *politischen Mechanik* kennzeichnet: Ähnlich wie die Juden rund zweitausend Jahre als Christusmörder gebrandmarkt wurden, bleibt der Holocaust, der Judenmord, für Jahrhunderte an den Deutschen haften. In beiden Fällen waren die jeweiligen Zeitgenossen nicht kollektiv schuldig; in beiden Fällen tragen die nachfolgenden Generationen überhaupt keine Schuld – weder individuell noch kollektiv; doch in beiden Fällen bleibt das Kainszeichen ein übernommenes Instrument und Argument gegen ihre Vorfahren, sie selbst und ihre Nachfahren. Die Nachwelt reagiert im Bereich der Politik wie der Pawlowsche Hund: In bezug auf die Juden hieß der bedingte Reflex »Christusmörder«, in Bezug auf Deutschland heißt er – und das wird lange so bleiben – Auschwitz. Offenbar ist historische Erinnerung ohne verfälschende Verallgemeinerung und kollektive Schuldzuweisung kaum möglich. Wir bezeichnen diese Art der Weitergabe historischer Erinnerungen an die folgenden Generationen als *politische Mechanik.* Hier haben wir die politische Mechanik des Antisemitismus und des

Antigermanismus skizziert. Man muß sie kennen, will man ihre Wirkung abschwächen.

Daß die Deutschen, besonders die nach 1945 geborenen, heute auf diese politische Mechanik national-kollektiver Schuldzuweisung immer ärgerlicher reagieren und morgen noch ärgerlicher reagieren könnten, ist nicht unverständlich. Verständlich, weil sie eben nicht individuell schuldig wurden. Verständlich, weil es wirklich ernsthafte und aufrichtige Bemühungen gab und gibt, ein nicht-braunes Deutschland aufzubauen oder zu festigen. Verständlich wegen des biologischen und generationellen Wechsels und verständlich, weil der Antigermanismus letztlich, ebenso wie der Antisemitismus, eine politische Abart der Biologie darstellt.

Dieser *politische Biologismus* ordnet Menschen aufgrund ihrer geburtsbedingten nationalen und religiösen Herkunft, nicht aufgrund ihrer Eigenschaften oder Verhaltensweisen, den Mächten des Lichtes oder den Mächten des Dunkels zu – ein für allemal. Er ist damit radikal gegen die Tradition der Aufklärung gerichtet, die für den Einzelmenschen die Fesseln der Geburt sprengen wollte.

Während Deutschland zwischen 1933 und 1945 den politischen Biologismus zur herrschenden Ideologie erhob, schlägt er heute gegen die Bundesrepublik zurück – auch eine Ironie der Geschichte.

Die nach 1945 geborenen Deutschen gehören ebensowenig automatisch zu den Mächten des Dunkels wie die nachgeborenen Juden, Israelis oder andere Ausländer zu den Mächten des Lichtes.

Wenn einerseits Israel, die Juden und das Ausland die Deutschen vor dem Horizont deutscher Vergangenheit betrachten, die Deutschen sich selbst aber aus der Perspektive der Gegenwart und Zukunft sehen, dann sollten wir von einer *Ungleichzeitigkeit* sprechen. Mit anderen Worten: Beide Seiten leben in derselben Zeit und denken in unterschiedlichen Zeitbezügen. Das Wir-Gefühl der nachgeborenen Deutschen bezieht sich vor allem auf das Hier und Heute, das Wir-Gefühl der nachgeborenen Juden auf das Dort und Gestern. Das mag man vielleicht kritisieren, doch muß man es zunächst registrieren, um es dann korrigieren zu können.

Diese theoretische Feststellung über die Ungleichzeitigkeit ist praktisch-politisch außerordentlich brisant. Sie besagt nämlich, daß die Verstimmungen zwischen Deutschland und Israel, Deutschland und den Juden, zwischen Deutschland und dem Ausland generationsbedingt tendenziell immer heftiger werden müssen. Die nachgeborenen Generationen der Deutschen und Nicht-Deutschen, der Deutschen und Juden, bewegen sich geschichtspolitisch voneinander weg, nicht aufeinander zu.

Die politische Mechanik und der politische Biologismus des Antigermanismus werden Deutschlands geschichtspolitische Schwierigkeiten mit dem Ausland, natürlich auch mit Israel und den Diasporajuden, größer, nicht kleiner werden lassen.

Israel und die Juden sind allerdings Extremfälle der politischen Mechanik und des politischen Biologismus des Antigermanismus.

Das (Fremd-)Bild von den Deutschen, auch das der Nachgeborenen, wird auf diese Weise durch den Holocaust negativ bestimmt. Jüdische Identität, weniger israelische, wird bei den Nachgeborenen ebenfalls durch den Holocaust entscheidend bestimmt, auch und gerade bei den nachgeborenen Juden. In einer weitgehend unreligiösen Welt stiftet das Judentum als Religion bei der Mehrheit keine jüdische Identität mehr; die Geschichte, die Leidensgeschichte ihres Volkes, besonders der Holocaust, prägt die Identität der Juden, die sich an den Holocaust geradezu klammern müssen, um ihre religiös entjudaisierte Identität durch die jüdische Geschichte wieder zu judaisieren; sie brauchen hierfür nicht zuletzt ein Deutschland mit dem Kainszeichen des Holocaust – ganz abgesehen vom politischen Biologismus und der politischen Mechanik des Antigermanismus; sie sind an Deutschland ebenso gekettet, wie Deutschland an sie gekettet ist. Wir werden diesen Zusammenhang aus der Sicht Israels und des Diasporajudentums in den Kapiteln über die Funktion des

Holocaust in Israel und über Deutschlands Juden noch näher erläutern.

Die einen, die meisten nachgeborenen Deutschen, wollen aus dieser zwangsläufigen Bindung fliehen, die anderen, die Juden, können sie nicht fliehen lassen, ohne ihr Judentum zu gefährden. Indem der Holocaust zunehmend oder sogar ausschließlich Symbol jüdischer Identität wird, »droht sich zugleich eine andere Schere aufzutun: zwischen den Nachfahren der Täter und denen der Opfer« (Christian Meier).

12. Geschichte als Falle

Diesen Befund vertrete ich angesichts der eingetretenen Entwicklung noch nachdrücklicher als zuvor. Bezeichnung hierfür: »Geschichte als Falle«. Mit Thomas Brechenmacher habe ich hierzu 2001 eine Aufsatzsammlung unter diesem Titel herausgegeben.

Die Stichworte hierzu in aller Kürze: Aufgrund derselben Vergangenheit, besonders der NS-Zeit, haben »die« (meisten) Deutschen sowie »die« (meisten) Juden (in Israel ebenso wie in der Diaspora) unterschiedliche Schlussfolgerungen für ihre Gegenwart und Zukunft gezogen. Aus ihrer jeweiligen Sicht hat jede der beiden Seiten recht. Gerade deshalb können sie nicht zueinanderfinden.

Stichwort 1 betrifft das Verhältnis zur Gewalt als legitimes Mittel der Politik.

Juden sagen: »Nie wieder Opfer!«, und deshalb: »Ja zu Gewalt als legitimes Mittel der Politik. Reaktiv und präventiv.«

Deutsche sagen: »Nie wieder Täter!«, und deshalb: »Nein zu Gewalt als Mittel der Mittel.« Jedenfalls galt dieses Nein bis zum Überfall von Russlands Putin-Goliath auf die David-Ukraine im Februar 2022. Danach würde, so Bundeskanzler Olaf Scholz, eine »Zeitenwende« beginnen. Kommt Zeit, kommt Gewissheit.

Vor der »Zeitenwende« galt jedenfalls: Präventiv nie Gewalt und reaktiv nur nach Ausschöpfen aller friedlichen, diplomatischen Mittel. Eine absurde Situation war (bis 2022?) entstanden: Nach knapp zweitausend Jahren jüdischer Gewaltlosigkeit – als Alternativlosigkeit – wollten die (zumindest viele) Nachfahren der Gewaltanwender die Nachfahren der Opfer davon überzeugen, dass es endlich Zeit sei, auf (Gegen)Gewalt, sprich: Verteidigung, zu verzichten. Unter ihrem jüdischen Präsidenten Selenskyj schlossen sich »die« Ukrainer – ebenfalls einstiges Opfer der deutschen Hitlerei –2022 im Abwehrkampf gegen Putins Russland der allgemeinjüdischen Nach-Opferhaltung gedanklich und defensive Gewalt anwendend an.

Heinrich Heines Gedicht »An Edom«, lange vor dem Holocaust verfasst, hat diesen Rollenwechsel weit über Juden und Deutsche hinaus geradezu prophetisch beschrieben. Klug, bissig, bitterböse, zutreffend:

Ein Jahrtausend schon und länger,
Dulden wir uns brüderlich,
Du, du duldest, dass ich atme,
Dass du rasest, dulde Ich.
Manchmal nur, in dunkeln Zeiten,
Ward dir wunderlich zu Mut,
Und die liebefrommen Tätzchen
Färbtest du mit meinem Blut!
Jetzt wird unsre Freundschaft fester,
Und noch täglich nimmt sie zu;
Denn ich selbst begann zu rasen,
Und ich werde fast wie Du.

Stichwort 2, Land, Volk und Staat: Nach knapp zweitausend Jahren Verlust des eigenen Staates in eigenen Land vibrieren Seele und Körper der (meisten) Juden, wenn vom »Land Israel«, dem »Jüdischen Staat« oder dem »Volk Israel« die Rede ist.

Seele und Körper der meisten heutigen Deutschen beben geradezu vor Zorn, wenn Seele und Körper ihrer wenigen Landsleute vor lustvoll-nostalgischer Ergriffenheit vibrieren, sobald von der Deutschen Land, Deutschland, dem Staat der Deutschen oder gar dem Deutschen Volk die Rede ist.

Stichwort 3, Religion: Selbst agnostische Juden räumen ein, dass ganz ohne Bezug zur Religion, zumindest historisch und kulturell, die jüdische »Chose« nicht funktioniere. Ganz anders als in der Fast-Heidenrepublik (besonders in Ost-) Deutschland sind religiöse und sogar streng orthodoxe Juden demografisch, also aufgrund ihres dramatischen Geburtenüberschusses, auch politisch im Vormarsch. Diese Entwicklung dürfte sich in Israel beschleunigen. Ebenso in Deutschland – freilich in die andere, weltlich-a- und antireligiöse Richtung.

13. Die DDR und Österreich zum Vergleich

Die Mehrheit der politischen Entscheidungsträger dieser Republik hat es sich Israel und den Juden gegenüber nicht leicht gemacht, besonders nicht während der Gründerjahre, als die Weichen der Geschichtspolitik gestellt wurden. Ganz anders die übrigen beiden deutschen Staaten des einstigen Großdeutschen Reiches, die DDR und Österreich. Sie haben aus unterschiedlichen Gründen eine ganz andere Geschichtspolitik als die Bundesrepublik betrieben.

»Die Regierung der *Deutschen Demokratischen Republik* hat bisher alles in ihren Kräften Stehende getan, um den deutschen Faschismus mit seinen Wurzeln zu vernichten und Bedingungen zu schaffen, die ausschließen, daß von Deutschland nochmals eine Bedrohung der Sicherheit und Existenz anderer Völker – auch des jüdischen Volkes – ausgeht. Den auf dem Territorium der Deutschen Demokratischen Republik wohnhaften Opfern des Faschismus wurde in großzügiger Weise Unterstützung und Hilfe gewährt. Die Regierung der Deutschen Demokratischen Republik hat die von den vier Alliierten festgelegten Reparationsleistungen zur Wiedergutmachung des von dem deutschen Faschismus angerichteten Schadens erfüllt.«

Im Dezember 1955 überreichte der Botschafter der DDR in Moskau diese Stellungnahme seinem israelischen Kollegen. Mit fast den gleichen Worten hatte das »Neue Deutschland« am 25. November 1952 erstmals auf das bundesdeutsch-israelische Abkommen reagiert – mehr als zwei Monate nach dessen Unterzeichnung. Jerusalem gab sich nicht zufrieden und hakte nach. Doch auch die zweite ostdeutsche Antwort vom 9. Juli 1956 fiel für Israel unbefriedigend aus. Bekannte Standpunkte wurden wiederholt. Jerusalem reagierte noch einmal, doch nur um Ost-Berlin zu signalisieren, man würde »bei der ersten sich bietenden Gelegenheit« da Problem der Entschädigung der NS-Opfer durch die DDR wieder aufgreifen.

Wiedergutmachung, Rückgaben, Entschädigung an Juden? Fehlanzeige. Aus kommunistischer Sicht sogar überzeugend. Walter Ulbricht hatte es auf den Punkt gebracht: Zurückgeben könne man nur denen, die zuvor viel hatten, also Kapitalisten. Widersinnig wäre es, gäben Kommunisten den bekämpften Kapitalisten ihr Eigentum zurück. »Alles Eigentum dem Volk!«

Lange Zeit schien Jerusalem Wiedergutmachungsansprüche an die DDR zu den Akten gelegt zu haben – bis zum Jahreswechsel 1972/73. Im Januar 1973 bat Jerusalem den ostpolitisch erprobten Kanzler der Bundesrepublik Deutschland, Willy Brandt, um Vermittlungsdienste, doch alle Bemühungen fruchteten nichts. Die DDR weigerte sich weiterhin.

Einen sichtbaren Kurswechsel gegenüber dem Diasporajudentum schlug die Führung der DDR im Jahre 1987 ein: Erstmals wurden Verhandlungen über Möglichkeiten ostdeutscher Wiedergutmachung an Auslandsjuden deutscher Herkunft mit Vertretern des Jüdischen Weltkongresses aufgenommen. Im Januar 1988 hieß es, in Ost-Berlin habe man sich grundsätzlich bereit erklärt, Wiedergutmachungszahlungen zu leisten.

Bei der auf Israel und die Juden gerichteten Geschichtspolitik der DDR kann man verschiedene Phasen unterscheiden: Von 1949 bis 1953 wies Ost-Berlin zwar jede nationale Verantwortung für die nationalsozialistischen Judenmorde zurück, aber im Vergleich zur Sowjetunion und den übrigen Ostblockstaaten blieb der Antiisraelismus der DDR ausgesprochen zurückhaltend. Während die sowjetische Zeitschrift »Liternatur-naja Gaseta« Israel schon im April 1950 als Komplizen des US-Imperialismus anprangerte, stand im »Neuen Deutschland« Israel erst am 1. März 1951 »auf der Seite der amerikanischen Kriegshetzer und Imperialisten«, seit 1955/56 besonders gegen das »erwachende und progressive Volk« Ägyptens – das seit September 1955 Waffen aus der UdSSR erhielt.

In den Jahren 1953/54 gab die DDR ihre relative Zurückhaltung auf und erreichte 1963/64 das antiisraelische Niveau der Sowjetunion, das sie seit 1967 ebenso deutlich wie beständig übertraf; Vergleiche von amtlichen Veröffentlichungen aus der DDR sowie englischsprachiger Stellungnahmen aus der UdSSR legen diese Schlußfolgerung nahe. Offenbar erhoffte sich die DDR auf diesem Weg eine Aufwertung ihres Ansehens in der Dritten Welt und damit auf dem internationalen Parkett. Israel wurde aus tagespolitischen Motiven zum Sündenbock gemacht, denn seit den Eroberungen des Sechs-Tage-Krieges vom Juni 1967 trug der jüdische Staat in den Augen vieler Entwicklungsländer alle Negativ-Merkmale einer Besatzungs- und »Kolonialmacht«.

Abgeschwächt wurde der oft geradezu geifernde Antiisraelismus der DDR-Presse (und damit der DDR-Führung) durch die Unterscheidung zwischen den »aggressiven Aggressor-Kreisen der Regierung« Israels (Hauptstadt Tel-Aviv!) und der jüdischen Bevölkerung des Landes. Mit diesem geschichtspolitischen Kurs versuchte man sich aus der nationalhistorisch bedingten Klemme zu lösen. In der englischsprachigen Presse der Sowjetunion jedenfalls fehlt der Hinweis auf die »unterdrückte jüdische Bevölkerung«. Diese Anzeichen deuten daraufhin, daß sich die DDR in diesem Punkt ihren eigenen Weg sucht. Vielleicht war ihr besonders scharfer Antiisraelismus seit 1967 Ersatz für ihren fehlenden Antisemitismus? Die damals in der UdSSR und in Polen oft verkündete Warnung vor der jüdisch-zionistischen Gefahr wäre freilich gegen ungefähr sechshundert DDR-Juden lächerlich gewesen.

Die Geschichtspolitik der DDR gegenüber Israel diente zugleich stets auch der Abgrenzung von der Bundesrepublik Deutschland. Nicht nur das »Neue Deutschland«, auch andere DDR-Publikationen unterstellten der israelischen Regierung immer wieder, mit den Kräften des alten Deutschland zusammenzuarbeiten. Besonders seit 1959/60, seit den Hakenkreuzschmierereien in der Bundesrepublik, noch mehr seit dem Eichmann-Prozeß, konnte diese Linie beobachtet werden. Bei der Berichterstattung über dieses Gerichtsverfahren gingen die DDR-Organe mehr mit Adenauer-Intimus Globke als mit dem nationalsozialistischen Schreibtischmörder Eichmann ins Gericht.

Seit Mitte der 80er-Jahre scheint die DDR jedoch eingesehen zu haben, daß ihre internationale Aufwertung besonders in den Vereinigten Staaten von Amerika mit ihrer geschichtspolitischen Verantwortung gegenüber den Juden verknüpft wird. Wahrscheinlich hat sie deswegen einen sanfteren judenpolitischen Kurs eingeschlagen.

Ob sie wollte oder nicht, die DDR hatte die Last der nationalsozialistischen Vergangenheit mitzutragen, die aufgrund der bundesdeutschen Geschichtspolitik seit 1984/85 die amerikanischen Gemüter wieder stärker als zuvor erregte. Das nationale Erbe des Holocaust war selbst durch die »soziale Umwälzung« nicht abzuschütteln. Großdeutsche Vernetzung könnte man das nennen, denn besonders in den USA wird in Bezug auf die deutsche Verantwortung für das Dritte Reich nicht zwischen der Bundesrepublik und der DDR unterschieden.

Sichtbar wurde der geschichtspolitische Kurswechsel der DDR 1987 nicht nur durch die beginnenden Wiedergutmachungsverhandlungen mit den diasporajüdischen Organisationen, sondern auch und besonders durch die Einführung eines neuen Rabbiners in Ost-Berlin. Den Lebensunterhalt dieses Rabbiners bestreitet die DDR zu einem kleinen Teil, den Löwenanteil hat das »American Jewish Commitee« übernommen.

Ob dem judenpolitischen Kurswechsel auch ein israelpolitischer folgen wird, bleibt abzuwarten. Einstweilen ist Israel gegenüber der ostdeutsche Ton immer noch schärfer als der aus anderen osteuropäischen Staaten nach Jerusalem dringende; die sowjetische, ungarische oder polnische Israel-Musik klingt inzwischen viel sanfter.

Die jüdische Dimension des DDR-Endes, 1988–1990

Die diasporajüdische Welt hatte sich offenbar mit der DDR wenngleich nicht ausgesöhnt, doch abgefunden. Israel weniger, denn brüderlich stand die DDR-Führung bis zuletzt auf der Seite der extremistischen Israelfeinde, allen voran den diversen palästinensischen Terrorgruppen.

Doch, wie erwähnt, pflegte in den fortgeschrittenen 1980er-Jahren sogar das ehrwürdige American Jewish Committee Kontakte zur DDR. Und umgekehrt. Die wenigen DDR-Juden, die Amerikas Seele und Sprache kannten, gab es im Hauptbüro des AJC. Bei einem meiner dortigen Vorträge traf auch ich eine solche DDR-Jüdin, die ich – unerwartet und erst recht unverhofft – im Rahmen meiner Forschungen als Inoffizielle Mitarbeiterin der DDR-Staatssicherheit erkannte. Sie hatte sogar Freunde verraten, die »Republikflucht« geplant hatten. Wahrscheinlich verübelt sie mir diese »Entdeckung« lebenslang. Lange jedenfalls wurde sie von Alt-Westdeutschen (mit schlechtem Gewissen?) mit Samthandschuhen behandelt. »Juden sollen mit der Stasi gekonnt haben? Unmöglich!« O doch, sie konnten. Natürlich nicht alle der Wenigen, doch manche vortrefflich, und sie schwammen weiter oben. Zum Beispiel Dr. Hermann Simon. Obwohl ich seine Stasi-Verbindung aufgedeckt hatte, blieb er nach der Wiedervereinigung Vorsteher des jüdischen Gemeinde-»Parlamentes« in Berlin, Direktor des Centrum Judaicum und zuletzt Ehrendoktor der Freien Universität Berlin. Dr. Peter Fischer (IM Frank) wurde noch 1989 von der Stasi für seinen Einsatz gelobt. Ignatz Bubis, Präsident des jüdischen Zentralrates, war diese Tatsache bekannt. Trotzdem blieb Fischer von 1990 bis 2009 in Zentralratsamt und (Schein-)Würden, zeitweilig als Gedenkstättenreferent. »Schwerter zu Pflugscharen«, Böcke zu Gärtnern.

Amerika wurde (nach den Wikingern) 1492 entdeckt, »die« Juden 1985/87. Zumindest von den DDR-Oberen. Zuvor galten Juden als eine Gruppe unter vielen anderen NS-Opfern, allen voran den Kommunisten. Der Jüdische Staat, Israel, galt zumindest seit Herbst 1948, wie überall in den Satellitenstaaten der UdSSR, als Speerspitze des Imperialismus, Kolonialismus und allen anderen schlimmen Ismen. Seit den Eroberungen im Sechs-Tage-Krieg wurde Israel als brutale Besatzungsmacht verzerrt, »wie einst die Wehrmacht«.

Warum aber die »Entdeckung der Jüdischen Welt« in den Jahren 1985/87? Zwei Gründe. Der eine wirtschaftlich, der andere politisch. Wirtschaftlich schwebte über der DDR der Pleitegeier. Der Handel mit den USA sollte das wirtschaftliche Überleben ermöglichen. Deshalb erhoffte sich die DDR vonseiten der USA die Meistbegünstigungsklausel. Da, so das rechte auch bei Linken nicht auszutreibende Klischee, eigentlich »die« Juden »die« US-Politik, besonders in der Legislative, lenkten, müsse man jüdische Sympathien gewinnen. In den USA direkt sowie indirekt über Israel.

Politisch erstrebte die DDR zusätzliche Legitimität als salonfähiger Akteur. Günstig gewählt war der Zeitpunkt. Durch die

Bitburg-Kontroverse war die im Frühjahr 1985 »BRD« in die geschichtspolitische Defensive geraten. Ausführlich habe ich die DDR-Bemühungen um die Gunst der Jüdischen Welt in der »Deutschland-Akte« belegt. Dort oder bei Stefan Meining (2021) sind alle Details zu finden. Besonders erwähnenswert ist die Rolle des stasifizierten DDR-jüdischen Establishments sowie des damaligen Präsidenten des Jüdischen Weltkongresses (JWK), Edgar Bronfman. Vornehmlich betriebswirtschaftlich motiviert, erfüllte er die Rolle des »Nützlichen Idioten« zugunsten der Aufrechterhaltung der DDR. Nichts half ihm und der DDR. Der Selbstbestimmungs-Tsunami sowie die Selbstreinigungskräfte im JWK sowie in den jüdischen Organisationen des neuvereinten Deutschland fegten DDR, Bronfman und fast alle Stasi-Juden hinweg. Weil nicht sein sollte, was nicht sein durfte, versuchten nach der Wiedervereinigung naive Altbundesdeutsche lange die Stasifizierung der meisten DDR-jüdischen Gemeindevertreter entweder zu verniedlichen oder zu verheimlichen. Ein langfristig sinnloses und erfolgloses Unterfangen.

Von wenigen Ausnahmen abgesehen, meistens weltfremde Akademiker, weinte in Israel keiner der DDR eine Träne nach.

Die Geschichtspolitik *Österreichs,* die Aufarbeitung des großdeutschen Kapitels, schien bis 1986 (Waldheim) unter einem glücklichen Stern zu stehen. Es waren keineswegs nur die Österreicher selbst, die es sich leichter als die Westdeutschen machten; sie hatten bereits während des Zweiten Weltkrieges moralische Aufrüstung von außen erhalten. In der Moskauer Erklärung vom 1. November 1943 hieß es nämlich, daß die Sowjetunion, USA und Großbritannien »... den Anschluß, der Österreich am 15. März 1938 aufgezwungen worden ist, als null und nichtig« betrachteten. Österreich sei das »erste freie Land gewesen, das der Nazi-Aggression zum Opfer fiel«.

Beim Lockern der geschichtspolitischen Klemme half Israel im September 1952 nach, indem es Österreichs großdeutsche

Vergangenheit ähnlich interpretierte. Ost und Westwetteiferten im Zeichen des Kalten Krieges beim Verdrängen der geschichtspolitischen Verlegenheiten des Alpenstaates. In Österreich selbst verspürte die Regierung auch kein besonderes Bedürfnis, Geschichtspolitik zu betreiben.

Die »Österreichische Volkspartei« (ÖVP) und die Sozialisten von der SPÖ bildeten auch in ihrer Haltung zur Vergangenheit eine große Koalition, und beide wiesen gleichermaßen beharrlich Israel und den Diasporajuden entgegenkommende Schritte zurück. Die ÖVP verwahrte sich gegen Zuflüsterungen der bundesdeutschen CDU, und die SPÖ bedankte sich bei den französischen und englischen Schwesterparteien, SFIO und Labour sowie bei der SPD ebenso freundlich. Der SPD-Vorsitzende, Erich Ollenhauer, redete im Februar 1954 Bruno Kreisky zu, die Wiedergutmachung an die Juden zu fördern. Vorübergehend scheint Kreisky dies beabsichtigt zu haben, doch schon bald verbauten er und die SPÖ diesen Weg: Sollten die Juden Entschädigungen für nationalsozialistisches Unrecht erhalten, würden die Sozialisten dies auch für sich selbst beantragen. Sie seien einzeln und als Gruppe aufgrund ihrer politischen Zugehörigkeit in der NS-Zeit ebenfalls verfolgt worden. Nicht erst seit ihrer Nahostpolitik der 70er-Jahre handelten sich daher die SPÖ und Kreisky den Vorwurf aus Israel ein, sie seien »antisemitisch«. Ob der Begriff angemessen ist oder nicht, sei dahingestellt. Unbestreitbar ist die Tatsache, daß israelische Politiker und Diplomaten schon in den frühen 50er-Jahren den österreichischen Sozialisten diesen Begriff entgegenschleuderten. Was für einen Sinn habe es, fragte Kreisky einen israelischen Diplomaten schon im Februar 1954, die SPÖ als »antisemitisch« zu bezeichnen, wenn zu ihren führenden Politikern Juden zählten, denen ein Gewicht zukäme, das weit über den jüdischen Wähleranteil der Partei hinausgehe. Die Israelkritik Kreiskys hat Tradition, sie beruht auf Überzeugungen, nicht auf arabischem Geld – wie später oft zu hören war.

Anders als die Bundesrepublik Deutschland leistete Österreich keine »Wiedergutmachung«, sondern »Entschädigung«. Im September 1955 wurde ein Hilfsfonds für die NS-Opfer im Ausland eingerichtet. Hierfür wurden 550 Millionen Schilling bereitgestellt. Das entspricht ungefähr 80 Millionen Deutscher Mark, also rund zwei Prozent des bundesdeutschen Wiedergutmachungsbetrages. Dieser Betrag lag deutlich unter dem Bevölkerungsanteil Österreichs im »Großdeutschen Reich«. Außer diesem Hilfsfonds zahlte Wien weitere fünf Millionen Schilling für zerstörte Synagogen und Kultgegenstände.

Um es auf eine Formel zu bringen: Österreichs Regierung packte das Problem legalistisch an, während für die Bundesrepublik Deutschland moralisch-politisch-pädagogische Überlegungen galten.

Der Ansatz der Wiener Regierung wird am deutlichsten, wenn man die *Richtlinien* betrachtet, die von allen an der Entschädigungsproblematik beteiligten Ministerien im Sommer 1953 ausgearbeitet wurden.

Hierin hieß es, daß eine »Wiedergutmachungs-oder Reparationspflicht« Österreichs nicht in Frage komme. Grundsätzlich sei »einzig und allein das Deutsche Reich beziehungsweise dessen Rechtsnachfolger wiedergutmachungspflichtig, da es auch die Verfolgung der Judenschaft angeordnet hat. Österreich war zu dieser Zeit besetzt und völkerrechtlich handlungsunfähig.«

Weiter hieß es in den interministeriellen Richtlinien: »Die Zahlung irgendwelcher Wiedergutmachungsbeträge kommt nicht in Frage, weil Österreich niemand geschädigt hat und daher zu einer Wiedergutmachung nicht verpflichtet ist ... Sollten österreichische Staatsbürger sich an derartigen Schädigungen (von Morden ist hier bezeichnenderweise keine Rede, M.W.) beteiligt haben, so haben sie dies nicht als österreichische Staatsbürger, sondern entweder eigenmächtig oder über Auftrag der damaligen Machthaber getan.«

Moralisch-geschichtspolitische Argumente wies Wien kategorisch zurück. Ja, es drehte den Spieß um: Bei einer Besprechung mit den jüdischen Organisationen betonte der Vertreter des österreichischen Finanzministeriums im Juni 1953, es seien von den Nationalsozialisten keineswegs allein die Juden verfolgt worden, wie »eine gewisse Propaganda glauben machen wolle«.

Der Chef des Hauses, der parteilose, doch der ÖVP nahestehende Finanzminister Kamitz, meinte in einem Bericht über diese Sitzung, daß Österreich schon aufgrund seiner Verfassung keine Sondergesetze für einzelne Teile der Bevölkerung schaffen könne. Die Juden, so der Finanzminister, sollten den übrigen Kriegsopfern gleichgestellt werden. Das sollte heißen: Wenn nicht *nur* die Juden, sondern *auch* die Juden Opfer des NS-Terrors gewesen wären, sich das Schicksal der Juden von dem der anderen Opfer nicht unterschieden hätte, so könne man für die Juden keine Entschädigungsgesetze erlassen, die sich von denen abhoben, die anderen Gruppen zugedacht waren.

Der Katalog der moralischen Gegenoffensive Wiens wurde erweitert: Die jüdischen Organisationen würden sich ein »Vertretungsmonopol« für die NS-Opfer anmaßen, wogegen auch die katholische Kirche mehrmals protestiert habe. Darüber hinaus enthielten die Ziffern der jüdischen Vertreter »Doppelberechnungen«. Im Klartext: Die Juden wollten sich auf unredliche Weise bereichern.

Auch gegenüber etwaigen nichtjüdischen Vorwürfen aus dem Ausland baute Wien eine moralische Gegenposition auf: Im Frühjahr 1938 habe Österreich »im Vertrauen auf seine Mitgliedschaft beim Völkerbunde die maßgebenden Großmächte ... zur Gewährung von Schutz und Hilfe aufgefordert«. Dieser. Appell sei aber »ungehört verhallt« und nur kurz nach der deutschen Besetzung hätten sich die diplomatischen Vertretungen »aus Österreich formell zurückgezogen«.

Mitte der 80er-Jahre scheint man in Österreich übermütig geworden zu sein und glaubte, die großdeutsche Vergangenheit störe in der Gegenwart überhaupt nicht und niemanden mehr. Das war ein grundlegender politischer Fehler: Anders als Ost-Berlin übersah Wien, daß aufgrund der bundesdeutsch-amerikanisch-israelisch-jüdischen Geschichtspolitik der Jahre 1984/85 österreichische Unbekümmertheit in bezug auf das großdeutsche Erbe die eigene NS-Mumie wiederbeleben würde. Die Wirksamkeit der großdeutschen Vernetzung wurde in der Alpenrepublik unterschätzt.

Erst 1986 brach Österreich wegen und mit Kurt Waldheim – dessen Fall uns hier nicht zu interessieren braucht – auf dem dünnen Eis der Geschichtspolitik ein; es war bis zu jenem Zeitpunkt erstaunlich haltbar geblieben.

Die »Internationale Gemeinschaft« und Österreich selbst hatten der Alpenrepublik bis zur Waldheim-Äffäre ein schönes Denkmal errichtet: Das Denkmal des ersten NS-Opfers. Affären kommen, (ver)gehen und werden verdrängt oder vergessen. So auch die Waldheim-Affäre. Diese personifizierte in ganz besonderer Weise das manchmal absurde Theater – Affentheater? – der Weltpolitik. Als UNO-Generalsekretär umfing Waldheims Haupt von Amtes wegen sozusagen der Heiligenschein der internationalen Gemeinschaft und galt, ebenfalls von Amtes wegen, als »moralische Instanz«. Als Präsident Österreichs wurde er quasi über Nacht ein ganz gemeiner Nazi oder, bestenfalls, die Personifizierung des (all-)gemeinen NS-Mitläufers.

»Nazis vor den Toren«, nein, »in den Toren Wiens«, hallte es innerhalb und außerhalb der Hallen internationaler Politik, als im Jahre 2000 die Österreichische Volkspartei (ÖVP) von Bundeskanzler Wolfgang Schüssel eine Koalition mit der FPÖ, dann BZÖ des Rechtsdemagogen Jörg Haider (allerdings ohne diesen als Minister) bis 2007 formte. Die Aufregung legte sich bald, denn NS-Austria II blieb allen erspart. Ebenso in der ÖVP-FPÖ-Koalition (ohne den inzwischen toten Haider) unter Bundeskanzler Sebastian Kurz von 2017 bis 2019. Wie keiner seiner

Vorgänger umwarb er den Jüdischen Staat. Auch in seiner zweiten Koalition mit den Grünen.

III.

ISRAELISCH-DEUTSCHE GESCHICHTSPOLITIK:

ZUR POLITISCHEN FUNKTION DES HOLOCAUST

Die Feststellung, daß Geschichte in der Gegenwart wirksam ist und politische Funktionen erfüllt, verharmlost keineswegs den monströsen Charakter des Holocaust, den man in Israel als »Schoa«, auf deutsch: »Katastrophe«, bezeichnet. Wenn von der politischen Funktion gesprochen wird, gilt es, das Katastrophale des Holocaust nicht nur, wie bei einem Ritual, wiederholend festzustellen, sondern seine Bedeutung in der Gegenwart zu analysieren und in seiner Wirkungsweise zu beschreiben.

1. Der Holocaust als Wahrnehmungsfilter der nichtjüdischen Umwelt

Die jüdisch-israelische Holocaust-Fixierung bezieht sich keineswegs nur auf Deutschland und das deutsch-jüdische beziehungsweise das deutsch-israelische Verhältnis; sie bezieht sich auf die leidvolle jüdische Geschichte der Antike, des Mittelalters und der Neuzeit, auf die jüdische Geschichte überhaupt. Die zeitgeschichtlich orientierte Holocaust-Fixierung ist nicht nur mit der aktiven Verfolgung in Deutschland und durch Deutsche verbunden, sondern auch mit all denen, die nichts unternahmen, um das Elend zu verhindern. Das gilt für Großbritannien, das die Tore Palästinas für die Verfolgten des nationalsozialistischen Regimes schließen ließ, das gilt für die Alliierten des Zweiten Weltkriegs, die trotz wiederholter Aufforderungen der Jewish Agency sich stets geweigert haben, etwas zu unternehmen, um beispielsweise die Transportwege nach Auschwitz zu zerstören, wohl wissend, was dort geschah.

Die Holocaust-Fixierung ist jedoch nicht nur Wahrnehmungsfilter aus geschichtlicher Erfahrung, sie dient auch als *politisches Argument.* So wird beispielsweise die PLO von vielen Israelis und Juden mit den Nationalsozialisten gleichgesetzt, ebenso Nasser, der 1956 und 1967 angeblich oder tatsächlich einen neuen Holocaust wollte. Die in der Gegenwart wirksame Vergangenheit wird zusätzlich durch die Gegenwart verstärkt.

Mehr noch: Die Zabarim (die im Lande geborenen Israelis) oder die Töchter und Söhne derjenigen, die den Holocaust selbst erlebt hatten, erlernten in Palästina, dann auch im Staat Israel, was es bedeutet, um seine Existenz kämpfen zu müssen: 1929 wurden, vor allem in Hebron, 133 Juden massakriert, 1936 bis 1939 forderte die »Arabische Revolte« viele Tote, der von 1944 bis 1947 geführte Kampf gegen die britische Mandatsmacht war blutig, auch der Unabhängigkeitskrieg der Jahre 1948/49, die Sinai-Kampagne von 1956, der Sechs-Tage-Krieg 1967, der Abnutzungskrieg am Suez-Kanal 1969/70 sowie die verstärkten militärischen Auseinandersetzungen mit palästinensischen Freischärlern, der Jom-Kippur-Krieg von 1973 und der 1982 selbst begonnene Krieg gegen die PLO. Diese Blutspuren kann man nicht als Holocaust bezeichnen, und über die Schuldfrage läßt sich streiten, doch sie verstärkten das jüdisch-israelische Gefühl, wie eh und je als Juden von anderen Völkern verfolgt zu werden.

Politische Umstände und politische Symbole verstärkten die Holocaust-Fixierung. Außenstehende können dies oft nicht verstehen. Als beispielsweise PLO-Chef Arafat am 13. November 1974 vor der UNO-Vollversammlung sprach, als ausgerechnet am 10. November 1975, dem Jahrestag der »Kristallnacht« (9./10. November 1938), das gleiche Plenum eine Entschließung annahm, die Zionismus und Rassismus gleichsetzte, wurden in Israel politisch-symbolische Erinnerungen wachgerufen und als politisches Argument gebraucht.

Je öfter der Holocaust freilich als Argument benutzt wird, desto mehr wird er abgenutzt; sein inflationärer Gebrauch macht ihn wertlos, man verwendet ihn historisch gedankenlos – auch und gerade gegen Israel und die Juden: Die Verfolgung der PLO im Libanon durch Israel müsse mit dem Holocaust verglichen werden, verkündeten 1982 einige bundesdeutsche Postillen; das

Vorgehen des israelischen Militärs in den besetzten Gebieten wäre, so hört man es oft, »faschistisch« oder »schlimmer als die nationalsozialistischen Greueltaten«. Diese Lesart verbreiteten ägyptische Zeitungen zum Beispiel im Dezember 1987.

Abgeleitet von der Holocaust-Fixierung ist das *Einsamkeitsgefühl,* das auch durch die politische Geographie Israels bedingt ist. Israels Nachbarn waren, jedenfalls bis zum Abschluß des israelisch-ägyptischen Friedensvertrags vom 26. März 1979, ausnahmslos seine Feinde; die Freunde des Staates waren auch geographisch weit entfernt. Ein Einsamkeitsgefühl wie zur Zeit des Holocaust, als die Außenwelt nicht half, obwohl sie von der jüdischen Not wußte, empfand die israelische Öffentlichkeit am Vorabend des Sechs-Tage-Kriegs, nach der Schließung der Straße von Tiran durch den ägyptischen Präsidenten Nasser. Obwohl sich die Vereinigten Staaten 1956/1957 dazu verpflichtet hatten, für die freie Schiffahrt in dieser Meerenge zu sorgen, geschah nichts. Unabhängig davon, ob man den israelischen Präventivschlag von 1967 gutheißt oder nicht, muß man erkennen, daß Holocaust-Fixierung und Einsamkeitsgefühl entscheidende, wenn nicht gar die entscheidenden politisch-psychologischen Beweggründe waren.

Ähnliche Gefühle löste nach dem Jom-Kippur-Krieg die Nahost-Erklärung der EG-Außenminister vom 6. November 1973 aus: Solange die arabischen Staaten ihre Erdölwaffe nicht eingesetzt hatten, war von der Europäischen Gemeinschaft als handelnder Einheit in bezug auf den Nahost-Konflikt kaum etwas zu bemerken. Ausgerechnet (wenigstens aus israelischer Sicht) zu einem Zeitpunkt, als durch den Jom-Kippur-Krieg die Holocaust-Angst erneut verstärkt wurde, kam, nicht zuletzt ausgelöst durch diese Nahost-Erklärung, das Bewußtsein der politischen Vereinsamung und Verstoßung hinzu.

Ein Hinweis auf die Situationswahrnehmung und -verarbeitung ist dem Text eines Schlagers zu entnehmen, der 1969 lange Zeit an der Spitze der israelischen Hitparade zu finden war: »Die ganze Welt ist gegen uns. Aber das macht nichts, wir werden es schon schaffen, denn das war immer so, und schon unsere Vorväter haben dieses Lied gesungen.« Holocaust- und Einsamkeitssyndrom haben das Gefühl in Israel aufkommen lassen, daß man die einstige gesellschaftliche Isolation der Juden in verschiedenen nationalen politischen Systemen, ihre Ghetto-Existenz, mit der heutigen politischen Vereinzelung des jüdischen Staates im internationalen System vergleichen könne. Israel sei so etwas wie ein neues Ghetto in der heutigen Staatenwelt.

Es geht hier nicht darum, den objektiven Wahrheitsgehalt dieser These zu überprüfen. Aber man wird nicht umhinkönnen, die Bedeutung dieser subjektiv-kollektivistischen Wahrnehmung, dieses historisch bedingten Wahrnehmungsfilters, zu beachten. Wenn die Betroffenen eine Kontinuität ihrer Situation von der Vergangenheit zur Gegenwart glauben feststellen zu können, so ist diese Wahrnehmung ein Faktor, der, unabhängig von seinem objektiven Wahrheitsgehalt, in der Analyse berücksichtigt werden muss.

Was in der politischen Debatte Argument ist, wird in der realen Politik Instrument, und jedes Instrument kann von jedem auf seine Weise und für den jeweils eigenen Zweck ge- oder missbraucht werden. Mit einem Küchenmesser kann man Köstlichkeiten bereiten, aber auch Menschen ermorden. Siehe »Messer-Intifada« der Palästinenser seit 2015 und weltweit inzwischen oft kopiert. Konkret: Der NS-Vergleich wurde nach 1945 so oft, zu oft, eingesetzt, dadurch inflationiert, somit beliebig und nunmehr von fast jedem gegen fast jeden beliebig eingesetzt – auch und nicht zuletzt gegen Israel und »die« Juden.

2. Der Holocaust als Heiligtum der weltlichen Staatsreligion und seine Funktion als Stifter jüdischer Identität

Jeder Staat verfügt über Symbole, Riten, Mythen und weltliche Glaubensbekenntnisse; sie dienen der Rechtfertigung der jeweiligen politischen, sozialen, wirtschaftlichen und kulturellen Ordnung. Man könnte sie als weltliche Staatsreligion bezeichnen. Ihr weltlicher Charakter ist offenkundig, und man könnte daher die zentralen Bezugspunkte dieser Staatsreligion weltliche Heiligtümer nennen. Wie alle Religionen weckt die Staatsreligion nicht nur die Kräfte des Verstandes, sondern auch die des Gefühls, nicht zuletzt durch ihre Heiligtümer.

Das bedeutendste weltliche Heiligtum Israels ist die Gedenkstätte »Jad Waschem« in Jerusalem, deren Bedeutung allerdings 1987/88 in Frage gestellt wurde, weil im Rahmen allgemeiner Haushaltskürzungen dieser Institution das Geld auszugehen drohte. Finanz- und Geschichtspolitiker Israels rangen um eine Rettungsmethode, die bis Januar 1988 noch nicht gefunden wurde, danach aber sehr wohl. Diese Gedenkstätte, die zugleich eine Dokumentationsstätte ist, steht in ihrer Heiligkeit lediglich der Klagemauer im Ostteil Jerusalems nach. Die Heiligkeit dieser einstigen Tempelwand widerspricht übrigens ebenfalls dem religiösen Selbstverständnis des Judentums, das außer dem heiligen Innenteil des einstigen Tempels kein Heiligtum im engeren Sinne kennt; auch das ein Hinweis auf die Entleerung des Judentums durch dessen Historisierung.

Der symbolisch-sakrale Charakter des Holocaust wird am »Tag der Katastrophe« (Schoa) erkennbar, der jedes Jahr genau eine Woche vor dem Unabhängigkeitstag begangen wird. Holocaust und staatliche Unabhängigkeit, Vernichtung und weltliche Auferstehung werden in einen unmittelbaren zeitlichen und damit inhaltlichen Zusammenhang gebracht. Am eindrucksvollsten ist das Zeremoniell dieses Gedenktages, wenn zwei Minuten lang im ganzen Land die Sirenen ertönen, der Verkehr zum Stillstand kommt und sich die Menschen von ihren Sitzen erheben. Das sonst so laute Israel schweigt in diesen Minuten, vereint im Gedenken an die Opfer des Holocaust. Der Holocaust summiert und symbolisiert das gesamte Leid der langen und leidensvollen Geschichte des jüdischen Volkes; er wurde zum Kürzel jüdischer Geschichte. Dabei geschah etwas ebenso Merkwürdiges wie Typisches für alle Gruppen, die sich von ihrer religiösen Tradition lösen und zunehmend verweltlichen: Im Zuge dieser »Säkularisierung« wird Leid nicht mehr, wie im religiös bestimmten Zeitalter, als göttlich vorbestimmt verstanden, sondern als rein diesseitige Geschichte erfahren, das heißt als Menschenwerk und nicht als Gotteswerk.

Die gewiss nicht harmlose, aber fiktionale Verfolgung der Kinder Israels durch Pharao und die Ägypter in biblischen Zeiten wurde von den Juden über Jahrtausende als gottgewolltes Leid verstanden, dem später die Offenbarung am Sinai sowie die Eroberung des »Landes der Väter« folgte – ebenfalls gottgewollt. Auch die zwischenzeitlichen Siege der Philister, Ammoniter, Amalekiter, Edomiter oder Moabiter waren »Strafen Gottes« für die »Sünden Israels«. Die Vernichtung des Königreiches »Israel« durch die Assyrer im Jahre 721 vor Christus galt, wie die Zerstörung des ersten Tempels durch die Babylonier (586 vor Christus) und des zweiten Tempels (70 nach Christus durch die Römer) oder spätere Drangsalierungen in der Diaspora, als Gottes »Strafe«. Und die Diaspora selbst war ja von den biblischen Propheten als Folge der jüdischen Sünden vorhergesagt worden.

Erst die Säkularisierung der Juden und, als Teil dieser Verweltlichung der Zionismus, brach diese Tradition. Judenverfolgungen, so die neue Weltsicht, sei Menschenwerk der nichtjüdischen Umwelt und könnten nur durch die politische Tat der Juden im Hier und Heute verhindert werden, zum Beispiel durch die Gründung eines jüdischen Staates.

Der Holocaust wurde daher natürlich vom Zionismus von Israel und von der verweltlichten Mehrheit des jüdischen Volkes nicht als Gottes Strafe, sondern als Hitlers Teufelswerk interpretiert. Eine kleine orthodox-jüdische Minderheit sah es anders: Glaubwürdigen Quellen zufolge bezeichnete ein ungarischer Rabbiner kurz vor seiner Ermordung in einer Gaskammer des Vernichtungslagers Auschwitz seinen unmittelbar bevorstehenden Tod als »Gottes Strafe« dafür, daß er den gotteslästerlichen Zionismus nicht energischer bekämpft hätte; eine für die meisten von uns ebenso erschütternde wie nicht nachvollziehbare, jedoch religiös schlüssige Auffassung.

Im gleichen Maße wie die religiöse Entleerung des Judentums innerhalb und außerhalb Israels zunahm, jüdische Identität eher durch die jüdische Geschichte und den jüdischen Staat als durch die jüdische Religion gestiftet wurde, beschäftigten sich Israelis und Diasporajuden immer mehr mit dem Überleben der Juden als mit dem Überleben des Judentums. Anders formuliert: Die Geschichte der Juden und Israels wurde zum Judentum schlechthin verkürzt. Die Holocaust-Fixierung ist ein Hinweis auf die religiöse Dejudaisierung des Judentums durch die Juden, und auch die besondere Holocaust-Fixierung auf Deutschland bedeutet einen Bruch mit der religiösen Tradition des Judentums. Die Betonung der Einzigartigkeit des Holocaust, wir erwähnten es bereits im ersten Kapitel, zerschneidet ebenfalls die Leidenskette der Generationen und damit das religiös bestimmte jüdische Geschichtsbild, indem ein Leid so viel mehr als andere, frühere betont wird.

Die Dejudaisierung des Judentums durch die Historisierung des jüdischen Leids und die religiöse Entleerung bewirken, daß die jüdische Geschichte sowie Israel, das heißt die jüdische Situation und nicht mehr die Religion, jüdische Identität stiften. Israel und die Juden brauchen daher den Holocaust als allgemeines und Deutschland als besonderes Symbol. Sie sind an Deutschland gekettet, um jüdische Identität zu bewahren. Jüdisch-israelische Identität wird nicht durch positive Selbstbestimmung und Selbstbesinnung, sondern durch negative Fremdbestimmung, durch den Antisemitismus erworben; als Instrument hierfür braucht man den Antigermanismus, zumindest aber in zyklischen Abständen Holocaust-Prozesse wie zum Beispiel gegen Adolf Eichmann und John Demjanjuk. Was aber, wenn alle großen und kleinen Henker und Henkersknechte tot sind? Spätestens dann wird man sich doch wieder mehr auf eigene, positive jüdische Inhalte besinnen müssen – an denen Israel und die jüdische Kultur reich ist.

Israels Gründervater, David Ben-Gurion, der Sinn für Wirklichkeiten und Möglichkeiten besaß, hat auf diese Gefahren oft hingewiesen und versucht, durch sein Beispiel gegenzusteuern; er bemühte sich um ein nicht-orthodoxes und dennoch fundamental-jüdisch-prophetisches Geschichtsbewußtsein und -wissen; er wollte jüdisch-inhaltliche Selbstbestimmung der Identität, keine Fremdbestimmung durch den Holocaust. Auch in seiner Deutschlandpolitik machte sich dieser Ansatz positiv bemerkbar. Dem realpolitischen Visionär Ben-Gurion folgten jedoch Parteifunktionäre, Macher oder Ideologen.

Für viele Deutsche ist die beschriebene antigermanische Mechanik ein quälendes Ärgernis, für Juden und Israelis eine Gefahr, denn die ausschließliche Beschäftigung mit der Geschichte der Juden könnte das Judentum völlig verdrängen, weil das Judentum eben nicht nur durch die Situation der Juden, sondern auch und vor allem durch die Religion bestimmt wird. Diese unangenehme Wahrheit kann und soll die Juden und Israel nicht be- und die Deutschen nicht entlasten; es gilt, das jüdisch-israelische Geschichtsverständnis historisch einzuordnen, den Traditionsbruch zu erwähnen und auf mögliche Folgen hinzuweisen.

Die Identifizierung mit dem Holocaust stärkt, wie Umfragen bei erwachsenen und jugendlichen Israelis mehrfach bewiesen haben, die jüdische Identität der Bürger. Genauer: Mehr als jeder andere Faktor bestimmt der Holocaust die jüdische Identität, das jüdische Zusammengehörigkeitsgefühl der Israelis, besonders der jungen Israelis. Fast zwei Drittel der 1968 befragten Gymnasiasten stimmten dem Satz zu, daß jeder Jude ein Überlebender des Holocaust sei beziehungsweise sich als solcher empfinden müsse. Diese Formulierung war in der religiös-jüdischen Tradition allein der Identifizierung mit der aus der Bibelbekannten Fron der Kinder Israels in Ägypten sowie dem Auszug aus Ägypten vorbehalten. In der Pessach-Hagadah, die hiervon erzählt, bekennt sich jeder Jude alljährlich zu dieser traditionellen Leidens- und Heilsgeschichte. Inzwischen übt der Holocaust diese Funktion der Identifizierung viel wirksamer aus, auch und sogar bei religiöseren Juden, deren Nationalismus in Israel während der letzten Jahrzehnte ganz allgemein extremer wurde. Die in der Frühgeschichte des Zionismus antinationalen Religiösen haben sich inzwischen radikal nationalisiert. Diese Entwicklung hat seit ungefähr zehn Jahren viele religiöse Traditionalisten in Israel in den Schoß der religiös-extremen, doch national-gemäßigten Parteien getrieben. Nichtreligiöse Israelis kamen zu den Orthodoxen, weil sie in der religiösen Umkehr die einzige Rechtfertigung für die Rückkehr ins Gelobte Land und die einzige Hoffnung auf jüdische Erneuerung sehen. Rückkehr zum Alten auf dem Weg zum Neuen?

Der sogenannte ethnische Unterschied zwischen Israelis euro-amerikanischer und afro-asiatischer Herkunft hat sich in bezug auf die Identifizierung mit und Identitätsfindung durch den Holocaust in den Umfragen von 1968 bis 1983 verwischt. Genauer: Die orientalischen Juden identifizierten sich 1983 sogar mehr als die euro-amerikanischen Juden mit dem Holocaust. Am schwächsten ausgeprägt ist die gesamtjüdische Gleichsetzung mit dem Holocaust bei den in Israel Geborenen, den Zabarim. Zwischen dem Ritual der Politiker und den Empfindungen der israelischen Jugend besteht offenbar eine Holocaust-Kluft.

Insgesamt ist der Holocaust als politisch-erzieherisches Instrument wirksam. Nicht zuletzt deshalb dürfte seit 1982 ein erweitertes »Lehrprogramm Holocaust« in den schulischen Geschichtsunterricht aufgenommen worden sein. Über kein anderes historisch-politisch-ideologisches Thema erfahren die israelischen Schüler mehr als über die »Schoah«. Das ergab eine Umfrage bei israelischen Jugendlichen im Frühjahr 1987. Nicht einmal die Geschichte des Zionismus wird in Israel so intensiv unterrichtet, von »Demokratie« oder israelisch-jüdisch-arabischen Beziehungen ganz zu schweigen. In staatlich-religiösen Lehranstalten hören die Schüler über die Katastrophe noch mehr als in nichtreligiösen.

Diese Tatsache widerspricht nicht der These von der Entleerung des Judentums durch dessen Historisierung; denn gerade diese Schulen betonen inzwischen, ebenso wie die Nationalreligiöse Partei Israels, den Nationalismus mindestens ebenso stark wie die Religion – was die eher religiös als nationalistisch eingestellten Israelis langfristig der extremen Orthodoxie zutreibt.

Die Ergebnisse einer Umfrage erhärten diese These von der religiösen Entleerung durch die Historisierung. Diese Umfrage vom Herbst 1986 ermittelte die Bedeutung, die Gymnasiasten in Israel verschiedenen Unterrichtsfächern beimessen. 92 Prozent aller jüdischen Israelis hielten das Fach »Israelische Geschichte« für »äußerst wichtig«, 89 Prozent nannten »Jüdische Geschichte«, 84 Prozent »Naturwissenschaften«, 82 Prozent »Weltgeschichte«, 61 Prozent »Englische Literatur« – und nur 51 Prozent erwähnten die Unterweisung in der wichtigsten Sammlung und Kommentierung religiös-jüdischer Vorschriften, den Talmud. Englische Literatur halten die Israelis demnach für wichtiger als den Talmud. Darüber läßt sich trefflich streiten, nicht jedoch darüber, daß diese Ergebnisse die These der Dejudaisierung des Judentums durch die Fixierung auf jüdische und israelische Geschichte erhärten. Auf diese Weise wird Israel, werden die Juden der Diaspora immer mehr »wie alle anderen Völker»: Die Besonderheit ihrer Geschichte, doch nicht jüdische Inhalte prägen ihr Identitätsgefühl. Auch über die Notwendigkeit oder Richtigkeit dieser Entwicklung kann man streiten, nicht aber über die Tatsache, daß diese Art der jüdisch-nichtjüdischen Angleichung dem traditionellen jüdischen Selbstverständnis widerspricht: Das »auserwählte Volk«, das »Volk des Buches« sollte nicht »wie alle anderen Völker«, sondern »Licht der Völker« sein, eine Vision verkünden.

Wenn die Juden und Israel »wie alle anderen Völker« werden, müssen zwangsläufig zwei Entwicklungen eintreten: Zum einen wird die jüdische Diaspora ihre jüdische Substanz verlieren und sich assimilieren; zum anderen verliert Israel innerjüdische Anziehungskraft, wenn – was gleichzeitig am stärksten zu hoffen ist – die Verfolgung und Ermordung von Juden endgültig Vergangenheit ist. Der jüdische Staat ist kein Notanker mehr, und angesichts der schwierigen materiellen Lebensverhältnisse, der militärischen Gefahren sowie der ideell-jüdischen Entleerung ist dieses Land nicht mehr lebenswichtiges Einwanderungsziel von Juden aus der Diaspora. Mehr noch: Die Attraktivität Israels sinkt für euro-amerikanische Juden nicht nur wegen der gesellschaftlichen »Orientalisierung«, dem zunehmenden Gewicht der Juden aus afro-asiatischen Staaten, sondern vor allem deswegen, weil jüdische Substanz in Israel nur noch bei der extremen Orthodoxie zu finden ist; da es kaum einen Mittelweg gibt, bleiben sie in der Diaspora.

Der Israelismus, das heißt ein nur auf den Errungenschaften Israels aufbauender und jüdisch-religiös entleerter Nationalismus, ist kein Ausweg aus dieser Situation. Er ist eine Fortentwicklung des Zionismus, der im verweltlichten Zeitalter der Nationalstaaten Gott zum Teil durch den Götzen der Nation und des Nationalstaates ersetzte. In der historisch wahrlich verständlichen und durch den Holocaust leidenschaftlichen Sehnsucht nach Erlösung trat ein großer Teil des verweltlichten Judentums, »von Obertönen des Messianismus begleitet«, den »utopischen Rückzug auf Zion« an (Gershom Schalem).

Die messianischen Obertöne des Zionismus zeigen, daß israelischer Nationalismus beziehungsweise Israelismus kein Nationalismus wie viele andere sein darf und noch nie sein durfte; er würde sich dann selbst in Frage stellen.

Israelismus gleicht dem Nationalismus der unzähligen anderen Staaten, und damit ist Israel »wie alle anderen Völker«. Diese Gleichheit oder Ähnlichkeit wäre für einen weltlich orientierten Staat kein Problem, müßte Israel seinen Einwohnern und den möglichen Einwanderern nicht mehr bieten, weil es von ihnen mehr verlangt und verlangen muß, um allein schon das militärische Überleben zu sichern. Wenn der Staat Israel »wie alle anderen Völker« eine Konsumgesellschaft »wie alle anderen« wird, ohne zusätzliche Verlockungen zu bieten, Opfer verlangt, sinkt die Einwanderungsbereitschaft der Diasporajuden und steigt die Auswanderungsbereitschaft der in Israel lebenden Juden. Für die Besonderheit der zusätzlichen Opfer und Gefahren bleiben nur Idealisten oder diejenigen im Land, die keine andere Wahl haben. Konsumgesellschaften, in denen es sich leichter und ungefährlicher leben läßt, finden viele Israelis in den USA oder in Westeuropa, wo sie sich mit Hilfe der Diasporajuden sowie der Unterstützung von Landsleuten, die vor ihnen ausgewandert sind, relativ mühelos eingliedern können. Die Zahl der in den USA ständig lebenden Ex-Israelis wird auf drei- bis fünfhunderttausend geschätzt. Diese Zahl belegt die selbstverschuldeten, doch eigentlich unvermeidlichen Folgen der Historisierung, die wiederum Teil der Säkularisierung ist. Die Alternative zu ihr scheint nur im religiösen Fundamentalismus zu liegen, den man nicht nur bei den Moslems im Iran, sondern auch bei den Orthodoxen in Israel beobachten kann – für die Steuerer jüdischer und israelischer Politik eine Wahl zwischen Teufel und Beelzebub.

Die Historisierung hat darüber hinaus noch eine weitreichende Folge: Sie zerstört letztlich auch die Daseinsberechtigung des jüdischen Staates. In dem Maße, wie das Volk der Bibel nicht mehr zur Bibel hält, verliert es seinen Anspruch auf das biblische Land, wird der jüdische Anspruch historisch und, wie alles Historische, nicht mehr absolut, sondern relativ. Dies ist der Grund für die zunehmende Selbstkritik vieler Israelis am jüdischen Staat; sie wollen mehr jüdische Inhalte als jüdisches Land, haben aber zwischen fundamentalistischer Orthodoxie und totaler Verweltlichung noch keinen für die Mehrheit gangbaren Weg gefunden. Daß die Israelis es sich selbst leicht machten, kann man wahrhaftig nicht behaupten.

Abgesehen von neueren Einzelheiten habe ich dieser Analyse zwei, natürlich faktenbezogene, Gedanken hinzuzufügen. Erstens: Da sowohl in Nahost als auch weltweit die meisten Täter ihre verbale oder körperliche Gewalt gegen Juden als Juden richten, die sie als verlängerten Arm beziehungsweise Fünfte Kolonne Israels betrachten, ist die Unterscheidung zwischen Antisemitismus beziehungsweise Antijudaismus und Antiisraelismus beziehungsweise Antizionismus politisch hinfällig. Jeder Jude wird von ihnen als Israeli der einen oder anderen Art wahrgenommen und attackiert. Das sowie die weitgehende Unfähigkeit westeuropäischer Behörden (und Gerichte), für die Sicherheit der Diasporajuden zu sorgen, hat Folgen: Die Diasporajuden orientieren sich – ihres Überlebens wegen – wieder stärker an Israel. Einen neue »Endlösung« im Sinne des Holocaust fürchten sie nicht, sie gehen dem vornehmlich islamisch motivierten Terrorismus, wortwörtlich, aus dem Weg. Alija, die Einwanderung von Juden nach Israel und damit das Verlassen der alten Heimat, ist deshalb, besonders in Frankreich, seit rund zwanzig Jahren nicht nur Gedankenspiel, sondern vieltausendfache Tat. Etwa ein Fünftel der französischen Juden hat in diesem Zeitraum die Koffer gepackt. Das Ende der französischen Judenheit ist (noch?) nicht zu erwarten, doch dessen massive Verringerung. Längst sind die »Zeichen an der Wand« auch in Deutschland zu sehen, in Großbritannien und Schweden.

Wir erkennen die Dialektik des antijüdischen, antizionistischen Terrors: Einerseits ist er auf der persönlichen Mikroebene für die betroffenen Juden entsetzlich, andererseits re-judaisiert und re-zionisiert er »die« Juden auf der Makroebene. Weniger religiös als politisch und sozial. Die ständige Erinnerung an den Holocaust programmierte und sensibilisierte sie. Die weltliche Religion erfüllt hier nachweislich eine praktische Funktion. Das Nie-wieder-Opfer!: »Hier wird's Ereignis.«

Ergänzung zwei: In Israel selbst wird das religiöse Lager immer stärker. Zum einen durch die Demografie, zum anderen durch die Ideologie. Im an sich schon geburtenfreudigen jüdischen Israel übertrifft die Kinderzahl der Orthodoxen den Rest der übrigen Juden bei Weitem. Die heute starke Orthodoxie wird deshalb morgen noch stärker.

Einer keineswegs goldenen, doch sehr rechten »Mitte« zwischen fundamentalistischer Orthodoxie und totaler Verweltlichung wendet sich inzwischen der Großteil der Israelis zu: der Nationalistisch-Rechten. Sie reicht von der rechten Volkspartei Likud über religiös indifferente Rechtsliberale bis zu National-religiösen. Die Anziehungskraft dieses nationalistisch religiösen »Lagers« ist ohne die Anwendung der weltlichen Religion des Holocaust ebenfalls nicht zu verstehen. Nie wieder! Und daraus sowie aus Krieg und Terror seit 1948 konkret abgeleitet – siehe »Geschichte als Falle« – durchaus präventiv zu schlagen. Heilsgeschichte beziehungsweise Religion, weltliche Religion und Realgeschichte fließen ineinander. »Die« Juden und Israel wurden, wie sie sind, weil man sie bis 1933, ab 1933 und nach 1945 so behandelte, wie man sie behandelte. Einmal mehr Heinrich Heine »An Edom«.

3.
Die Rechtfertigungsfunktion des Holocaust

Noch in den fünfziger Jahren wurde der Holocaust, wurde in Israel die Tatsache, daß sich die meisten Juden ohne jegliche Gegenwehr wie Opferlämmer abschlachten ließen, als abschreckendes Beispiel empfunden und von den politischen Entscheidungs- und Meinungsträgern entsprechend dargestellt. Im jungen, kraftstrotzenden Staat der Sturm- und Drang-Periode galt als historisches Vorbild der Aufstand der Zeloten gegen das Joch des römischen Imperiums. Der wehrhafte, nicht der wehrlose Jude war Identifikationsobjekt, das zugleich den wehrhaften zionistischen Staat rechtfertigte.

Die Gleichgültigkeit der nichtjüdischen Welt – so schien es aus israelischer Sicht -am Vorabend des Sechs-Tage-Krieges sowie während des Jom-Kippur-Krieges führte die Wende herbei: Ebenso wie einst die Juden in der Diaspora werde nun, so interpretierte man es, Israel von der Welt fallengelassen. So erlebte der inzwischen ernüchterte Staat diese Situation als Fortsetzung jüdischer Geschichte. Antisemitismus – oder das, was man dafür hielt – legitimierte die Rückbesinnung auf das eigene Kollektiv, auf das jüdische Volk, das sich nur auf sich selbst und seinen Staat verlassen könne. Dies waren die Schlußfolgerungen, die man zog. Ohne Antisemitismus kein Zionismus – ein aus der Geschichte dieser Nationalbewegung wohlbekanntes Muster.

Die Legitimität stiftende Funktion des Holocaust für den Zionismus dokumentiert unter anderem eine Umfrage aus dem Jahre 1979. Nachdem die Befragten die Holocaust-Serie im Fernsehen erlebt hatten, war für 68 Prozent der Jugendlichen die »Bedeutung des Zionismus und des Staates Israel klarer als zuvor«, bei den Erwachsenen meinten dies 55 Prozent.

Besonders die orientalischen Juden sowie jüngere und schlechter ausgebildete Israelis meinten nach der TV-Serie eben diese Zusammenhänge besser verstanden zu haben. Erneut erkennen wir den instrumentellen und argumentativen Wert des Holocaust. Wir erkennen freilich auch, daß die Israelis orientalischer Herkunft grundsätzlich weniger Holocaust-fixiert sind als ihre euro-amerikanischen Landsleute; historisch verständlich, weil der Holocaust in Europa stattfand.

4.
Die Integrationsfunktion des Holocaust

Die Ergebnisse aus den vorhergehenden Abschnitten haben noch eine weitere Dimension: Die Integrationsfunktion des Holocaust für die israelische Gesellschaft läßt sich gerade in bezug auf diejenigen ableiten, die ansonsten eher nicht dazugehören, nämlich die orientalisch-jüdischen Unterschichten. Obwohl sie die Mehrheit der jüdischen Bevölkerung des Landes stellen, gehören sie doch im Hinblick auf soziale, wirtschaftliche und politische Macht und in bezug auf die Prägung von Werten und Normen des Staates zu den Randgruppen der Gesellschaft.

Durch die intensive Unterrichtung über den Holocaust werden in Israel die nachfolgenden Generationen, also die Zabarim, an die Normen der Väter und Großväter herangeführt. Der Holocaust erfüllt demnach eine doppelt integrative Funktion: Er integriert soziale Randgruppen, und er integriert die Generationen.

5.
Der wirtschaftliche Nutzen des Holocaust als Bumerang

Wenn Geld in deutschen Kassen klingele, seien Israel und die Juden schnell zur Stelle. Noch heute kann man solche Äußerungen in Deutschland vernehmen, und es gibt sogar Volksvertreter, die ihre Repräsentationspflicht so mißverstehen, daß sie meinen, dieser Auffassung als Sprachrohr dienen zu müssen. Mit ihrem aggressiven Vorurteil übersehen sie allzugern eine grundlegende Tatsache: daß nämlich die Annahme deutscher Gelder in Israel sowie im Diasporajudentum alles andere als unumstritten war – und blieb; daß sie mit der Überwindung ungeheurer innerer Widerstände verbunden und letztlich sogar als erstes zaghaftes Zeichen der Versöhnungsbereitschaft über dem Abgrund der Massengräber zu verstehen war. Gemessen an den vorangegangenen Greueln, war dieses zaghafte Zeichen ein Leuchtfeuer. Entzündet hatte es Israels Ministerpräsident David Ben-Gurion.

Nie bestritten wurde von Israel und den Diasporajuden der wirtschaftliche Nutzen der deutschen Wiedergutmachungszahlungen für den Aufbau des jüdischen Staates oder um den einzelnen Überlebenden des Holocaust ein menschenwürdiges Dasein zu ermöglichen. Aber nicht nur Menachem Begin bezeichnete 1952 in der turbulenten Parlamentsdebatte über Wiedergutmachungsverhandlungen mit der Bundesrepublik die materielle Rückerstattung als »Blutgeld«, mit dem sich das jüdische Volk nicht beflecken sollte. Die Annahme dieses Blutgeldes würde die Opfer des Holocaust profanisieren, die rote Blutspur versilbern, Millionen ermordeter Juden zum Gegenstand eines politisch-wirtschaftlichen Kuhhandels und Schacherns machen, meinten und meinen viele Israelis und Diasporajuden.

Auch wenn man diesen Vorbehalten letztlich nicht zustimmt, muß man einräumen, daß einige dieser Befürchtungen durchaus zutrafen: Die Verhandlungen über die finanzielle Wiedergutmachung trugen 1952 alle Kennzeichen eines Schacherns, eines finanzpolitischen Menschenhandels.

Besonders peinlich war die Ermittlung der Berechnungsgrundlage für die Ansprüche Israels. Sie bezogen sich auf die Kosten, die dem jüdischen Staat bei der Eingliederung von Flüchtlingen aus dem nationalsozialistischen Machtbereich entstanden waren. Der gesamten Bonner Delegation, auch ihren bereitwilligen Mitgliedern wie zum Beispiel Franz Böhm oder Otto Küster, erschienen die israelischen Zahlen überhöht. Ein Experte des Bundesvertriebenenministeriums wurde befragt. Er verglich die vermeintlichen Eingliederungskosten in Israel mit denen, die der Bundesrepublik Deutschland bei der Integration der Ostflüchtlinge entstanden waren. Sein Ergebnis: jüdische Flüchtlinge waren teurer als deutsche. Die amtliche Bonner Reaktion: ein erheblich niedrigeres Verhandlungsangebot als Gegengebot. Es gibt zahlreiche weitere Beispiele dafür, wie das Leiden von Menschen im Zuge der Wiedergutmachung zur Rechenaufgabe gemacht wurde. Die israelische und diasporajüdische Bereitschaft, mit der Bundesrepublik über eigentlich Nicht-Verhandelbares zu verhandeln, engte die politische Manövrierfähigkeit Deutschland gegenüber grundsätzlich ein. Sobald man verhandelte und sogar Ergebnisse erzielte, war man erpreßbar, denn ein Überziehen hätte die jeweiligen Resultate gefährdet.

Darüber hinaus wurde man ideologisch unglaubwürdig, zumindest fragwürdig: Was sollte Deutschland gegenüber gelten? Tagespolitische Notwendigkeit oder prinzipielle Glaubwürdigkeit? Der wirtschaftliche Nutzen des Holocaust wurde geschichtspolitisch ein Bumerang.

Wie unvollständig und unvollkommen die materielle Wieder»gut«machung und Rückgabe des Geraubten (»Arisierten«) waren, zeigen Argumente und Agieren in der seit den späten 1990er-Jahren geführten Raubkunstdebatte. Nicht nur Kunstgüter wurden nicht erstattet, Gleiches gilt für Immobilien und viele andere Werte. Übrigens nicht nur in Deutschland. Von den Arisierungen haben die Volkswirtschaften der deutschen Besatzer und der Besetzten bis heute profitiert. In den Jahren 2021/22 führten zum Beispiel Israel und Polen hierüber bitteren Streit. Familiengeschichtliches habe ich über die Nichtrückgabe in meinen »Deutschjüdischen Glückskindern« geschildert. Dass die Nicht-Rückgabe so leicht arrangierbar war, lag vornehmlich an zwei Faktoren. Erstens an der personellen Kontinuität des bundesdeutschen Justizpersonals und zweitens an den Prioritäten der USA: In der Ära des Kalten und in Korea des heißen Krieges verlegte Washington viele Soldaten aus Deutschland nach Korea. Das in der Mitte Europas entstandene Machtvakuum des Westens sollte die Bundesrepublik ausfüllen. Wiederaufrüstung und Wiedergutmachung schienen wirtschaftspolitisch unmöglich. Folglich entschied die (angeblich »verjudete«) Truman-Administration zugunsten der Wiederaufrüstung. Für Wiedergutmachung blieb nicht viel übrig, und das Wenige musste Kanzler Adenauer gegen massiven Widerstand in den eigenen Reihen durchboxen.

6. Erinnerung spaltet: Holocaust, Kolonialverbrechen und Muslime

Über Juden und Israel reden oder schreiben fast alle mehr als sie wissen.Das gilt besonders fürAntisemiten und Antizionisten Rechtsextreme und Muslime ebenso wie Linke und Linksliberale (Li-Libs). Letztere benutzen gerne jüdische oder israelische Außenseiter als Schutzwall gegen den Antisemitismus-Vorwurf. Beliebt sind dabei zum Beispiel Judith Butler und Noam Chomsky, der israelische Historiker Mosche Zimmermann. Oder die beiden Ex-Botschafter Israels in Deutschland, Avi Primor oder Shimon Stein. Auch steter Meinungstropfen höhlt den Stein, und so entsteht allmählich eine Modemeinung. Besonders verführbar sind bildungsbürgerliche Schichten und Akademiker. In unserem Buch »Die Deutschen und ihre Vornamen, 200 Jahre Politik und Öffentliche Meinung« (1999) haben Thomas Brechenmacher und ich dieses Phänomen empirisch gesättigt und statistisch wasserdicht für das 19. und das 20. Jahrhundert dokumentiert und interpretiert. Bei der Betrachtung, Bewertung und Gewichtung des Holocaust lässt sich die Verführbarkeit bildungsbürgerlichen Geistes ebenfalls beobachten.

Über den »Historikerstreit« der Jahre 1986 bis 1987/88 ist »schon alles gesagt, nur nicht von jedem«. Deshalb keine Ergänzungen, nur das Ergebnis: Seitdem bildete sich – nicht immer unopportunistisch und mit Gedanken an die eigene Karriere – bei der großen Mehrheit aus Wissenschaft, Politik, Medien und Gesellschaft nicht nur in Deutschland dieser geradezu dogmatisch geltende und unausgesprochen eingeforderte Konsens: Das NS-Morden der sechs Millionen Juden, der »Holocaust«, war einzigartig. Wer zweifelte oder widersprach, musste mit sozialer Ächtung und Isolation rechnen. Die Mechanismen einer solchen »Schweigespirale« kann jeder in Elisabeth Noelle-Neumanns gleichnamigem Klassiker lesen.

Vermerkt sei außerdem, dass keiner der Protagonisten – Ernst Nolte, Michael Stürmer, Andreas Hillgruber von der einen Seite sowie Jürgen Habermas, Hans-Ulrich Wehler oder Heinrich-August Winkler von der anderen – wirklich etwas von Jüdischer Geschichte verstand. Bei einer Fachdebatte über Judenmorde hätte man diese Fachkenntnisse vielleicht ja doch erwarten dürfen. So gesehen war der Historikerstreit beidseits makabres absurdes Theater von Vor-, Nach- und Mitlaufenden. Besonders absurd war die Tatsache, dass einer der Hauptakteure, Jürgen Habermas, obwohl kein Historiker, sich als fachübergreifende Ikone an die Spitze der Einzigartigkeitsverfechter stellte. Ikonen wirken. »Quod licet jovi, non licet bovi; was dem Jupiter erlaubt ist, ist nicht auch dem Esel erlaubt.«

Die jüdisch-historische sowie die jüdisch-religiöse Sicht (und die ist bezüglich des Judenmordens wohl so unwichtig nicht) kennzeichnete der damalige britische Oberrabbiner Immanuel Jakobovits einfacher und prägnanter als alle Beteiligten, Juden wie Nichtjuden: Jüdische Geschichte bestehe aus einer nahezu unendlichen Kette von Judenmorden. Holocaust sei der absolut schlimmste. Zeitgeschichtlich aktualisiert hatte Jakubovits lediglich einen jedem Juden und am Judentum Interessierten Satz aus der Pessachgeschichte, der »Hagada«: »Nicht nur einmal, in jeder Generation versucht man, uns (= Juden) zu vernichten, aber der Heilige, gelobt sei ER, rettet uns vor ihnen.« Auch ohne Gottesbezug ist dieser Satz gültig, weil, wenngleich vereinfachend, empirisch, also historisch zutreffend.

Der damalige Sieg der Einzigartigkeitsverfechter war natürlich nicht vollständig. Alte und neue Germanozentriker, stramm deutschnational oder extremer, rechnen immer noch auf und mit den jüdischen Opfern implizit ab. Im November 2021 hatte ich in der »Welt am Sonntag« im Zusammenhang mit dem Gedenken an den sechsmillionenfachen NS-Judenmord die deutsche Erinnerungs»kultur« einmal mehr »versteint, ritualisiert und phrasenhaft« genannt. Trotzdem sehe man tief erschüttert vor seinem inneren Auge »den Leichenberg der NS-Vernichtungshöllen«. Ein sicherlich nichtjüdischer und (noch) älterer »Mitbürger« (oder war es eine »Mitbürgerin«?) hatte den Artikel ausgeschnitten, mir zugeschickt und mit dickem Filzschrift darauf geschrieben: »... und die deutschen Leichenberge vom Dresden-Holocaust, den z. B. ich überlebt habe?«

Ja, viele Deutsche (und bitte nicht »das« Ausland) haben »den« Deutschen nicht erlaubt, ihre Toten, auch die unschuldigen, zu betrauern. Das war pietätlos, unmenschlich und, am schlimmsten, politisch töricht. Gegen vermeintlich progressive Deutsche habe ich dieses Trauerverbot stets kritisiert. Es hat die tatsächliche oder vermeintliche »Unfähigkeit« (»der« Deutschen), über die nichtdeutschen Opfer, besonders die jüdischen, zu trauern, sicherlich im Sinn einer Daffke-Reaktion (mit)provoziert. Ja, die im Februar 1945 auf zivile Einwohner und Flüchtlinge im Februar 1945 über Dresden abgeworfenen Bomben waren ein Verbrechen gegen die Menschlichkeit, aber es war eine Kriegshandlung. Eine Kriegshandlung gegen das deutsche Zivil, das, als Kollektiv und individuell, Hitler mal volens, mal nolens Soldaten stellte. Wie viele der in den Vernichtungshöllen ermordeten Juden waren in oder gegen Hitler-Deutschland bewaffnet, und »die« Juden führten keinen Krieg gegen Deutschland.

Diese historische Verdrehung ist eher alt.

Neu und seit 2020 heftig polarisierend eine andere. Sie wird – wieder makabres absurdes Theater – in Deutschland teilweise von denselben Protagonisten zelebriert, die im Historikerstreit oder danach die Fahne der Holocaust-Einzigartigkeit emphatisch geschwungen hatten. An dieser historischen Debatte beteiligten sich als selbst ernannte oder aus politischen Gründen anerkannte Fachleute ebenfalls Fachfremde als »Experten«. Nun hatte sich, besonders international, der historisierende Wind gedreht, und davon bekamen natürlich auch eher linksliberale deutsche Akademiker und Publizisten »Wind«. Sie hängten ihren Mantel (nicht Mäntelchen) diesem gemäß. Nicht zuletzt mit jugendlichem Elan für Neues die 91-jährige Ikone Jürgen Habermas, obwohl er als akademischer »Gott« vom Olymp gelassen auf das irdische Treiben hinabblicken könnte. Möglicherweise überwog der Wunsch, wenn nicht körperlich, so doch geistig Ewige Jugend vorzugaukeln. Dass Jüngere und weniger Bekannte, die auch gerne in der ersten Akademiker- und Moralreihe stehen wollten, sich dem (obwohl weißen) »Großen Alten Mann« anschlossen, entspricht den bekannten Mechanismen des Mitläufertums, freundlicher formuliert: dem Muster der »Schweigespirale«. Sie liefen auch deswegen mit, weil Empathie für schwarze Opfer der Kolonialgeschichte (besonders der deutschen), echt oder gemimt, dem Meinungszyklus entsprach. Mehr gemimt als ernst gemeint?

Längst waren Fakten und Ausmaße der Kolonialverbrechen in den 1980er-Jahren bekannt und benannt: die spanischen, portugiesischen, britischen, französischen, belgischen, niederländischen, italienischen und natürlich deutschen. Trotzdem oder gerade deshalb setzte sich im Historikerstreit und damit in Politik, Medien und Mehrheitsgesellschaft die linksliberale These von der Einzigartigkeit des sechsmillionenfachen NS-Judenmordes durch. Ohne eine einzige neue Erkenntnis gilt – wiederum in linksliberalen und personell teilidentischen Kreisen – nach ungefähr einer Generation das Gegenteil. Wissenschaft und Politik als Mode. Zyklen.

Zyklus ist das Stichwort. Wenn die Annahme zutrifft, dass jene Sichtweise zyklisch und nicht strukturell war beziehungsweise ist, wäre daraus dies zu schließen: Der jeweilige Zyklus beziehungsweise die jeweilige Mode kommt und geht. Weder der Zyklus der Holocaust-Einzigartigkeit noch die Gleich- oder gar Übergewichtigkeit der Kolonialverbrechen. Langfristig Geltendes, also Strukturen? Fehlanzeige.

Quasi über Nacht war der sechsmillionenfache NS-Judenmord – bis dato fast Dogma – nicht mehr einzigartig. Das Judenmorden wurde universalisiert und dabei jeder und alle zu »Juden«, zu Verfolgten. Sehr bequem: Man lebt, schneidet vom Leid der Ermordeten Coupons ab und kauft sich damit Moral. Über die Gegenwart von Holocaust und Kolonialverbrechen sei Natan Sznaiders multiperspektivische, historisch-soziologische Analyse (2022) wärmstens empfohlen.

Die Kolonialverbrechen nicht nur »der« Deutschen galten als ebenso entsetzlicher Völkermord/Genozid wie der Holocaust. Aus Morden an Teilen eines Volkes wurden nun Morde am sprich: ganzen Volk, also Völkermorde, und als solche alle gleichgewichtig. Das wiederum ist, jenseits normativer Differenzen, methodisch inakzeptabel, denn: Die Geschichtswissenschaft erforscht das je Besondere. Sie wirft nicht Verschiedenes in eine Schublade, auf die dann ein Etikett mit einem Begriff geklebt wird. Noch so viele Wissenschaftler können so arbeiten, doch wissenschaftlich ist ihr Vorgehen nicht. Sie verwandeln die Wissenschaft und sich selbst zur Dienstmagd von Zeitgeist und Politik. Die Folge: Politik und Medien wollen auf der Höhe »wissenschaftlicher Erkenntnis« argumentieren und plappern das Pseudowissenschaftliche nach. Nicht nachstehen wollen weite Teile der Gesellschaft, der Anteil der Nachläufer und Mitläufer steigt rasant.

»Völkermord« ist nun als Begriff beliebig. Seine psychologische Urgewalt verpufft durch die Häufigkeit der Verwendung. Demokratisch gewählte Parlamente, auch der Deutsche Bundestag, schwingen sich in bester moralischer Absicht zur geschichtlichen Ober-Instanz empor und bezeichnet dieses und jenes (gewiss entsetzliche) Massaker als Völkermord, und dieser mutiert zum fast beliebigen Allerweltswort. Selbst Wladimir Putin, gegenüber der Ukraine zweifacher Aggressor (Krim und Ost-Ukraine), nannte im Dezember 2021 die defensive Gegenwehr des ukrainischen Militärs gegen die Separatisten »Völkermord«.

In aller Kürze sei eine typische Geschichte jener neuen Geschichtsinterpretation beschrieben. Ihre Bedeutung für das deutsch-jüdisch-israelische Verhältnis kann nicht unterschätzt werden.

Fairerweise muss einschränkend erwähnt werden, dass viele Linksliberale (= Li-Libs) sich subjektiv wirklich nicht als Antisemiten oder Antizionisten wahrnehmen. De facto sind sie es, weil sie in der internationalen Politik- und Kulturarena den Seinsgrund der jüdischen und israelischen Mehrheit unterminieren, nämlich die Existenz des Jüdischen Staates, Israel.

Näher erklärt sei, weshalb manche Li-Libs (sowie über diese hinaus weite Teile der pazifistisch und bis zur Corona-Epidemie universalistisch programmierten westlichen Nachkriegsgesellschaften) sich selbst subjektiv durchaus nicht als Antisemiten/Antizio nisten wahrnehmen, es jedoch objektiv, genauer: de facto sind.

Bezogen auf die Lehren aus derselben Geschichte trennen Li-Libs und andere Mainstream-Westler von der überwältigenden jüdisch-israelischen Mehrheit Welten. Li-Libs haben gelernt:

1. Gewalt als Mittel der Politik ist inakzeptabel, weil mörderisch. »Nie wieder Täter!«, sagen sie. Zu Recht. Die jüdisch-israelische Mehrheit hat aus derselben Geschichte gelernt: Gewaltverzicht kann selbstmörderisch sein. »Nie wieder Opfer!«, sagen sie. Zu Recht.

2. Li-Libs haben gelernt: Partikularismus beziehungsweise Nationalismus ist mörderisch, Universalismus beziehungsweise

»Kosmopolitismus« – einst von den Nazis als »typisch jüdisch« verunglimpft – die einzig ethische Alternative. Die jüdisch-israelische Mehrheit hat aus derselben Geschichte gelernt: Kosmopolitismus war selbstmörderisch. Als sechs Millionen Juden vernichtet wurden, weinte die »Internationale Gemeinschaft« Krokodilstränen und schaute tatenlos zu.

3. Li-Libs haben aus der Geschichte gelernt: Land beziehungsweise Territorium als politischer Faktor bedeutet, »wie bei den Nazis«, Blut und Boden (»Blubo«). Die jüdisch-israelische Mehrheit hat aus derselben Geschichte gelernt: Land, nur das eigene Land (das man notfalls mit Gewalt verteidigt), garantiert Sicherheit.

4. Li-Libs haben aus der Geschichte gelernt: Religion ist »Opium fürs Volk«. Die jüdisch-israelische Mehrheit hat aus derselben Geschichte gelernt: Ihre Religion hat das Überleben der Juden ermöglicht sowie zur Gründung des Jüdischen Staates beigetragen.

Daraus folgt: Jenseits des spezifisch jüdisch-israelischen Themas sind die fundamentalen, allgemeinen Wertvorstellungen der Li-Libs einerseits und der Juden(mehrheit) andererseits diametral entgegengesetzt. Den Li-Libs und ähnlich programmierten Westlern ist nicht nur die jüdische und erste recht israelische Politik – besonders unter Netanjahu –, sondern deren Weltsicht im Grunde ihres Seins zuwider. Ohne zwangsläufig Antisemiten oder Antizionisten zu sein – eigentlich haben sie »wirklich nichts gegen Juden oder Israel« – sind sie dem Welt- und Menschenbild der Mehrheitsjuden und -Israelis abhold bis feindlich. Ihr Realbild vom heutigen Mehrheitsjuden und -Israeli entspricht nicht ihrem Wunsch- beziehungsweise Idealbild. Allein ihr Weltbild gilt. »Schuld« tragen die Juden, versteht sich, denn sie sind subjektiv wirklich keine Antisemiten. Wohlgemerkt, nicht vom rechtsextremistischen oder islamisch-islamistischen Antisemitismus und Antizionismus ist die Rede, sondern vom sozusagen kernwestlichen. Wenigstens das muss man den rechtsextremen und islamischen Judenfeinden zugestehen. Ihre Feindschaft ist offen und direkt.

Zwei Beispiele linksliberalen Denkens über Juden und Israel im Zusammenhang mit der politischen und moralischen Gewichtung des Holocaust im nicht mehr ganz neu vereinten Deutschland seien dargestellt.

Israelische »Apartheid« statt Holocaust

Ganz anders das antisemitisch-antizionistische Li-Lib-Muster. Dessen jüngst am meisten beachtete Personifizierung bietet der Historiker und Politikwissenschaftler Achille Mbembe. Viele seiner zahlreichen Jünger rühmen ihn als »Philosophen«.

Mbembe stammt aus Kamerun, wurde westlich-kosmopolitisch ausgebildet, lehrte und lehrt an einigen der weltweit namhaftesten Universitäten, heute im südafrikanischen Johannesburg. Ebenfalls klingende Namen und meistens auch Niveau bieten die meist Li-Liben Verlage, Zeitungen und Zeitschriften, in denen Mbembe veröffentlicht. Mbembe gilt daher im internationalen Li-Lib-Milieu als Ikone. Vor diesem Hinterrund lud die Ruhrtriennale-Intendantin, Stefanie Carp, eine echte und gottlob farbenblinde Li-Lib, diesen Solitär im Jahre 2020 ein, die Eröffnungsrede zu halten, um das Festival mit seiner Weisheit zu bereichern. 2018 hatte Frau Carp die Hip-Hop-Pop-Band Young Fathers eingeladen. Wohl wissend, dass die schottisch-afrikanisch-amerikanischen Sänger bekennende Antizionisten sind. 2017 hatten sie eine Einladung zu einem Festival in Berlin abgelehnt, weil staatlich-israelische Stellen israelischen Sängern einen Reisekostenzuschuss von 500 (!) Euro bewilligt hatten. Für 2018 hatte Frau Carp Young Fathers eingeladen, dann aus- und schließlich wieder eingeladen. Die drei Männer handelten konsequenter als jene Dame und sagten von sich aus ab. Ihr brennendes Interesse an und ihre Offenheit für Jüdisch-Israelisches hatte Frau Carp auch 2019 bewiesen. Sie lud die in Haifa und Berlin lebende israelische Regisseurin

Ofira Henig ein. Deren Originalton: »Ich halte Israel für einen faschistischen Staat.« Aus der Deckung des Anti-Antisemitismus-Schutzwalls bewies Frau Carp ihre makellos antifaschistische Gesinnung: Frau Henig, Jahrgang 1960, sei in einer Familie von Holocaustopfern aufgewachsen.

Kategorisch wie Mbembe bestreiten die »Jungen Väter«, Antisemiten zu sein. Für Frau Carp war jenes Hickhack »Hysterie«, das »natürlich mit unserer deutschen Schuld- und Schamgeschichte zu tun« hat. Deutsche Schuld und Scham eine »Hysterie«. Das war für Frau Carp kein Antisemitismus, sondern die von ihr allgemein eingeforderte »Multiperspektivität«. Im Klartext: Perfektionierte Perfidie, Heuchelei.

Mbembes philosophische Kost ist ziemlich dünne Suppe. Im Kern ist sie ein postkolonialistischer Um- und Aufguss Franz Fanons. Déja vu, déja lu, wilde Vergleiche von Israel und Nazis oder südafrikanischer Apartheid, wobei Israel, versteht sich, schlimmer wäre. Dazu die aggressive, nicht selten dem NS-Kronjuristen Carl Schmitt entlehnte Gedanken- und Sprachführung. Freund oder Feind, nicht dazwischen. Mehr Ideologie als Philosophie oder gar Empirie. Das alles, versteht sich ebenfalls, im Namen von und Einsatz für die Unterdrückten dieser Welt. Mbembes Begriff für diese von Rassisten (für ihn identisch mit Kapitalisten) Ausgebeuteten sind (O-Ton Mbembe) die »Neger« – unabhängig von der Hautfarbe. Abgesehen vom Kontrafaktischen dieses Begriffsbildes ist mir diese »Farbenblindheit« ohne jede Ironie durchaus sympathisch, denn »Neger« kommt vom lateinischen »niger« und bedeutet nichts anderes als schwarz, und »Schwarzer« gilt, im Gegensatz zu »Neger«, als politisch korrekt. »Die Welt als Wille und Vorstellung«, nicht als Wirklichkeit.

Ebenfalls sympathisch, doch leider ebenso kontrafaktisch beschreibt Mbembe Gegenwart und Zukunft der globalen Migrationsströme, die, so der Philosoph, »unvermeidlich zum Zusammenwachsen der Welt« führen würden. Der Wunschtraum als wissenschaftliche Vorhersage. Eine Mogelpackung.

Als Personifizierung der Li-Lib-Methode ist Mbembe natürlich automatisch gegen Kolonialismus, Rassismus und Apartheid sowie gegen Nazismus und damit auch gegen Antisemitismus. Und wenn doch gegen Juden oder Israel, dann weil diese mindestens so schlimm oder schlimmer als die Nazis wären. Im Jahre 2010 gehörte Mbembe mit Friedensnobelpreisträger Desmond Tutu zu den Unterzeichnern einer Resolution, die den Abbruch zur Ben-Gurion-Universität Beer Schewa forderten. Diese würde sich an den Apartheid-Methoden Israels beteiligen. In Kapitel zwei seines Buches »Politik der Feindschaft« ist Israel »Labor« einer bevorstehenden globalen Apartheid-Politik. Auch im Französischen heißt es verquast, das israelische »Projekt« fuße auf einer »einzigartigen metaphysischen und existentiellen Basis«. Der Hinweis auf die (füge hinzu: Apartheid-orientierte) Hebräische Bibel ist trotz des scheinbar mehrdeutigen Sprachsalats eindeutig. Eindeutig antijüdisch im religiös-ethischen Sinn.

Israels »Apartheid« kennen offenbar weder Tutu noch Mbembe & Co. Sie hätten dort nämlich festgestellt, dass und wie viele Araber an Israels Universitäten studieren oder zum Beispiel als Ärzte praktizieren, weil sich »die Juden« von »Negern« im Sinne Mbembes behandeln lassen. So sieht Israels »Sehnsucht nach Apartheid und Auslöschung« aus. Doch Mbembe »ist ein ehrenwerter Mann«, der Kollektivschuld und -strafe ebenso ablehnt wie willentliche Falschaussagen. Als ihm der Wind etwas in Gesicht blies, ließ Mbembe die Welt wissen: Er »halte nichts von einem allgemeinen Boykott israelischer Akademiker«. Ein Schelm, wer das eine Heuchelorgie nennt. Mbembe ist kein Einzelfall, es gibt im internationalen und nationaldeutschen Bildungsbürgertum, besonders an den Universitäten, ganz viele Mbembes im Sinne von »Ich bin Mbembe«. Auch weiße, deutsche Mbembes verstehen sich wahrscheinlich als »Freunde der Juden und Israels« und »kritisieren nur die israelische Regierung«. Ein solcher Freund ist Sigmar Gabriel, von 2009 bis 2017 SPD-Vorsitzender und 2017/18 Außenminister der Bundesrepublik Deutschland.

Noch als Verantwortlicher für Deutschlands Außenpolitik warf auch er Israel vor, »Apartheid« zu betreiben. In Umfragen zählte Gabriel zu den beliebtesten deutschen Politikern, und nach seiner Ausbootung wurde er mit diversen angesehenen Posten belohnt: Gastprofessur an der Harvard University, Vorsitzender der »Atlantik-Brücke«, also der Top-Deutsch-Amerikanischen Gesellschaft, Aufsichtsrat der Deutschen Bank. Mit solchen Freunden brauchen selbst die leidgeprüften Juden keine Feinde mehr.

Erinnerungsrevolution – Die Grünen und die linksliberale Kultur-Internationale

Versteint ist die staatliche Erinnerungskultur in Deutschland. Deshalb war es grundsätzlich begrüßenswert, dass die deutschen Grünen 2021 in ihrem Wahlprogramm eine alternative »Erinnerungskultur« vorschlugen. Vehement widerspreche ich ihren Kernthesen. Zugleich bin ich dankbar, dass Die Grünen ein Fenster aufstoßen und die miefigen deutschen Erinnerungsräume lüften.

Wahlprogramme stehen auf besonders geduldigem (echtem oder virtuellem) Papier. Man sollte jedoch gerade dieses, jedenfalls zu diesem Thema, ernst nehmen, denn Die Grünen sind heute so etwas wie die Partei der Akademiker, »Medien- und Kulturschaffenden«, wenngleich auch (!) ihr Personal formal und inhaltlich nicht immer dem Ideal der (deutschen) Dichter und Denker entspricht. Ob in der Koalition oder Opposition, einstweilen verfügen Die Grünen über Deutschlands Kultur-Hegemonie. Sie artikulieren als Partei, was die mehrheitlich linksliberale Kultur-Internationale vorformuliert und zirkuliert. Daher sind die deutschen Grünen noch wichtiger als sie selbst.

Kein einziges Mal wurde der sechsmillionenfache Judenmord erwähnt, also der Holocaust, DAS Thema deutscher Erinnerungskultur. Der Holocaust-Schlussstrich – »Hier wird's Ereignis«. Zugleich diese Klage: »Noch immer gibt es Leerstellen in der Aufarbeitung der deutschen Verbrechensgeschichte. Der Nationalsozialismus muss weiter konsequent aufgearbeitet und bisher wenig beachtete Opfergruppen wie die sogenannten »Asozialen«, »Berufsverbrecher« und »Euthanasie«-Opfer sollen durch eine angemessene Entschädigung anerkannt werden. »Leerstellen«, schlimme NS-Verbrechen gewiss, werden erwähnt, nicht jedoch das deutsche Urverbrechen. Das ist die Aufkündigung des bisher national und international gültigen geschichtspolitischen Basiskonsenses. Sogar die alles andere als judenfreundliche UNO – deren Unterorganisation UNESCO die jüdischen Wurzeln Jerusalems bestreitet – begeht alljährlich seit 1996 einen Holocaust-Gedenktag. Wegen dessen Einzigartigkeit. In Deutschland ist dieser seit 1996 gesetzlich verankert. Doch, wie erwähnt, Gesetz und Gesetzeswirklichkeit klaffen auseinander. Holocaust und Kolonialverbrechen – wobei die deutschen, obwohl entsetzlich, im internationalen Maßstab nicht ganz so entsetzlich waren wie die anderer Kolonialmächte – gelten bei Akademikern und Bildungsbürgern als »eigentlich« gleichgewichtig.

Was die Grünen wollen, ist eine Erinnerungsrevolution, die Abkehr vom Einzigartigkeitsdogma des Historikerstreits.

Wer dieses bestritt, galt als »Reaktionär« oder »Revisionist«. Natürlich durfte der Begriff »Antisemit« nicht fehlen. Inzwischen bleibt man in vornehmlich linksliberalen Milieus salonfähig, auch ohne Verweis auf die Einzigartigkeit des sechsmillionenfachen NS-Judenmordes, wenn die Antisemitismus-Keule als wirksame Wort-Waffe eingesetzt wird, um Gegner – selbst ohne Beweis – ins politische Nirwana zu befördern. Daher war es, bedingt durch ihre grüne Grundierung, absolut folgerichtig, dass die Fridays-for-Future-Klimaaktivistin Luisa Neubauer Hans-Georg Maaßen als »Antisemiten« bezeichnete. Ebenso, mit an den Haaren herbeigezogenen Sprachkonstrukten, Stephan Kramer, der (obwohl Jurastudium-Abbrecher) amtliche Verfassungsschützer Thüringens, ein Wanderer zwischen den religiösen und politischen Welten: Erst Christ, dann als Konvertit Jude. Erst CDU, dann FDP, schließlich SPD. Frei schwebend, »liberal«, strukturell alternativ und somit grün-affin in einer von Der Linken (durchaus seriös) geführten Landesregierung. Der Vorsitzende der Jüdischen Landesgemeinde Thüringens reagierte auf Maaßens »Antisemitismus«: Er solidarisierte sich mit ihm offen und öffentlich. Doch Li-Libs sind inzwischen – auch wenn sie die Einzigartigkeit des Holocausts bestreiten – jüdischer als sogar jüdische Spitzenrepräsentanten. Auch im Auswärtigen Amt weht – eigentlich erfreulich – linksliberaler Wind. Aber... Die Oktoberausgabe 2021 der Mitarbeiterzeitschrift des Auswärtigen Amtes widmete sich dem Kampf gegen Rassismus. Kein Alleinstellungsmerkmal, doch angebracht und deshalb begrüßenswert. Ein Foto verdient in unserem Zusammenhang Beachtung. Ein Berliner Straßenschild war überklebt und trug den Namen des von einem US-Polizisten ermordeten Afroamerikaners George Floyd. Noch Foto-Fiktion, doch ehrenwert. Welcher Name auf dem Straßenschild war überklebt? Bernhard Weiß. Wer weiß, wer dieser Weiß war? Ja, Jude und Berlins linksliberaler (DDP) Polizeipräsident der Jahre 1927 bis 1932, Abgesetzt vom reaktionären NS-Steigbügelhalter Franz von Papen und eine »der« Hassfiguren der Nationalsozialisten. Mit knapper Not entkam er seinen NS-Jägern und floh über Prag nach London. Verkehrte, verwirrte Welt. Besorgniserregender: Der Wahnsinn hat Methode und trägt das deutschamtliche »Koscher«siegel.

Der 1986/87 tobende und bis jüngst zugunsten der Holocaust-Einzigartigkeit fast weltweit entschiedene Historikerstreit war kein Ringen um Weltrekorde oder Spitzenplätze einer Opfertabelle. Fatalerweise schien es oft so. Deshalb hatte ich mich schon 1986 gegen das Beharren auf dem Begriff der Einzigartigkeit ausgesprochen. Unmenschlichkeit ist Unmenschlichkeit und daher inakzeptabel. Auch wenn nur ein Mensch ermordet wird. Basta! Wer jedoch im Zusammenhang mit deutscher Erinnerungskultur nicht ausdrücklich vom Holocaust spricht, schweige besser über jedes moralgebundene Thema – und erst recht über Antisemitismus. In der Linksliberalen Internationale hat diese Erinnerungsrevolution schon längst stattgefunden. Die deutschen Grünen sind nur auf diesen fahrenden Zug gesprungen. Zu den »Lokomotivführern« zählen dabei auch Juden. Man verwechsele jedoch diese Einzelpersonen mit der repräsentativen Mehrheit der Juden in der Diaspora ebenso wie in Israel.

Ernst Nolte hatte angeblich den Holocaust relativiert. In der Linksliberalen Internationale wird der Holocaust persifliert. A. Dirk Moses (nein, kein Jude) nennt die intensive Auseinandersetzung der Deutschen mit der Schoah »Deutschen Katechismus«. Merken dieser Autor und seine linksliberalen Claqueure nicht, dass sie damit im rechten Fahrwasser schwimmen? Ist diese Formulierung weniger verwerflich als der »Fliegenschiss« des AfD-Politikers Gauland? Eine so schlimm wie die andere.

»Dem Beharren auf der Einzigartigkeit des Holocaust haftet eine seltsame Sentimentalität an«, behauptet die zimbabwisch-amerikanische Autorin Zoé Samudzi. Als promovierte Medizin-Soziologin firmiert sie mit dem Stempel »Postkolonialistin« und somit als »Expertin« für Geschichte, der alle Türen der Linksliberalen Internationale offen stehen. George Orwell grüßt aus dem Jenseits: »Unwissenheit ist Stärke!« Nachlesbar im Diesseits, seinem Klassiker »1984«.

Moses und Samudzi führen zum zweiten Hauptabschnitt neugrüner Erinnerungskultur im Wahlprogramm, zum Antirassismus und Postkolonialismus: zu Mbembe und seinem Milieu.

Postkolonialismus, das Stichwort ist gefallen. Wir lesen weiter im Grünen-Wahlprogramm des Jahres 2021: »Wir werden die Kontinuitäten des Kolonialismus ins Bewusstsein rücken durch eine zentrale Erinnerungs- und Lernstätte und so eine breite gesellschaftliche Debatte über unser koloniales Erbe fördern, die sich nicht allein auf die Rückgabe von Kulturgütern beschränkt, sondern eine antirassistische Perspektive auf Geschichte und Gesellschaft ermöglicht.«

Noch eine Gedenkstätte, in die dann vor allem Tausende meist widerwilliger, gelangweilter Schüler gekarrt werden. So erreicht man hohe Besucherzahlen. Politik, Kultur und Medien preisen sie als »Erfolg«, zumal die Aktion ein vortreffliches Arbeitsbeschaffungsprogramm besonders für junge Akademiker ist, also eine wichtige Wählerschaft der Grünen. Die »breite gesellschaftliche Debatte« findet in der eigenen Blase statt.

»Unser koloniales Erbe«? Das ist seit einhundert Jahren vorbei. Dank den Siegern im Ersten Weltkrieg. Ja, während der kurzen deutschen Kolonialgeschichte, 1884 bis 1918, wurden in Deutsch-Südwest Abertausende Afrikaner massakriert. Ein Megaverbrechen, aber nicht mit dem von den Grünen 2021 hier unerwähnten Holocaust vergleichbar. Trotzdem soll das Holocaust-Bewältigungsmuster von finanzieller Wiedergutmachung und »Aufarbeitung« angewandt werden. Die finanzielle Wieder»gut«machung der Holocaustüberlebenden erreichte diese ganz persönlich. In Namibia käme sie der vierten oder fünften Generation der Nachfahren zugute. Eine gemeinsame Zukunft kann man nur gemeinsam aufbauen – auf Augenhöhe. Den jüdischen Nachfahren gegenüber praktizieren die Grünen mit der Linksliberalen Internationale genau das. Durch die Nichterwähnung des Holocaust sogar von oben herab. Nach dem Bestreiten der Holocaust-Einzigartigkeit nun auch eine neue Opfer»tabelle«? Platz eins Opfer des Kolonialismus, und Juden »unter ferner liefen«?

»Rückgabe von Kulturgütern«. Warum nur Kultur(!)güter, und warum nach mehr als hundert Jahren, während die Rückgabefrist an jüdische Opfernachfahren, obwohl in deutlich kürzerer Zeitspanne, längst abgelaufen ist? Weil etwa, wie Klein Erna und Klein Moritz »wissen«, »alle Juden reich sind«?

Zurück zu den fantastischen Benin-Kunstwerken, deren Rückgabe an Nigeria ohnehin schon beschlossen ist. Ausgerechnet Nigeria, wo die mehrheitlich muslimischen Hausa und Fulbe des Nordens, dem heutigen Aktionsraum der Boko-Haram-Islamisten, von 1967 bis 1970 rund eine Million mehrheitlich christliche Igbos niedermetzelten. Die Igbos wollten sich als »Biafra« von

Nigeria trennen. In Nigeria ist dieses Thema bis heute tabu. Was, wenn Boko Haram (bald?) auch Süd-Nigeria beherrscht und, wie die Taliban in Afghanistan, Weltkulturerbe zertrümmert? Auch diese Grünenprogrammatik klingt moralischer, als sie ist. Schade.

Gleiches gilt für diese Passage: »Gleichzeitig muss sich die deutsche Erinnerungskultur für die Erfahrungen und Geschichten der Menschen öffnen, die nach Deutschland eingewandert sind.« Im Klartext: Türken und andere Muslime, vor allem arabische. Kennen die Grünen nicht diese Pandorabüchse? Dazu der nächste Abschnitt.

Vom Elend deutscher Erinnerungs»kultur«

Ein Unwort: Erinnerungskultur. Erst recht ein Unwort »Deutsche Erinnerungskultur«. Warum? Weil deutsches Erinnern – historisch und politisch verständlicherweise – vor allem dem sechsmillionenfachen Judenmorden gilt. Die Chiffre dafür heißt Auschwitz. Auschwitz und Kultur? Ausgeschlossen.

Doch, »Lyrik nach Auschwitz« ist, anders als Adorno apodiktisch verkündete, durchaus möglich und ergreifend. Siehe Nelly Sachs oder Paul Celan. Aber Auschwitz als Kultur oder auch nur als Teil einer Erinnerungskultur ist ausgeschlossen. Also Unwort. Ganz abgesehen von den versteinten Worten, Ritualen und volkspädagogisch-pfäffischen Tonlagen.

Ein Unwort auch, weil es das Urwort dessen, was mit »Erinnerungskultur« heute in Deutschland gemeint ist, weitaus besser wiedergibt. Und dieses Urwort heißt: Gedenken. Den durch das Unwort »Erinnerungskultur« erhofften Effekt beschreibt, umschreibt und bewirkt das Urwort Gedenken präzise: Diejenigen, die jemandes oder etwas gedenken, so die unterliegende Vorstellung, machen sich Gedanken. Sie denken, und weil sie dabei meist der Toten gedenken, wird ihr Denken durch Gefühle im momentanen Geschehen (daher ge) ergänzt. Fazit: »Erinnerungskultur« ist eine gedankliche, sprachliche und historische Verschlimmbesserung von »Gedenken«. Noch schlimmer: Der

Zusammenhang von Auschwitz und Kultur parfümiert den von Auschwitz ausgehenden Leichengeruch.

»Erinnerungskultur« ist auch ganz pragmatisch ein Unwort. Sucht man nämlich nach gängigen, gar brauchbaren Definitionen von »Erinnerungskultur«, findet man eigentlich nur akademisch Verschwurbeltes, mit dem die jeweils Definierenden signalisieren: »Schaut her, hör zu, wie gebildet ich bin.«

Jenseits des rein Begrifflichen sind die demografischen Inhalte des bundesdeutschen Gedenkens an das sechsmillionenfache Judenmorden politisch nicht nur dysfunktional, sondern kontraproduktiv und vollkommen veraltet.

Veraltet und kontrafaktisch ist die seit Jahrzehnten geäußerte Behauptung, mit den Zeitzeugen sterbe die Erinnerung und beginne das Vergessen. Soweit mir bekannt, wurde Caesar im Jahre 44 v. Chr. ermordet. Soweit mir außerdem bekannt, lebt heute kein Zeitzeuge mehr. Trotzdem kennt jeder halbwegs Gebildete jene historische Tatsache. Ergo: Gedankenlosigkeit beim Gedenken.

Die Grundannahme beziehungsweise Prämisse bundesdeutschen »Auschwitz«-Gedenkens geht von dem total falschen Gedanken aus, dass die heutigen Deutschen direkte Nachfahren der damaligen Deutschen wären. Dazu die Bundeszentrale für politische Bildung: »Im Jahr 2020 hatten 21,9 Millionen der insgesamt 81,9 Millionen Einwohner in Deutschland einen Migrationshintergrund (Zugewanderte und ihre Nachkommen) – das entspricht einem Anteil von 26,7 Prozent an der Gesamtbevölkerung. Von den 21,9 Millionen Personen mit Migrationshintergrund waren 11,5 Millionen Deutsche und 10,3 Millionen Ausländer (52,8 bzw. 47,2 Prozent).«

Im Klartext: Wer sich beim deutschen Gedenken von der intergenerationellen Kontinuität aller Deutschen oder aller in Deutschland Lebenden leiten lässt, denkt, redet oder schreibt, amtlich bestätigt, kontrafaktisch an einem großen Teil »der« Deutschen vorbei: den Deutschen mit Migrationshintergrund, heute ein Viertel der Bürger, morgen mehr und übermorgen viel mehr.

Noch mehr: Das gedankliche und gefühlte Zusammenwachsen der Menschen in Deutschland – gerne »Integration« genannt – wird dramatisch erschwert. Was nämlich geht einen jüngst aus dem Irak, Iran, »Palästina«, Ägypten oder Syrien zugewanderten Neudeutschen Auschwitz im Besonderen und das sechsmillionenfache Judenmorden allgemein an? Scheinbar nichts, gar nichts – wenn man es, wie bisher vom Bundespräsidenten abwärts, weiter auf unrealistischen Annahmen basierend, zelebriert. Im Klartext: Deutsches Gedenken im Heute richtet sich an die deutsche Gesellschaft von gestern und vorgestern. Das wiederum bedeutet, dass morgen noch mehr Deutsche sich vom Holocaustgedenken abwendend sagen: »Geht mich nix an.«

Aber es geht Neudeutsche aus der islamischen Welt, genauer: aus Ägypten, »Palästina«, dem Irak, Syrien und Iran sehr wohl etwas an. Nicht nur etwas, sondern sehr viel. Die dort Nachgeborenen stehen – persönlich als absolut Unschuldige – ebenso wie die nachgeborenen Altdeutschen in der Kontinuität ihrer Vorfahren. Den Untaten der Vorfahren gilt jedes Gedenken der Nachfahren. Das gilt für Alt- und Neudeutsche gleichermaßen. Genau dabei muss künftig alt- und neudeutsches Gedenken zusammengeführt werden.

Historisch konkret, Beispiel eins: Die ägyptischen Offiziere, die König Faruk 1952 stürzten und 1956 mit politischer Nachhilfe der USA 1956 die Briten aus ihrem Land vertrieben, hatten Anfang der 1940er-Jahre gezielt die Zusammenarbeit mit Hitler-Deutschland gesucht. Der Sieg der Briten gegen »Wüstenfuchs« Rommel und seine Soldaten bei el-Alamein im Herbst 1942 vereitelte diese Hoffnung. Man kann sich mühelos ausmalen, welches Schicksal die Juden Palästinas erwartet hätte, wäre aus jener Hoffnung Wirklichkeit geworden. Nach 1945 fanden alte

NS-Kämpfer in Ägypten Unterschlupf. Ehemalige NS-Raketenbauer entwickelten dort neue Raketen, die gegen Israel eingesetzt werden sollten. Gemeinsame deutsch-israelische Bemühungen, diplomatische wie gewaltbegleitete, bereiteten dem ägyptisch-NS-deutschen Raketenspuk Mitte der 1960er-Jahre ein Ende. Kein Thema für alt- und neudeutsches Gedenken?

Beispiel zwei: Der Führer der damaligen Palästinensischen Nationalbewegung, der Großmufti von Jerusalem, Amin el-Husseini, bekam 1936 bis 1939 beim antibritischen und antizionistischen Aufstand in seiner Heimat nicht nur von den NS-filtrierten deutschen Templern Unterstützung, sondern auch aus Hitlers Deutschland. Kein Thema für alt- und neudeutsches Gedenken?

Gleiches gilt – Beispiel drei – für seinen im Mai 1941 unternommenen Versuch, gemeinsam mit irakischen Nationalisten, die Briten aus dem strategisch so wichtigen Mesopotamien zu vertreiben. Der Versuch scheiterte, und über den Irak konnte die Sowjetunion mit westlichem Waffennachschub im Krieg gegen Hitler-Deutschland versorgt werden. Der Großmufti floh nach Deutschland, wurde von Hitler empfangen und mobilisierte als Holocaust-Gehilfe auf dem Balkan Muslime für die SS. Kein Thema für alt- und neudeutsches Gedenken?

Beispiel vier: Aus Rache für die Niederschlagung des irakisch-palästinensischen Aufstands wurden rund 200 irakische Juden bei dem Pogrom vom 1. und 2. Juni 1941 von ihren Landsleuten ermordet. Noch mehr wären es sicher gewesen, wenn die Aufständischen gesiegt hätten. Kein Thema für alt- und neudeutsches Gedenken?

Beispiel fünf: Nach 1945 fanden viele Alte NS-Kämpfer auch in Syrien Unterschlupf und einen ruhigen Lebensabend. Einer von ihnen Alois Brunner, einer der engsten Mitmörder von Massenmörder Adolf Eichmann. Kein Thema für alt- und neudeutsches Gedenken?

Beispiel sechs: Nach dem Überfall Hitler-Deutschlands auf die Sowjetunion (22. Juni 1941) herrschte im Iran ein NS-freundlicher Schah. Die britisch-sowjetische Invasion vom 24. August bis zum 10. September führte zu seiner Absetzung. Als Nachfolger wurde sein Sohn Mohammad Reza Pahlavi von den Siegern inthronisiert. Nun erst war der Waffennachschub vom Irak über den Iran in die Sowjetunion und damit langfristig der Sieg über NS-Deutschland gesichert. Ebenjener seit jeher unpopuläre Sohn wurde als Schah im Februar 1979 von Revolutionsführer Chomeini und den iranischen Massen gestürzt und vertrieben. Das wirkt sich bis heute auf die deutsch-iranischen Beziehungen und, ja, auf Irans Stellung in der Welt aus. Kein Thema für alt- und neudeutsches Gedenken?

Auch jenseits der islamischen Welt ist deutsches Holocaust-Gedenken zu germanozentrisch. Zweifellos gilt: Der Tod war »ein Meister aus Deutschland«. Aber der deutsche Mordmeister hatte viele willige Gesellen. Nicht Widerstand (Résistance oder Resistenza) war die Regel während der NS-deutschen Besatzung, sondern Kollaboration. In Frankreich war Jacques Chirac 1995 der erste französische Präsident, der dieses heikle Thema an- und aussprach. In Spanien wird seit 1975 die Kooperation Franco – Hitler längst thematisiert. In Polen ringt die gegenwärtige Regierung diejenigen nieder, die Fakten darüber vorlegen, wie sich Polen am Judenraub und -morden beteiligten. In Italien schwärmt man immer noch eher von der Resistenza und schweigt über Kollaboration – auch nach Mussolinis Sturz im September 1943. Die Niederlande sonnen sich in der Menschlichkeit des Ehepaares Gies, das Anne Franks Familie versteckte. Die vielen Denunzianten, die Juden ans Messer lieferten, werden beschwiegen. Die Schriftsteller Maarten t'Hart und Harry Mulisch, die ihr Werk diesem Thema grandios widmeten, sind eher die niederländische Ausnahme. In Griechenland fordert man lieber von Deutschland Reparationen, als sich der Tatsache zu stellen, dass es nach der Befreiung von der deutschen Besatzung so gut wie keine Rückgabe geraubten jüdischen Eigentums gab.

Die Nachfahren der Täter sind keine Täter, und die Nachfahren der Opfer sind keine Opfer. Wenn beide »Europäische Werte«, also Menschlichkeit als Lebensbasis, wollen, haben sie eine gemeinsame Aufgabe: gemeinsam, jeder von seiner Seite aus, eine Brücke über den Abgrund der Vergangenheit zu bauen. Wer Europa will und von »Europäischen Werten« spricht, muss sich gemeinsam den Zeiten und Menschen widmen, die gegen diese Europäischen Werte verstießen. Wer dieser Maxime folgt, relativiert nichts und niemanden, sondern macht sich im Gedenken an das entsetzliche europäische Gestern Gedanken über das heute so viel bessere und morgen hoffentlich noch bessere Europa.

7.
Das »Land der Mörder« im Spiegel der Umfragen: Härtetest der Geschichtspolitik

In den 70er und 80er-Jahren wurden in Israel Meinungsumfragen zum Thema »Deutschland und der Holocaust« durchgeführt, die zum Teil einige Jahre später mit gleichem Wortlaut wiederholt wurden. Dabei ist zwischen Fragen nach grundsätzlichen Einstellungen und solchen nach alltagspolitischen Haltungen zu unterscheiden.

»Sind alle heute noch lebenden Deutschen Schuld am Holocaust an den Juden?« fragte im März 1982 ein israelisches Institut für Meinungsforschung einen repräsentativen Querschnitt der jüdischen Bevölkerung des Landes. Die überwältigende Mehrheit von 41 Prozent antwortete mit Nein, nur 9 Prozent mit Ja, der Rest war unentschieden.

Daß aber die »vor 1928 geborenen« Deutschen (die für die Einreise nach Israel ein Visum benötigen) Schuld am Holocaust trügen, meinten 43 Prozent. Man könnte von einer abgestuften Kollektivschuld-These sprechen, die von dem größten Meinungsblock der jüdischen Israelis vertreten wurde. Unterschieden wurde zwischen den Generationen der Deutschen, doch nicht innerhalb der Generationen.

Die zweite Grundsatzfrage wurde sowohl im Juli 1972 als auch im Juni 1981 gestellt: »Gibt es in Deutschland Chancen für ein Wiederaufleben des Nazismus oder etwas Ähnliches?« In der Frühphase der sozialliberalen Koalition glaubten rund 39 Prozent an diese Möglichkeit, fast genau so viele glaubten nicht daran; 21 Prozent hatten dazu keine Meinung. Gegen Ende der sozialliberalen Koalition, im Juni 1981, glaubten jedoch 55 Prozent an die Chance eines Wiederauflebens des Nazismus, 29 Prozent sahen diese Gefahr nicht; 10 Prozent sagten »vielleicht« und 10 Prozent enthielten sich einer Stellungnahme. Die Umfrage wurde einen Monat nach Begins Angriffen auf Helmut Schmidt und das deutsche Volk durchgeführt. Die Antworten waren davon stark beeinflußt. Es wäre verwunderlich, wenn dieser kurzfristige Ärger, der auf der deutschen Seite zu grundlegenden und langfristigen Veränderungen im öffentlichen Meinungsbild führte, nicht auch in Israel Konsequenzen gehabt hätte.

Wie sehr im Juni 1981 die Stimmung aufgewühlt, auf jeden Fall erregt und nicht nur gegen Kanzler Schmidt gerichtet war, sondern auch allgemein gegen die Bundesrepublik Deutschland, beweist eine andere Frage, die den politischen Alltag betraf, genauer: Begins Attacken gegen Kanzler und Volk. Genau 50 Prozent der jüdischen Israelis rechtfertigten den politischen Keulenschlag ihres Ministerpräsidenten, 32 Prozent lehnten ihn ab.

Auch die Einstellungen der jüdischen Israelis zur dritten Grundsatzfrage: »Ist die heutige Bundesrepublik Deutschland ein anderes Deutschland als das Nazi-Deutschland?« belegen, wie sehr die Antworten von der aktuellen politischen Situation abhängig sind. An das »andere Deutschland« glaubten im Juni 1981 43 Prozent, im März 1982 aber 64 Prozent. Daß es das »andere Deutschland« nicht gäbe, behaupteten im Juni 1981 28 Prozent und im März 1982 nur 13 Prozent. Nicht entscheiden konnten sich im Juni 1981 rund 29 Prozent, im März 1982 nur noch etwa 22 Prozent.

Selbst das Ergebnis vom Juni 1981 ist keineswegs dramatisch zu nennen, denn in der gefühlsbetonten Stimmung jenes Monats wurde von 72 Prozent nicht bestritten, daß sich Deutschland gewandelt habe.

Im Kapitel über den Deutschlandtourismus der Israelis werden wir feststellen, daß die israelisch-deutschen Spannungen die Attraktivität der Bundesrepublik als Reiseland keineswegs verringerte, daß also Lebenspraxis und Alltagshandeln von diesen Auseinandersetzungen unberührt blieben: Meinungen und Verhalten der Israelis klafften auseinander – ein erfreuliches Anzeichen für die erhoffte Entkrampfung.

Die vierte Grundsatzfrage wurde im Oktober 1979 gestellt: »Meinen Sie, daß die Wiedergutmachungszahlungen 35 Jahre nach dem Ende des Zweiten Weltkriegs eingestellt oder entstehende Ansprüche immer noch wie bisher behandelt werden sollten?« Die überwältigende Mehrheit von 71 Prozent sprach sich dafür aus, »entstehende«, also neue Ansprüche wie bisher zu behandeln, 17 Prozent plädierten für ein Ende, und 12 Prozent mochten sich nicht entscheiden. Mit anderen Worten: An der Wiedergutmachung solle nicht gerüttelt werden. Tatsächlich hat dieses Ergebnis nichts damit zu tun, daß etwa Einzelpersonen auf die aus Deutschland fließenden Gelder nicht verzichten wollten. Denn der Anteil derjenigen, die für eine Fortsetzung der Zahlungen stimmten, müßte bei denen deutlich höher ausfallen, die in den Genuß dieser Gelder kommen. Israelis euro-amerikanischer Herkunft müßten also viel häufiger die Einstellung der Ansprüche ablehnen als ihre Landsleute afro-asiatischer Herkunft. Tatsächlich jedoch wollten 72 Prozent der euro-amerikanischen und 69 Prozent der afro-asiatischen Juden die bis dahin übliche Handhabung fortgesetzt wissen. Der Unterschied zwischen beiden Bevölkerungsgruppen ist hier so gering, daß man kaum ernsthaft die Standpunkte mit der Betroffenheit oder gar dem eigenen Vorteil der Befragten erklären kann.

Diese Interpretation wird auch durch den folgenden Sachverhalt belegt: Zabarim (die im Lande Geborenen) und Israelis, die bis einschließlich 1947 ins Land gekommen waren, plädierten fast genauso oft für die übliche Praxis. Die Früheinwanderer, die hiervon unmittelbar und persönlich profitieren, befürworteten zu 70 Prozent die alte Regelung und die Zabarim, die keine Vorteile aus dieser Regelung zogen, zu 69 Prozent. Auch die Altersunterschiede führen nur zu bedingt veränderten Einstellungen: Die Jüngsten (18–29 Jahre) traten zu 70 Prozent, die Ältesten (60 Jahre und mehr) zu knapp 73 Prozent für die bisherige Handhabung ein.

Für mehr als vier Fünftel der Israelis (84 Prozent) war die Wiedergutmachung »eine moralische Verpflichtung der Bundesrepublik an die Opfer des Nazi-Regimes«. Nur 6 Prozent hielten die Zahlungen nicht für eine »moralische Verpflichtung«, 10 Prozent blieben unentschieden. Zugleich glaubten 71 Prozent, einen instrumentellen Charakter der Wiedergutmachung erkennen zu können. Die finanzielle Sühnebereitschaft hätte, so meinten sie, Deutschland überhaupt erst wieder dazu verholfen, »Partner der Weltpolitik und -wirtschaft« zu werden. Nur 12 Prozent hielten dem entgegen, daß diese finanziellen Leistungen für die »Wiederzulassung« Deutschlands als Partner der Weltpolitik und -wirtschaft »nicht wichtig« gewesen seien, und 17 Prozent enthielten sich einer Stellungnahme.

Es wäre wohl kaum verwunderlich, wenn deutsches Militär in Israel Gefühlsaufwallungen auslösen würde. Im September 1974 fragte das PORI-Institut, das alle erwähnten Meinungserhebungen durchführte: »Israel und Westdeutschland planen, Militärattachés für ihre Botschaften in Bonn und Tel-Aviv zu benennen. Würde es Sie stören, wenn ein Offizier in deutscher Uniform in Tel Aviv stationiert wäre?« Überraschenderweise ergab sich das folgende Bild: 57 Prozent meinten, es würde sie »nicht stören«,

31 Prozent nahmen daran Anstoß, 4 Prozent gaben an, es würde sie »etwas stören«, und rund 9 Prozent legten sich nicht fest. Selbst die in der Frage erwähnte deutsche Uniform schreckte die Mehrheit der Israelis im Herbst 1974 nicht mehr ab; ein ebenso erstaunliches wie auf Entkrampfung deutendes Zeichen. Die Juden, die zum ersten Mal in der Gegenwartsgeschichte ihres Volkes eigene Truppen besitzen, sind ganz offenkundig zu differenzieren bereit. Ein bundesdeutscher Offizier in Uniform repräsentiert für Israelis offenbar nicht mehr die Karikatur des brutalen deutschen Soldaten schlechthin.

Wenden wir uns einigen Alltagsfragen mit grundsätzlichem Charakter zu: »Sind Sie für oder gegen Beziehungen zu Deutschland?« Diese Frage stellte PORI im Mai 1972, also noch vor dem an israelischen Sportlern verübten Massaker während der Olympischen Spiele in München. Es gab auf der Regierungsebene jedoch auf beiden Seiten schon zu diesem Zeitpunkt unüberhörbare Verstimmungen. Die Bundesregierung wandte sich vernehmbar gegen die fortdauernde Besetzung der 1967 von Israel eroberten Gebiete und schloß sich im Mai 1971 einer zwar nicht veröffentlichten, doch an die Presse gedrungenen Erklärung der EG-Außenminister an. Darin wurde Jerusalem unter anderem aufgefordert, die besetzten Gebiete zurückzugeben; Jerusalem sollte internationalisiert werden, und mehr oder weniger verklausuliert traten die Minister für das Selbstbestimmungsrecht der Palästinenser ein.

Unbeeindruckt hiervon befürworteten im Mai 1972 rund 56 Prozent der befragten Israelis Beziehungen zu Deutschland, 18 Prozent sprachen sich dagegen aus, ebenfalls rund 18 Prozent wollten »nur notwendige Beziehungen«, und 8 Prozent gaben keine Meinung an.

Fast genau ein Jahr später, Ende Mai 1973, wenige Tage vor dem Israel-Besuch Willy Brandts, der als erster amtierender Bundeskanzler nach Israel reiste, traten demgegenüber genau zwei Drittel nicht nur für »Beziehungen«, sondern sogar für »gute

Beziehungen« mit der Bundesrepublik ein. Obgleich geringfügig, nämlich um rund 2 Prozent, stieg der Anteil derer, die solche Beziehungen ablehnten, von 18 Prozent auf 20 Prozent, während nur noch 3 Prozent »unbedingt« gegen diese Beziehungen eingestellt waren. 11 Prozent wollten sich nicht festlegen. Insgesamt zeigt auch diese Umfrage zweifellos eine zunehmende Offenheit Deutschland gegenüber, denn bei der zweiten Erhebung stieg nicht nur die Zahl der Befürworter überhaupt, sondern eben auch der Anteil der Befürworter guter Beziehungen.

»Wovor haben Sie in der Bundesrepublik Deutschland die meiste Angst?« wollte PORI im März 1982 wissen und legte zugleich eine Themenliste vor. Bei weitem die meiste Angst hegten die Israelis vor dem »Antisemitismus« (32 Prozent). Erst mit deutlichem Abstand wurden die übrigen Befürchtungen genannt: »Gleichgültigkeit gegenüber dem Staat Israel« (13 Prozent); »Sympathien für Araber, z.B. PLO« (12 Prozent). Erst nach der »Weiß-Nicht«-Antwort kamen Ängste in bezug auf eine »Rückkehr zum Faschismus wegen Wirtschaftskrise und Arbeitslosigkeit« (7 Prozent); »Fremdenhass« (6 Prozent), Waffenlieferungen wie zum Beispiel Leopard-Panzer an Araber (6 Prozent), »Nationalismus (4 Prozent), »Linksextremismus, Pazifismus und Rechtsextremismus« (je 3 Prozent), »alle übrigen« (2 Prozent) und »Militarismus« (1 Prozent).

Deutlich überwiegen die auf den politischen Alltag bezogenen Sorgen, wobei das Thema »Antisemitismus« als geschichtlich bedingte Alltagsangst zu verstehen ist. »Gleichgültigkeit Israel gegenüber« und »Sympathien für Araber« sind eindeutige Alltagsbefürchtungen. Die auf die deutsch-jüdische Geschichte zielenden Ängste (»Rückkehr zum Faschismus« u. a.) findet man erst auf den hinteren Rängen.

Zusammenfassend können wir feststellen, dass *die Sorgen der Gegenwart die Last der Geschichte verdrängten,* zumindest in den Hintergrund gedrängt haben. Wir erinnern an die folgenden Ergebnisse:

– Der Holocaust ist unmittelbare, in der Gegenwart Israels wirksame Vergangenheit. Dies gilt in bezug auf die Innen- und Außenpolitik. Dies gilt besonders in Bezug auf die Geschichtspolitik. Die Wirkung dieser Geschichtspolitik ist im Alltagsverhalten der Israelis wesentlich schwächer als im ideologischen Bereich, allen gegenteiligen Beteuerungen und Bekundungen der Politiker zum Trotz.

– Die Holocaust-Fixierung und damit auch der ständige Bezug auf Deutschland, die Historisierung des jüdischen Leids und der Israelismus, verstanden als eine Form des Pseudo-Messianismus, bergen die Gefahr der inhaltlichen Entleerung des Judentums. Die fast ausschließliche Beschäftigung mit dem Überleben der Juden gefährdet das Judentum.

– Mit dem Wechsel der Generationen wird der Abstand zum Holocaust nicht nur in zeitlicher, sondern auch in gefühlsmäßiger Hinsicht größer – obwohl auch hier die amtliche Geschichtspolitik gegensteuert, aus den erwähnten Gründen gegensteuern muß. Ganz ohne Erfolg ist sie dabei nicht.

– Die Distanz zum Holocaust spiegelt auch innerisraelische gesellschaftliche Polarisierungen wider: Sowohl die Polarisierung zwischen Israelis euro-amerikanischer und afro-asiatischer Herkunft als auch die Polarisierung religiöser und nicht religiöser Israelis.

– Der Holocaust erfüllt in Bezug auf den Zionismus, auf Israel und die Diasporajuden eine identitätsstiftende und rechtfertigende Funktion.

– Der Holocaust ist innenpolitisch, außenpolitisch, innerisraelisch und innerjüdisch ein politisches Argument und Instrument.

– Der Holocaust ist ein wichtiger Wahrnehmungsfilter der Israelis ihrer nichtjüdischen Umwelt gegenüber.

Bis heute gilt das Grundmuster. Israel ist nach wie vor einer der in Deutschland unbeliebtesten Staaten, während das Deutschlandbild der Israelis immer heller wurde. In Israel wird Deutschland von Gesellschaft und Politik, nach den USA, als wirklich bester Freund wahrgenommen – was man umgekehrt wahrlich nicht behaupten kann …

Zahlreiche neue Zahlen könnten ergänzt werden. Sie würden den geschichts-wissenschaftlichen Essaycharakter dieses Buches sprengen und wurden zudem in meinen Israel-Büchern aktualisiert. (vgl. Wolffsohn/Grill und Stetter/Wolffsohn).

IV.

DEUTSCH-ISRAELISCHE ROLLENWECHSEL. ODER:

DIE LEGENDE VOM GEBÜCKTEN GANG

»Demokratie in Deutschland? Kann es das geben?« So lautete 1952 die Überschrift eines Artikels in der israelischen Tageszeitung »Haaretz«. Sie ist bezeichnend für Rolle und Selbstverständnis Israels gegenüber Deutschland; zumindest in der Frühphase der zweiseitigen Beziehungen. Damals war die *Rolle des Lehrmeisters* in Fragen der politischen Moral unumstritten: Deutschland wurde belehrt und nahm die Belehrungen hin, manchmal grollend, aber nur leise grollend.

Heute wird hierzulande laut, manchmal sogar polternd protestiert: Vierzig Jahre seien genug, hört man, und einige westdeutsche Politiker fordern, daß man »aus dem Schatten der Vergangenheit« treten, das »Büßerhemd« ablegen und »wieder aufrecht gehen« müsse. Die Wiederholung der Forderung bestätigt allerdings nicht die falsche Annahme, die ihr zugrundeliegt: daß nämlich die Bundesrepublik Deutschland gebückt gehe. Sie tut es schon lange nicht mehr.

Wie falsch die Behauptung vom gebückten Gang Deutschlands ist, beweist ein kurzer Blick auf die teilweise dramatischen Rollenwechsel im Verhältnis zu dem Staat mit den längsten Schatten der Vergangenheit, zu Israel. Die Geschichte dieser Rollenwechsel dokumentiert zugleich den grundlegenden Wandel im deutschen Selbstverständnis sowie im weltpolitischen Gewicht der Bundesrepublik Deutschland.

Viele Nachkriegsdeutsche, Politiker ebenso wie Nichtpolitiker (schwarze, rote, blau-gelbe, grüne und erst recht neubraune) befreiten sich zunehmend aus der ihnen ursprünglich zugewiesenen, seltener freiwillig übernommenen Rolle, der Rolle des reuevollen, sühnenden Schülers und erteilen den Israelis – im allgemeinen ungefragt – nicht nur alltagspolitische, sondern vor allem friedens- und territorialpolitische Ratschläge. Sie empfehlen auch Lösungsmuster für den palästinensisch-israelischen Konflikt, und sie erteilen (erst recht ungefragt) moralisch-politische Lektionen. Seit den friedens- und ostpolitischen Erfolgen der Bundesrepublik Deutschland, also seit 1969/70, nahm die Häufigkeit der Israel gegebenen Unterrichtsstunden zu. Sie blieben in Jerusalem höchst unbeliebt und lösten mehr Trotz- als Lernbereitschaft aus. »Belehrungen von deutscher Seite bewirken in Israel nur das Gegenteil, stärken die Radikalen und nicht die Kräfte, welche nach Problemlösungen streben.« Mit diesen Worten beschrieb Israels Botschafter in Bonn, Jitzchak Ben-Ari, im Dezember 1987 die Wirkungsweise der Lehrer-Schüler-Rolle zwischen beiden Staaten.

Über die Weisheit im Verhalten der jeweiligen Seite kann man durchaus geteilter Meinung sein, weniger jedoch über die Tatsache des zur »Halbzeit«, nach zwanzig Jahren, vollzogenen Rollenwechsels.

Dieser Rollenwechsel wurde unter anderem dadurch möglich, daß Israel 1967 die Rolle des überall und immer häßlichen Besatzers übernahm. Die ideologisch-politisch-generationellen Veränderungen in der westdeutschen Gesellschaft förderten diese Entwicklung außerdem.

Der »Wir-sind-wieder-wer«-Effekt, der Wechsel der Generationen, besonders die »1968er« sowie die Öko-Generation die sich manchmal auf Moralpredigten gegenüber Israel spezialisiert zu haben scheinen, sowie die immer gefragtere Mitwirkung Bonns an der internationalen Politik und, wie erwähnt, vor allem das durch die Ostpolitik gesteigerte Ansehen im Ausland führten ebenfalls zum deutsch-israelischen Rollenwechsel.

Die »politische Klasse« Israels, auch weite Kreise der israelischen Gesellschaft, haben die Tatsache und erst recht die Folgen dieses Rollenwechsels bislang unvollständig erkannt und schon gar nicht gebilligt. Der Grund hierfür ist leicht erkennbar: In grundsätzlichen Fragen betrachtet man dort Deutschland durch die Brille der Vergangenheit, während man hierzulande Israel, die Welt und sich selbst lieber durch die Brille der Gegenwart und Zukunft betrachtet. Als »Ungleichzeitigkeit« haben wir diese beiden unterschiedlichen Sichtweisen bezeichnet. Polemisch nennt man es in Deutschland, bezogen auf Israel, »Gegenwartsschwäche« oder »Realitätsschwäche«, in Israel, bezogen auf Deutschland, »Die Unfähigkeit, zu trauern« oder »historische Verantwortungslosigkeit«.

Die »Gegenwartsschwäche« der israelischen ist historisch-psychologisch genau so erklärlich wie die Gegenwartssehnsucht der deutschen Seite. Ihre auch in der bundesrepublikanischen Frühzeit eher eingebildete als tatsächlich gespielte Rolle der Büßer spielen die deutschen Akteure jedenfalls nicht mehr. Aufrecht stehen sie auf der deutsch-israelischen Bühne, auf der Bühne der Weltpolitik überhaupt. Der Westen hat es zudem den Westdeutschen in der Nachkriegszeit leicht gemacht, kerzengerade zu stehen.

Auch die tatsächlichen oder vermeintlichen Rollen als *Vermittler* haben sich zwischen Israel und Deutschland auf der Bühne der Weltpolitik grundlegend geändert. Dass Jerusalem zwischen Bonn und Washington als Vermittler hätte auftreten können oder sollen, ist eine Legende, die besonders im Zusammenhang mit dem Wiedergutmachungsabkommen immer wieder zu hören ist. Weiter heißt es in diesem Zusammenhang oft, Adenauer habe das Wiedergutmachungsabkommen geschlossen, um in den USA gutes Wetter zu machen.

Die Legende klingt überzeugend. Sie hat nur einen Fehler: Sie ist in Bezug auf das deutsch-amerikanische Verhältnis falsch. Im Kapitel über die Etappen deutsch-israelischer Geschichtspolitik haben wir auf diese Tatsache verwiesen.

Als deutsch-amerikanischer Schönwettermacher mußte, konnte, wollte und sollte Israel nie auftreten. Gerade im Zusammenhang mit der Wiedergutmachung wurde erkennbar, daß Westdeutschland der US-Administration schon in den frühen 50er-Jahren weit wichtiger als Israel war. Um ihre Position gegenüber den USA zu verbessern, bedurfte die Bundesregierung nicht der israelischen Dienste, und die Bonner Entscheidung zugunsten der Wiedergutmachung fiel nicht wegen, sondern eher trotz der amerikanischen Haltung.

Die Bundesrepublik Deutschland spielt im arabisch-israelischen Konflikt als Vermittler überhaupt keine Rolle, wenngleich es in allen politischen Lagern Westdeutschlands an Möchte-gern-Vermittlern wahrlich nicht fehlt. Dies hat seinen Grund darin, daß die Bundesrepublik auf keine der Konfliktparteien irgendeine politische Hebelwirkung oder gar Druck ausüben könnte.

Politische Akteure kamen und gingen seither, das Muster ist geblieben. Bezüglich der Hebelwirkung hat sich Grundlegendes geändert. Wissenschaftlich sowie, daraus abgeleitet, wirtschaftlich und sicherheitspolitisch. Wissenschaftlich, im IT-Bereich, ist Israel Deutschland um Längen voraus und wird – nicht nur von der deutschen Wirtschaft – umworben. Ähnliches gilt für die Sicherheitstechnologie sowie das präventive und reaktive Vorgehen gegen den internationalen Terrorismus, besonders des Islamismus. Aus politischen Gründen eingeleitete deutsche Sanktionen gegen Israel würden Deutschland mehr schaden als Israel.

Als Hersteller von Kommunikation und Kontakten vor und hinter den politischen Kulissen ist die Bundesrepublik für das westliche Bündnis bestens geeignet. Sie verfügt über funktionierende Verbindungen nach Israel *und* in die arabische Welt, doch auch in andere Regionen. Sie verfügt im Nahen Osten wegen der »traditionellen deutsch-arabischen Freundschaft« über mehr Möglichkeiten als zum Beispiel Großbritannien, Frankreich oder Italien, von den USA ganz zu schweigen.

Deutschland hat ohne Scheinwerferlicht beispielsweise zwischen Israel und der Schiitenmiliz Hisbollah und der im Gazastreifen seit 2007 brutal herrschenden Hamas funktionale Mittlerdienste geleistet. Nützliche Kontakte. Auch ehrenwerte?

Diese »traditionelle deutsch-arabische Freundschaft« weist für die arabische Seite durchaus nostalgische Züge auf, frei von kolonialistischer Vergangenheit, die das englisch- und französisch-arabische Verhältnis trübt. Betrüblich ist aus unserer Sicht die etwas bräunliche Farbe, die das freundlich-helle Bild der deutsch-arabischen Freundschaft verdunkelt.

Auch Bonns Drähte nach Moskau zahlten sich für Israel aus. Man denke an die Kommunikationshilfen bei der Freilassung des russisch-jüdischen Dissidenten Schtscharansky im Jahre 1985.

Mag sein, daß die Fähigkeit zu dieser Rolle hier und da dazu verführt hat, den Mund recht voll zu nehmen. Ein Beispiel dafür ist die Erklärung des Europäischen Rates von Venedig. Die Staats- und Regierungschefs der Europäischen Gemeinschaft haben sie im Juni 1980 verabschiedet, unter maßgeblicher Beteiligung der Westdeutschen. Im Büßerhemd standen sie nicht dabei; ganz im Gegenteil als strenge Oberlehrer.

In dieser Rolle zeigte man jedoch wenig Sinn für die politisch-militärische Wirklichkeit; dies vor allem deshalb, weil die EG, also auch die Bundesregierung, in dieser Erklärung indirekt militärische Garantien für das aussprach, was man für eine Lösung hielt.

Hier interessiert nicht der Wert oder Unwert dieser tatsächlichen oder vermeintlichen Lösung. Hier interessiert die Tatsache, daß ein Staat, daß mehrere Staaten, die bereits Schwierigkeiten haben, ihre Bevölkerung für die möglicherweise notwendige Verteidigung ihres eigenen Gebietes zu motivieren und zu mobilisieren, gar nicht fähig sein können, dies in Bezug auf fremde Gebiete zu bewerkstelligen. Kein Westeuropäer wollte in den 30er-Jahren für Danzig sterben; es sieht nicht so aus, als wollte man es heute für Israel – das sich, anders als damals Danzig, durchaus selbst verteidigen kann.

Frankreich und Italien haben 1982/83 die Feuerprobe im Libanon versucht und nicht bestanden. Als es brenzlig wurde, zogen sie sich zurück, die Italiener 1984 ganz, die Franzosen in die scheinbar weniger gefährliche Aufgabe im Rahmen der UNO-Truppe im Libanon (UNIFIL). Die 1982 gebildete multinationale Sinai-Truppe, die den ägyptisch-israelischen Frieden überwachen hilft, funktioniert mit europäischer Beteiligung, doch hier ist das Pflaster ohnehin nicht heiß, und hier wie dort ist die Bundesrepublik auffallend abwesend.

Das hat seinen guten Grund, vor allem im Grundgesetz, das den militärischen Einsatz der Bundeswehr außerhalb der NATO-Region erschwert, doch, entgegen der Legende, nicht verbietet. Diese strukturelle Zähmung der Bundeswehr hängt natürlich mit den historischen Voraussetzungen der westdeutschen Bewaffnung zusammen. Heute genießen deutsche Politiker die unverhofften Annehmlichkeiten der historischen Erblast und berufen sich gerne auf die Geschichte.

Es sei an die Ukrainekrise Anfang 2022 erinnert. Die Liste ließe sich rückwärts beliebig verlängern, und mehr ist zu erwarten.

Daß die Europäer deshalb »Papiertiger« sind, wissen die Konfliktparteien in Nahen Osten natürlich. Deswegen glauben sie auch nicht an die europäische Rolle bei der Lösung des arabisch-israelischen Konflikts.

Mit Hilfe der Europäer versuchen vor allem einige arabische Staaten, die USA auf ihren Kurs zu bringen. Die europäische, also auch die bundesdeutsche Rolle ist bestenfalls indirekt, und sie ist den ohnehin nicht ungetrübten europäisch-amerikanischen Beziehungen bislang nicht gerade förderlich gewesen. Die Europäer haben nämlich in Bezug auf nahöstliche Lösungen häufig andere Vorstellungen als die Amerikaner, die Bonn nicht durch das Überziehen des Büßerhemdes, sondern durch die Hervorhebung der grundsätzlich identischen Interessen auf ihre nahostpolitische Linie zu bringen versucht haben – oft vergeblich.

Im politischen Alltag, nicht in den historisch-psychologischen Tiefenschichten, vollzog sich im Laufe der Jahre ein anderer Rollenwechsel, eine eher harmlose Form der Ungleichzeitigkeit: Sie betrifft die *Rolle des Werbenden.*

Bis 1955 umwarb Westdeutschland die Israelis, die seinerzeit spröde reagierten. Im Mai 1955 erhielt die Bundesrepublik die Souveränität, und es galt, tages- sowie deutschlandpolitische Rücksichten zu nehmen.

Aus Angst, die arabischen Staaten würden den Außenhandel mit der Bundesrepublik einschränken oder die DDR aufwerten, wies die Bundesregierung die seit 1956/57 deutlich erkennbaren Bemühungen Jerusalems um die Aufnahme diplomatischer Beziehungen zurück. Dennoch wollte Bonn den Israelis entgegenkommen und helfen: Seit 1957 kaufte man Waffen aus und später lieferte man Waffen nach Israel.

Dies geschah heimlich, weil man die Quadratur des Kreises anstrebte: gute, aber keine diplomatischen Beziehungen zu Israel. Jerusalem wollte beides, blitzte damit aber bis 1965 ab. Als Bonn dann 1965 in die Aufnahme der diplomatischen Beziehungen hineinschlitterte (vgl. Kapitel II), war an die Fortsetzung der inzwischen bekanntgewordenen Waffenlieferungen nicht mehr zu denken.

Umworben blieb die Bundesregierung im deutsch-israelischen Alltag weiterhin, besonders im wirtschafts- und europapolitischen Bereich – trotz ihrer Normalisierungsversuche. Israel konnte sich den Luxus der Geschichtspolitik nicht mehr leisten; Tagespolitik war Trumpf; auch das ein Zeichen für den Wandel der Zeit und der Rollen.

An der grundsätzlichen Rollenverteilung hat sich seit 1955 nichts mehr geändert: Israel ist der Bittsteller geblieben und hat in besonders kritischen Situationen zum äußersten politischen Instrument gegriffen: dem Holocaust. Im Mai 1981 hat Ministerpräsident Begin die Anwendung dieses Instrumentes vorgeführt, die verheerende Wirkung ist bekannt. Wir werden sie anhand der Umfragen genauer untersuchen (vgl. Kapitel VII).

Wissenschaftlich, wirtschaftlich und sicherheitspolitisch ist Israel nun nicht mehr nur Bittsteller. Eher wäre von einem Gleichgewicht der Interessen zu sprechen, von wechselseitigen Interessen. Eigentlich eine gute Basis für bilaterale Beziehungen, weil nicht von oft schnell wechselnden Stimmungen in Politik und öffentlicher Meinung abhängig.

Die Rolle des Werbenden ist das eine Extrem, die des *Strafenden* oder des Möglicherweise-Strafenden das andere. Unmittelbar nach dem Zweiten Weltkrieg schien es keineswegs ausgeschlossen, daß außer vielen Juden auch zahlreiche Nichtjuden deutsche Waren boykottieren würden. Doch schon bald galt »Made in Germany« als Gütesiegel und nicht mehr als Schandmal.

Zunächst war Deutschland in der Nachkriegszeit der Aussätzige in der internationalen Staatenwelt, inzwischen ist es immer öfter Israel, wobei hier nicht darüber debattiert werden muß, ob dies richtig oder falsch ist. Die Tatsache als solche dokumentieren besonders die Entschließungen in der UNO, die nicht selten Sanktionen gegen Israel verlangen.

In der UNO spielte Deutschland auch unter der als Israelfreundin von Diasporajuden und Israel gefeierten Kanzlerin Angela Merkel das Anti-Israel-Spiel fast immer mit.

Seitdem Israel die Rolle des Besatzers übernommen hat, besonders in den Monaten des Libanonkrieges, also 1982/83, konnte man in der bundesdeutschen Nahostdiskussion nicht selten den Ruf nach wirtschaftlichen Strafmaßnahmen gegen Israel hören: Das zinsgünstige, seit 1966 jährlich den Israelis gewährte Darlehen in Höhe von 140 Millionen DM (früher 130 Millionen DM) sollte verweigert werden, wurde gefordert; sowohl von Politikern der Koalition als auch der Opposition.

Die Zahlungen wurden fortgesetzt. Aufschlußreich und grundsätzlich bedeutsam ist in diesem Zusammenhang aber der Rollenwechsel zwischen Subjekt und Objekt der erwogenen Strafmaßnahmen. Er zeigt, wie sehr sich der politische Wind gedreht hat, wem er einst und wem er heute ins Gesicht bläst. Hat sich hier Grundlegendes geändert? Eher nicht.

Die *Rolle des Besatzers* wurde erwähnt. Sie ist in Bezug auf Israel, auf das jüdische Volk, ausgesprochen neu und entspricht keineswegs dem traditionellen Image. Sie paßt eher in das Bild vom häßlichen Deutschen – zumindest für die Jahre 1939 bis 1945. Wie immer man Jerusalems Politik in den besetzten Gebieten bewertet, funktional betrachtet läßt sich die Rolle Israels als Besatzer nicht bestreiten.

Diese ungewohnt-ungewöhnliche Rolle Israels als Besatzer deckt einen anderen deutsch-israelischen Rollenwechsel auf, den der *Rolle des Gewalt Anwendenden.*

Das traditionelle außenpolitische Image Deutschlands entsprach stramm-wilhelminisch eher häufig denn selten dem Motto »Viel Feind, viel Ehr'« und einer Politik der Stärke. Nach dem Zweiten Weltkrieg hat sich das in Westdeutschland grundlegend geändert. Die politischen Steuermänner und -frauen haben sich, ebenso wie die bundesrepublikanische Gesellschaft, unzweideutig zum Gewaltverzicht in der zwischenstaatlichen Politik bekannt. Der Politikwissenschaftler Hans-Peter Schwarz hat für die machtpolitische Enthaltsamkeit in den zwischenstaatlichen Beziehungen dieser Republik eine glänzende und überzeugende Formulierung gefunden: Der einstigen Machtbesessenheit folgte in Deutschland die Machtvergessenheit.

Ganz anders in Israel: Das Bild und die Haltung vom wehrlosen, schwachen, sanften Juden haben sich gewandelt. Der Zionismus wollte den »neuen jüdischen Menschen« schaffen, einen wehrhaften. Er hat sein Ziel erreicht.

Daß der Rollenwechsel zwischen dem einstigen deutschen Grobian und dem damaligen jüdischen Softy vollzogen wurde, hängt mit den Lehren aus der Geschichte zusammen, die beide inzwischen gezogen haben: Die Deutschen haben erkannt, daß die Anwendung von Gewalt zu Katastrophen führen kann, für das eigene Volk ebenso wie für fremde Völker. Die Juden und auch die Israelis haben erfahren, daß Gewaltlosigkeit Wehrlosigkeit und Wehrlosigkeit den Tod bedeuten kann. Darüber wollen wir im folgenden Kapitel noch ausführlicher sprechen.

»Geschichte als Falle«. Diesem Phänomen begegnen wir dabei. Mit Thomas Brechenmacher habe ich dazu ein Buch herausgegeben (Wolffsohn/Brechenmacher 2001). Mir scheint dieses Thema Schlüssel zum Verständnis deutsch-jüdisch-israelischer Ungleichzeitigkeiten zu sein. Siehe Abschnitt 12 im vorigen Kapitel. Dort finden die geneigten Leser meine, nennen wir es, diesbezüglichen Anfänge. Zum deutsch-jüdisch-israelischen Rollenwechsel ließen sich seit Erscheinen der letzten Auflage dieses Buches, 1993, zahlreiche Beispiele anfügen. Es wären viele Bäume und Blätter, aber kein neuer Wald. Viel früher als meistens wahrgenommen hat sich der Deutsche Michel David gegenüber »befreit«. Oft ohne Empathie. Wenn doch, dann meistens beim staatstragenden Gedenken »gegen das Vergessen«. Versessen sind bei der Anwendung die Nachfahren der Täter nicht selten darauf, die Nachfahren der Opfer ethisch sowie erst recht politisch, praktisch zu belehren. Juden und Israel lassen den Nachfahren der Täter gegenüber Milde walten und suchen deren Nähe. Siehe israelische Umfragen, siehe Tourismus, siehe Tausende Neu-Berliner und -Deutsche aus Israel.

V.

DEUTSCH-ISRAELISCHE SPRACHPROBLEME:

DIESELBEN BEGRIFFE – VERSCHIEDENE INHALTE

Israelis und Westdeutsche, besonders die nachgeborenen, führen oft einen seltsamen Dialog; sie gebrauchen dieselben Begriffe, füllen sie jedoch mit unterschiedlichen Inhalten. Der Grund ist einfach: Die Begriffsinhalte sind Ergebnis der jeweiligen Geschichtserfahrung. Die Israelis – und Juden allgemein – ziehen als Opfer ihre Lehren aus der Geschichte, die Deutschen als Täter; die Nachgeborenen beider Seiten wollen die Fehler der Eltern und Großeltern vermeiden.

Die Begriffe »Gewalt«, »Selbstbestimmungsrecht«, »Widerstand« und »Holocaust« eignen sich besonders gut zur Darstellung dieser Sprachverwirrung.

Im eindeutigen Verteidigungsfall, das heißt, als Reaktion auf einen vorher vollzogenen Angriff durch die Gegenseite, wird die Anwendung von *Gewalt* mehrheitlich auf beiden Seiten gebilligt. Die Rollenverteilung zwischen Angreifer und Angegriffenem muß dabei eindeutig sein – dann ist es auch die Bewertung. Gut und böse sind dadurch unzweifelhaft voneinander zu unterscheiden.

Problematischer erscheint die Anwendung der vorbeugenden Gewaltanwendung, die dazu dienen soll, einen bevorstehenden Angriff der Gegenseite zu vereiteln. Israel hat in Vergangenheit und Gegenwart diese Form der Gewaltanwendung immer wieder vorgeführt- mit zunehmender Mißbilligung weiter Kreise der bundesrepublikanischen Öffentlichkeit und Politik, auch vieler Freunde Israels.

Ursache für die daraus folgenden deutsch-israelischen Verstimmungen ist die Tatsache, daß beide von »Verteidigung« sprechen, also denselben Begriff gebrauchen, doch völlig unterschiedliche Inhalte damit verbinden. Die inhaltliche Bestimmung des Begriffes »Verteidigung« hängt wiederum vom allgemeinen Wertesystem sowie vom Stellenwert der und der Bereitschaft zur Gewalt ab und ist daher nicht objektiv vollziehbar. Sie wird entscheidend durch die geschichtlichen Erfahrungen eines Volkes geprägt, und diese waren bei Deutschen und Juden gegensätzlich.

Nach dem schrecklichen Leid, das die Generation ihrer Eltern erlitten, schlagen junge Israelis im Zweifelsfall eher einmal mehr als einmal weniger zu; nach der »Machtversessenheit« ihrer Vorväter ziehen junge Deutsche »Machtvergessenheit« vor (Hans-Peter Schwarz). Junge Israelis glauben fast dogmatisch an die Wirkung militärischer Abschreckung, viele junge Deutsche sehen in ihr eine mögliche Kriegsursache.

Ohne Einschränkung wird hierzulande Gewalt gegen Zivilisten verdammt. Auch in Israel wird Gewalt gegen Zivilisten abgelehnt, doch in mindestens einem Falle gebilligt: bei der Verfolgung von palästinensischen Kämpfern. Unabhängig von der unterschiedlich bewertenden Bezeichnung dieser Männer als »Freiheitskämpfer« oder »Terroristen« gilt es, eine grundlegende Feststellung zu treffen: Die PLO bedient sich der Guerillataktik, und zur Guerillataktik, die im allgemeinen nur vom militärisch Schwächeren angewandt wird, gehört auch das Einbeziehen von Zivilisten, bei denen sich der Guerillakämpfer »wie der Fisch im Wasser« fühlen soll. Tatsächlich wird die Zivilbevölkerung als Geisel genommen: Aus Häusern oder Schulen im Libanon zum Beispiel schoß man auf israelisches Gebiet, in der Annahme, daß die Israelis davor zurückschrecken würden, vornehmlich zivile Ziele zu bombardieren.

Derjenige, der Guerillas bekämpft, also Israel in diesem Falle, kommt in ein schreckliches Dilemma: Einerseits glaubt er, zurückschlagen zu müssen, andererseits sieht er, daß dabei unbeteiligte und unschuldige Zivilisten betroffen und getroffen werden.

Die israelische Entscheidung in diesem Dilemma ist bekannt: Man schlägt zurück, und dies löst hierzulande, wie überall in Westeuropa, neuerdings auch in den USA, Empörung über die Brutalität und Gewalt der Israelis aus.

Solange aber der israelisch-palästinensische Konflikt mit Waffen ausgefochten wird, müssen die militärisch unterlegenen Palästinenser die Guerillataktik anwenden, die Israelis in ihrem

Antiguerillakampf zivile Opfer hinnehmen, auch wenn sie es eigentlich nicht wollen.

Nicht nur die tatsächlich oder vermeintlich gerechtfertigte Gewalt ist zwischen Israelis und Deutschen umstritten, sondern das, was Gewalt ist: In Deutschland, darüber hinaus wohl in Westeuropa überhaupt, wird die Reaktion auf Gewalt ebenso als solche angeprangert wie die vorangegangene Aktion, bei der die Geiselnahme von unbeteiligten Zivilisten Teil des Gesamtplanes ist. Beide Sichtweisen sind erklärlich, doch vereinbar sind sie nicht.

Die deutsch-israelisch-jüdischen Sprachprobleme über Gewalt werden fortdauern; einerseits wegen der in Westeuropa und Deutschland verbreiteten Unkenntnis über das beschriebene Grunddilemma der Guerilla- und Antiguerillataktik, andererseits weil jede Seite in bezug auf die Anwendung von Gewalt unterschiedliche Lehren aus der eigenen Geschichte gezogen hat, ja, ziehen mußte: »Nie wieder Opfer« – sagen die jungen Israelis und Juden. »Nie wieder Täter« – sagen die jungen Deutschen. Recht haben beide, sie verstehen aber einander nicht, weil die Vergangenheit ihr Denken in der Gegenwart prägt.

Deutsch-israelische Sprachverwirrung herrscht auch in Bezug auf das *Selbstbestimmungsrecht der Völker*. In Deutschland erhoffte – und erhofft man sich vielfach heute noch – durch die Anwendung dieses Selbstbestimmungsrechtes die friedliche Wiedervereinigung; außerdem befürwortet man dieses Prinzip ganz allgemein, weil es Teil der demokratisch-liberalen Tradition Westeuropas ist. Bekanntlich erfolgte Deutschlands Vereinigung 1990. Friedlich, selbstbestimmt. Welche Teile Palästinas könnten, zumal friedlich, vereinigt werden?

Viele Israelis befürchten durch die Anwendung dieses Prinzips die Errichtung eines Palästinenserstaates und dadurch die Zerstörung des jüdischen Gemeinwesens. Sie erkennen dabei durchaus die eigenen ideologischen Widersprüche: für sich selbst hatten sie das Selbstbestimmungsrecht gefordert, den Palästinensern verweigern sie es. Sie rechtfertigen sich mit dem Argument, daß die

Palästinenser 1937 das britische und 1947 das UNO-Angebot, einen eigenen Staat gründen zu können, ausgeschlagen hätten. Danach hätten sie nur noch die Zerstörung des jüdischen Staates angestrebt und damit das Recht auf Selbstbestimmung verwirkt. Das ist alles so stark vereinfacht, daß es nicht mehr stimmt, aber es beruhigt das eigene Gewissen. In letzter Zeit werden zwar zunehmend Risse hinter der schönen Fassade erkennbar, aber das Geschichtsgebäude steht noch. Ob die Gründung eines Staates für die Palästinenser Israel tatsächlich vernichten würde, steht hier nicht zur Debatte. Hier geht es um die scheinbar sprachlich, in Wirklichkeit inhaltlich vorprogrammierte Verstimmung, wenn Deutsche und Israelis über die Anwendung des Selbstbestimmungsrechtes reden.

Die Inflationierung von Begriffen entschärft Inhalte und verwischt Konturen. Weitere Beispiele: »Faschismus«, »Holocaust«, »Widerstand«. Wir wollen die Begriffsent- und Begriffsumwertung kurz nachvollziehen.

In Israel und der diasporajüdischen Welt verbindet man mit dem Wort »Widerstand« im allgemeinen Aktionen und Äußerungen gegen diktatorische Regime, die ihre Bevölkerung, zum Teil auch fremde Völker, gewaltsam unterdrücken. Widerstand ziele auf den gewaltsamen Umsturz eines Gewaltregimes; er berge für die Widerständler selbst die Todesgefahr. Selbstkritische Israelis beziehen diesen Begriff durchaus auch auf die Palästinenser und ihren Widerstand gegen die israelische Besatzung.

Der inflationäre innerdeutsche Gebrauch des Wortes wird allerdings in Israel und der Diaspora – durchaus nicht unfreundlich – belächelt. Nachträglich stilisiere sich das deutsche Volk, zumindest sprachlich, zu einem Volk von Widerstandskämpfern. Der ganz alltägliche und zudem ungefährliche, in Demokratien selbstverständliche Widerspruch oder die parlamentarisch notwendige Opposition werde zum Widerstand hochgejubelt.

Abgesehen vom griechischen Original galt der Begriff »Holocaust« seit 1945 dem nationalsozialistischen Judenmord, der

»Endlösung«. Zunehmend wurde Holocaust zum Völkermord schlechthin, dann zur brutalen Bekämpfung anderer Völker überall und immer. Der Holocaust wurde auf diese Weise von Deutschland gelöst und universalisiert. Jetzt konnte man auch den Kampf Israels gegen das palästinensische Volk als »Völkermord«, als »Holocaust« bezeichnen, ohne daß dabei auf die historischen Unterschiede geachtet werden mußte. Die im Jahre 1982 in der Bundesrepublik geführte Debatte über den Holocaust der Israelis an den Palästinensern im Libanon hat die Sprachentwicklung am besten dokumentiert. Aber viele wurden sich dieser Gedankenlosigkeit bewußt: So einfach konnte man Abel das Kainszeichen nicht übertragen, aus Morden einen Holocaust machen. Es zeigte sich während der Debatte außerdem, daß es durchaus möglich war, die israelische Kriegsführung heftig zu kritisieren, ohne sie als Holocaust bezeichnen zu müssen. Der Verzicht auf diesen Begriff bedeutete keineswegs die Rechtfertigung der israelischen Vorgehensweise gegen die Palästinenser.

Hier und da gab es israelische und jüdische Kritiker, die den verbreiteten, doch keineswegs allgemein üblichen Gebrauch des Begriffes Holocaust auf geschichtspolitische Böswilligkeit zurückführten. Es dürfte aber eher Gedankenlosigkeit als Böswilligkeit gewesen sein. Ein Hinweis dafür ist die Tatsache, daß Israel seit 1982 von deutscher Seite eigentlich kaum noch mit dem Vorwurf konfrontiert wurde, an den Palästinensern einen Holocaust zu verüben. In der »Postkolonialismus-Debatte« ist dieser a- und antihistorische Vorwurf der 2020er-Jahre allerdings verschärft zu hören. Deren Wortführer lassen die massenmörderische Dimension des Holocaust im Vergleich zu den unbestreitbaren kolonialistischen Verbrechen schrumpfen.

Wertlosigkeit durch Inflation gibt es offenbar auch in der Geschichtspolitik. Sie macht übrigens nicht vor Staatsgrenzen halt. Ein israelisches Beispiel: Ben-Gurion mußte vielen israelischen Landsleuten immer wieder beteuern, daß Adenauer und Erhard »kein Hitler« seien.

VI.

DIE MEINUNG DER ÖFFENTLICHKEIT:

SPIEGELBILD DES GENERATIONS-WECHSELS

Die öffentliche Meinung in der *Bundesrepublik Deutschland* zeigte bis 1967, bis zum Sechs-Tage-Krieg, Israel gegenüber verhaltene, distanzierte Sympathie. Von 1967 bis zum Mai 1981, also bis zu den Angriffen des israelischen Ministerpräsidenten Begin auf Bundeskanzler Helmut Schmidt und das Deutsche Volk, zog ungefähr die Hälfte der Westdeutschen die Israelis den Arabern weit vor.

Die Sympathiewerte der arabischen Staaten erreichten in diesem Zeitraum deutlich weniger als zehn Prozent. Seit Mitte 1981 genießt Israel gegenüber den Arabern einen geringeren Sympathievorsprung. Die Zahl der Bundesbürger, die weder mit der einen noch der anderen Seite im arabisch-israelischen Konflikt sympathisieren, überwiegt inzwischen deutlich.

Das entspricht übrigens dem allgemeinen westeuropäischen Muster, wenngleich es in der Bundesrepublik Deutschland vergleichsweise spät erkennbar wurde. In den meisten Nachbarstaaten begann dieser Wandel schon seit 1967, und in den frühen 70er-Jahren wurde er beschleunigt. Araber, besonders Palästinenser waren dort früher »in«, es umwehte sie ein Hauch der beliebten Dritten Welt, der gegenüber man ein schlechtes Gewissen hatte und für die man sich meist mit Worten und Demonstrationen, seltener mit Taten, engagierte.

Die Westeuropäer hatten als Angehörige ehemaliger Kolonialmächte ein schlechtes Gewissen gegenüber der Dritten Welt; davon profitierten seit 1967 die Palästinenser. Die Deutschen waren seit dem Ende des Ersten Weltkriegs keine Kolonialmacht, hatten aber aus naheliegenden Gründen seit dem Beginn der zweiten Vergangenheitsbewältigung in bezug auf Israel ein schlechtes Gewissen und besonders seit dem Sechs-Tage-Krieg auch Wohlwollen. Das erklärt die zeitliche Verschiebung der Sympathiekurve Israels in Westeuropa und der Bundesrepublik Deutschland.

Diesbezüglich hat Deutschland besonders in den letzten Jahren in der Postkolonialismus-Debatte nachgezogen. Diese hat den Holocaust sozusagen universalisiert. Mehr distanziert (gar »emanzipiert«?) haben sich dadurch nicht nur die deutsche Gesellschaft und Politik von der Einzigartigkeit des Holocaust. Durch die Postkolonialismus-Debatte wurde der Holocaust ein Völkermord unter vielen anderen. Kann man von »Relativierung« und Verharmlosung sprechen? Höchst lesenswert dazu, weil verschiedene (!) Perspektiven beschreibend und bewertend, ist Natan Sznaiders Buch »Fluchtpunkte« (2022).

Der *Altersfaktor* verdient besondere Beachtung. Bis in die Mitte der 60er-Jahre galt vereinfacht die Aussage: Je jünger, desto eher proisraelisch. Die »Generation der 1968er«, der Studentenrevolte, leitete eine Wende ein. Seitdem gilt: Je jünger, desto eher proarabisch, obwohl sich die Altersunterschiede im Gegensatz zu früher etwas verwischt haben. Die »Öko-Generation« ist Israel gegenüber auch deutlich distanziert. Juden gegenüber sind hingegen die 68er und die Öko-Jugendlichen wesentlich entkrampfter als ältere Bundesbürger; ein deutliches Zeichen dafür, daß der Antiisraelismus beziehungsweise Antizionismus dieser beiden insgesamt linkeren Polit-Generationen kein Antisemitismus, sondern Hinweis auf Entkrampfung ist.

Hier hat mich wohl das Prinzip Hoffnung zu dieser Feststellung verführt. Mein damaliger Analysefehler sei skizziert und korrigiert. Ich habe nicht klar genug zwischen Israelkritik und Antiisraelismus unterschieden. Israelkritik richtet sich gegen einzelne Ereignisse und Aktionen von israelischen Personen oder Institutionen. Antiisraelismus und Antizionismus zielen auf die Existenz des Jüdischen Staates – als eines Jüdischen Staates oder auch »nur« gegen den mehrheitlich jüdischen Staat. Antiisraelismus und Antisemitismus sind nicht vollkommen deckungsgleich, sondern nur teilweise. Im Antiisraelismus fehlen meistens die antisemitischen »Klassiker« wie »Jüdische Weltverschwörung« und ähnliche Dummheiten und bestreitet dem Jüdischen Staat »nur« die Daseinsberechtigung. Doch die Existenz Israels ist die entscheidende, zuverlässige »Lebensversicherung« aller Juden, egal ob religiös oder nicht. Wer den Juden diese Lebensversicherung entzieht, mag subjektiv kein Antisemit sein, also »nichts gegen Juden haben«, ist es aber der objektiven beziehungsweise objektivierbaren Wirkung gegen Israel als Rettungsanker aller Juden nach. Deswegen kann das iranische Mullah-Regime sehr wohl »nichts gegen Juden haben«. Doch dessen Absicht, Israel zu vernichten, entzieht jüdischer Existenz an sich den Boden unter den Füßen und ist deshalb antisemitisch.

Auch deutscher Antiisraelismus wird hier und da neuer, israelbezogener Antisemitismus. Tot ist er nicht, der »klassische« Antisemitismus, jiddisch: »Rischess« (wörtlich: Bosheit), doch stärker der neue, israelbezogene. Umfragen der Friedrich-Ebert-Stiftung bieten aufschlussreiche Informationen. Klassisch antisemitische Stereotypen äußerten 2016 rund 6 Prozent und 2020/21 knapp 14 Prozent der Befragten, israelbezogene Antisemitismen 24 Prozent im Jahre 2014 und 30 Prozent 2020/21.

Beispiele aus der Leipziger Antiautoritarismus-Studie 2018 (S. 197): »Durch die israelische Politik werden mir die Juden immer unsympathischer.« Diesem Satz stimmten damals 13 Prozent »voll« und 27 Prozent »teils« zu.

Oder: »Was der Staat Israel heute mit den Palästinensern macht, ist im Prinzip auch nichts anderes als das, was die Nazis im Dritten Reich mit den Juden gemacht« haben. Dem stimmten 54 Prozent »voll« oder »teils« zu.

Oder: »Bei der Politik, die Israel macht, kann ich gut verstehen, dass man etwas gegen Juden hat.« 40 Prozent fanden sich in dieser sowohl antiisraelischen als auch klar antisemitischen Aussage »voll« oder »teils« wieder.

Geradezu satt antisemitische sowie gleichzeitig antiisraelische Pauschalisierungen gab es in der deutschen Öffentlichkeit der späten 1980er- und frühen 1990er-Jahre nicht. Kaum dümmer denkbar sind solche Gleichsetzungen von Israel und »den« Juden. Angesichts dieser Daten fragt man sich: Was haben die millionenschweren Bildungsprogramme von Bund, Ländern, Kommunen und Privaten, die Appelle »Gegen das Vergessen« oder die schwülstig-platt-versteinten deutschen Erinnerungsrituale bewirkt?

Jüngere Deutsche und Europäer unterscheiden noch mehr als ältere zwischen einer »Verantwortung« (was immer das sei) für Juden einerseits und Israel andererseits. Diese ist deutlich schwächer ausgeprägt als jene (vgl. die Umfragen und Interpretationen von Rother, 2020, S. 2f.; Steffen/Nathanson, S. 73). Wissen und Bewerten jüdischen Leids, besonders des sechsmillionenfachen Judenmordens, ist bei jüngeren Deutschen inzwischen weniger ausgeprägt (vgl. die 2022 veröffentlichte Studie der Bertelsmann-Stiftung über deutsch-israelische Beziehungen).

Einem Mißverständnis muß vorgebeugt werden: Wenn von politischen Generationen gesprochen wird, ist die deutliche Mehrheit der entsprechenden Altersgruppe gemeint; es wird nicht behauptet, alle dächten das gleiche. Zu bedenken ist natürlich nicht nur der Unterschied zwischen, sondern auch innerhalb der einzelnen politischen Generationen. Die Daten in Bezug auf die 68er und Öko-Generation sind jedoch so eindeutig, daß die Typisierung zulässig und notwendig ist.

Die parteipolitische Einstellung der Bundesbürger zeigt zwischen den Anhängern der »traditionellen« Parteien keine grundlegend abweichenden Muster hinsichtlich ihrer Haltung gegenüber Israel. Ganz anders verhält sich das bei denen, die mit der NPD und den Grünen sympathisieren: Obwohl sie völlig entgegengesetzten Parteien nahestanden, zeigte sich eine Gemeinsamkeit: Sie erwiesen sich als am meisten proarabisch. Ein entscheidender Unterschied bestand allerdings: Anders als NPD-Wähler zeigten sich Grüne gegen den antisemitischen Bazillus bei vielen Umfragen immer völlig immun.

Bis 2019 änderte sich bezüglich des Ausbildungsfaktors nichts Grundsätzliches. Besser Gebildete verfielen sowohl dem klassischen als auch dem israelbezogenen Antisemitismus weniger als andere (Zick/Küpper/Berghan, 2019, besonders S. 108).

Aus heutiger Sicht nochmals: Der subjektive Nicht-Antisemitismus vieler Alternativer, Linker und Linksliberaler kann objektiv(ierbar) durchaus antisemitisch wirken, also sein. Anders als das (nur zum Schein?) judenfreundliche Image der AfD frönen ihre Anhänger recht eindeutig diversen Antisemitismen (Rensmann 2020). Zwischen gestern und heute, »Ewige Schuld« 1 und »Ewige Schuld« 2, späte 1980er-Jahre und 2022, blieb das Muster weitgehend unverändert. Das bedeutet: Wir erkennen langfristige, strukturelle und keine zyklischen Faktoren.

Beim Indikator Ausbildung galt bis Anfang der 70er-Jahre für die Bundesbürger: Je höher die Schulbildung, desto eher günstige Werte für Israel. Dies hat sich durch die 68er-Generation grundlegend gewandelt. Bekanntlich begann diese Generation ihren Weg an den westdeutschen Universitäten, und sie blieb überwiegend distanziert zu Israel, aber wohlwollend gegenüber den Palästinensern und Arabern. Heute gilt daher das Muster: Je besser ausgebildet, desto häufiger ist der Befragte proarabisch beziehungsweise propalästinensisch; oder vorsichtiger formuliert: desto weniger proisraelisch. Wir sprechen von größerer Häufigkeit, nicht von Mehrheiten; das muß hier wie im Folgenden beachtet werden.

Vorsicht, Mehrdimensionalität, denn es gilt auch: Je besser die befragten Deutschen ausgebildet sind, desto seltener befürworten sie den berühmt-berüchtigten »Schlussstrich«. Antisemitische »Klassiker« denken (oder äußern?) sie auch weniger (Bertelsmann S. 71). Wieder: Mehr Strukturen als Zyklen zwischen gestern und heute.

Verändert hat sich ebenfalls das Einstellungsraster zwischen Stadt und Land. Während bis in die frühen siebziger Jahre der Satz zutraf: je städtischer die befragte Bevölkerung, desto eher proisraelisch, so stellen wir heute fest, daß man in Großstädten und Dörfern proarabische Meinungen häufiger als anderswo antrifft. Daß besonders in West-Berlin, Hamburg und Bremen überdurchschnittlich häufig proarabische Einstellungen registriert wurden, zeigt die durchschlagende Wirkung der 68er Generation auf ihre Umwelt, denn die Freie und Technische Universität Berlin sowie die Universität Bremen zählten zu den Hochburgen der Studentenrevolte. Setzt man die Linie der Nahostpolitik der Bundesregierungen in Beziehung zur öffentlichen Meinung, dann ergibt sich folgendes Bild: Bis in die frühen achtziger Jahre stand jede Bundesregierung im Widerspruch zur öffentlichen Meinung. Besonders deutlich wird diese Tatsache im Zusammenhang mit dem Wiedergutmachungsabkommen des Jahres 1952: Rund 50 Prozent der Westdeutschen lehnten es ab, nur 25 Prozent billigten es mit erheblichen Vorbehalten. Die neutrale Haltung der Bundesregierungen gegenüber den Konfliktparteien im Nahen Osten fand zwischen 1967 und 1981 keine Entsprechung in den Einstellungen der Bundesbürger, die, wie betont, Israel mit überwältigender Mehrheit bevorzugten.

Seit 1981/82 decken sich Nahostpolitik und Nahostsympathien in der Bundesrepublik mehr als je zuvor. Neutralität und Distanz sind eher gefragt – und geboten; daran ändert der geringe Sympathievorsprung Israels in der Öffentlichkeit nichts.

Das Gewicht, das die Bundesbürger dem Nahen Osten beimessen, ist vergleichsweise gering, was nicht überrascht, denn das Ost-West-Verhältnis, das hierzulande besonders intensiv beobachtet wird, trifft und betrifft die Westdeutschen direkter.

Direkte Betroffenheit durch die nahöstlichen Entwicklungen erlebten die Bundesdeutschen 1973/74, während der Ölkrise. Prompt stieg die Bedeutung der deutschen Nahostpolitik und der arabischen Staaten in den Augen der Befragten. Mit der Bedeutung stieg zugleich die Sympathie der Araber. Als aber die Energieversorgung seit 1983 wieder weniger Sorgen bereitete und die Ölpreise fielen, glaubten sie gute Beziehungen zu den arabischen Staaten nicht mehr so sehr zu benötigen. Mit der den Arabern beigemessenen Bedeutung fiel auch ihre Gunst, und die Sympathiewerte Israels stiegen.

Wir stellten fest: Der von 1967 bis 1981 vorhandene und von Einzelereignissen weitgehend unabhängige Sympathiebonus gegenüber Israel besteht in Westdeutschland nicht und in Westeuropa schon lange nicht mehr. Seit 1981 steigt oder sinkt in der Bundesrepublik die Gunst Israels in Relation zur konkreten Politik des jüdischen Staates. Das beweisen die Daten für 1981 (Angriffe Begins auf Kanzler Schmidt und die Deutschen) und 1982 (Libanon-Krieg gegen die PLO) sowie für die Zeit seit 1984, in der Israel sich nach Begins Rückzug aus der Politik sanfter präsentieren wollte und konnte. Jerusalems Politik der »harten Faust« gegen die seit Dezember 1987 rebellierende Bevölkerung in den besetzten Gebieten dürfte das zuvor für Israel wieder günstigere Meinungsbild nachteilig beeinflußt haben. Das von den jüdischen Vätern selbst erlittene Leid gilt nicht mehr als Rechtfertigung für das von den Söhnen verursachte Leid an anderen; die Gegenwart überlagert die Vergangenheit.

Gegenüber den arabischen Staaten erkennt man blanken deutschen Opportunismus, zumal die Araber, außer bei der 68er und Öko-Generation, kaum jemals wirkliche Sympathien genossen; sie profitierten entweder von Israels zeitweiligem Negativ-Bild oder von höheren Ölpreisen.

Das Meinungsbild, das die Erhebungen *in Israel* über Deutschland und die Bundesrepublik ergeben, kann man zusammenfassen, zumal in Kapitel III/6 einige Daten vorgelegt und interpretiert wurden.

Die jüngeren Altersgruppen zeigten sich bei allen vorgelegten Fragen Deutschem und Deutschen gegenüber deutlich wohlwollender als ihre älteren Landsleute. An ein »neues Deutschland«

glaubten 1981/82 ungefähr 50 Prozent der 18- bis 29jährigen, während es bei den älteren Jahrgängen im Allgemeinen 40 Prozent meinten; auch das eine eigentlich überraschend entkrampfte Einstellung.

Einwanderer – viele von ihnen kamen ins Land, um Verfolgungen oder Benachteiligungen zu entgehen – blieben eher auf Distanz zu Deutschland als die im Lande geborenen Israelis, die »Zabarim«. Diese beiden Ergebnisse dokumentieren die begrenzte Wirkung israelischer Geschichtspolitik.

Hier muß ein scheinbarer Widerspruch geklärt werden: Wir zeigten im dritten Kapitel und behaupten im Abschnitt über die deutschen Juden, daß der Holocaust in Israel sowie in der Diaspora der wichtigste Identitäts- und Identifikationsstifter sei, hören aber hier von einem günstigen Deutschlandbild bei israelischen Jugendlichen. Offenbar unterscheiden besonders die jungen Israelis zwischen dem alten Deutschland des Holocaust und dem neuen (West-)Deutschland. Während die staatliche Geschichtspolitik Deutschland und den Holocaust verknüpfte, löste die israelische Gesellschaft beides voneinander; das reale Deutschland hat sich in der Wahrnehmung vor das Holocaust-Deutschland geschoben, die zeitliche und generationsbedingte Distanz hat auch inhaltliche geschaffen. Je weniger die Israelis vom Holocaust persönlich oder familiär betroffen sind, desto schwächer ist die Gleichsetzung von Holocaust und Deutschland.

Das beweisen die Meinungserhebungen bei der israelischen Bevölkerung afro-asiatischer Herkunft. Sie zeigen sich Deutschland gegenüber in allen Fragen wesentlich unbefangener als ihre Landsleute euro-amerikanischer Herkunft. Der Holocaust traf und betraf das europäische Judentum direkt, und er wirkt auch bei dessen Nachkommen stärker als bei den orientalischen Juden und deren Kindern.

Beeinflußt eine bessere Ausbildung das Deutschlandbild der Israelis? Eine verallgemeinernde Antwort erlauben die Umfragedaten nicht. Sie zeigen lediglich, daß die Meinungen israelischer

Akademiker grundsätzlicher als die von Nicht-Akademikern sind; sie blieben Deutschland gegenüber skeptischer und reagierten auf zyklische Schwankungen, also auf einzelne Ereignisse, weniger anfällig, ließen sich von tagespolitischem Ärger ebenso wenig beeinflussen wie von erfreulichen Vorkommnissen. Freundlich formuliert: ihr Weltbild ist fester; unfreundlich gesagt: sie sind sturer.

Der israelbezogene Antisemitismus hat den klassischen ohne jeden Zweifel nicht verdrängt, doch übertrumpft. Empirisch ebenso zweifelsfrei gleitet herkömmliche Israelkritik zunehmend in Antisemitismus – doch in einen neuen Antisemitismus, der von Israel auf »die« Juden insgesamt zielt – eben »israelbezogener Antisemitismus«. Daten für 2020/21 hierzu bei Zick/Küpper, 2021, besonders S. 201–207.

Ein Sonderthema dieses neuen deutschen Antisemitismus ist die Judenfeindschaft der in Deutschland (und Europa) lebenden Muslime der verschiedenen Generationen sowie der muslimischen Neu-Migranten. Ihre Zahl wächst stetig, durch natürliche Fortpflanzung sowie Flucht und Vertreibung aus der islamischen Welt. Daraus auf die Zukunft schließend, muss man eine weitere Zunahme des israelbezogenen Antisemitismus erwarten.

Natürlich gab es zwischen 1988/1993 und 2022 die eine oder andere Schwankung, die Detailstudien belegen. Einige habe ich zitiert. Eine Übersicht bieten Wolffsohn/Grill, S. 159ff. und Stetter/Wolffsohn, 2022, B/V). Entscheidend ist dies: Das Deutschlandbild von Israelis und auch Diasporajuden ist erheblich freundlicher als umgekehrt das Israel- und Judenbild der meisten Europäer und besonders der Deutschen, jung und alt. »Auschwitz werden uns die Deutschen niemals verzeihen.« Seit 1968 (!) haben verschiedene, total desillusionierte Juden, die Deutschland gut kannten, diesen niederschmetternd resignativen, verzweifelten Satz ausgesprochen. In »Ewige Schuld« 1 hatte ich vehement widersprochen. Inzwischen ist mir, trotz amtlicher, medialer und gesellschaftlicher Gegenbekundungen die Vehemenz abhandengekommen. Werde ich sie wiederfinden, wenn ich sie suche? Das in Umfragen geäußerte und in Handlungen umgesetzte »Denken« macht mich skeptisch, denn deutsche Taten und Wirklichkeiten widersprechen zu oft den schönen Worten.

Noch im Jahr seiner Wahl zum Bundespräsidenten, 1994, stattete Roman Herzog seinen ersten Israel-Staatsbesuch ab. Zuvor holte er sich Expertenrat, auch meinen. Ich schlug ihm vor, die deutsch-israelische Sympathielücke zu thematisieren, da es langfristig zwecklos sowie kontraproduktiv sei, vorhandene Probleme zu ignorieren. Taktvoll thematisieren müsse man sie. Als Präsident der (West-)Deutschen hätte er die persönliche und institutionelle Autorität beziehungsweise das Charisma, seine Landsleute für diese geschichtsethische Seltsamkeit zu sensibilisieren, um sie zu korrigieren. Das sei »ihm zu heiß«, erklärte mir der ansonsten zupackende Bundespräsident offenherzig, taktvoll und ohne jede Taktik. Fortan beschloss ich, keine Politiker mehr zu beraten. Zu oft manövrieren sich Politiker vor lauter Taktik selbst in Sackgassen. Bezogen auf deutsch-jüdisch-israelische Beziehungen war und ist der einstige Musterschüler und Starjurist Roman Herzog nicht der einzige, erste und letzte dieser Taktiker. Er dürfte sogar zu den Klügsten dieser Spezies gehören.

Wenigstens etwas Licht in dieser Dunkelheit: Als »größte Gefahr für den Weltfrieden« nannten dem »Eurobarometer« zufolge im Herbst 2003 im EU-Durchschnitt 59 Prozent der Befragten Israel. In Deutschland waren es – trotz der oft gepredigten »historischen Verantwortung« – 65 Prozent. Im Jahre 2005 landete, laut Institut für Demoskopie Allensbach, Israel hinter dem Iran, Nord-Korea, dem Irak und den USA auf Platz 5 der den Weltfrieden am meisten bedrohenden Staaten.

VII.

DAS VERHALTEN DER ÖFFENTLICHKEIT:

TOURISMUS ALS INDIKATOR?

»Israel ist mehr als Urlaub«, verspricht das Staatliche Israelische Verkehrsbüro den bundesdeutschen Touristen. Der Werbetext trifft auch politisch zu, denn der Strom westdeutscher Touristen nach Israel ist alles andere als unpolitisch, und auch die Reisen der vielen Israelis in die Bundesrepublik Deutschland können, ja müssen geradezu politisch interpretiert werden.

Die Entwicklung des deutsch-israelischen Tourismus ist ein Spiegelbild des zweiseitigen Verhältnisses. Sie ist vielleicht noch aufschlußreicher als das wechselnde Bild der gegenseitigen Meinungen, die wir im vorigen Kapitel kennengelernt haben, weil hier von Verhalten und nicht nur von mehr oder weniger unverbindlich geäußerten Einstellungen die Rede ist.

Ein Deutscher fährt nach Israel im allgemeinen noch immer nicht »einfach so«, um sich von der dort garantierten Sonne braten zu lassen; dafür ist das dortige Pflaster historisch-politisch zu heiß. Umgekehrt scheinen inzwischen viele Israelis »einfach so« in die Bundesrepublik Deutschland zu kommen; ein unerwartetes Phänomen, das die Lücke zwischen den grundsätzlichen Einstellungen und dem tatsächlichen Verhalten der Israelis gegenüber Deutschland aufzeigt. Das israelische Verhalten deutet sehr viel mehr als das deutsche auf Normalisierung und Entkrampfung.

Ein Blick auf einige Zahlen und auf das von jeder Seite erwünschte, weil selbst erstellte Bild in der Tourismuswerbung soll die Behauptungen beweisen.

Im Jahre 1950 kamen 180 Reisende aus der Bundesrepublik Deutschland nach Israel; 172 waren Juden. Knapp vierzig Jahre später, 1987, besuchten 180000 Bundesdeutsche den jüdischen Staat. Diese Zahlen besagen zunächst nicht viel, weil man bei ihrer Interpretation auch die seit den 50er-Jahren immer stärker rollenden Reisewellen der Westdeutschen mitberücksichtigen muß, und für diese Wellen gab es lockendere Ziele als die Gestade Israels.

Trotzdem: Schon in den 50er-Jahren unternahm ungefähr jeder vierte Westdeutsche eine Urlaubsreise, wobei sich nur ein

Viertel eine Auslandsreise gönnen konnte oder wollte. Bis Anfang der 60er-Jahre wagten nie mehr als dreitausend Deutsche den Weg nach Israel, während mehr als drei Millionen eine Reise ins Ausland gebucht hatten.

Seit Anfang der 60er-Jahre stieg die Zahl der deutschen Israel-Reisenden schneller: 1965 waren es rund zehntausend, der Krieg von 1967 führte kurzfristig zu einem Rückgang der vorher erzielten bescheidenen Zunahmen, doch 1971 kamen knapp 35 000 und 1972 schon 43.000. Dieser Anstieg muß im Zusammenhang mit der allgemein zunehmenden und finanziell möglichen Reisefreudigkeit und der Lust aufs Ausland gesehen werden, denn 1972 fuhren rund zwölf Millionen Bundesdeutsche ins Ausland.

Daß aber Israelreisen immer noch selten und außerdem politisch beeinflußt blieben, dokumentieren die Zahlen für 1973 und 1974, die denen des Jahres 1972 glichen. Aus nahostpolitischen Gründen hatten die Deutschen weniger Lust auf Israel: im Oktober 1973 tobte der Jom-Kippur-Krieg, die Kämpfe zwischen Israel und Syrien dauerten bis zum Mai 1974, und in dieser Zeit häuften sich die Terroraktionen der PLO gegen Menschen und Ziele in Israel.

Die 1973/74 im Vergleich zu den 60er-Jahren deutlich höhere Zahl der Israelreisen deutet dennoch auf eine zunehmende Entkrampfung eines Teiles der deutschen Bevölkerung hin. Der im Verhältnis zu anderen deutschen Auslandszielen überproportionale Anstieg der Israelreisen von 1975 bis 1977 beweist diese These: Die Zahl der deutschen Israelreisen nahm um mehr als das Doppelte zu. 1975 fanden knapp 50 000 den Weg ins Heilige Land, 1977 waren es 110.000, und auch das negative Image von Menachem Begin, der 1977 israelischer Ministerpräsident wurde, änderte nichts an der touristischen Anziehungskraft. 1980 besuchten 158 000 Westdeutsche den jüdischen Staat.

Dann erfolgte die politisch bedingte Wende: Im Mai 1981 griff Begin Bundeskanzler Helmut Schmidt und das deutsche Volk in seiner Gesamtheit wegen ihrer Mitschuld an den nationalsozialistischen Greueltaten an. 1982 führte Israel einen unerbittlichen Krieg gegen die im Libanon kämpfende PLO. Die Folge: die Zahl der deutschen Israelreisenden nahm dramatisch ab. 1981 kamen noch 155.000, 1982 aber nur 107.000, und erst 1987 konnte man wieder mehr Deutsche in Israel finden als im Jahre 1981.

Der Rückgang des Tourismus aus Deutschland war 1981/82 wesentlich größer als der aus anderen westlichen Staaten. Mit anderen Worten: Die abnehmende Attraktivität Israels als Reiseziel der Deutschen war eher auf die zweiseitigen deutsch-israelischen Empfindlichkeiten als auf die israelisch-palästinensischen Spannungen zurückzuführen. Die reisenden Deutschen fühlten sich in den 80er-Jahren selbstbewußt genug, den Israelis einen Korb zu geben, wollten sich nicht in ein Land begeben, dessen Führung (ebenso wie die damalige Opposition, die Arbeitspartei) sie beschimpfte. Erst in den späten 80er-Jahren hatten sie Israel verziehen. Anders kann man die Zahlen kaum erklären, wurden sie auch von den Verantwortlichen und den Experten in Israel und Deutschland nicht interpretiert.

Für bundesdeutsche Touristen ist Israel offensichtlich nicht nur, wie die israelische Werbung verspricht, »Zuerst ein kleiner Geschichtskurs in Jerusalem« und »danach ein kleiner Tauchkurs im Roten Meer.« Noch immer taucht der Besucher aus Deutschland nicht nur im Roten, sondern auch im braunen Meer der deutschen Vergangenheit, die er in Untiefen und auf der Oberfläche leicht, doch keineswegs freudig erkennt.

Das Reiseverhalten der deutschen Touristen erlaubt Rückschlüsse auf das deutsch-israelische Verhältnis überhaupt. Es paßt in die politische Landschaft, in die deutsch-jüdisch-israelische Geschichtspolitik, die wir ausführlich skizziert haben. Seit den frühen 80er-Jahren trotzte die deutsche Öffentlichkeit ebenso wie ihre Regierung der israelisch-jüdischen Geschichtspolitik. Man wollte sich von den Ketten der Vergangenheit befreien und reagierte offensiv.

Die unverbindlichen Meinungen der Westdeutschen (s. Kapitel VI) über Israel und ihr verbindliches (wenngleich nur touristisches) Verhalten in bezug auf den jüdischen Staat stimmen überein; wir können daher die Reisefreudigkeit und Reisehäufigkeit der Deutschen nach Israel durchaus als Indikator für den grundlegenden Wandel der deutsch-israelischen Beziehungen betrachten. Zunächst waren die deutschen Empfindlichkeiten defensiv: man wagte noch keine Israelreisen, selbst als man sie schon bezahlen konnte. Später, seit den frühen 80er-Jahren, wurden die deutschen Empfindlichkeiten offensiv: man ließ sich nicht mehr alles von den Israelis bieten. Die deutschlandpolitischen Steuermänner Israels und in der gesamten jüdischen Welt werden wohl auch künftig mit diesem bundesdeutschen Selbstbewußtsein rechnen müssen.

Während die Deutschen Israel gegenüber empfindlich blieben, nahm die Scheu der Israelis unzweideutig ab. Deutschland ist für israelische Touristen alles andere als tabu.

Noch 1976 reisten lediglich 49 000 Israelis in die Bundesrepublik Deutschland. 1977 kam Begins Likud an die Macht und betrieb, zunehmend auf Kosten der Staatskasse, eine bürgerfreundliche Wirtschaftspolitik, die auch der Reisefreudigkeit der Israelis finanziell nachhalf. 1983, im letzten Jahr der Amtszeit dieses wahrhaftig nicht deutschlandfreundlichen Ministerpräsidenten, besuchten 131 000 Israelis das politisch zuvor so hart angegriffene »Land der Mörder«. Besonders aufschlußreich sind die Zahlen für 1981 und 1982: 1981 kamen 86 000 Israelis in die Bundesrepublik. Das waren fast doppelt so viele wie im Jahr zuvor. 1982 stieg die Zahl der Deutschlandreisenden aus Israel auf 100.000, 1983 auf 131 000 und 1984 auf 152.000. In den Jahren 1983/84 kamen aus dem kleinen Israel mehr Besucher nach Deutschland als aus dem großen Deutschland nach Israel, obwohl Auslandsreisen für Israelis aufgrund ihres niedrigeren Einkommens ein erhebliches finanzielles Opfer bedeuten. Durch die Sparpolitik der seit Ende 1984 amtierenden israelischen Regierung wurden Urlaubsreisen fast unerschwinglich, und trotzdem besuchten 1985 fast 122.000 Israelis die Bundesrepublik; 1986 brachten 139 000 und 1987 immerhin 135 000 für dieses touristische Vergnügen das finanzielle Opfer auf.

Das Verhalten der Israelis widersprach damit zumindest teilweise ihren deutschlandpolitischen Meinungen. Mit ihren geäußerten Meinungen entsprachen sie dem nationalen Überich, dem verinnerlichten Bild vom häßlichen Deutschen. In ihrem touristischen Ich-Verhalten kümmerten sie sich nicht mehr um das historische Über-Ich. Ein bemerkenswerter Gegensatz, der, nun von der israelischen Seite, einen grundlegenden Wandel im zweiseitigen Verhältnis zeigt. In Israel wird in Bezug auf Deutschland heute nicht mehr alles so heiß gegessen, wie es gekocht wird, könnte man sagen. Die Öffentlichkeit Israels verhält sich Deutschland gegenüber gelassen, spricht jedoch über Deutschland immer noch erregt – und trennt gelassen zwischen Wort und Tat.

Die deutsche Tourismuswerbung in Israel hat daraus ihre Schlußfolgerungen gezogen. Ganz anders als in allen übrigen Bereichen präsentiert sich die Bundesrepublik als Reiseland in Israel eher altdeutsch als neudeutsch: Weinselig und naturvergessen, die Pünktlichkeit ihrer Fluggesellschaft und den deutschen Wald preisend, »Wandervogel«-romantisch und romantisch überhaupt – obwohl bei der historischen Erklärung des deutschen Weges in den Nationalsozialismus auch und gerade die Romantik als eine ideengeschichtliche Ursache strapaziert worden ist. Beim Marketing spielt all das offenbar keine Rolle, und der israelische Verbraucher, sprich Tourist, reagiert programmgemäß: er kauft dieses Produkt, das Westdeutschland heißt, wobei ihn die Geschichte nicht beißt; auch ein Zeichen israelisch-deutscher Entkrampfung. Historisch grotesk, daß ausgerechnet im jüdischen Staat Altdeutsches so gefragt ist. Doch auch der kleine David denkt lieber an seine heutigen Freuden als an die damaligen Leiden der Eltern.

Die frühere Entwicklung setzte sich fort: Wie die Einstellungen der Israelis Deutschland gegenüber ist auch ihr Verhalten freundlicher als umgekehrt der Deutschen Israel gegenüber. Der Tourismus ist hierfür ein vorzüglicher Beleg.

Hier die »nackten«, doch aussagekräftigen Zahlen für die beiden letzten Jahre vor der Corona-Pandemie: 2018 besuchten 263 000 Deutsche Israel und 314 000 Israelis Deutschland. 2019 landeten 289 000 deutsche Touristen in Israel und 291 000 Israelis in Deutschland. Man setze diese absoluten Zahlen ins Verhältnis zur jeweiligen Einwohnerzahl. 83,09 Millionen Menschen lebten 2019 in Deutschland, in Israel 9,05 Millionen. Historisch unfassbar, aber wahr: Sowohl im Denken als auch Handeln der Israelis ist Deutschland für »die« Israelis, nach den USA, so etwas wie das Gelobte Land. Das war schon einmal so – bis zum 30. Januar 1933. Geschichte wiederholt sich nicht, aber Sorgen »wird man ja wohl noch aussprechen dürfen«. Übersehen »die« Israelis und gar »die« Juden die Zeichen an der Wand? Wieder? Jene Zeichen habe ich in der Aktualisierung zu zeigen versucht.

VIII.

PERSÖNLICHKEITEN

Die deutsch-israelische Geschichte der letzten vierzig Jahre wurde nicht zuletzt von zwei Männern gemacht, von Konrad Adenauer und David Ben-Gurion.

1. Konrad Adenauer

Adenauer hatte bekanntlich bereits im November 1949 der »Allgemeinen Wochenzeitung der Juden in Deutschland« gegenüber die Bereitschaft seiner Regierung bekundet, Israel beim Aufbau des Landes finanziell zu helfen. Im September 1951 legte er sich vor dem Bundestag und zwei Monate später gegenüber Nahum Goldmann sogar finanziell fest, ohne die finanzpolitischen Folgen seiner Politik recht bedacht zu haben. Diese geschichtspolitische Klugheit Adenauers konnte oder wollte die regierungsinterne Opposition, allen voran der Hauptwidersacher der Wiedergutmachung, Finanzminister Fritz Schäffer (CSU), nicht erkennen. Die Opposition in der Regierung kritisierte die finanziellen Verpflichtungen, die Adenauer dadurch eingegangen war und die ihr unerfüllbar schienen.

Der Kanzler bekämpfte Schäffer nicht mit politischen Brechstangen, er taktierte sehr vorsichtig. Geschickt benützte Adenauer die Bürokratie des Finanzministeriums gegen den Finanzminister, und durch taktische Finessen schaltete er dessen Widerspruchsmöglichkeiten aus. Schäffer war dabei stets ein fairer Gegner, dem nicht einmal ausländische Kritiker die Integrität absprachen und dessen finanzpolitisch bestimmte Sorgen sie verstanden. Ebenso wie Schäffer im Kabinett mußte Adenauer weiten Teilen der CSU, auch Franz Josef Strauß, wenigstens eine Enthaltung bei der Abstimmung über die Annahme des Wiedergutmachungsabkommens im Bundestag abringen. Reserviert gaben sich auch Vizekanzler Blücher und Justizminister Dehler, beide FDP, die Minister der »Deutschen Partei«, Hellwege und

Seebohm sowie Storch und Kaiser, zwei Kabinettsmitglieder aus den Reihen der CDU-Sozialausschüsse. Hermann Josef Abs argumentierte ebenfalls aus finanzpolitischen Gründen gegen die Wiedergutmachungspläne des Kanzlers. Kurzum, im eigenen Lager mußten rechts und links Klippen umfahren werden, was nicht zuletzt mit Hilfe der SPD gelang. Die eigentlichen Entscheidungen fällte jedoch Adenauer selbst; die Dokumente belegen dies zweifelsfrei.

Kein Zweifel kann bestehen über die moralische Ernsthaftigkeit der Wiedergutmachungsabsicht des Kanzlers, seine Nachlässigkeit in Bezug auf die Frage der Finanzierung sowie die willentliche und wissentliche Vernachlässigung von Wünschen rechter Unionswähler. Daß sie den Wahlzettel zum Strafzettel umwandeln könnten, befürchtete besonders Finanzminister Schäffer. Unbegründet war diese Sorge nicht, denn die Wiedergutmachung stieß bei der bundesdeutschen Bevölkerung auf erhebliche Vorbehalte- bis in die unmittelbare Gegenwart, wie Umfragen und einige Bon(n)mots immer wieder beweisen. Kein Zweifel auch, daß Adenauer, obwohl wahrhaftig nicht vom Bazillus des Antisemitismus befallen, die Macht, vor allem »die große wirtschaftliche Macht des Judentums in der Welt« (11.7.1952, im Kabinett) und damit das politische Gewicht der US-Juden dämonisierte.

Die Haltung der US-Präsidenten Truman und Eisenhower sowie deren Administrationen gegenüber der Wiedergutmachung hat Adenauer entweder tatsächlich falsch eingeschätzt oder dem teilweise opponierenden Kabinett verzerrt dargestellt, um Hindernisse zu beseitigen.

Wenn man das vermeintliche Drängen, das Adenauer wiederholt erwähnte, mit den tatsächlichen Aktionen der beiden US-Administrationen vergleicht, bleibt jedenfalls vom amerikanischen Interesse etwas, vom Druck oder gar von der aktiven Nachhilfe nicht viel übrig.

Der arabischen Mischung aus Drohen und Werben verfiel Adenauer nicht: Im Herbst 1952 versuchte eine Delegation der

Arabischen Liga, Adenauers zweites Wiedergutmachungs-Ich, Staatssekretär Hallstein vom Auswärtigen Amt, gegen die Ratifizierung des Wiedergutmachungsvertrages zu gewinnen. Die Araber deuteten an, daß Bonn wohl nur unter dem Druck des Westens das Abkommen mit Israel geschlossen hätte, des Westens, der im Zweiten Weltkrieg gegen Deutsche und Araber gekämpft hätte. Die einstigen Verlierer sollten deshalb zueinander finden. Statt einer Antwort wurde den Besuchern aus dem Morgenland die Tür gewiesen – zum Entsetzen führender Wirtschaftsvertreter Westdeutschlands.

»Israel und dem Judentum gegenüber vertragsbrüchig zu werden«, lehnte Adenauer entschieden ab. »Ein solcher Vertragsbruch würde mit Sicherheit unserer Stellung in der Welt mehr Schaden zufügen, als selbst eine vorübergehende Spannung in dem deutsch-arabischen Verhältnis«, vertraute er dem Vorsitzenden der CDU/CSU-Fraktion im Bundestag, Heinrich von Brentano, im Dezember 1952 an.

Geschichtlich und geschichtspolitisch bedeutsam waren Substanz und Stil Adenauers in der Wiedergutmachungsfrage. Trotz gegenteiliger Legenden fehlte es seiner Wiedergutmachungspolitik nie am »aufrechten Gang«, und er verhandelte auch nicht im »Büßerhemd«: Wir wissen, daß er sich weigerte, in seiner Erklärung vom 27. September 1951 die These von der Kollektivschuld der Deutschen gelten zu lassen. Wir haben gesehen, daß er wiedergutmachungswillig, doch nicht bereit war, alles und jedes zu billigen, was die israelische Seite vorlegte. Seine Bemerkungen über die mangelhafte Glaubwürdigkeit der »von den Juden« vorgelegten Berechnungsgrundlagen verdeutlichen, daß er zwischen historischer Verantwortung und politischen Verhandlungen pragmatisch zu unterscheiden wußte.

Nein, er ließ sich, im wahrsten Sinne des Wortes, von der anderen Seite nichts vorwerfen oder vorschreiben, weder am Anfang noch am Ende der Wiedergutmachungsverhandlungen. Adenauer gestand der israelischen Seite in der politischen Gegenwart kein aus der Vergangenheit ableitbares Moralmonopol gegenüber Deutschland und Deutschen zu.

Gewiß, auch Adenauer beugte sich tages-, wirtschafts- und deutschlandpolitischen Zwängen; diplomatische Beziehungen zu Jerusalem wurden während seiner Kanzlerschaft nicht aufgenommen, doch in Lebensfragen des deutsch-israelischen Verhältnisses schwankte er nie, besonders dann nicht, wenn es galt, Israels Lebensfähigkeit zu sichern. Er beugte sich 1956/57 nicht dem amerikanischen Druck, die Wiedergutmachungszahlungen so lange einzufrieren, wie sich Israel weigerte, die Sinai-Halbinsel vollständig zu räumen; er billigte seit 1957 Waffenkäufe aus und Waffenverkäufe an Israel; er kurbelte die deutsch-israelischen Wissenschaftsbeziehungen persönlich mit an; aber er ließ sich in bezug auf tagespolitische Probleme nicht geschichtspolitisch erpressen: weder während der Wiedergutmachungsverhandlungen noch in der Auseinandersetzung über die deutschen Raketenexperten in Ägypten; und obwohl er die Aburteilung Eichmanns wünschte, wagte er sogar öffentliche Kritik an dessen Entführung durch den israelischen Geheimdienst. Mit der inneren Würde und äußeren Festigkeit eines aufrichtig Sühnenden repräsentierte er das neue Deutschland. Es war ein seltener historischer Glücksfall, daß Adenauer in Ben-Gurion einen Partner fand, der ähnlich dachte, fühlte und wichtiger noch: handelte.

Aufregung um den lange toten Kanzler Adenauer. Dezember 2021. Beim an sich löblichen Kampf des Berliner Senats gegen die Ewige Antisemitismus-Pandemie sorgte eine Studie über »Straßen- und Platznamen mit antisemitischen Bezügen« für helle Aufregung. Unabhängig von der politischen Gewichtigkeit seiner Person wurde »Der Alte« der alphabetischen Reihenfolge wegen als Erster genannt. Man las: »Adenauerplatz Kontext Die Straße ist nach Konrad Hermann Joseph Adenauer (1876–1967) benannt. Adenauer war ein konservativer Politiker, hat die CDU mitbegründet und wurde 1949 zum ersten Bundeskanzler der

Bundesrepublik gewählt. Ermittelter Wissensstand In der Weimarer Republik war er für die Zentrumspartei Bürgermeister in Köln, wo er sich um Distanz zur NSDAP bemühte. Als erster Bundeskanzler versammelte er ehemalige NS-Funktionäre in seiner Regierung um sich. Von 1951 bis 1955 war er Außenminister und setzte sich intensiv für deutsch-israelische Beziehungen ein. Es gibt verschiedene Hinweise auf antisemitische Ressentiments im Denken Adenauers, die sich auf ein Interview aus dem Jahr 1965 und auf Äußerungen Adenauers bei einem Treffen im Jahr 1954 beziehen. Während der antisemitischen »Schmierwelle« Ende der 1950er-Jahre bagatellisierte Adenauer den Antisemitismus in der deutschen Gesellschaft.«

Als »Quellen« wurden sechs inhaltlich kümmerliche Links und keine einzige wissenschaftliche Studie genannt. Als »Handlungsempfehlung Weitere Forschung, digitale Kontextualisierung.« Immerhin, eine Umbenennung wurde nicht empfohlen. Also eine Art Notbremse kurz vor Vollendung eines Berliner Schildbürgerstreiches mit ernstem Hintergrund.

Diese empfohlene Forschung gab es längst, und sie stellte dem Altkanzler einen (umgangssprachlich) »Persilschein« aus. Im speziellen »juden- und israelhistorischen« Sinn wäre das quellengesättigte Buch von Michael Borchard zu erwähnen. Auch bei der Adenauer-Jagd war gut gemeint nicht gut gemacht und daher der anti-antisemitischen Sache eher schädlich. Wenn Nicht-Antisemiten zu Antisemiten (um)gestempelt werden, sind alle Antisemiten und die Jagd auf echte hoffnungslos ergebnislos. Sinn und Unsinn sind nun einmal nicht identisch. »Ehemalige NS-Funktionäre« hatte selbst der aktive Anti-Nazi Willy Brandt in seiner Regierung, und sein Vize Scheel (FDP) oder sein Super-Ökonom Karl Schiller hatten durchaus braune Flecken auf ihrer Weste. Doch eine Umbenennung des Willy-Brandt-Platzes am Bundeskanzleramt fordert keiner – zu Recht. Niedriger hängen!

Hoch zu loben und zu empfehlen seien zwei herausragende, wissenschaftlich bestens fundierte Bücher über deutsch-israelisch-jüdische Beziehungen der Adenauer-/Ben-Gurion-Ära: Erstens des Historikers Dan Diner brillanter historischer Essay »Rituelle Distanz«. Zweitens »Aus dem Schatten der Katastrophe« von Niels Hansen, dem intellektuell eindrucksvollsten und des Hebräischen absolut mächtigen ehemaligen deutschen Botschafters in Israel.

2.
David Ben-Gurion

Ein Volksvertreter aus der bundesdeutschen Provinz unternahm im Dezember 1986 einen Ausflug in die Weltpolitik, indem er markige politisch-historische Betrachtungen anstellte: »Ausländische Politik versucht über vierzig Jahre danach, die deutsche Jugend mit Schuldkomplexen zu impfen, ein ganzes Volk erneut in Gewissensnöte zu stürzen, um außenpolitische oder gar finanzpolitische Vorteile gegen Deutschland einzuheimsen, um die moralische Erpreßbarkeit der Deutschen zu verewigen. Wer einseitig Schuldzuweisungen oder das Züchten von Schuldgefühlen zum Mittel der Politik macht, darf nicht erwarten, daß der Begriff der Versöhnung ernst genommen wird. Mittlerweile dürfte klar sein, daß deutsche Wiedergutmachungszahlungen den gewünschten Prozeß der Versöhnung nicht beschleunigt haben, sondern eher das Gegenteil.«

Welchen Staat wird dieser Volksvertreter wohl gemeint haben? Er sprach von ausländischer Politik und von »Wiedergutmachungszahlungen«. Zwar wissen wir, daß allein der Staat Israel bundesdeutsche »Wiedergutmachungszahlungen« erhielt, doch der Abgeordnete entgegnete einem Kritiker seiner Bemerkungen: »Der Staat Israel ist in diesem Zusammenhang von mir nicht einmal erwähnt worden.«

Genug des politischen Trauerspiels! Kein Zweifel: Diesen Provinzpolitiker trennen Welten von dem Giganten Ben-Gurion;

von Ben-Gurion, der zweifellos der Architekt des Wiedergutmachungsabkommens auf der israelischen Seite war. Ben-Gurion wollte eben nicht nur Geld *von* Deutschland »einheimsen«, sondern er wollte Versöhnung *mit* Deutschland. Daß diese Versöhnung auf beiden Seiten, bei Israelis und Deutschen, auch heute noch nicht von allen vollzogen wurde, beweisen nicht nur die »weltpolitischen Betrachtungen« des zitierten Volksvertreters. Daß Ben-Gurion dieses Werk der Versöhnung schon in den frühen 50er-Jahren, nur wenige Jahre nach dem Holocaust, einleitete, ja, sich dazu durchringen konnte, zählt sicherlich zu den menschlich und politisch größten Leistungen dieses Staatsmannes. Die begonnene Versöhnung mit Deutschland war einer der Höhepunkte der politischen Karriere Ben-Gurions und zugleich deren Endpunkt.

Wie in anderen Politikbereichen fällt auch in Bezug auf die Deutschlandpolitik Ben-Gurions seine grundsätzlich pragmatische, seine unideologische Einstellung auf. Natürlich hatte auch er durch den Holocaust ein negatives Verhältnis zu Deutschland, hielt er Deutschland zunächst für politisch unberührbar und tabu. Doch sein Denken paßte sich schnell der Wirklichkeit an, auch wenn ihm dieser Wandel anfänglich noch innerlich mißhagte. Im Gegensatz zu vielen Politikern Israels erkannte Ben-Gurion sehr früh, daß die Bundesrepublik Deutschland spätestens seit dem Ausbruch des Korea-Krieges, also seit Juni 1950, nicht mehr die israelische und jüdische Zustimmung benötigte, um in der internationalen Politik mitreden zu können. Gleichzeitig rang der junge, von Ben-Gurion gegründete und geführte Staat Israel um die Existenz, ums reine Überleben; nicht nur militärisch, sondern vor allem wirtschaftlich.

Innerhalb von drei Jahren, von 1948 bis 1951, hatte sich die Bevölkerung Israels verdoppelt. Statt wie zur Zeit der Staatsgründung 600 000 lebten inzwischen 1,2 Millionen Menschen im Lande. Über eigene wirtschaftliche oder finanzielle Reserven verfügte Israel nicht. Hilfe von außen war nötig. Wer könnte sie leisten? Die USA zeigten sich aus mehreren Gründen unwillig: Die Truman-Administration wurde einerseits vom Kongreß gedrängt, die Staatsausgaben zu drosseln und mußte andererseits den Korea-Krieg finanzieren. Über die ohnehin schon gewährte, doch nicht recht weiterführende Hilfe hinaus war von den Amerikanern nichts zu erwarten. England war selbst wirtschaftlich erschöpft und außerdem alles andere als Israel-freundlich. Zu frisch waren die Wunden aus der Mandatszeit, als die Zionisten die Briten aus Palästina hinausgedrängt hatten. An Hilfe aus dem wirtschaftlich angeschlagenen Frankreich war nicht zu denken.

Bliebe eigentlich nur noch Deutschland, meinten Ben-Gurion und sein engster Beraterkreis. Auch die deutsche Wirtschaft wartete zwar in den Jahren 1950/51 noch auf ihr Wunder, doch Deutschland war Israel gegenüber moralisch verpflichtet. Deutschland, das in der jüngsten Vergangenheit den millionenfachen Tod von Juden zu verantworten hatte, dürfe und würde eine existentielle Bedrohung des jüdischen Staates in der Gegenwart nicht zulassen, glaubte Ben-Gurion. Deshalb beschloß er, von Deutschland Wiedergutmachung zu fordern. Deutschland könne damit Israel wirtschaftlich und sich selbst moralisch helfen – nicht nur, wie schon beschlossen, militärisch aufrüsten.

Die westdeutsche Bevölkerung hat die Wiedergutmachungszahlungen, zu denen sich die Bundesregierung 1952 im Luxemburger Abkommen verpflichtete, nie sonderlich gemocht, ja sogar deutlich abgelehnt. Konrad Adenauer und Kurt Schumacher (nach dessen Tod Erich Ollenhauer) haben die Wiedergutmachungspolitik an der eigenen Anhängerschaft vorbei und gegen die Basis gesteuert. Umfragen haben das bestätigt (vgl. Kapitel II und VI) und Volksvertreter auf der politischen Rechten haben es bekräftigt. Die Forderung und die Annahme der Wiedergutmachungsgelder waren aber in Israel außerordentlich umstritten. Daß aber Ben-Gurions Gegner – und es waren viele – dieses Geld als »Blutgeld« bezeichneten und Ben-Gurion vorgeworfen wurde, er zwinge seinen eisernen wiedergutmachungspolitischen

Willen der eigenen Regierung, seiner eigenen Partei, den rechten und linken Parteien im Parlament, ja, dem eigenen Volk, geradezu auf, davon wollten die deutschen Wiedergutmachungsgegner offenbar ebensowenig wissen wie sie auch nicht wahrnahmen, daß Ben-Gurion, wenngleich noch zaghaft, die Hand zur Versöhnung ausstreckte; so gesehen war die Wiedergutmachung eher eine Zumutung an die Israelis als an die Deutschen.

»Es gibt keinen Deutschen, der nicht unsere Eltern ermordet hat. Jeder Deutsche ist ein Nazi. Jeder Deutsche ist ein Mörder. Adenauer ist ein Mörder«, tobte Ben-Gurions stärkster Widersacher, Menachem Begin, am 7. Januar 1952 vor einer erregten Menschenmenge in Jerusalem und drohte sogar mit einem Bürgerkrieg, um Wiedergutmachungsverhandlungen mit und Geldannahmen von Deutschland zu verhindern.

Ben-Gurion setzte unverzüglich die Armee ein, um den drohenden Bürgerkrieg im Keim zu ersticken. Am 8. Januar wandte er sich in einer Rundfunkrede an seine Landsleute: Der Staat verfüge über genügend Mittel, um Israels Souveränität und Freiheit »gegen Rowdies, politische Mörder oder Terroristen« zu verteidigen, erklärte er und bezeichnete die Ideologie der rechten und linken Wiedergutmachungsgegner, die vor außerparlamentarischer Gewaltanwendung nicht zurückschreckten, als »faschistisch«.

Man denke nur kurz darüber nach: Knapp sieben Jahre nach dem Holocaust bezeichnet der Ministerpräsident des jüdischen Staates die Gegner seiner Politik gegenüber dem einst faschistischen Deutschland als jüdische »Faschisten«. Mehr noch: er ist sogar bereit, mit Waffengewalt gegen diese sogenannten jüdischen Faschisten vorzugehen. Nicht den Staat der einstigen Judenmörder also, sondern die eigenen jüdischen Landsleute, Überlebende des deutschen Faschismus, bezeichnete Ben-Gurion als »Faschisten«. Wem wurde da mehr zugemutet: den Deutschen oder den Israelis? Nein, die Wiedergutmachung war keine Zumutung, sondern ein Glücksfall für das neue (West-)Deutschland. Das Opfer bot dem völkerrechtlichen Nachfolger des Mörders an, gemeinsam mit ihm die Vergangenheit zu bewältigen.

Die weitgehend von Ben-Gurion eingeleitete Wirtschaftskur für Israel war gleichzeitig eine Roßkur für die Psyche und die Emotionen seiner Landsleute. Auch ihm selbst fiel diese Therapie nicht leicht: »Ich hasse die Deutschen nicht weniger als andere, aber ich sorge für den Staat«, vertraute er damals einem Freunde an. »Staatsräson« nennt man das, aber was für eine innere Überwindung kostete sie ihn und sein Volk!

Der mit deutscher Hilfe errichtete Grundpfeiler der wirtschaftlichen Existenz Israels geriet im Herbst 1956 während der Sinai-Kampagne, also während des israelisch-französisch-britischen Feldzuges gegen Ägypten, erheblich ins Wanken. Die USA, die schon Anfang der 50er-Jahre die Aufrüstung Westdeutschlands für wichtiger hielten als die deutsche Wiedergutmachung an die Juden, verurteilten den Angriff auf Ägypten. Um Israel zum sofortigen Rückzug aus der Sinai-Halbinsel zu bewegen, übte die Eisenhower/Dulles-Administration jeden nur möglichen direkten und indirekten Druck auf Ben-Gurion und seine Regierung aus. Auch Bonn sollte Amerika dabei helfen. Die Bundesregierung wurde bedrängt, die Wiedergutmachungszahlungen so lange einzufrieren, wie sich Israel weigerte, den Rückzug anzutreten.

Schon zwei Tage nach Ausbruch der Kampfhandlungen, am 31. Oktober 1956, verkündete Regierungssprecher von Eckardt, Bonn werde möglicherweise die Wiedergutmachungszahlungen an Israel einstellen. Einen Tag später schrieb Ben-Gurion an Bundeskanzler Adenauer und appellierte an ihn, diese Maßnahme nicht zu ergreifen. »Ich kann mir nicht vorstellen, daß ein derart weitreichender Vorschlag ... Ihre Billigung oder Zustimmung findet«, betonte Ben-Gurion und hob ausdrücklich Adenauers »noble Rolle« bei der »historischen Entwicklung« der Wiedergutmachung hervor. Diese Rolle »wird niemals vergessen werden ... Mein Volk und ich erinnern uns mit größter Wertschätzung, Herr Bundeskanzler, an Ihren unzweideutigen und entschiedenen Standpunkt in der Vergangenheit angesichts des Drucks und der Drohungen von arabischer Seite. Das ermutigt mich, daran zu glauben, daß Ihre Einstellung auch in unserer gegenwärtigen Krise nicht wanken wird und Israels Aufbau- und Erlösungswerk mit Ihrer Hilfe ohne Hindernisse und Unterbrechung fortgesetzt wird.« Elf Jahre nach Kriegsende wandte sich der Premier des jüdischen Staates in dieser Weise hilfesuchend an den deutschen Kanzler! Und Ben-Gurion hatte nicht vergeblich gebeten: Die Wiedergutmachungsleistungen wurden nicht unterbrochen, und am 19. Februar 1957 erklärte Adenauer den Amerikanern offiziell, daß er nicht bereit sei, ihrem Ersuchen zu entsprechen.

Diese Entscheidung Adenauers war der eigentliche Wendepunkt der deutsch-israelischen Beziehungen. Seitdem drängte Ben-Gurion nicht mehr nur auf *Wiedergutmachung,* sondern vor allem auf *Zusammenarbeit,* auf diplomatische Beziehungen, die er zuvor gescheut hatte, und nicht zuletzt auf militärische Zusammenarbeit. Die militärische Zusammenarbeit begann noch im selben Jahr, also 1957, und hierfür nahm Ben-Gurion 1957 und 1959 zwei Regierungskrisen in Kauf. Diese Politik war in Israel alles andere als unumstritten, ihre Gegner waren zahlreicher als ihre Befürworter. Nur die Autorität Ben-Gurions vermochte die Minderheit der Überzeugten in eine Mehrheit der im Parlament Abstimmenden umzuwandeln. Damals begann eine militärpolitische Zusammenarbeit, die 1965 zeitweilig unterbrochen, in sozialliberaler Zeit fortgesetzt und auch danach nicht unterbrochen wurde. Zur Minderheit der schon 1957 überzeugten zählten drei politische Schüler Ben-Gurions, die noch heute politische Verantwortung in Israel tragen: Ascher *Ben-Nathan,* Schimon *Peres* und Chaim *Herzog.*

Die von Ben-Gurion eingeleitete *Versöhnung* mit Deutschland hielten die meisten seiner Landsleute und viele Diasporajuden für eine *Verhöhnung* der Toten. Ben-Gurions damalige Antwort ist bemerkenswert: »Natürlich kann man gegen die deutsche Wiedergutmachung sein; natürlich kann man gegen Waffen aus

Deutschland sein; natürlich kann man gegen Waffen an Deutschland sein. Aber es spreche keiner im Namen der Opfer des Holocaust! Der Holocaust darf kein Reklameartikel im politischen Geschäft der einen oder anderen Partei werden.«

Auf eine Formel gebracht: Ben-Gurion warnte seine Landsleute und diasporajüdischen Glaubensgenossen davor, den Holocaust als politisches Argument oder gar als politisches Instrument zu gebrauchen. Eine Warnung, die auch heute noch oft vergessen wird, bei Juden und Nichtjuden. Moralisch hatte Ben-Gurion recht, denn das ständige Erinnern an das Grauen läßt abstumpfen. Politisch hatte Ben-Gurion ebenfalls recht, denn jedes zu oft gebrauchte Argument verliert seine Wirkung.

Daß der israelische Ministerpräsident keinesfalls zu denen gehörte, die Versöhnung durch Vergessen anstreben, beweist die Tatsache, daß Ben-Gurion seit 1957 nicht nur eine engere Zusammenarbeit mit dem neuen Deutschland suchte, sondern gleichzeitig den wichtigsten überlebenden Schreibtischmörder des alten Deutschland, Adolf Eichmann, im Mai 1960 vom israelischen Geheimdienst aus Argentinien nach Israel entführen ließ. 1961 wurde Eichmann der Prozeß gemacht. Dieser Prozeß erfüllte deutschen Befürchtungen zum Trotz weniger einen deutschlandpolitischen, als vielmehr einen innerisraelischen, zionistischen Zweck, nämlich den jungen Israelis die durch den jüdischen Staat gewährte Sicherheit sowie die Unsicherheit der Diasporaexistenz zu beweisen. »Das wichtigste Anliegen war es, unserer Jugend ... die fürchterliche Tragödie zu zeigen, die einem zerstreuten, auf die Gnade von Fremden angewiesenem Volke widerfuhr«, erläuterte Ben-Gurion.

Auf die deutschlandpolitische Dimension des Prozesses angesprochen fügte er hinzu: »Meine Ansichten über das heutige Deutschland haben sich nicht geändert. Es gibt kein Nazideutschland mehr. Unsere Schriften lehren uns: ›Die Väter sollen nicht für die Kinder, noch die Kinder für die Väter sterben, sondern ein jeglicher soll für seine Sünde sterben.‹« (Ben-Gurion meinte hier Deuteronomium 24,16 und Hesekiel 18,20). Diese Worte Ben-Gurions waren gleichzeitig ein weiterer, indirekter Appell an seine Landsleute und die Diasporajuden, ihre historisch verständliche *Gegenwartsschwäche* Deutschland gegenüber zu überwinden und das neue Deutschland zu vergessen, ohne das alte zu verkennen; er wollte die deutsch-israelische *Ungleichzeitigkeit* beseitigen (vgl. Kapitel II/6).

Auch in einer anderen Hinsicht ist diese Stellungnahme Ben-Gurions bedeutsam: Er warnte vor dem Gebrauch des politischen Biologismus, der politischen Erblehre (vgl. Kapitel II/6). Er wußte, daß es dieses Interpretationsmuster auch bei seinen Glaubensgenossen gab und warnte mit Hilfe eines urjüdischen, nämlich alttestamentarischen Zitates. Sein Vermächtnis ist hier, wie so oft, Auftrag an die Nachwelt, die jüdische ebenso wie die nichtjüdische.

Vermächtnis und Auftrag Ben-Gurions sind heute auch noch gültig in Bezug auf die Gewichtung von Vergangenheit, Gegenwart und Zukunft der deutsch-israelischen Beziehungen, in bezug auf die beiderseitige Fähigkeit, trotz der Geschichte Politik zu treiben. »Das nationale Interesse Israels braucht intakte Beziehungen zu Deutschland«, erklärte er im Dezember 1957 der Knesset und fügte hinzu: »Wir haben es heute nicht mit der Welt von gestern, sondern mit der Welt von morgen zu tun; nicht mit der Erinnerung an die Vergangenheit, sondern mit den Notwendigkeiten der Zukunft;... nicht mit vergangenen Wirklichkeiten, sondern mit bestehenden Realitäten, die sich wandeln und verändern.«

Ben-Gurion scheiterte nicht zuletzt daran, daß diese Botschaft gehört, bekämpft und jedenfalls oft nicht befolgt wurde. Resigniert trat er im Juni 1963 vom Amt des Ministerpräsidenten zurück. Gewiß, Ben-Gurion hat nicht nur wegen seiner umstrittenen Deutschlandpolitik resigniert. Zahlreiche innenpolitische und innerparteiliche Entwicklungen wären als Rücktrittsgründe zu nennen, auch die Tatsache, daß selbst die Ausstrahlungskraft der eindrucksvollsten Persönlichkeit irgendwann einmal nachläßt, daß Charisma zur Routine wird. Ben-Gurions Deutschlandpolitik mag nicht die Ursache seiner Resignation gewesen sein, der Anlaß war sie zweifellos.

Als spätestens im Sommer 1962 bekannt wurde, daß Ägypten mit Hilfe bundesdeutscher Experten Raketen baute, setzte in politischen und militärischen Kreisen Israels erhebliche Unruhe ein. Gerüchten zufolge sollten diese Raketen über chemische, bakteriologische, radiologische und sogar nukleare Sprengköpfe verfügen.

Ben-Gurion wollte die Sache herunterspielen und die Beziehungen zum neuen Deutschland nicht belasten. Sein Geheimdienstchef jedoch versuchte, eine Staatsaffäre einzuleiten. Für Ben-Gurions Gegner im eigenen Parteiapparat bot sich eine Gelegenheit, den Aufstand gegen den »Alten« zu proben, zumal dieser mit den damals Jungen, zum Beispiel mit Peres und Dajan, den Parteiapparat der Veteranen entmachten wollte.

Der Groll der Veteranen gegen den Alten, der mit Hilfe der Jungen auch in der Raketenfrage an seinem neuen Deutschlandbild festhielt, entlud sich: Ben-Gurions nachgiebige Deutschlandpolitik gefährde die Existenz des Staates, er bedränge Bonn in der Frage der Raketenexperten nicht energisch genug, hieß es. Erstmals reagierte der alternde Ben-Gurion kraftlos und ungeschickt. Am Ende resignierte er. Seine Deutschlandpolitik war für ihn zum Stolperstein geworden – sie bleibt eine Verpflichtung für die Nachwelt, für die Nachwelt in Israel und Deutschland.

Immerhin, in Berlin gibt es an prominenter Stell, nahe Philharmonie und Potsdamer Platz, eine Ben-Gurion-Straße. Dieser Benennung wurde, soweit zu hören, bislang kein antisemitischer Bezug unterstellt. Wir resignieren (noch) nicht und empfehlen die weltklug souveräne, faktengesättigte Ben-Gurion-Biografie von Tom Segev.

3.
Mitgestalter und Nachgestalter

Eine grundsätzliche Kehrtwendung der von Adenauer und Ben-Gurion eingeleiteten Politik konnten oder wollten sowohl israelische als auch bundesdeutsche Politiker nicht vornehmen. Deshalb genügen hier einige Schlaglichter auf die nachfolgenden Politiker.

Die deutsch-jüdisch-israelischen Verdienste von Adenauers Nachfolger *Erhard* werden oft unterschätzt. Er brachte trotz großer Schwierigkeiten, des Widerspruchs von Außenminister *Schröder* und arabischen Drucks den Mut auf, diplomatische Beziehungen zu Jerusalem aufzunehmen; er half beim ebenso geräuschlosen wie wirkungsvollen Quasi-Rückkauf der deutschen Raketenexperten; er machte sich für die Verlängerung der Verjährungsfristen von nationalsozialistischen Verbrechen stark. Weil er aber ein eher schwacher Kanzler war, neigt man dazu, ihn auch in diesem Bereich zu unterschätzen.

Unter *Kiesinger* und *Brandt* begab sich die Bundesregierung auf Normalisierungskurs. Daß dabei die Nahostpolitik auf dem Altar der Entspannungspolitik und dann – forciert von Außenminister *Scheel* – der Ostpolitik geopfert würde, war eine von vielen israelischen Befürchtungen, besonders in der Ära Willy Brandt. Bundeskanzler *Schmidt* beschleunigte den wirtschaftspolitisch motivierten Ritt zur vermeintlichen Normalität, und sein Nachfolger *Kohl* bestieg ein noch schnelleres Pferd – von dem er 1985 fiel. Seitdem reitet man eher im Trab oder gar im Schritt.

Dass bei Bundeskanzler und Friedensnobelpreisträger Willy Brandt zumindest ein deutsch-jüdisch-israelischer Denkmalsturz notwendig wäre, versuchte ich in der Aktualisierung von Kapitel II dieses Buches durch Fakten aufzuzeigen. Empirische »Cancel Culture«. Ebenso bezogen auf Bundeskanzler Helmut Schmidt, der allerdings weder von sich selbst noch von anderen in der deutsch-jüdisch-israelischen Walhalla aufgestellt wurde.

Zurück zu Kanzler Kohl. Nach 1985 wurde Kohl Springreiter auf dem Parcours deutsch-israelischer Beziehungen. Ein Hindernis nach dem anderen musste er überspringen. Er hat, siehe Kapitel II. Die Hindernisse zur Erinnerung in Stichworten: 1985 Bitburg, 1986/87 Historikerstreit, der »Urknall« von 1989/90: Mauerfall und Wiedervereinigung, 1991 Zweiter Golfkrieg mit irakischen Raketen auf Israel. Wahrlich kein Null-Fehler-Ritt, aber am Ende seiner Amtszeit kaum Zweifel, dass der Kanzler der Einheit ein großer Freund der Juden und Israels war. Nicht nur mit Worten, sondern auch mit Taten. Zu seinem zehnjährigen Amtsjubiläum als Bundeskanzler hielt im Herbst 1992 ich die Lobrede auf der großen Festveranstaltung in seiner Heimatstadt Ludwigshafen (Wolffsohn 1995). »Je ne regrette rien«, obwohl mein Schwiegervater, den ich hoch verehrte, nicht verstand, dass ich den »großen, dicken Spießer« pries. Spießertum und politische Verdienste schließen einander nicht (immer) aus.

Kohls Kanzler-Nachfolger Gerhard Schröder (SPD) machte aus seiner Distanz zu Juden und besonders Israel kein Geheimnis. Seit Langem ist er Ehrenvorsitzender des Nah- und Mittelost-Vereins, der von niemandem als Israel-Lobby verdächtigt wird. Zu seiner einzigen Israel-Reise als Kanzler musste er sich im Jahre 2000 überwinden, aber 2009 traf er in Teheran offenbar unbefangen mit dem iranischen Präsidenten Achmadinejad, einem notorischen Holocaustleugner, zusammen. Im Herbst 2000 hatte Israels Premier Barak den Kanzler als »einen der besten und wohlwollendsten Freunde Israels in Europa« bezeichnet. So gut war sie, dass während seiner Amtszeit, anders als vereinbart, kein einziges deutsches U-Boot nach Israel geliefert wurde. Diese Waffe gilt als militärische Lebensversicherung Israels gegen einen eventuellen atomaren Erstschlag des Iran. Wenig erstaunlich, dass Schröder Ehrenvorsitzender des Nah- und Mittelost-Vereins ist, einer Art Lobby-Organisation, die, nicht selten auf Kosten Israels, für gute deutsch-arabisch-islamische Stimmung in Politik und Wirtschaft sorgt.

Auf Schröder folgten 16 Jahre Angela Merkel (CDU). Sie wurden ebenfalls in Kapitel II skizziert. Diskutiert werden kann darüber, ob die israelischen und diasporajüdischen Hymnen am Ende dieser Zeit, 2021, angebracht waren oder so »ernst« genommen werden müssen wie Premier Baraks Lobgesang auf Gerhard Schröder im Jahre 2000.

Ganz oben blieben bis heute Adenauer und Ben Gurion deutsch-israelische Glanzlichter.

Nicht ganz, aber fast oben zählte Außenminister Joschka Fischer zu den wenigen funkelnden oder schillernden Akteuren auf der deutsch-jüdisch-israelischen Bühne. Obwohl oder gerade weil Autodidakt, lernte er diese Rolle schnell, besser und tiefsinniger als viele vor und nach ihm. Er griff seltener als die meisten anderen in den Phrasen-Zettelkasten seines Hauses. Das war um so erstaunlicher, weil er 1969, noch als Frankfurter Sponti, Gast auf dem Nationalkongress der Palästinenser in Algier war und einer Hetzrede Jassir Arafats, wie das ganze Auditorium, stehende Ovationen zollte. Rechtzeitig vor der Bundestagswahl 1994 wurde aus dem deutsch-israelischen Saulus ein Paulus. Besonders wenn Mikrofon und TV-Kamera ausgeschaltet waren, redete Joschka wirklich gescheit. Waren jene eingeschaltet, legte er die üblichen Platten auf, seine stirnrunzelnde Mimik verstärkte die geradezu hör- und sichtbare Nachdenklichkeit. Mit und ohne Mikro plus Kamera war seine Empathie für »die« Juden und Israel echt. Trotz seiner ruhelosen und zahlreichen Einsätze für eine Lösung der Nahostprobleme bewirkten sein Reden und Reisen nichts. Sie schufen aber Wohlfühl-Atmosphäre. Man unterschätze diese nicht.

Auf Botschafterebene zählen viele Deutsche den ersten Botschafter Israels, Ascher Ben-Natan, zu dieser Kategorie. Boshafte nannten ihn »Curd-Jürgens-Verschnitt«. An intellektueller

Brillanz, Eleganz und Zivilcourage, im Sinne öffentlichen Widersprechens zu seinen Vorgesetzten, übertraf wohl Botschafter Avi Primor (1993 – 1999) alle seine bisherigen Kollegen. In der schwierigen Zeit von 1981 bis 1985 war Niels Hansen deutscher Botschafter in Israel. Er wurde »der« Brückenbau-Botschafter schlechthin, lernte (perfekt) Hebräisch, wurde sogar Präsident eines israelischen Rotary-Clubs und schrieb ein Buch über deutsch-israelische Beziehungen, das höchstes Habilitationsniveau erreichte.

Ben-Gurions Nachfolger *Eschkol* schlug Deutschland gegenüber einen manchmal geradezu rüden Ton an. Vom neuen Deutschland sprach er selten, vom alten oft, doch damit wollte er sich nicht zuletzt vom politischen Über-Ich des Alten (Ben-Gurion) befreien. Seine persönliche Profilierung belastete das Verhältnis zu Deutschland. Golda *Meir* zählte auch nicht zu den Freunden Deutschlands, sie erkannte jedoch als Realpolitikerin die Vorteile funktionierender Beziehungen zur Bundesrepublik. In ihre Amtszeit fielen der erste Besuch eines israelischen Außenministers in Deutschland (Abba Eban, 1970) und eines bundesdeutschen Außenministers in Israel (Scheel, 1971). Sie empfing Willy Brandt 1973 als ersten amtierenden Bundeskanzler, der den jüdischen Staat besuchte. Das hielt sie nicht davon ab, Willy Brandts Normalisierungsabsichten und die friedenspolitischen Ratschläge des deutschen Friedensnobelpreisträgers kategorisch zurückzuweisen. Ihrem Nachfolger *Rabin,* dem ersten im Land geborenen Ministerpräsidenten Israels, verhalf die Gnade seiner Geburt zu mehr deutschlandpolitischer Nüchternheit; als erster amtierender Premier seines Staates besuchte er 1975 die Bundesrepublik. Dieses Pflänzchen der israelisch-deutschen Beziehungen hätte Rabins Nachfolger *Begin* 1981 mit seinen Angriffen auf Bundeskanzler Schmidt und die Deutschen beinahe ausgerissen, doch seit Ben-Gurion und Adenauer waren die Wurzeln schon recht weit in die Erde gedrungen. Ministerpräsident *Schamir* übte sich nach außen weder als pflegender Gärtner noch als Pflanzenausreißer; ganz pragmatisch bekämpfte er den Plan der Regierung Kohl, Waffen an Saudi-Arabien zu verkaufen. Indem er dabei in den USA die deutsche Politik mit Hilfe des Holocaust-Instruments aus den Angeln heben wollte, prasselten auf das deutsch-israelische Pflänzchen gewaltige Hagelkörner.

Kurzfristig kritisch wurden die deutsch-israelischen und nicht zuletzt dadurch auch die deutsch-jüdischen Beziehungen nach dem Fall der Mauer. Wie in Kapitel II erwähnt, fürchtete Premier Schamir, dass »die« Deutschen, sofern wiedervereint, wieder Juden umbringen würden. In der Wortwahl weniger drastisch wiederholte der Friedensnobelpreisträger und Auschwitz-Überlebende Eli Wiesel vergleichbare Ängste. Der weltpolitische Tsunami sowie Kanzler Kohls Geschick und besonders seine judenbezogene Einfühlsamkeit spülten diese Bedenken für eine ganze Weile fort. Die durchaus berechtigten neuen jüdischen Sorgen und Ängste haben eine andere Ursache: Die Merkel'sche Migrationspolitik veränderte die deutsche Demografie zugunsten der wachsenden muslimischen Minderheit, deren Mehrheit antijüdisch sozialisiert ist. Weil in einer Demokratie die Demografie ein strategisch struktureller Hebel ist, droht Deutschlands Juden innenpolitisch und Israel außenpolitisch Unerfreuliches.

Von alldem war in den Jahren Rabin'scher Ministerpräsidentschaft (1992–1995) keine Rede. Dass er das von Kohl geführte neue Deutschland als proisraelisches Schwergewicht betrachtete, verdeutlichte Rabin bereits am Anfang seiner (nach 1974 bis 1977 zweiten) Amtszeit. Unmittelbar nach seinem Antrittsbesuch beim wichtigsten Verbündeten, den USA, traf sich Rabin mit Helmut Kohl in Bonn. Das Signal war eindeutig: Deutschland ist nach den USA unser zweiter Top-Partner. Dieses Zeichen setzten bis heute auch Rabins Nachfolger.

Ministerpräsident *Peres* pflegte als Schüler und Epigone Ben-Gurions die Tradition seines Lehrmeisters auch in Bezug auf Deutschland.

Peres (1996), Netanjahu (1996–1999), Barak (1999–2001), Scharon (2001–2006) und Olmert (2006–2009). In seiner Ära hielt Angela Merkel, im März 2008, in der Knesset ihre berühmte Rede, in der sie die Sicherheit Israels zur deutschen Staatsräson erhob. Symbolpolitik. Olmerts hyper-deutschlandfreundliche Symbolpolitik glich machtpolitisch einem wohl unfreiwilligen Scherz: Nach dem Zweiten Libanonkrieg (2006) bat er Kanzlerin Merkel, dass (ausgerechnet) die eher harmlose Bundesmarine vor der Küste Libanons darauf achten und durchsetzen sollte, Waffenlieferungen an die vom Iran unterstützte libanesische Schiitenmiliz Hisbollah zu verhindern. Der Iran war so »verschreckt«, dass er seinen Verbündeten sowohl zu Wasser, über Suezkanal und Mittelmeer, als auch an Land via Syrien mit Waffen versorgte. Den deutschen Marineangehörigen gefiel's. Auf diese Weise bekamen sie bezahlten Mittelmeerurlaub. Auf Olmert folgte von 2009 bis 2021 wieder Netanjahu. Sowohl er als auch Angela Merkel wechselten freundliche Worte, aber nicht nur hinter den Kulissen krachte es. Besonders ab 2015, weil Israel die Migrationspolitik der Kanzlerin für grob leichtsinnig hielt. Jerusalem hatte davor gewarnt, dass Terroristen, getarnt als Flüchtlinge, ein Sicherheitsrisiko für Deutschland und Europa würden. Auch sonst gab es Reibereien auf Augenhöhe. Die Regierung Merkel ließ sich trotz Netanjahus Druck nicht vom Iran-Abkommen abbringen und stimmte in der UNO oft für gegen Israel gerichtete Entschließungen. Doch jenseits der geschichtsethischen Schwingungen weiß jede rational gesteuerte Bundesregierung, dass Deutschland bezüglich IT-Technik sowie präventive und reaktive Anti-Terrorpoliti, außer den USA auf Israel angewiesen ist. Undramatisch und auch pandemiebedingt (Corona) gestenfrei setzten Benet/Lapid ab 2021 diese Politik fort.

Und Nahum *Goldmann*? »Von seinen Gesprächspartnern« in Deutschland, schreibt Botschafter Meroz mit schneidender Schärfe, »wurde wissentlich oder unwissentlich übersehen, daß er nicht israelische, sondern außer-israelische Interessen zu vertreten hatte. Es gefiel ihm – und manchen seiner Zuhörer – sich über Anliegen und Erwartungen Israels zu mokieren und dessen verantwortliche Politiker als weltfremd, provinziell oder chauvinistisch abzustempeln; für ihn, der in Wohlstand in New York, Paris und im Engadin lebte und Jerusalem nur mit Stippvisiten beehrte, bedeuteten die Sorgen und Ängste des israelischen Bürgers in der Tat wenig.« Diese Charakterisierung ist bitter und übertrieben, und sie ist in bezug auf Goldmanns Rolle bei den Wiedergutmachungsverhandlungen falsch. In den Jahren 1951/52 war er Israels ehrlichster und bester Makler; alle verfügbaren Informationen und Dokumente, keineswegs nur Unterlagen des gewiß sehr eitlen Nahum Goldmann, beweisen seine damalige Schlüsselrolle.

Richtig ist jedoch, daß Goldmann danach das Gewicht der Diaspora und seiner Person, auch auf Kosten Israels, in die Waagschale legte; er personifiziert daher in den Augen vieler Israelis den typischen Diasporajuden, der vorgibt, Brückenschläge zu Israel zu bauen, tatsächlich aber als Alibijude benützt wird und sich benützen läßt. Wie viele andere Diasporajuden verlor Goldmann bei diesem Drahtseilakt das Gleichgewicht. In Israel sitzt der Groll über ihn so tief, daß sich der Stadtrat von Tel-Aviv 1987 weigerte, eine Straße nach ihm zu benennen.

Dass Goldmann ein Mann des Geistes und Charmes war, bestritten selbst seine vielen innerjüdischen Gegner nicht. Beides lässt sich über seine Nachfolger nicht behaupten. Sein unmittelbarer Nachfolger, Philip Klutznick (1977–1979) war linksliberaler US-Politiker der Demokratischen Partei. Deutschlandpolitisch hinterließ er null Spuren, was nicht heißt, dass er eine Null gewesen wäre.

Klutznick folgten Edgar Bronfman (1979–2007) und seit 2007 Ronald Lauder. Beide erfolgreiche Geschäftsleute. Bronfman verknüpfte Politik mit Geschäft. So sehr, dass es ein Zu-Sehr und er abgesetzt wurde. Besonders seine Deutschland-Politik täuschte Moral vor und war Business pur. Höhepunkt war 1989/90 der geschäftlich motivierte und geschichtsethisch vorgegaukelte Versuch, nach dem Mauerfall die Wiedervereinigung Deutschlands zu verhindern, um ausgerechnet die Existenz der juden- und israelfeindlichen DDR zu wahren – zugunsten seines Seagram-Alkoholfirmen-Imperiums. Ausführlich anhand zweifelsfreier Quellen belegt und nachzulesen in meinem Buch »Die Deutschland-Akte« (S. 339ff.) Politisch stand er den US-Demokraten nahe, in Israel den Linksliberalen, denen er zudem finanziell half.

Deutlich leiser und kultivierter agiert Ronald Lauder (Erbe des Kosmetikkonzerns Estée Lauder), ein bedeutender Kunstsammler, der Deutschland gegenüber so offen ist, dass seine Stiftung in Berlin-Wedding ein modern-orthodoxes Rabbiner-Seminar betreibt. In der Auseinandersetzung um die Rückgabe von Raubkunst steht er fachmännisch an der »Front«. Er ist US-Republikaner und steht in Israel dem Likud nahe, den er finanziell unterstützte. Deutsch-jüdisch ein Brückenbauer, der bereits in den 1980er-Jahren etwas gutgläubig bemüht war, den DDR-Juden das Jüdisch-Sein zu erleichtern – ohne dabei Geschäftsinteressen zu verfolgen. Seine sympathische Naivität nutzte die DDR-Führung zu ihren Gunsten.

»Jüdischer Weltkongress« – der Name ist unglücklich gewählt, denn irgendwie klingt er nicht harmlos geografisch, sondern – selbst gewählt! – geradezu wie das antisemitische Klischee »Jüdische Weltmacht«. Bei der Gründung 1936, angesichts der deutschen NS-Bedrohung, sollte durch den Namen tatsächlich jüdische Macht suggeriert werden. Ein kläglich und tragisch gescheiterter Versuch. Längst wäre eine Umbenennung von der machtvollen Scheinwelt zur Realwelt der Verhältnismäßigkeit angebracht. Wer entwirft freiwillig Zerrbilder über sich selbst?

IX.

INSTITUTIONEN UND ORGANISATIONEN

Wir haben bisher in erster Linie Voraussetzungen und Folgen politischer Entscheidungen beschrieben und interpretiert, nicht die Entstehung dieser Entscheidungen; deswegen haben wir uns vornehmlich den Regierungen gewidmet, Parteien und Institutionen hingegen nur nebenbei erwähnt. Viele Organisationen haben sich um die deutsch-jüdisch-israelischen Beziehungen redlich und erfolgreich bemüht, nur wenige können wir hier erwähnen. Es lohnte sich, die deutsch-israelischen Städtepartnerschaften zu skizzieren, die Aktivitäten im Bereich des Jugendaustausches, die vorbildliche Arbeit der deutschen Parteistiftungen in Israel, die Deutsch-Israelische Gesellschaft, die Bundeszentrale für Politische Bildung, die Kooperation zwischen westdeutschen und israelischen Universitäten, doch wir müssen uns auf die mehr im Rampenlicht stehenden Institutionen beschränken.

Eine über die Jahre unverändert auf pro oder kontra Israel festgelegte Partei hat es in der Bundesrepublik Deutschland mit Ausnahme der *KPD/DKP* und *NPD* nicht gegeben. Die kleinen linken und rechten Parteien gingen auf Distanz zum jüdischen Staat, die Kommunisten mit Vehemenz, die »Nationaldemokraten« auf Filzpantoffeln, um nicht durch etwaige Antisemitismusvorwürfe Probleme mit dem Bundesverfassungsgericht zu bekommen. Der frühe Antiisraelismus der Grünen hing eng mit einer gewissen Romantisierung der Dritten Welt zusammen, die sie die Palästinenser dem »westlichen Israel« vorziehen ließ; doch inzwischen sind auch von den Grünen differenziertere Töne zu hören. Diese Partei der 68er- und Öko-Generation ist Israel und den Juden gegenüber ohnehin entkrampfter, nicht zuletzt aus Altersgründen.

In der *CDU/CSU* war das deutsch-jüdisch-israelische Spektrum stets sehr weit. Der Kurs Adenauers stieß bei der CDU nicht nur auf Zustimmung, bei der CSU eher auf Ablehnung. Finanzminister Schäffer sowie sein Parteifreund Ministerpräsident Ehard zählten zu den Gegnern des von Adenauer beschrittenen Wiedergutmachungsweges. Als Justizminister stritt Schäffer 1957/58 mit Franz Böhm (CDU) über Bräuche und Mißbräuche im Wiedergutmachungsalltag. Böhm, einer der entschiedensten Freunde Israels in der Union, schleuderte Schäffer sogar den Antisemitismusvorwurf entgegen; ein parteiinternes Ehrengericht wurde eingesetzt, und Böhm mußte sich entschuldigen.

Franz Josef Strauß' Haltung zur Wiedergutmachung ist nicht auf eine Linie festzulegen: Er unterstützte das Wiedergutmachungsabkommen im Oktober 1952, im Januar 1953 sprach er sich dagegen aus und im März 1953, bei der Abstimmung im Bundestag, enthielt er sich der Stimme. Als Verteidigungsminister sah er spätestens seit 1957 in Israel ein Bollwerk des Westens gegen das Vordringen der Sowjetunion im Nahen Osten. Deshalb leitete er aus Überzeugung und mit hohem Einsatz die Ära der militärischen Zusammenarbeit beider Staaten ein; im Gegensatz zu Außenminister Schröder (CDU) befürwortete er 1965 auch die Aufnahme diplomatischer Beziehungen. Die Wirtschafts- und Exportinteressen des bayerischen Politikers sowie die von wichtigen arabischen Staaten vollzogene Öffnung gegenüber dem Westen dämpften seit den 70er-Jahren seine einstige Israelbegeisterung; nahöstliche Mehrseitigkeit ersetzte die Einseitigkeit- und dies ist inzwischen ein Kennzeichen aller Parteien.

Die Bundestagsfraktion der *SPD* befürwortete das Wiedergutmachungsabkommen vorbehaltlos, aber in der Provinz sowie in der Anhängerschaft ergab sich ein scheckigeres Bild: In Bayern befürchtete Högner ebenso wie Justizminister Dehler und Vizekanzler Blücher (beide FDP), die Israel-Gelder würden zu Lasten der individuellen Entschädigung gehen. Bremens Bürgermeister Kaisen befürwortete zwar den Israel-Vertrag, machte jedoch seine Zustimmung davon abhängig, daß Israel deutschen Schiffen den Transport von Wiedergutmachungsgütern nach Israel gestattete; mit seinem bayerischen Kollegen Ehard (CSU) bildete er 1953 im Bundesrat eine Hemmschwelle. Ehards Bedenken räumte Adenauer persönlich aus, die Interessen der deutschen Reeder setzte Hallstein bei den Israelis durch.

Die Aufnahme diplomatischer Beziehungen zu Israel und die Aufhebung der Verjährungsfristen nationalsozialistischer Verbrechen bejahte die SPD uneingeschränkt. Doch auch die Sozialdemokraten hatten schon in den 50er-Jahren Probleme mit dem jüdischen Staat: mit dessen Militärpolitik der vorwegnehmenden Bestrafung oder den schon damals harten Vergeltungsschlägen gegen palästinensische Kämpfer; mit der Israel-Verklärung einerseits und der in Ägyptens Präsident Nasser personifizierten Drittwelt-Romantik andererseits; oder mit ihrem Interesse an Fragen der Ideologie, dem die israelischen Freunde und Genossen bestenfalls höfliche Gleichgültigkeit entgegenbrachten.

Als Regierungspartei tat sich die SPD in ihrer traditionell vorbehaltlosen Freundschaft Israel gegenüber schwerer. Sie mußte staats-, besonders finanz- und wirtschaftspolitische, doch seit den späten 60er-Jahren auch parteipolitische Rücksichten nehmen: die SPD wollte die 68er Generation in die Partei (und damit in das gesamte Gemeinwesen) integrieren; viele neue und junge Parteimitglieder waren »68er« und damit eher Israel-kritisch und PLO-freundlich. Die durch Waffenexporte flankierte, von ihrem Kanzler Schmidt geplante Politik torpedierte die Partei zum Teil aufgrund deutsch-jüdischer Empfindlichkeiten, vor allem aber aufgrund ihrer grundsätzlichen Einstellung gegen vermehrte Waffenexporte.

Die *FDP* stand anfänglich dem jüdischen Staat und deutsch-jüdischen Fragen mit inneren und auch geäußerten Vorbehalten gegenüber. Bis in die Mitte der 60er-Jahre war sie mit Thomas Dehler eher deutschnational. Wiedergutmachung und diplomatische Beziehungen: Nein, Verjährung: Ja, so ließe sich die deutsch-jüdisch-israelische Formel der nationalliberalen FDP vereinfachend beschreiben. Auch als sozialliberale Partei pflegte die FDP ihre Kontakte zur Wirtschaft weiter, nicht zuletzt durch die Nahostpolitik ihrer Außenminister Scheel und Genscher, und als Vorreiter deutsch-arabischer Beziehungen auf allen Gebieten betätigte sich dann Jürgen Möllemann, der gegenwärtig Präsident der »Deutsch-Arabischen Gesellschaft« ist. (Anders als die »Deutsch-Israelische Gesellschaft« gewährten uns diese Organisation und ihr Präsident keinen Einblick in ihre internen Unterlagen und Sitzungsprotokolle). Doch auch in der FDP gab es stets eine Israel-Fraktion; zu ihr zählten Burkhard Hirsch und Detlef Kleinert.

Was hat sich geändert? Sagen wir es so: Alle traditionellen Parteien (zu denen die Grünen längst gehören) sind bezogen auf Israel pluralistischer und faktisch, wenngleich nicht verbal, distanzierter und weniger emotional. Man hat sich »daran gewöhnt«, dass Israel »irgendwie besonders« behandelt werden muss. Muss, »wegen der Geschichte«. Doch »diese Geschichte« liegt immer weiter zurück, und »was habe ich damit zu tun?«. Natürlich persönlich nichts, aber... Viele (hoffentlich überzeugende) Beispiele wurden erwähnt. Nicht zu vergessen, und das ist oft besonders im Zusammenhang mit der Postkolonialismus-Debatte zu hören: »Es gab ja auch viele andere Opfer. Nicht nur Juden. Und die anderen Opfer haben mindestens ebenso gelitten.« Eine Wiederholung der (meiner) Widerlegungen wäre Zeitdiebstahl an den Lesern. Für alle gilt verbal als Input axiomatisch: »Antisemitismus hat in Deutschland keinen Platz. Wir bekämpfen ihn mit allen Mitteln.« Bei der Umsetzung, dem Output, sind Defizite unbestreitbar.

Selbst die CDU pflegt längst auch das jüdisch-israelische Erbe Adenauers immer weniger. Haupt-Stichwortgeber scheinstaatsmännischer Argumente der Israel-Distanz oder -Bestrafung war der Sozialpolitiker Norbert Blüm und ist in der CDU Norbert Röttgen. Er brachte das Kunststück fertig, hinter den Kulissen die am 17. Mai 2019 verabschiedete Entschließung gegen die vom Bundestag als »antisemitisch« eingestufte BDS-Bewegung (Boykott, Desinvestitionen, Sanktionen – gegen Israel) zu verwässern. Konkret: Der Bundestag hatte beschlossen, BDS-Partnern den Geldhahn zuzudrehen. Dazu kam es nicht, weil eine von Röttgen angeführte Parlamentariergruppe die Durchsetzung jener Resolution verhinderte.

Die staatspolitisch gezähmte, seit Willy Brandt und Helmut Schmidt bestehende und von Gerhard Schröder verschärfte Tradition Israel-Distanz der SPD blieb weitgehend unverändert. Ähnlich der nassforsche Ton »den« Juden gegenüber.

Nach Abgang und Tod Möllemanns, auch Westerwelles, steht (erstaunlicherweise oder wegen Israels Wirtschaftsfreundlichkeit?) die FDP fester zu Israel. Antisemitismen der Möllemann'schen Art sind zumindest draußen nicht mehr wahrzunehmen. Bei den Grünen sind offen antiisraelische Politiker wie Trittin und Ströbele altersbedingt leiser oder passiv(er) geworden. Der israelpolitische Wandel Joschka Fischers vom Saulus zum Paulus sowie die Autorität und Intellektualität von kenntnisreichen juden- und israelfreundlichen Grünen-Veteranen wir Ralf Fücks und Marieluise Beck dürften den Wandel befördert haben. Er ist bei den Realos deutlich stärker als bei den Fundis.

Doppelgesichtig präsentiert sich die AfD. Sie ist im Laufe der Jahre immer weiter nach rechtsaußen gerückt und kokettiert geradezu mit NS-nahen Tabubrüchen. Zugleich hat sie »natürlich nichts gegen Juden« und »verteidigt« sie besonders im Rahmen ihrer migrationsfeindlichen Politik – auf Kosten von Muslimen. Die antiislamische Linie der AfD dürfte ebenfalls ihre parteiamtliche Pro-Israel-Politik erklären.

In Israel gab und gibt es eigentlich nur eine Deutschland-Partei, die Mapai, später Israelische *Arbeitspartei*. Der Geist Ben-Gurions blieb hier präsent, wenngleich nie unumstritten. Gefestigt wurde das deutsch-israelische Band der Arbeitspartei durch die sehr frühe und enge Zusammenarbeit zwischen der ihr nahestehenden »Histadrut«-Gewerkschaft und dem Deutschen Gewerkschaftsbund (DGB) – und dadurch schließlich auch mit der SPD.

Die einstige Staatspartei Israels, die Arbeitspartei, gibt es noch – als Miniaturausgabe. Daher gibt es auch nicht mehr »die« Deutschlandpartei. Zudem ist Deutschland längst über Partei- und andere Binnengrenzen hinaus weitgehend unumstritten nach den USA in den Augen der meisten Israelis »unser bester Freund«. Die Histadrut-Gewerkschaft ist nicht ganz so sehr wie die Arbeitspartei geschrumpft, aber ebenfalls weniger (all-)mächtig als früher. Die Verbindung zum DGB wird weiter gepflegt. Ohne den unermüdlichen Einsatz von Michael Sommer, dem DGB-Chef der Jahre 2002 bis 2014, wäre diese Verbindung möglicherweise eingeschlafen.

Der seit dem Machtantritt der *Herut* Begins im Jahre 1977 von vielen deutschen Israel- und israelischen Deutschlandfreunden befürchtete deutsch-israelische Zusammenstoß blieb zunächst aus; er erfolgte dann umso vehementer im Mai 1981 (vgl. Kapitel II). Die verbrannte Erde wurde danach allmählich aufgeforstet, und sogar in Begins Partei erkennt man zunehmenden Pragmatismus gegenüber Deutschland.

Am Likud ist Israels deutschlandpolitische Entspannung besonders erkennbar. Das judenmordende deutsche Gespenst hatte nur einen kurzen Auftritt, unmittelbar nach dem Fall der Berliner Mauer. Wie andere pilgern Likud-Politiker nach Deutschland.

Die *»Unabhängigen Liberalen«* oder ihre Vorläuferinnen, also die Partei der alten »Jeckes«, das heißt, der aus Deutschland stammenden und dieses Land trotz allem achtenden Juden, brachte zu wenig Gewicht auf die Waage der israelischen Politik, um richtungsweisend wirken zu können. Diese eher linksliberale Partei starb mit den alten Jeckes. Die linksliberalen Nachfahren sind Deutschland gegenüber locker.

Die *religiösen Parteien* zeigen ein inzwischen freundlicheres Desinteresse. Der Veteran der Nationalreligiösen Partei, der aus Dresden stammende langjährige Religionsminister Joseph Burg, trat immer wieder als deutsch-israelisch-jüdischer Brückenbauer in Erscheinung.

Deutsch-israelische Abneigungen bestehen in beiden Staaten am ausgeprägtesten auf der äußersten Rechten und Linken, in Israel bei den Kommunisten, den Linkssozialisten und den extremen Nationalisten.

Das war einmal. Seltsam, dass »man« in Deutschland die deutschlandpolitische Entspannung fast aller Israelis eher übersieht.

Institutionen aus dem *Bereich Kultur und Wissenschaft* verdienten mehr Beachtung, als wir ihnen hier schenken können. Zu denken wäre an das *Goethe-Institut* und dessen Vorläufer, das Deutsche Kulturinstitut. Am Anfang kamen nur die alten Jeckes, inzwischen besuchen immer mehr im Lande geborene Israelis, »Zabarim«, die Veranstaltungen und Kurse dieser Kultureinrichtung. Es sind durchaus auch Zabarim ohne deutschjüdische Vorfahren. Ein Drittel der heutigen Bibliotheksbesucher stammt aus Deutschland oder Österreich, und zählt man zu diesen die übrigen ehemaligen Mitteleuropäer, so ist es knapp die Hälfte. Ähnliches gilt in Bezug auf die Teilnehmer an den deutschen Sprachkursen des Instituts.

Diese Zahlen zeigen, daß die ehemaligen deutschen Juden und ihre Nachkommen trotz des Holocaust Deutschland und vor allem der deutschen Kultur verbunden blieben; sie trennen zwischen dem Deutschland Goethes und Schillers; von »ewiger Schuld« kann auch in diesem Bereich des geschichtspolitischen Alltags keine Rede sein. Trotzdem erkennen wir zwischen Meinungen und Verhaltensweisen, zwischen Geschichtspolitik und Bürgeralltag durchaus einen Widerspruch.

Darüber hinaus strahlt das neue (West-)Deutschland zunehmend auch auf die nicht ehedem deutschen Teile der israelischen Gesellschaft aus. Das Neue an diesem neuen Deutschland hebt das Goethe-Institut in seinem Programm unablässig hervor, um deutsch-israelische Ungleichzeitigkeiten zu überwinden (man spricht dort von »Gegenwartsschwäche« der Israelis), den Wandel der Deutschen zu dokumentieren. Neue deutsche Kunst, neuer deutscher Film, neue deutsche Literatur, neue deutsche Musik, neu, neu, neu ... Die Besucherzahlen steigen ständig, neudeutsche Produkte sind gefragt.

Das Goethe-Institut war und ist ein Spiegel der deutschen Kulturlandschaft. Geschichte als Falle deutsch-jüdische-israelischer Beziehungen lässt sich am Hauptstrom deutscher, diasporajüdischer und israelischer Kultur besonders nachvollziehen. Dem Stereotyp von »Kulturschaffenden« entspräche das Bild derer, die gegen den allgemeinen Hauptstrom schwimmen. Keine Rede davon, besonders auf der deutschen Seite. In Israel und der diasporajüdischen Welt teilweise – bezogen auf Gewalt als Mittel der Politik, Nation, Staat, Territorium und erst recht Religion dominiert im Kulturraum Distanz. In Deutschland überwog (zumindest bis 2022) Distanz zu Gewalt sowie all diesen rationalen und emotionalen Faktoren. Noch mehr als bei der Allgemeinheit. Folgerichtig neigen Deutschlands »Kulturschaffende« durchaus zu »Strafmaßnahmen« gegen Israel, zum Beispiel BDS, wobei Boykott eher als Desinvestitionen und Sanktionen zum Kultur-Instrumentarium gehören. Angesichts dieser Rahmenbedingungen war niemand wirklich überrascht, dass auch das Goethe-Institut oder die Bundeskulturstiftung sich im Dezember 2020 vehement gegen die Anti-BDS-Entschließung des Bundestages vom Mai 2019 stemmten. Vorsicht, denn Geschichte besteht aus vielen Schichten, die aufeinander ge-schichtet sind: Israelische Belletristik – nicht nur einst Ephraim Kishon – wird in Deutschland viel verlegt und, daraus abgeleitet, wohl gekauft und »sogar« gelesen. Umgekehrt gilt in Israel Interesse an deutschen Literaten als unaufregende Selbstverständlichkeit – nicht nur, wenn sie, wie der späte Günter Grass – gen Israel (aus dem SS-Glashaus) Steine werfen.

Umfragen zufolge stießen sich 1974 weniger Israelis an uniformierten bundesdeutschen Offizieren in Tel-Aviv als an öffentlichen Konzerten von Werken Richard Wagners. Der tote, antisemitische, altdeutsche Musikus erregt die Bürger Israels mehr als neudeutsche Offiziere! Wie haben sich doch die Zeiten geändert: Anfang der 50er-Jahre führte man hitzige Debatten über die mögliche Aufführung von Lessings »Nathan der Weise«, und noch Ende der 50er wußte man nicht, ob deutsche Sissy-Filmschnulzen dem israelischen Publikum zugemutet werden könnten – aus geschichtspolitischen Gründen, nicht wegen der Drittklassigkeit dieser Filme.

Entspannung und Entkrampfung auch televisionär in Israel. Bei »alten Jeckes« und (sofern noch oder wieder Deutschland-affin) deren Nachfahren nostalgisch hochbeliebt ist die Musik von Max Raabe, besonders die Lieder aus den 1920ern. Kultstatus ohne Nostalgie genießt Günter Jauchs TV-Sendung »Wer wird Millionär«. Moderne Technik macht's möglich. Populär ist in Israel Sanftes aus Deutschland. Dagegen ist aus Israel im deutschen Fernsehen und Kino Hartes, Selbstkritisches und noch mehr Selbstanklägerisches gefragt, das in der Kritik am harten Israel neue Brücken zum weichen Deutschland schlägt. Hier ist Geschichte keine Falle, sondern Brücke – aber von der israelischen Minderheit zur deutschen Mehrheit, die ihrerseits dann jene israelische Minderheit gerne als Rechtfertigung benutzt. Für Israelkritik ebenso wie für Antiisraelismus und Antizionismus – je nach ideologischer Programmierung der deutschen Konsumenten.

Informativ ist auch ein Blick auf die bundesdeutschen *Universitäten.* Die Haltung Israel gegenüber kann geradezu als Gradmesser für die politische Einstellung der akademischen Jugend gelten: Bis 1967/68 war man Israel freundlich gesonnen, dann erfolgte der Umschwung. Israels Botschafter Ben-Nathan wurde mehrfach am Reden gehindert, wobei Pfiffe, Schreie, Tomaten oder Farbbeutel Argumente ersetzten. Israel war bei den »68ern« weitgehend »out«, die Palästinenser »in«. Die konservative Rechte dagegen entdeckte ihr Herz für Israel, während der »Historikerstreit« sie eher verprellte. Die Konservativen vollziehen ihren Liebesentzug gegenüber Israel allerdings lautloser als seinerzeit die »68er«. Erwähnen sollte man die Tatsache, daß die gegenwartsbezogene Nahostforschung in der Bundesrepublik Deutschland stark vom Geist der »68er« beeinflußt ist; das kann an zahlreichen kritischen, geschichtspolitisch entkrampften Israel-Analysen beobachtet werden.

Hohe Wiedergutmachungsmotivation erkennt man an der finanziellen Unterstützung israelischer Wissenschaftsinstitutionen durch *forschungsfördernde Einrichtungen* in Westdeutschland: Das Minerva-Programm der Max-Planck-Gesellschaft (MPG) wurde schon vor den antisemitischen Schmierereien des Winters 1959/60 besonders von Otto Hahn und Wolfgang Gentner vorbereitet, doch seit Anfang 1960 schaltete sich Bundeskanzler Adenauer persönlich helfend ein. Bis zu seinem Treffen mit Israels Ministerpräsident Ben-Gurion in New York im März jenes Jahres war das erste Paket einer Zusammenarbeit zwischen der MPG und dem israelischen Weizmann-Institut geschnürt. Adenauer legte größten Wert darauf, durch seinen Außenminister die israelische Regierung noch vor seinem Treffen mit Ben-Gurion wissen zu lassen, »daß es der Bundesregierung eine besondere Befriedigung sei, dem Weizmann-Institut behilflich zu sein«. Noch heute fördert ein Sonderprogramm der MPG die deutsch-israelische Forschung besonders im Bereich der Naturwissenschaften.

Von den Bewilligungen der Stiftung Volkswagenwerk an ausländische Institutionen gingen 1976 rund 90 Prozent der Mittel nach Israel; in den folgenden Jahren sank der Anteil, pendelte sich zeitweilig bei ungefähr 25 Prozent ein und betrug 1986 nur 6 Prozent. Auch eine Normalisierung: Israelische Anträge werden offenbar behandelt wie andere auch; gute werden bewilligt, schlechte abgelehnt. Bis Anfang der 80er-Jahre waren die Israel zufließenden Mittel der Deutschen Forschungsgemeinschaft (DFG) stets etwas höher als die von der VW-Stiftung bereitgestellten Summen.

Niemand im Wissenschaftsmanagement bestreitet ernsthaft, daß die zwar hier und dort geringeren, doch immer noch beträchtlichen Bewilligungen sowohl den beachtlichen Forschungsleistungen israelischer Wissenschaftler gelten als auch Teil bundesdeutscher Geschichtspolitik sind. Wie verflochten Politik und Wissenschaft in der deutsch-israelischen Forschungsförderung waren und sind, beweist Adenauers persönlicher Einsatz im Jahre 1960 ebenso wie die von Kanzler Kohl und Ministerpräsident Peres 1986 gegründete »Deutsch-Israelische Stiftung für wissenschaftliche Forschung und Entwicklung«, deren jährliches Budget bis 1990 rund 150 Millionen DM betragen soll. Auch die Wellen des »Historikerstreites« schwappten vom Elfenbeinturm der Wissenschaft und der DFG in die zwischenstaatliche Politik über, indem der Stein des Anstoßes im deutsch-israelischen Weg, Ernst Nolte, beiseitegeräumt wurde; andernfalls hätte sich der israelische Präsident 1987 nicht auf den Weg nach Bonn begeben können.

Die damalige Doppelgleisigkeit gilt auch heute, allerdings differenzierter. Deutsche Fördergelder, die in den Geistes- und Sozialwissenschaften israelischen und judenthematischen Vorhaben zufließen, sind geschichtspolitisch motiviert. Hier sind israelische und diasporajüdische Kollegen so gut oder durchschnittlich wie zig andere. Anders in Naturwissenschaft, Technik, Hightech und

IT. Auf diesen Gebieten hat die israelische Wissenschaft viel zu bieten. Wer, wie die BDS-Kampagne, Israel auch auf diesem Gebiet boykottiert, bestraft oder/und Forschungsgelder verweigert, schadet sich selbst. Frei nach dem Motto »Nur die dümmsten Kälber wählen ihren Metzger selber« oder »Wer schmollt mit der Schüssel, schadet dem eigenen Rüssel«. Manchmal schadet es auch Wissenschaftlern nicht, alte Volks»weisheiten« zu kennen und zu beherzigen.

Weniger als Partner denn als Störfaktor der Geschäftsbeziehungen mit der arabischen Welt wurde Israel von der bundesdeutschen *Wirtschaft* beachtet. Interne Informationen aus der »Bundesvereinigung der Deutschen Industrie« haben uns dies bestätigt. Auch die seit April 1967 bestehende »Deutsch-Israelische Wirtschaftsvereinigung« änderte daran nichts, obwohl in dieser Vereinigung Walter Hesselbach von der gewerkschaftseigenen »Bank für Gemeinwirtschaft« den Ton angab. Mit Israel beschäftigten sich die Spitzengremien der »Bundesvereinigung der Deutschen Industrie« nur selten, doch mit Israel als Störfaktor der deutsch-arabischen Wirtschaftsbeziehungen recht häufig.

Diese Tradition begann mit dem Wiedergutmachungsabkommen. »Starke Widerstände« gegen diesen Vertrag, schrieb Herbert Blankenhorn, Adenauers Vertrauter, im September 1952, seien »vor allem von Seiten der deutschen Hochfinanz« ausgegangen. Da er im Bundeskanzleramt an der politischen Schaltstelle saß, dürfte er gewußt haben, wovon er sprach, und Auswertungen seiner Unterlagen sowie der Dokumente im Auswärtigen Amt bestätigen die Bewertung.

In der Bundesrepublik ging man trotzdem vergleichsweise behutsam vor: Der »Nah- und Mittelost-Verein«, Brennpunkt westdeutscher Geschäftsinteressen in der Region, bezeichnete auf einer »Sitzung für Arabien-Interessenten« im November 1952 »die Wiedergutmachungspflicht ... als selbstverständlich«, bedauerte jedoch den Umstand, daß die »Besprechungen mit der arabischen Delegation«, die in Bonn gegen das Luxemburger Abkommen protestierte, »ohne Mitwirkung ... der praktischen Wirtschaft wegen des hochpolitischen Charakters des Israel-Vertrages ausschließlich vom AA (= Auswärtiges Amt, M.W.) geführt« wurden. Der Verzicht auf jegliche Polemik war dem »Nah- und Mittelost-Verein« auch vom Vorsitzenden der FDP-Fraktion in der Hamburger Bürgerschaft nahegelegt worden: Dessen Mitglieder sollten, »wenn sie nicht die entgegengesetzte Wirkung erreichen wollen«, hervorheben, daß sie »keinerlei Einwände ... gegen die Wiedergutmachung gegenüber dem Judentum an sich« erhöben. Der Verein hielt sich an diese Empfehlung und fügte seinen Warnungen vor drohenden Verlusten auf dem arabischen Markt immer wieder die Anmerkung bei, damit »in keiner Weise politische Absichten« zu verbinden, »schon gar nicht diejenigen, das deutsch-israelische Abkommen kritisch zu betrachten«.

In der arabischen Welt hingegen scheinen bundesdeutsche Unternehmer gegen die Wiedergutmachung lautstark polemisiert zu haben; das zeigt der im September 1952 verfaßte Brief einer anonymen »arabischen Persönlichkeit aus Jeddah« (Saudi-Arabien): »Die hiesigen Deutschen haben eine recht schwierige Aufgabe, den Leuten klarzumachen, daß das deutsche Volk nicht mit einer Maßnahme identifiziert werden kann, die ihm durch die Niederlage von den Siegern aufgezwungen wurde.« Auch Adenauer sei »nicht wohl dabei«, er fürchte aber »das Judentum in Amerika«.

Allen Unkenrufen zum Trotz entwickelten sich die deutsch-arabischen Geschäfte recht gut. Im Dezember 1956, nach dem britisch-französischen Suezdebakel, stellte der Nah- und Mittelost-Verein zufrieden fest: »Die Einstellung gegenüber der Bundesrepublik ist durch unsere Restitutionslieferungen zwar getrübt, aber, gemessen an der Einstellung gegenüber England und Frankreich, weist sie wohl ein kleines Plus auf.« Gemessen an den Statistiken war dieses Plus recht beachtlich.

Seit 1957 sahen deutsche Wirtschaftskreise Israel in günstigerem Licht, die arabische Welt, vor allem ihren Führer, Ägyptens Präsidenten Nasser, weniger wohlwollend; die von ihm durchgeführten Verstaatlichungen erregten ihr Mißfallen.

Anders als die späteren Waffengeschäfte mit Saudi-Arabien und anderen arabischen Staaten, für die man sich energisch und wortreich einsetzte, wurden deutsch-israelische Transaktionen auf diesem Gebiet in den Jahren 1957 bis 1959 von der bundesdeutschen Wirtschaft entweder nicht beachtet oder, wie 1964/65, kritisiert. Auch für die deutschen Raketenexperten in Ägypten interessierte man sich nicht; um so mehr für die Aufnahme diplomatischer Beziehungen: »Der angerichtete politische Schaden ist kaum abschätzbar; deutsche Ostzone und Weltkommunismus sind in Nah- und Mittelost die unverdienten Nutznießer.« Den Vormarsch des Weltkommunismus mußte der Verein 1965, den Rückfall ins 19. Jahrhundert nach dem Sechs-Tage-Krieg von 1967 beklagen: Er kritisierte, daß »westdeutsche Massenmedien und sogar christliche Organisationen, die supranationales Denken seit Jahren in begrüßenswerter Weise fördern«, vor und nach diesem Waffengang Israel unterstützten »als handelte es sich um einen Krieg des 19. Jahrhunderts ... und einem Nationalstaat zu einem Recht verholfen werden müßte, dessen entscheidende Grundlagen für den eigenen europäischen Bereich als weitgehend überholt angesehen werden.«

Der Verein wollte eben weder die weltkommunistische Revolution noch den nationalstaatlichen Anachronismus Israels fördern; eine kaum zu überbietende historisch-ideologische Borniertheit.

Die große Stunde schlug dem deutsch-arabischen Handel mit dem Ölschock des Jahres 1973/74, und danach begann die große Offensive, flankiert von der zu neuen Ufern aufbrechenden Nahost- und Waffenexportpolitik der Regierung Schmidt/Genscher. Das Hohelied der »traditionellen deutsch-arabischen Freundschaft« wurde wieder zum Schlager, und natürlich sollte wieder einmal »wachsendem sowjetischem Druck« begegnet, der Frieden in der Region gesichert und die Öllieferungen garantiert werden. Das Angebot zur deutsch-saudischen Wirtschaftskooperation war selbstverständlich »keine Frage von Waffenexporten«, hieß es auf dem Höhepunkt der Auseinandersetzungen über mögliche Waffenlieferungen an Saudi-Arabien. Diese Zusammenarbeit würde allerdings nur dem Partner angeboten, der »bereit ist, den Nachweis der Ernsthaftigkeit seines Engagements zu führen«. Im Klartext: Ohne Waffen geht es nicht, wer zivile Güter verkaufen möchte, muß auch militärische liefern. Die Diskussion um die deutschen Waffenexporte nach Saudi-Arabien war dem Nah- und Mittelost-Verein viel zu sehr »emotionalisiert« und ließ »reale Interessen der Bundesrepublik außer acht«.

Von dem Elan der frühen 80er-Jahre ist inzwischen viel verloren gegangen; der Ölpreis sank ebenso wie die Kaufkraft der Ölstaaten; wegen deren leeren Kassen wich den lautstarken Reden des Nah- und Mittelost-Vereins gedämpfter Optimismus, die wirtschaftlich-strategisch-ideologischen Ratschläge wurden verhaltener vorgetragen – und obwohl sie nicht befolgt wurden, hat der Weltkommunismus den Vorderen Orient noch immer nicht erobert.

Der Nah- und Mittelost-Verein ist, was er war: eine oder die deutsche Nadelstreifen-Lobby für die islamische Welt, nicht zuletzt auch islamistische Partner in der islamischen Welt, wie der seit 1979 Holocaust-leugnende und sich seit Mitte der 1980er-Jahre nuklear aufrüstende Iran – wenn lukrative Geschäfte winken. Einen Ehrenplatz als Ehrenvorsitzender genießt der sozialdemokratische Alt-Bundeskanzler Gerhard Schröder. Indem er sich dicke Zigarren genüsslich rauchend fotografieren lässt, präsentiert er sich (bedenkenlos?) als geradezu klischeehaft klassischer Kapitalist. Eine seltsame Paarung aus deutschen »Kapitalisten« und Kultur- plus linksideologischen Antikapitalisten ist in Deutschlands Nahostwelt zusammengekommen.

Im Januar 1988 verabschiedete die Synode der *Evangelischen Kirche* im Rheinland eine Entschließung aus Anlaß der fünfzigsten Wiederkehr der »Reichskristallnacht«; hier hieß es unter anderem, man müsse lernen, »die Schuldanteile unserer nationalen Identität wahrzunehmen und unsere Verantwortung zu übernehmen, anstatt in eine vermeintliche Normalität zu flüchten und damit die Vergangenheit von uns abzutrennen.«

Einen weiten Weg hatte die Evangelische Kirche seit 1945 zurückgelegt. Im »Stuttgarter Schuldbekenntnis« war 1945 zwar davon die Rede, daß »durch uns ... unendliches Leid über viele Völker und Länder gebracht worden« sei, doch von der »Endlösung« an den Juden war dort ebenso wenig zu lesen wie in der 1945 bekanntgegebenen, ansonsten ebenfalls durchaus selbstkritischen Fuldaer Erklärung der katholischen Bischöfe. Noch im März 1949 hatte Probst Grüber darüber geklagt, »daß bislang von keiner (evangelisch-, M.W.) kirchenamtlichen Stelle ein offizielles Wort zur Wiedergutmachung gesagt« worden sei.

Schwedische Kirchen führten 1952 eine Sammlung für Israel durch und schlugen der EKD eine ähnliche Aktion vor. Das Kirchliche Außenamt entgegnete: »Israel ist ein Staat, aber deckt sich nicht mit dem Judentum. Wenn die Evangelische Kirche in Deutschland um ein Opfer der Wiedergutmachung bitten würde, müßte der Empfänger wohl eine religiöse oder eine Wohlfahrtseinrichtung des Judentums sein, nicht aber der israelische Staat.«

Noch 1953, im Jahr der Ratifizierung des Wiedergutmachungsabkommens, hieß es im Kirchlichen Jahrbuch der EKD, daß »keine deutliche Stellungnahme (der evangelischen Kirche, M.W.) zur Wiedergutmachung erfolgt« sei, was man mit »der Not im eigenen Volk« erklären müsse, und außerdem erschöpfe sich »ehrliche Wiedergutmachung« keineswegs nur in der Erfüllung materieller »Ansprüche des Judentums«, sie sei »ein eigenes Anliegen des deutschen Volkes«.

So vorsichtig man sich in der Frage der Wiedergutmachung äußerte, so wenig Zurückhaltung kannte man bei der Judenmission: »... solange noch Juden in Deutschland leben, haben wir die Pflicht, in aller Unwürdigkeit ihnen von Jesus von Nazareth zu predigen«, war im Kirchlichen Jahrbuch desselben Jahres, also 1953, zu lesen. »Das Wort Judenmission bleibt einem doch heute im Halse stecken«, meinte Helmut Gollwitzer dazu – im Jahre 1960.

Die Wahrnehmung der eigenen materiellen Ansprüche gegenüber Israel versuchte die EKD freilich durchzusetzen. Ebenso wie die *Katholische Kirche* verlangte die EKD die Rückgabe der von Israel nach der Staatsgründung enteigneten Kirchengüter. Beide Kirchen wollten sogar den Abschluß des Israel-Vertrages von dieser Bedingung abhängig machen, konnten sich mit dieser Forderung allerdings weder bei der Bundesregierung noch bei den Israelis durchsetzen. Sowohl die Evangelische als auch die Katholische Kirche verschafften sich außerdeutsche Rückendeckung für ihr Anliegen: die EKD beim Lutherischen Weltbund, die Katholische Kirche beim Vatikan.

Anders als die EKD hatte sich jedoch der erste Katholikentag nach dem Krieg, 1948 in Mainz, ausdrücklich zur Wiedergutmachungspflicht, zur »Rückgabe widerrechtlich entwendeter« Güter, bekannt. Damit war zwar nicht Israel als Staat, wohl aber das Prinzip der individuellen Entschädigung der Opfer angesprochen. Bis Anfang März 1953 befaßten sich Amtskirche und katholische Publizistik kaum noch öffentlich mit dem Problem der deutsch-israelisch-jüdischen Wiedergutmachung. Genau zwei Wochen vor der Ratifizierungsdebatte des Bundestages meldete sich allerdings Kardinal Frings in einem Zeitungsartikel zu Wort: Unter der Überschrift »Die Liebe sei Königin« begrüßte er den Umstand, daß wenigstens die wirtschaftliche Seite des nationalsozialistischen Unrechts wiedergutgemacht würde. Auf den vom (protestantischen) Bundespräsidenten Heuss geprägten Begriff der »Kollektivscham« anspielend, drückte der Kardinal die *Beschämung* des deutschen Volkes über die NS-Verbrechen aus, betonte jedoch, daß sich viele Deutsche um die Rettung von Juden verdient gemacht hätten, bekräftigte also die Zurückweisung der *Kollektivschuldthese*. Ohne es auszusprechen, wies der Kardinal mit einer auch jüdischen Argumentation die These von der vermeintlichen Kollektivschuld zurück: Erinnern wir uns, daß Abraham, der Stammvater der Juden, Gott darum bat, Sodom und Gomorrha nicht zu vernichten, wenn es dort nur wenige Gerechte gäbe. Im Dritten Reich habe es, deutete Frings an, eben diese Gerechten gegeben – was die jüdische Seite anerkennen sollte. Daß eine weitgehend säkularisierte und über ihre eigene Religion nur unzureichend informierte jüdisch-israelische Öffentlichkeit diesen Hinweis verstehen würde, war eher optimistisch, wenngleich ein so wichtiger Mann wie Ben-Gurion es sicherlich registriert hat.

Ende der 50er, Anfang der 60er-Jahre vollzogen beide Kirchen eine grundlegende Wende; die Auseinandersetzung über die Rolle der Kirchen im Dritten Reich, Vergangenheitsbewältigung, rückte in den Mittelpunkt. Die Anstöße kamen sowohl von innen als auch von außen. Von innen kam die auf dem Evangelischen Kirchentag 1958 erfolgte Weichenstellung zugunsten der »Aktion Sühnezeichen«; von außen die antisemitischen Vorfälle des Winters 1959/60, der Eichmann-Prozeß 1961 und die seit 1963 geführten erregten Debatten über Rolf Hochhuths Drama »Der Stellvertreter«; zu nennen wäre auch der Einfluß des Zweiten Vatikanischen Konzils, das von 1962 bis 1965 tagte und das am 26. Oktober 1965 die Erklärung »Nostra aetate« veröffentlichte, die eine fast zweitausend Jahre währende christlich-jüdische Spannung abbauen sollte.

Die antisemitischen Aktionen des Winters 1959/60 erfüllten die gesamtdeutsche Synode der EKD »mit Schrecken und Scham«. Eine von Helmut Gollwitzer vorgeschlagene Ergänzung wurde abgelehnt; sie lautete: »Wer sie (das heißt die Juden, M.W.) schlägt, der schlägt uns.« Spätestens die Reaktionen auf den Eichmann-Prozeß zeigten das Neu- und Umdenken in beiden Kirchen. Der Evangelische Kirchentag 1961 erklärte unter Berufung auf Römerbrief 11.2, daß Gott sein Volk, das er zuvor ausersehen, nicht verstoßen habe; daß die evangelischen Christen in die Untaten Eichmanns »schuldhaft verwickelt sind« und dazu verpflichtet, das Leben und Wohlergehen der jüdischen Mitbürger »nach bestem Vermögen zu fördern«, daß »alles getan werden« müsse, »was dem Aufbau und dem Frieden des Staates Israel und seiner arabischen Nachbarn dient«. Trotz (oder wegen?) Römer 11.2 hatte Bischof Kurt Scharf noch acht Jahre später mit »Israels Rolle in der Heilsgeschichte« Probleme: Wie die Figur der Synagoge im Straßburger Münster sei in Bezug auf Jesus Christus »Israels Blick ... verhüllt.« Doch sei »Israel im theologischen Sinne ... nicht einfach identisch mit dem Staat Israel heute.« Deshalb solle man »anstelle von Israel von der Judenheit in aller Welt« reden; diese bleibe »ein Zeichen und das Werkzeug Gottes von besonderer Art«. Als Adressaten dieser theologisch ebenso zutreffenden wie feinsinnigen Gedanken wählte Scharf möglicherweise den unpassenden Partner, den libanesischen Pastor Chemayel, der prompt fragte, ob »man bei solcher Auffassung nicht in Deutschland Adolf Hitler zu einem Vollstrecker des Willens Gottes an Israel erklären müsse«. Und Scharf antwortete: »Gewiß, er war eine Geißel des Gerichtes Gottes an beiden, an Israel und an der Christenheit. Nicht nur die Engel, sondern auch die Dämonen führen den Willen Gottes aus wenn auch knirschend.«

Nein, antisemitisch waren diese Überlegungen Scharfs wahrhaftig nicht; sie dokumentierten nur seine Sicht der Geschichte, die für ihn, ebenso wie für die orthodoxen Juden, allein Heilsgeschichte sein kann; Scharfs Interpretation des Holocaust unterscheidet sich grundsätzlich nicht von der orthodox-jüdischen, die wir beschrieben haben (vgl. Kapitel I und X/2).

Die Frühjahrskonferenz der katholischen Bischöfe Deutschlands rief 1961 dazu auf, »im Geiste der Sühne Gott um Verzeihung anzuflehen für die Sünden, die durch Angehörige unseres Volkes geschehen sind«; im Juni 1961 vereinigten sich die Kirchenbesucher im »Gebet für die ermordeten Juden und ihre Verfolger«.

Für die Aufnahme diplomatischer Beziehungen zu Jerusalem hatte sich die EKD im Oktober 1964 in Schreiben an den Bundeskanzler, den Bundespräsidenten sowie den Außenminister energisch eingesetzt. Daß sich auch Kardinal Frings für die Aufnahme diplomatischer Beziehungen zum jüdischen Staat ausgesprochen hätte, vernahm die EKD im Dezember 1964 gerüchteweise; sie forschte nach und erfuhr, daß ihm »nie der Gedanke gekommen wäre«, in dieser Angelegenheit »mit der Bundesregierung Fühlung zu nehmen«.

Vor, während und nach dem Sechs-Tage-Krieg standen Protestanten und Katholiken vorbehaltlos auf der Seite Israels. Die eher schweigsame Amtskirche forderte während des Jom-Kippur-Krieges im Oktober 1973 die Bundesregierung sowie die UNO auf, »alles in ihrer Macht Stehende zu tun, daß der kriegerische Konflikt so bald wie möglich beendet und die strittigen Fragen ... auf friedlichem Wege geregelt werden«. Kardinal Döpfner kam dem jüdischen Staat mehr entgegen und forderte die Anerkennung der Existenz Israels durch die arabischen Staaten, während Jerusalem »das Problem seiner Sicherheit nicht ausschließlich von der Grenzfrage abhängig machen« sollte. Noch entgegenkommender war das Zentralkomitee der Deutschen Katholiken: Es sah den »Bestand des jüdischen Volkes auf dem Spiel« (meinte freilich Israel) und verlangte eine friedliche Regelung des »Lebensrechtes und der Sicherheit des Staates Israel«.

Im November 1975 setzte die UNO-Vollversammlung Zionismus mit Rassismus gleich. Die Synode der EKD reagierte unverzüglich: »Auf dem Umweg ›Antizionismus‹ dürfen nicht alte und neue Judenfeindschaften geweckt oder geduldet werden«. Kardinal Döpfner, der Vorsitzende der Deutschen Bischofskonferenz, bedauerte die Resolution zutiefst: »Wir müssen in unserem Lande alles tun, damit der Geist dieser Resolution von allen einhellig abgelehnt wird.« Noch empörter reagierte das Zentralkomitee, das seine politische Position stets deutlich vertrat: »Erschütterung« äußerte Bernhard Vogel in dessen Namen, sprach von der »unsinnigen Gleichsetzung von Zionismus und Rassismus«, die ausgerechnet am siebenunddreißigsten Jahrestag der »Reichskristallnacht« erfolgt sei. Sehr viel zurückhaltender gab sich einen Monat später Papst Paul VI. Er ging auf die UNO-Entschließung im Dezember 1975 nicht direkt ein, appellierte statt dessen an die Verhandlungsbereitschaft der »Verantwortlichen der verschiedenen Parteien«, zeigte dem »Volk Israel« gegenüber Verständnis für dessen Bedürfnis, »Schutz in einem eigenen souveränen und unabhängigen Staat zu suchen«, wollte aber die »Kinder dieses Volkes einladen, auch die Rechte und die legitimen Erwartungen eines anderen Volkes anzuerkennen, das ebenfalls lange gelitten hat – nämlich die Palästinenser«.

Daß die deutschen Katholiken ihren eigenen, sozusagen nationalen Weg unbeirrt fortsetzten, zeigte sich im November 1978 erneut: In Gedenkveranstaltungen und Bekanntmachungen zum vierzigsten Jahrestag der »Kristallnacht« ging die deutsch-katholische Selbstkritik weiter denn je: »Auch die Kirchen und christlichen Gemeinden haben weithin zu dem öffentlichen Unrecht geschwiegen«, erklärte das erzbischöfliche Generalvikariat Köln und Kardinal Höffner selbst ergänzte, daß die Kirche »das Nachdenken über die jüdischen Wurzeln ihres Glaubens aufgenommen« habe. Daß den Worten Taten folgten, bewies die im April 1980 veröffentlichte Erklärung der deutschen Bischöfe über das Verhältnis der Kirche zum Judentum: »Die Juden dürfen nicht als das Volk der ›Gottesmörder‹ bezeichnet werden«, und an »die Stelle des unter Christen noch immer mehr oder weniger weiterlebenden ›Antisemitismus‹ muß der von gegenseitiger Liebe und Verstehen getragene Dialog treten«. Von diesem Geist durchdrungen sind auch die von der Bischofskonferenz im Juni 1985 herausgegebenen »Hinweise für eine richtige Darstellung von Juden und Judentum in der Predigt und in der Katechese der katholischen Kirche«.

Während sich die katholische Kirche fast ausschließlich mit dem Judentum auseinandersetzte und in Bezug auf den israelisch-arabischen Konflikt zurückhaltend blieb, überlegte die EKD seit den 70er-Jahren zugleich, wie »Friede im Land der Bibel« hergestellt werden könnte. Das Ergebnis der »Überlegungen der Evangelischen Mittelost-Kommission« wurde im August 1985 veröffentlicht. Hier bekannte man sich unzweideutig zum Existenzrecht Israels, aber auch zur »Verwirklichung des Selbstbestimmungsrechts der Palästinenser«, und sprach vom »Konflikt um Israel/Palästina«, wobei der Schrägstrich die Verlagerung von der zum Beispiel 1967 bekundeten proisraelischen Einseitigkeit zur Zweiseitigkeit dokumentiert. Einer Legende ist die Kommission freilich erlegen: »Wir Christen in Deutschland sind von der Situation im Nahen Osten mit betroffen ... – weil wir ... durch den Massenmord am jüdischen Volk mit dazu beigetragen haben, daß sich der Konflikt zwischen Juden und Arabern in Palästina verschärft hat und dadurch ... in den Konflikt ... schuldhaft mit einbezogen sind.« Hier hat der gute Wille sicherlich die gute Analyse ersetzt; wir haben bereits erwähnt, daß namhafte Politiker wie zum Beispiel Altbundeskanzler Helmut Schmidt sich ebenfalls diese Fehlinterpretation zu eigen machten (vgl. Kapitel I und X/3).

Diese nahost- und friedenspolitische Akzentverschiebung der Evangelischen Kirche hing auch mit der Tatsache zusammen, daß sie sich der 68er Generation und dann der Friedensbewegung zunehmend öffnete und dabei bewußt das Risiko einer breiteren Politisierung hinnahm. An den Entwicklungen in der »Aktion Sühnezeichen« läßt sich dies deutlich nachzeichnen, an der Namenserweiterung dieser Organisation erkennen: Sie nennt sich inzwischen »Aktion Sühnezeichen/Friedensdienste«, beteiligt sich rege an und in der Friedensbewegung und ist keineswegs mehr so auf Israel fixiert wie früher; Polen ist ein anderer Schwerpunkt ihrer Arbeit und gleichzeitig ein historisch-politischer Drahtseilakt geworden, denn noch bis in die 80er-Jahre deutete einiges darauf hin, daß, wie Schalom Ben-Chorin es 1968 formulierte, »die Nazis die Juden vernichteten und die Polen die Erinnerung daran«. Stattdessen wurde die Erinnerung an die Judenvernichtung dann auch in Polen wiederbelebt. Dies ist vornehmlich innerpolnischen Veränderungen, doch sicherlich auch der Aktion Sühnezeichen/Friedensdienste zuzuschreiben.

Die EKD ist juden- und israelpolitisch vielköpfig. Es fehlt nie an wortstarken und sicher aufrichtig gemeinten Distanzierungen von Antisemitismus, fast immer, wie in der deutschen Politik, im Zusammenhang genannt mit Rassismus und Fremdenfeindlichkeit. Inhaltlich ist das »Kopfsalat«, denn erstens sagt communis opinio, gebe es keine Rassen. Wenn es keine Rassen gibt, kann es, logisch, Auch keinen Rassismus geben. Zweitens sind Juden als Deutsche keine Fremden. Viele als fremd von Deutschen Empfundene sind Muslime. Gewiss sind nicht alle Muslime Antisemiten im Sinne von Judenhassern, doch viele sind so geprägt. Wer sich also vom Antisemitismus lossagt, kann nicht gleichzeitig allen »fremden« Muslimen ein Koscher-Zeugnis ausstellen. Phrasenausstoß statt Gedankentiefe, gut gemeint, schlecht gedacht und gemacht.

Evangelische Christen galten traditionell als vorzügliche Bibelkenner, des Alten und Neuen Testamentes. In zahllosen Gesprächen und Diskussionen mit evangelischen Geistlichen fällt mir seit Jahrzehnten auf: Das hat sich geändert, verschlechtert, teils dramatisch. Ein besonders krasses Beispiel. Im November 2017 diskutierte ich mit dem EKD-Ratsvorsitzenden Heinrich Bedford-Strohm, also »dem« EKD-Repräsentanten. »Wie Jesus sagte«, zitierte er einen Jesus-Satz aus der Bergpredigt. Dass dieses Jesus-Zitat aus dem zentralen jüdischen Gebet »Höre Israel« stammte (und in Deuteronomium 6, 4 – 9 nachlesbar ist), war ihm, wie sich herausstellte, unbekannt. »Er ist Sozialethiker«, klärten mich manche auf. Bekannt, aber überraschend, dass einem EKD-Ratsvorsitzenden unbekannt. Zugleich signifikant für ein wenig ausgeprägtes Interesse an gemeinsamen (!) Wurzeln von Christentum und Judentum. Dennoch: Eine niveauvolle Bibelwerkstatt gibt es nach wie vor auf Evangelischen Kirchentagen, doch in der einen oder anderen Großveranstaltung von Kirchentagen kann es einem, wie mir 2005, passieren, dass weniger einseitige (Anti-)Israel-Beiträge niedergebrüllt werden. Dann fragt man sich (ich mich), ob dies ein Kirchentag oder die Fankurve eines Fußballvereins sei.

Mit einer »weißen« (?) Lüge versuchte sich der EKD-Ratsvorsitzende im Oktober 2016 – auf Kosten seiner israelischen Gastgeber – aus einer für ihn hochnotpeinlichen Situation herauszuwinden. Bei seinem und Kardinal Marxens Besuch an der Jerusalemer Klagemauer hatten beide im Oktober 2016 ihr großes, jedermann sichtbares Kreuz abgelegt. Auf Bitten »von jüdischer Seite«, behauptete Bedford-Strohm, nachdem hierüber ein Sturm christlicher Empörung losgebrochen war. Die amtsisraelische Reaktion folgte sofort: »Haben Bischöfe nicht um Abnahme der Kreuze gebeten.« Mit befreundeten Journalisten, doch getrennt, habe ich bei diversen israelischen Stellen nachgefragt. Die einhellige Antwort in unterschiedlichen Formulierungen und von mir überspitzt zitiert: Man verhalte sich in Israel ja manchmal meschugge, aber so verrückt sei man noch lange nicht.

Die katholische Kirche trägt, sehr löblich, die theologischen Errungenschaften von »Nostra Aetate« wie eine Monstranz vor sich her, also die Erklärung des Zweiten Vatikanischen Konzils, die sich eigentlich nur dem Judentum widmen sollte, dann jedoch interreligiös, die einen sagen: »erweitert«, die anderen sagen: »verwässert« wurde. Bei genauer Betrachtung des Textes stellt man allerdings fest, dass die Erklärung eigentlich Selbstverständliches fixiert: Dass Antijudaismus/Antisemitismus jeder christlichen Rechtfertigung entbehre. »Das Volk des Neuen Bundes« sei »mit dem Stamme Abrahams geistlich verbunden.«

Was denn sonst? Jesus war und blieb Jude. Das Neue Testament beschreibt dieses Faktum eindeutig. Wer es liest und nicht missverstehen wollte oder will, wusste oder weiß es. Schließlich die Distanzierung vom Vorwurf des Gottesmördervolkes: »Obgleich die jüdischen Obrigkeiten mit ihren Anhängern auf den Tod Christi gedrungen haben (13), kann man dennoch die Ereignisse seines Leidens weder allen damals lebenden Juden ohne Unterschied noch den heutigen Juden zur Last legen.« Auch eine Offensichtlichkeit. Zweitausend Jahre willentlich und wissentlich geradezu mörderisch verdreht.

Obwohl aus dem wahrlich nicht Antisemitismus-freien Polen stammend, betätigte sich Papst Johannes Paul II. aktiv als Brückenbauer zur jüdischen Welt und zu Israel, das er im Heiligen Jahr 2000 besuchte. Sein Nachfolger, der »deutsche Papst« Benedikt XVI., pilgerte gleich zweimal, 2009 sowie 2010, ins Ursprungsland des Christentums, den Jüdischen Staat. Sein ständiges Problem auch dort: Seine sprachlich und fachlich abgehobene Intellektualität sowie, im zunehmend »heidnischen« Deutschland, Religiosität. Schnell hieß es hierzulande »Antisemitismus«. Absurd. Nur religiös Unmusikalische, also viele und vielleicht die meisten, konnten den Papst so missverstehen. Selbst das eher oft als selten bornierte religiöse Establishment Israels reagierte gelassen und stimmte nicht in den jenen deutschen Chor ein, wohl aber die damalige Präsidentin des deutschjüdischen Zentralrates. Angesichts ihrer – auch hier – mehr forsch als auf Forschung fußenden Stellungnahme übten sich, nicht nur in Deutschland, jüdische Intellektuelle im Fremdschämen. Noch als Kardinal Ratzinger hatte der spätere Papst Benedikt XVI. theologisch Bemerkenswertes über Judentum und Christentum veröffentlicht und gesagt. Als Papst schrieb er eine eher seelsorgerische als wissenschaftliche Jesus-Biografie. Intellektuell, theologisch reichte sie auch bei jüdischen Teilthemen bei Weitem nicht an seine Gedanken als Kardinal heran, aber seine Wertschätzung des Judentums blieb ebenfalls hier unbestreitbar. Durchaus streiten, ja, zu Recht ablehnen konnte (musste?) man seine im Mai 2009 vollzogene Rehabilitierung der keineswegs von vorkonziliarischen Antisemitismen beziehungsweise Antijudaismen freien und teilweise den Holocaust leugnenden Piusbruderschaft. Wieder Vorsicht, denn dabei wagte Papst Benedikt einen Drahtseilakt: Durch Einbindung hoffte er auf Zähmung der »Revisionisten«. Klug? Richtig? Gut gemeint sicher. Das meinte auch das religiöse Establishment Israels. Sonst hätte es diesen Papst nicht bereits im Mai 2009 und dann wieder 2010 im Jüdischen Staat sehr freundlich willkommen geheißen.

Benedikts Nachfolger, Papst Franziskus I., bot judentheologisch eher Hausmannskost, bemühte sich dabei jedoch weiter um katholisch-jüdisches Brückenbauen, besuchte im Mai 2014 Israel sowie die Palästinensergebiete und lud sowohl den Präsidenten Israels, Peres, als auch den der Palästinenser, Abbas, zum »Friedensgebet« in den Vatikan. Bewegende Bilder bot dieses Beten am 8. Juni 2014. In Richtung Frieden bewegte sich auch danach nichts. Offenbar hält auch der »Liebe Gott« nicht viel von Schauveranstaltungen.

Seit 2010 erschüttert ein Dauerbeben die katholische Welt: Sexuelle Missbräuche, wohin man schaute und wegzuschauen versuchte. Das Zölibat fördere diese Verbrechen, tönte es land- und weltauf, weltab. Leider ist auch dieses Thema vielschichtiger. Ohne Zölibat gab (gibt) es auch in der evangelischen Kirche sowie bei nicht wenigen Rabbinern der Diaspora und Israels ähnlich verwerfliche Handlungen.

X.

DREIECKS-BEZIEHUNGEN

Dreiecksbeziehungen werden bei der Darstellung zweiseitiger Beziehungen oft vernachlässigt oder gar übersehen; sie wird deshalb der Komplexität politischer Beziehungen oft nicht gerecht. Wir wollen bei unserem Thema lediglich drei wichtige Dreiecksbeziehungen erwähnen: die deutsch-amerikanisch-jüdisch/israelischen, deutsch-israelisch-jüdischen sowie die deutsch-arabisch-jüdisch/israelischen.

1.
Israel als Störfaktor deutsch-amerikanischer Beziehungen?

Israelisch-jüdische Themen haben sich immer wieder als Störfaktor der deutsch-amerikanischen Beziehungen erwiesen. An manche Beispiele muß nach den vorangegangenen Kapiteln nur erinnert werden, einige seien jedoch herausgegriffen: zum Beispiel die amerikanischen Befürchtungen in den Jahren 1951 bis 1953, deutsche Wiedergutmachungsabsichten könnten die Wiederaufrüstungspläne durchkreuzen.

Die Administration von US-Präsident Truman bekundete gegenüber den israelischen Ansprüchen auf westdeutsche Wiedergutmachung zwar moralische Sympathie, gab jedoch unumwunden zu, zwischen dieser Forderung und der Notwendigkeit, Westdeutschland aufzurüsten, Prioritäten setzen zu müssen.

»Wir wollen nicht Sympathie, sondern Taten«, protestierten Vertreter der diasporajüdischen »Claims Conference«. Selbst einflußreichen jüdischen Freunden des Präsidenten gelang es im April 1952 nicht, ihn zu einer öffentlichen Erklärung zu drängen, die Adenauer unter Druck setzen sollte, und über die unverbindlich-freundlichen Worte von Hochkommissar McCloy waren Israel und die Claims Conference recht ungehalten.

Angesichts der Bedeutung des deutschen Verteidigungsbeitrages sei an zusätzliche Finanzanstrengungen Bonns nicht zu denken, hieß es in Washington. Ben-Gurion und seine Abgesandten konterten: Sollte das israelische Volk verhungern, damit die Deutschen einen Beitrag zur Sicherheit der Alliierten leisteten? Er hielt es in einem Gespräch mit Außenminister Acheson im Mai 1951 für »unvorstellbar«, daß es den Deutschen erlaubt sein sollte, einen höheren Lebensstandard als den der Israelis zu halten. Sein Appell verhallte.

Daß Adenauer 1956/57 das Ansinnen der amerikanischen Regierung zurückwies, die Wiedergutmachungszahlungen so lange einzufrieren, wie sich Israel weigerte, die Sinai-Halbinsel vollständig zu räumen, haben wir in Kapitel II und VIII ebenso erwähnt wie die Tatsache, daß diese Entscheidung des Bundeskanzlers die eigentliche Wende der deutsch-israelischen Beziehungen bedeutete. Zu deutsch-amerikanischen Spannungen kam es auch wegen der Verjährungsproblematik, der Aufnahme diplomatischer Beziehungen und der Waffenlieferungen an Israel: »Als Adenauer und ich uns angesichts der Vorgänge im Nahostraum entschlossen haben, den Juden militärische Hilfe zu geben«, berichtete Franz Josef Strauß der Landesvorstandschaft der CSU am 30. Juni 1967, also nach dem Sechs-Tage-Krieg, seien »die Amerikaner die ersten (gewesen), die dagegen protestierten ... mit der Begründung, das schaffe nur Unruhe, die Israelis hätten eine amerikanische Sicherheitsgarantie, und die würde völlig ausreichen. Ein Jahr später sagten die Amerikaner allerdings: Sie müssen jetzt weiterliefern, wir bewerten jetzt die Lage doch anders.« Mitte der 60er-Jahre drangen die USA förmlich auf vermehrte bundesdeutsche Lieferungen an Israel, damit sie den Rücken in der arabischen Welt frei hätten. »Aber was wäre später passiert, wenn bei der militärisch hoffnungslosen Lage des Landes ein halbwegs gleichwertiger Gegner mit den Israelis Schluß gemacht hätte?«, fragte Strauß weiter. »Gar nichts wäre passiert. Der Oberrabbiner in den USA hätte von Präsident Johnson die Erlaubnis erhalten, in der Synagoge von Washington einen großen Totengottesdienst zu veranstalten ... Wie sich die Amerikaner mit einer Eselhaftigkeit verhalten haben, kann einen nur mit tiefster Sorge erfüllen, wenn es in Europa zu einer Zuspitzung kommt.«

Als umgekehrte Eselhaftigkeit betrachtete es offenbar die Nixon-Kissinger-Administration im Oktober 1973, daß sich die Bundesregierung von den US-Hilfeleistungen an Israel zumindest nach außen distanzieren wollte. Präsident Nixon schrieb Bundeskanzler Brandt einen geharnischten Brief.

Verärgerungen bei Präsident Carter löste während der späten 70er und frühen 80er-Jahre die herbe Kritik von Bundeskanzler Schmidt an den amerikanisch-israelisch-ägyptischen Ausgleichsbemühungen aus, die 1978 zum Abkommen von Camp David und 1979 zum ersten Friedensvertrag zwischen Israel und einem seiner arabischen Nachbarn, Ägypten, führten. Der Bundeskanzler hielt von einer »umfassenden Lösung« des arabisch-israelischen Konflikts mehr als von einer zweiseitigen ägyptisch-israelischen, ohne daß es damals für einen mehrseitigen Ansatz mehr als zwei kompromißbereite Partner gegeben hätte, nämlich Israel und Ägypten. Die indirekte Anerkennung der PLO durch Bonn und die im Rahmen der EG von der Bundesregierung mit eingeleitete direkte Aufforderung, die PLO an Verhandlungen zu beteiligen, stieß in der Carter- und dann der Reagan-Administration auf Unverständnis und Unmut. Bevor sie mit der PLO verhandelten, sagten die Amerikaner, müßte diese auf Terroraktionen verzichten und Israels Existenzrecht grundsätzlich anerkennen.

Die Absicht der Regierung Schmidt/Genscher und dann des Gespanns Kohl/Genscher, neudeutsche Geschichtspolitik mit Waffenexporten zu verbinden, führte letztlich zu den Auseinandersetzungen um das Besuchsprogramm von Präsident Reagan in der Bundesrepublik und damit zur Wiederauferstehung der totgeglaubten Vergangenheit (vgl. Kapitel II).

Jene Geister der Vergangenheit waren im April 1985 erschienen und erschreckten viele auf jeder Seite des deutsch-jüdisch/israelisch-amerikanischen Dreiecks. Noch mehr zeigten sich 1986/87 während des Historikerstreits. Sie kamen kurz wieder nach der Rede von Bundestagspräsident Philipp Jenninger am 9. November 1988. Gemütlich waren diese Gespenstertänze nur wenigen Deutschen.

9. November 1989: Mauerfall. Bis Februar 1990 kriselte es zwischen Bonn, Jerusalem und diasporajüdischen Amtsträgern – nicht zwischen Bonn und Washington unter Präsident Goerge W. Bush senior. Seine Administration fegte in der kurzen Krisenzeit israelische und jüdische Bedenken regelrecht hinweg. Wohl auch deshalb gab man in Jerusalem jeglichen Widerstand gegen Deutschlands Vereinigung auf – und machte damit dem SED-Kreis um Gregor Gysi und Markus Wolf sowie um die Getreuen Edgar Bronfmans im World Jewish Congress (WJC) einen dicken Strich durch deren Teilungsrechnung. Vor die Wahl gestellt zwischen dem WJC einerseits und Washington plus Bonn andererseits musste die Regierung Schamir nicht lange überlegen.

Schon bald nach der Wiedervereinigung, ab Januar 1991, kriselte es wieder. Im zweiten Golfkrieg, USA + Verbündete gegen Saddams Husseins Irak, war Kanzler Kohl isoliert. Die USA verlangten handfeste deutsche Beteiligung. Es gab nur finanzielle. In Israel schlugen irakische Raketen ein. Deutsche Firmen hatten an deren Bau mitgewirkt und, viel schwerwiegender, nachweislich und widerrechtlich Hilfe bei der Herstellung – dann doch nicht eingesetzter – atomarer Sprengköpfe geleistet. Allein jene Beteiligung deutscher Firmen, gegen die Israel lange zuvor protestiert hatte, steigerte den gegen das neu vereinte Deutschland gerichteten Groll. Um diesen israelischen sowie den amerikanischen wissend, erklärte sich die Regierung Kohl/Genscher nach dem Einschlag der irakischen Raketen auf Israel schnell bereit, tätige Reue zu leisten: in Form deutscher U-Boote. Damals gedacht als atomares Zweitschlag-Instrument im Falle eines irakischen Erstschlages, seit 1998 gegen den Mullah-Iran.

Der nächste Zoff: März 2003, Golfkrieg der USA gegen den wieder aufgerüsteten, angeblich nuklearen Irak Saddams. Dass der Irak damals Massenvernichtungswaffen besaß, glaubten und verbreiteten alle relevanten Geheimdienste. Nicht nur amerikanische und israelische, auch der BND – der danach von seiner Einschätzung davor nichts wissen wollte, obwohl sie noch lange nach Kriegsende vom Mai 2003 über die BND-Website abrufbar war. Dass Israel sich bedroht fühlte, liegt nah. Deshalb unterstützte die Regierung Ariel Scharons die US-Intervention. Die rot-grüne Regierung Gerhard Schröder – Joschka Fischer verweigerte sich den USA und damit auch israelischem Drängen. Die ohnehin unter Schröder erkalteten Beziehungen zu Israel vereisten. Trotz »Joschkas« Israel-Avancen.

In den Merkeljahren erwies sich Israel nicht wirklich als Störfaktor der deutsch-amerikanischen Beziehungen. Weder unter US-Präsident Bush junior und Barack Obama und Israels Arik Scharon, Ehud Olmert. In der Ära Merkel-Netanjahu knisterte es bilateral deutsch-israelisch, doch nicht ebenfalls Richtung Potomac. Anders unter US-Präsident Donald Trump. Er und Netanjahu waren ein Herz und eine Seele, was dazu führte, dass Trumps USA, anders als Merkel-Deutschland, im März 2019 Israels Annexion der Golanhöhen anerkannte, sich mit der Besetzung des Westjordanlandes eher billigend abfand – und schließlich im Mai 2018, gegen massiven Widerspruch Europas und Deutschlands, die US-Botschaft von Tel Aviv nach Jerusalem verlegte.

Die Bedeutung der *US-Juden* für das deutsch-amerikanisch-israelische Verhältnis hat mehr mythischen Charakter, als daß sie sehr hoch zu veranschlagen wäre. Daß Bundeskanzler Adenauer den Einfluß der amerikanischen Juden geradezu dämonisierte, wurde schon gezeigt (vgl. Kapitel II und VII); er erwähnte ihn, er rechnete mit ihm, doch er beklagte sich nicht über ihn. Ganz anders sein und seines Nachfolgers Erhard späterer Regierungssprecher von Hase: Im Februar 1965, auf dem Höhepunkt des

Bonner Nahostdebakels (vgl. Kapitel II), beklagte er sich im kleinen Kreis vor Chefredakteuren der CDU-Presse über die antideutschen »Emotionen«, die man »nicht nur in israelischen Zeitungen, sondern in fast allen Zeitungen, in denen das Weltjudentum einen großen Einfluß hat«, finden könne. Damit meinte er unausgesprochen natürlich die Zeitungen der amerikanischen Ostküste, besonders die *New York Times* und die *Washington Post*. Es war die altbekannte Platte vom jüdischen Einfluß auf die dortige Presse, die von Hase da abspielte; er setzte dabei eine jüdisch-israelische Interessenidentität voraus – und wußte offenbar nicht, daß gerade diese beiden Blätter zwar in jüdischer Hand waren, doch bis 1948 eher antizionistisch und danach sehr verhalten proisraelisch schrieben und stets auf dem Eigengewicht der jüdischen, vor allem der US-jüdischen Diaspora beharrten. Sie waren nie der journalistische Arm Israels.

Viel hellhöriger für israelisch-amerikanisch-jüdische Dissonanzen waren Finanzminister Schäffer und Außenminister von Brentano. Schäffer wollte, wir erwähnten es (vgl. Kapitel II), 1952 die Israel-Übersättigung von nicht wenigen US-Juden zugunsten der deutschen Wiedergutmachungspolitik nutzen; Außenminister von Brentano achtete 1959/60 bei der Kampagne gegen die antisemitischen Schmierereien (vgl. Kapitel II) peinlich darauf, nicht nur wohlwollende Stimmen aus Israel – zum Beispiel die Ben-Gurions –, sondern auch diasporajüdische zugunsten des neuen Deutschland zu Wort kommen zu lassen: »Die israelische Regierung gilt ... in weiten Teilen des Judentums nicht als der legitime Sprecher. Wir würden unter Umständen diese Kreise, die der Bundesrepublik aufgeschlossen gegenüberstehen, verstimmen«, schrieb er im Januar 1960 an Adenauer.

Gleichzeitig, und das hängt mehr mit dem allgemeinen amerikanischen Geschichtsempfinden als mit den amerikanischen Juden zusammen, besteht in den USA viel Verständnis für jüdische Empfindlichkeiten: Daß »die Juden zurecht tief gekränkt über Präsident Reagans (ursprüngliche) Absicht waren, den deutschen Soldatenfriedhof Bitburg, doch nicht das Konzentrationslager Bergen-Belsen« zu besuchen, meinten, Umfragen zufolge, im Mai 1985 fast drei Viertel aller Amerikaner. Genau so viele meinten – anders als Volkes Stimme in Westdeutschland –, daß die Juden in jener Anti-Bitburg-Kampagne nicht »zu aggressiv« gewesen seien. Israels Bedeutung als strategischer Partner bei der Wahrung der weltweiten Interessen der USA wird von der amerikanischen Öffentlichkeit, unabhängig von Sympathien also, Umfragen zufolge, seit Jahrzehnten sehr hoch eingestuft; das Israel beigemessene Gewicht steht dem britischen, französischen, japanischen und bundesdeutschen kaum nach. Selbst ohne den »großen Einfluß des Weltjudentums« auf die amerikanische Presse ziehen daher bei deutsch-jüdischen oder deutsch-israelischen Gewittern auch deutsch-amerikanische Regenwolken auf.

Es ist falsch, dem amerikanischen Judentum die Rolle des Anklägers der Bundesrepublik Deutschland zu unterstellen; eine Organisation wie das einflußreiche »American Jewish Committee« (AJC) hat für die amerikanisch-deutsche Verständigung und Versöhnung Pionierarbeit geleistet und dabei vor allem in den frühen 50er-Jahren souverän innerjüdische oder israelische Schelte hingenommen. Das AJC und andere jüdische Organisationen haben deutsch-amerikanische Brücken gebaut, nicht abgerissen.

Mehr noch: Besonders in der Ära Theodore (Ted) Elenoff und William (Bill) Trosten setzte sich das AJC vorbehaltlos und energisch für die Wiedervereinigung Deutschlands ein. 1998 eröffnete das AJC ein Büro am Potsdamer Platz, mitten in Berlin, Treffpunkt der an diesem Dreieck Mitbauenden und auf dieses Schauenden.

2.
Ohne Identität – Mit Zukunft? Deutschlands Juden im Spannungsfeld von Diaspora und Israel

Hitler hat gesiegt, so scheint es. Es war einmal und ist nicht mehr – das deutsche Judentum. Jüdische Museen wie das in Frankfurt am Main oder Braunschweig, jüdische Abteilungen wie im Berlin-Museum oder Ausstellungen über das einstige Leben der Juden in Deutschland, der wundervolle Wiederaufbau des Raschi-Hauses in Worms oder sogar des einstigen Judenviertels dieser Stadt und Neubauten von Synagogen, die meistens für die jeweiligen Gemeinden viel zu groß sind, prächtige, große, mit öffentlichen Mitteln großzügig geförderte jüdische Gemeindezentren und bestens organisierte Gemeinden wie in Berlin (West) und Frankfurt am Main – trotz all solcher kultureller Pflege scheint es kein deutsches Judentum mehr zu geben.

Gewiß, »judenrein« ist die Bundesrepublik Deutschland nicht geworden; anders sieht es in der DDR aus, wo derzeit rund vierhundert Juden gemeldet sind, von denen etwa ein Viertel älter als achtzig Jahre ist. Doch quantitativ fallen die knapp 28 000 hierzulande registrierten bundesdeutschen Juden weder im europäischen noch im gesamt- beziehungsweise weltjüdischen Rahmen ins Gewicht. Daran ändert auch die Tatsache nichts, daß ungefähr ebenso viele Juden in Westdeutschland und West-Berlin leben, ohne der jeweiligen jüdischen Gemeinde anzugehören.

Ihre sowohl quantitative als auch qualitativ-inhaltlich-jüdische Bedeutungslosigkeit teilen die deutschen Juden mit ihren Glaubensgenossen in fast allen west- und osteuropäischen Staaten. Nur in Frankreich und Großbritannien findet man heute nicht nur große und wohlorganisierte, sondern seit ungefähr zehn Jahren zunehmend auch wieder geistig lebendige Gemeinden.

In der Sowjetunion ist die Zahl der Juden groß, das jüdische Bewußtsein scheint wiederbelebt, doch die Entfaltungsmöglichkeiten der jüdischen Gemeinschaft blieben trotz Glasnost und Perestroika begrenzt, der klassisch-altrussische Antisemitismus immer noch oder schon wieder fühlbar: In Moskau, so die »Süddeutsche Zeitung« vom 11. Februar 1987, beschimpfte eine Russin mittleren Alters jüdische Demonstranten und verkündete: »Hitler hat nicht genug von diesen umgebracht. Wenn ich könnte würde ich sie selber an die Wand stellen.« Von nicht immer so primitiven und überraschend Hitler-freundlichen, unzweideutig antisemitischen Vorfällen in der Sowjetunion liest man ständig in der *Jerusalem Post*, häufig in euro-amerikanischen Zeitungen und alljährlich im »American Jewish Year Book«.

Schon die Ausgangslage der bundesdeutschen Juden, die ein Ergebnis des Holocaust ist, läßt es sinnvoll erscheinen, ihre Entwicklung im größeren europäischen Zusammenhang zu erörtern. Ja, es scheint notwendig, sie darüber hinaus im Spannungsfeld von Diasporajudentum einerseits und Israel andererseits zu untersuchen. Wegen der unterschiedlichen politischen Rahmenbedingungen in den westlichen Demokratien und den kommunistischen Staaten, besonders der Sowjetunion, ist es angebracht, die Lage der bundesdeutschen Juden im Rahmen der westlichen Diaspora insgesamt zu untersuchen. Viele Probleme der westdeutschen Juden sind nämlich bei näherer Betrachtung Probleme des Diasporajudentums überhaupt, das seit der Existenz des jüdischen Staates seine Identität neu bestimmen muß.

Über die jüdischen Bürger der Bundesrepublik Deutschland ist viel gesagt und geschrieben worden. Auch sie selbst waren publizistisch keineswegs zurückhaltend. Viele Darstellungen und Selbstdarstellungen sind impressionistisch, subjektiv, häufig aggressiv, vor allem aber eher bewertend als beschreibend.

Versuchen wir, dieses heikle Thema mehr analytisch als polemisch darzustellen. Um Mißverständnisse zu vermeiden, sei hervorgehoben, daß ich zwar mit Eifer, doch ohne Zorn innerjüdische Mißstände beschreibe, innerlich eher beklagend als anklagend.

Längst sprießen national und international Jüdische Museen aus dem Boden wie Pilze nach dem Regen. Ein Jüdisches Museum kann Juden in Geschichte und Kultur zeigen, aber nicht »das« Judentum. Warum? Weil das Judentum eine Religion und Kultur des Wortes ist. Buchstaben, Wörter, Sätze, Bücher muss man lesen. Wer sie nur anschaut, sieht tote Buchstaben, die Substanz bleibt so verschlossen. Im »Kleinen Prinzen« gibt es einen Satz, den jedermann kennt: »Nur mit dem Herzen sieht man gut, das Wesentliche ist fürs Auge unsichtbar.« Leicht verändert auf das Judentum übertragen: »Nur wer jüdische Quellen und Zeugnisse liest und versteht, erkennt das Judentum. Anschauen reicht nicht.«

Gewiss, man kann 20, 200 oder auch 2000 Thorarollen, -kronen, -mäntel oder -schränke, Gebetsschals, Kerzenleuchter, Hochzeitsbaldachine, Schabatausgangsduftdosen und so weiter zeigen, das Wesen des Judentums bleibt einem verschlossen. Abgesehen von wirklich Interessierten und Jüdischem innerlich Verbundenen schafft ein Jüdisches Museum den Museumsgründern, -betreibern und -besuchern ein gutes Gefühl: »Ich besuche Jüdische Museen, also bin ich gut.«

Wer meinte, ins Wesen des Judentums etwa durch die erste Dauerausstellung des Jüdischen Museums Berlin eingeführt worden zu sein, erlag seiner Hoffnung oder der PR-Suggestion des Hauses. Was zu sehen war, glich einer Mischung aus Disneyland mit jüdischen Beigaben. Dank den Manager-Fähigkeiten des Gründungsdirektors und seiner Ausstellungs»macher« bewährte sich dieses Konzept auf dem Besucher»markt«. Die Massen strömten dorthin. Zu berücksichtigen ist bei den eindrucksvoll hohen Besucherzahlen freilich die Tatsache, dass manche Massen, zum Beispiel Schulklassen aus ganz Deutschland, in dieses Museum busladungsweise gekarrt wurden.

Alle Welt schwärmt zu Recht von der meisterhaften Architektur dieses Gebäudes. Sie ist Daniel Libeskind zu verdanken. Sie wurde von ihm und der (nochmals: zu Recht) begeisterten Öffentlichkeit auch intellektuell bejubelt. Sie erzähle deutsch-jüdische Geschichte, heißt es auf der Website. »Manche erinnert es an einen zerbrochenen Davidstern, andere an einen Blitz; bei vielen hinterlässt es ein Gefühl der Verunsicherung oder Desorientierung.« Schön gesagt, doch was besagt das konkret?

Ebenfalls auf der Website: »Im Untergeschoss des Libeskind-Baus kreuzen sich drei Achsen, die symbolisch für die unterschiedliche Entwicklung jüdischer Lebensgeschichten in Deutschland stehen: die Achse des Exils, die Achse des Holocaust und die Achse der Kontinuität.« Wohlklingend, und man erstarrt. Zu Recht, denn: Holocaust. Doch sind Exil und Kontinuität nur Kennzeichen deutsch-jüdischer Geschichte? Worin unterscheiden sich diese beiden Dimensionen etwa von der polnisch-jüdischen Geschichte? Ja, von Deutschen wurde das sechsmillionenfache Judenmorden geplant, ausgelöst und teuflisch durchgeführt. »Der Tod ist ein Meister aus Deutschland« – und er hatte, kein bisschen relativierend, in ganz Europa willige Gesellen. Ergo ist die Holocaust-Achse eine Reduktion der gesamteuropäisch-jüdischen Tragödie. Die Reduktion betrifft die rund dreitausendjährige Leidensgeschichte der Juden. Darauf hatte, wie erwähnt, der frühere Oberrabiner Großbritanniens hingewiesen: Die Katastrophen-Exklusivität des Holocaust würde den Katastrophencharakter anderer Judenmorde minimieren. Darüber kann man freilich streiten, doch eine Reduktion – und es ist eine – sollte man nicht als intellektuelle Meisterleistung ehrfürchtig preisen.

Wir lesen weiter: »Der Garten des Exils erzeugt bei den Besucher*innen aufgrund der Schräglage ein Gefühl des Schwindels und der Desorientierung, die einzige Vegetation befindet sich in unerreichbarer Höhe. Mit dieser räumlichen Erfahrung wollte Daniel Libeskind auf die mangelnde Orientierung und

Haltlosigkeit verweisen, die Emigrant*innen empfanden, die aus Deutschland vertrieben wurden.« Bis zum Gendersternchen alles politisch korrekt, doch gedanklich so reduktionistisch und aufgeblasen. Ästhetisch, architektonisch meisterhaft, intellektuell »Kost fürs Kind«, Windbeuteleien, also viel Luft und wenig Sahne. Wie die deutsche Israel- und Nahostpolitik: Eine Politikerreise nach der anderen, »um den Friedensprozess wieder in Gang zu bringen« oder, die andere Dauerfloskel, »um die Gegner wieder an einen Tisch zu bringen«. Außer Spesen nichts gewesen. Selbstprofilierung der Reisenden und Redenden.

Mit diesen ketzerischen Gedanken landen wir im Grundsätzlichen. Außer der politischen auch der baulichen Architektur: Ist beim Jüdischen Museum Berlin die Architektur Selbstzweck oder Mittel zum Zweck, ist sie »nur« genial oder auch musealfunktional? Funktional, so alle Museumsfachleute, sei dieses herrliche Gebäude, freundlich ausgedrückt, »schwer zu bespielen«. Im Klartext: Es erfüllt seine eigentliche Funktion nicht. Manche sagen: Das Gebäude an sich, ohne jedes Beiwerk, sei »das« Jüdische Museum schlechthin. Auch diese Meinung ist durch die Verfassung geschützt. Wie zu zeigen versucht, ist die intellektuelle Substanz des Bauwerks eher dürftig. Anders als die ästhetische. Kunst, auch Baukunst, und Denken müssen nicht identisch sein.

Sichtbar-unsichtbar steht auf dem amtlichen Etikett eines Jüdischen Museums, nicht nur in Berlin oder Frankfurt, München oder Fürth und so weiter und so weiter überall unausgesprochen und doch so klar: »Aufklärung«, »Nie wieder Morden und durch Kollaboration direkt oder indirekt Mit-Morden«. Sehr löblich. Wirklich ehrlich? Auf jeden Fall im Fall der Fälle ein geschichtspolitisches Alibi, das besonders nahost- und israelpolitisch jederzeit als Entlastungsargument eingesetzt werden kann – und wird. Es sei denn, man stolpert. Ein selbst verschuldetes Stolperbeispiel lieferte das Jüdische Museum Berlin.

Das Jüdische Museum Berlin ist eine Einrichtung des Bundes, also quasi das Deutsche Nationalmuseum für Jüdische Kultur, und basiert auf einem eigenen Stiftungsgesetz. Es besagt in § 2.1: »Zweck der Stiftung ist es, jüdisches Leben in Berlin und in Deutschland, die von hier ausgehenden Einflüsse auf das europäische und das außereuropäische Ausland sowie die Wechselbeziehungen zwischen jüdischer und nichtjüdischer Kultur zu erforschen und darzustellen sowie einen Ort der Begegnung zu schaffen.« Im »wahren Leben« des Museums wurde die Erforschung in der Ära des Gründungsdirektors W. Michael Blumenthal, also in den Jahren 2001 bis 2014, vergessen oder zumindest vernachlässigt. Wenig erstaunlich, denn der Wirtschaftsprofessor und Politiker (Ex-US-Finanzminister unter Präsident Jimmy Carter) ist von Haus aus ein sehr erfolgreicher Manager. Er war klug genug, die Forschungslücken des Museums zu erkennen, und sorgte dafür, dass sein Nachfolger ein bedeutender Gelehrter wurde: der an der Elite-Universität Princeton lehrende deutsche Judaist Peter Schäfer. Er bot, was Blumenthal fehlte: Tiefes Wissen und erst recht die Wissenschaft vom Judentum. Doch Schäfer fehlte, was Blumenthal in Überfülle zu bieten hatte: Sowohl politische als auch Manager-Fähigkeiten. Fatal. Noch fataler: Er verwechselte das Deutsche Nationalmuseum für Jüdische Kultur mit seinem – höchst eindrucksvollen und weltweit zu Recht bewunderten – akademischen Elfenbeinturm. Statt, wie staatlich geboten, »jüdisches Leben in Berlin und Deutschland...« zu präsentieren, wagte er sich aufs politische Glatteis. Prompt rutsche er zweimal aus. Das war einmal zu viel. Fall 1: Eine Jerusalem-Ausstellung (»jüdisches Leben in Berlin«?), die – sachlich und fachlich verständlich – nicht nur das jüdische, sondern auch das christliche und vor allem muslimische Jerusalem zeigte und bezogen auf die zionistisch-israelische Geschichte von Stadt und Jüdischem Staat im 20. Jahrhundert dem deutsch- und diasporajüdischen sowie erst recht dem israelischen Hauptstrom zuwiderlief. Wechselseitige Verstimmungen und Vorwürfe – national, international und nicht zuletzt deutschisraelisch – ließen nicht auf sich warten.

Wie in und zwischen offenen Gesellschaften und Einrichtungen üblich, kritisierte die kritisierte, also etabliert-israelische, die kritisierende deutsche Seite. Dieser üblichen Gepflogenheit bediente sich der politische Spitzenvertreter Israels, Premier Netanjahu, gegenüber den Spitzen deutscher Politik. Der (vielstimmige O-Ton) »schreckliche Netanjahu« hielt sich (es gefalle oder nicht) an die Regeln des im Habermas'schen Sinne »offenen Diskurses« offener Gesellschaften. Weil das Jüdische Museum Berlin Deutschlands Nationalmuseum für jüdisches Leben und Kultur in Deutschland ist, wandte sich Israelis Ministerpräsident logisch und rechtlich folgerichtig auch an die Bundeskanzlerin. Aufschrei in Deutschland: Das sei Zensur, Einmischung in innere Angelegenheiten. Warum, wenn die Jerusalem-Ausstellung (keine über Berlin oder Deutschland) eines deutschen Nationalmuseums von, in und aus Deutschland nach außen, der Welt, gezeigt wurde? Wer A sagt, also Kritik übt, muss B, Kritik, ertragen.

Diesen Sturm überstand Peter Schäfer. Noch. Fall 2: Museumsdirektor Schäfer plante eine Ausstellung über Juden im Iran. Ein für die jüdische Geschichte insgesamt hochbedeutsames Thema. Quantitativ rund 2500 Jahre umschließend und qualitativ für die dauerhafte Prägung jüdischer Religion und Kultur noch viel bedeutsamer als die deutschjüdische Geschichte. »Jüdisches Leben in Berlin und in Deutschland«, §2,1 des Stiftungsgesetzes? Auftrag verfehlt. Hinzu kam, dass Teile des Museumspersonals ihm gegenüber total illoyal waren und mit dem wehrunfähigen Professor medial sichtbar Katz und Maus spielten. Schließlich dieser Fehltritt, der planerisch, organisatorisch unvermeidbar war: Schäfer hatte einen hochrangigen Vertreter der iranischen Botschaft zur Teestunde in sein Museumsbüro eingeladen. Der Iraner sorgte für ein Foto der trauten Runde – und veröffentlichte es. Diesen PR-Trumpf und -Triumph ließ sich der clevere Diplomat nicht entgehen. Peter Schäfer bat, das Foto aus dem Verkehr zu ziehen. Zu spät. Die Falle war zugeschnappt. Sorglos, politisch unerfahren und naiv hatte der weltfremde deutsche Professor den politischen Erschießungsbefehl auf sich selbst erteilt. Teestunden ausländischer Repräsentanten, zumal aus hochumstrittenen Staaten, beim Direktor eines deutschen Nationalmuseums sind eben Politik und selbst Top-Professoren wie Peter Schäfer meistens unbedarfte Politiker.

Den deutschen Politikern, allen voran der »Staatsministerin für Kultur und Medien«, Monika Grütters (CDU), wurde die Schäfer-»Kartoffel« zu heiß. ManN und frauEN ließen Schäfer fallen. Selbst »gute Freunde« wie Michael Blumenthal. Das wiederum erinnert sehr wohl an Kultur und Leid der Juden in Deutschland, an deutschjüdische Leid- und Leitkultur, an Heinrich Heines Kurz-Gedicht: »Blamier mich nicht mein schönes Kind / Und grüß mich nicht Unter den Linden. / Wenn wir nachher zuhause sind / Wird sich schon alles finden.« Wir erkennen: Hohe, verständliche und notwendige Emotionalität einerseits und die manchmal gnadenlos harte Realität, inklusive Interessen und Eitelkeiten, schließen einander nicht unbedingt aus.

Gleiches gilt bezüglich des Berliner Holocaust-Mahnmals. Wer wollte dessen geschichtsethische Berechtigung bezweifeln? Doch trotz der ethischen Motive auch hier viel Luft, Volumen, Eitelkeiten und knallharte Interessen. In meinem Buch »Tacheles« habe ich die »Genesis« dieses Bauwerks beschrieben. Auch hierher pilgern die Massen. Andacht? Betroffenheit? Fehlanzeige. Alt-Kanzler Gerhard Schröder kann zufrieden sein. Wie er es wollte, kommen die Menschen gerne dorthin. Manche für Sprungübungen, Picknick oder auch nur, um ihr »Geschäft« zu erledigen.

Guter deutschamtlicher Wille bei der Förderung von neuen Synagogenbauten. Wie bei Christen hierzulande und ihren Kirchen: Es gibt immer mehr Synagogen und immer weniger, gar regelmäßig Betende. Auf der Suche nach der verlorenen deutschjüdischen Zeit, Welt und Gläubigkeit kommt man – wie im Christentum – wohl nicht umhin, neue Formen, auch Gebäudeformen und Wege aufzuspüren. In der jüdischen Welt, der

Diaspora und Israel erlebt besonders die Orthodoxie Aufwind: demografisch durch höhere Geburtenraten und gesellschaftlich durch ihren nahezu unbegrenzten Einsatz für die eigene Klientel.

Jüdischkeit schien während der Niederschrift früherer Auflagen dieses Buches wiederbelebt. In Britannien, Frankreich und der Sowjetunion. Skepsis hatte ich zugleich bekundet. Daher »Ohne Identität, mit Zukunft«. Trotz religiöser Kerne schreitet in Britannien und Frankreich die Verweltlichung voran, also die Entfernung von der Religion. Zugleich aber nimmt »Jüdischkeit« zu, das Gefühl, man gehöre und stehe zusammen. Die Außenwelt hat für dieses Mehr an Jüdischkeit gesorgt, vor allem der jahrelange islamistische Terror, dem zahlreiche jüdische Franzosen zum Opfer fielen. Die Folge: Vor etwa zwanzig Jahren begann der jüdische Exodus aus Frankreich nach Israel. Wird er sich fortsetzen? Wie stark? Gibt es am Ende – und wann? – ein »judenreines« Frankreich?

Islamistischer Terror gegen Juden auch in Großbritannien, und bis vor Kurzem schien verbaler und politischer Antisemitismus in der Labour Party unter Jeremy Corbyn zum schlechten, neuen Guten Ton der Partei zu gehören. Exodus? Eher tröpfelnd. Bleibt es beim Tröpfeln? Das hängt vom Maß antijüdischer Radikalität von linken Alt-Briten und muslimischen Neu-Briten, zuerst und vor allem von antijüdischer Gewalt ab. 2021 erreichte sie ein Allzeithoch. Seit Jahren ist auch die Sicherheit britischer Juden gefährdeter als zuvor. Der Nahostkonflikt schwappte aus der islamischen Welt mit den Migranten seit Jahrzehnten ins einst kolonialistische »Mutter«land. Man las schon länger (Wunschdenken? Wessen?) und vermehrt in der Corbyn-Ära der Labour Party, dass Englands Juden ans Kofferpacken dächten. Auf nach Israel? Die Wirklichkeit ist komplizierter. Als im Februar 2021 der rechtsnationalistische ehemalige Erziehungsminister Israels Britianniens Juden besuchen wollte, wiesen diese ihn vor die Türe. Mit seinen extremistischen Positionen wollten sie nichts zu tun haben. Nicht nur Britanniens Juden behalten, anders als zuvor, über Jahrzehnte Spendengelder für ihre einheimischen Institutionen zurück und überweisen weniger nach Israel. Ähnlich in den USA. Jahrzehntelang flossen etwa 70 Prozent nach Israel, 30 Prozent behielt man für eigene Einrichtungen. Heute umgekehrt. Nicht viel anders woanders. Aber: Inzwischen braucht Israel auch weniger Spenden, die Volkswirtschaft ist innovativ und global erfolgreich. Das führte dazu, dass nicht nur Nichtjuden in Israel investieren, sondern eben auch Juden. Als Juden für Juden, aber eben nicht nur, weil Juden.

Nicht wirklich anders das Deutschland- oder Skandinavien-Bild. Auch in den USA erkennt man Zeichen an der Wand. Sind es solche? An Elite- und anderen Universitäten wächst bei Studenten und Dozenten die Anhängerschaft von Israel-Boykotten, die Demokratische Partei schwenkt immer weiter nach links. Eher linksliberal waren die meisten US-Juden seit jeher, aber nicht linker als linksliberal. Anführer der neuen Demokraten-Linie sind der jüdische Senator Bernie Sanders aus Vermont sowie die radikale New Yorker Repräsentantin Alexandria Ocasio-Cortez (AOC). Wenn die etabliert-jüdische Kritik gegen sie zunimmt, erwähnt sie gerne ihre jüdisch-sefardischen Vorfahren. Transatlantische Gemeinsamkeit bei der Abwehr jüdischer Kritik: Man beruft sich auf die »jüdische Großmutter«, andere jüdische Vorfahren oder auf die eigenen »Hofjuden« als Alibi. »Einige meiner besten Freunde sind Juden«... Und dann: Feuer frei auf jüdische Mehrheitsmeinungen, zumindest verbal. Neonazis und Islamisten überspringen die verbale Hürde und greifen gleich zu antijüdischer Gewalt. In Frankreich derzeit häufiger als woanders. Bedarf es langfristig prophetischer Gaben, um vorherzusagen, dass ein allmählicher Exodus der »Kinder Israels« nach Israel einsetzen wird? Sowohl aus den lange »neues Gelobtes Land« genannten USA als auch aus dem einst judenblutgetränkten Europa, das – nun aus anderen Gründen als Jahrhunderte zuvor oder in der ersten Hälfte des 20. Jahrhunderts – den Juden erneut nur eine Existenz auf Widerruf bieten kann.

Für die weitgehend säkularisierten Sowjetjuden waren Judentum und Jüdisches verständlicherweise Mittel zum Zweck. Sie wollten »raus aus dem sozialistischen Gefängnis«. Der »Judenfaktor« sollte ihnen dabei helfen. Er hat. Als die Sowjetunion zerfiel und der Sozialismus endete, gab es kein Halten. Die Mehrzahl der einstigen Sowjetjuden packte die Sieben Sachen und zog meistens entweder gen Israel, USA oder Deutschland.

»Ohne Identität und mit Zukunft?« Was gilt also heute, nicht nur in Deutschland? Grundsätzlich hat sich mein empirisch basiertes Urteil nicht geändert. Den Lesern sei nicht der Abdruck eines bereits erschienen neueren Textes aus meiner »Feder« zugemutet. Wer möchte, googele und gebe diese Stichwörter ein: Wolffsohn, *NZZ*, Israel, die Orthodoxie oder das Nichts, 5.12.2018.

Zur demographischen Situation. Oder: Quantität und Qualität

Wie unbedeutend das deutsche, ja, das europäische Judentum geworden ist, verdeutlicht ein Blick auf die regionale Verteilung der Juden in der Welt. Übereinstimmende Schätzungen nannten für 1984 die Zahl von knapp 13 Millionen. Davon lebten allein in Nordamerika rund 6 Millionen und auf dem amerikanischen Kontinent insgesamt fast 6,5 Millionen: ziemlich genau die Hälfte des Weltjudentums. Israel zählte ungefähr 3,5 Millionen, beziehungsweise fast 27 Prozent aller Juden, Europa 2,8 Millionen oder 21 Prozent.

In Westeuropa waren es 1 Million oder 8 Prozent, in Osteuropa (einschließlich der asiatischen Teile der UdSSR, der Türkei und des Balkans) 1,8 Millionen oder 13 Prozent. In der Bundesrepublik Deutschland wurden, wie erwähnt, etwa 28 000 Gemeindejuden oder 0,002 Prozent des Weltjudentums registriert. Die größte jüdische Gemeinschaft Westeuropas finden wir heute in Frankreich, wo 1985 535 000 Juden lebten, gefolgt von Großbritannien mit schätzungsweise 330.000. Die jüdischen Gemeinden Belgiens, Italiens, der Niederlande und Schwedens sind nur unwesentlich größer oder kleiner als die bundesrepublikanische.

Mit Ausnahme Israels stagniert die Zahl der Juden weltweit, meistens ist sie sogar rückläufig – in erster Linie aufgrund der jüdisch-nichtjüdischen Mischehen, also – innerjüdisch-traditionsbezogen argumentiert – aufgrund eines Krisensymptomes.

Beinahe wäre man versucht, eingefleischten Antisemiten den Rat zu geben, den Juden ein möglichst angenehmes Diasporaleben zu ermöglichen, um sich ihrer zu entledigen. Betrachtet man freilich die gesamte jüdische Geschichte, stellt man immer wieder erleichtert und erstaunt fest, daß dieses Volk letztlich sowohl unter denkbar schlechten als auch unter besonders günstigen Gegebenheiten überlebte.

Ein kurzer Vergleich mit der demographischen Verteilung des Weltjudentums im Jahre 1939, vor dem Einsatz der Vernichtungsmaschinerie, die Juden und Nichtjuden betraf, dokumentiert den grundlegenden Wandel, der durch den Holocaust und durch die Gründung Israels vollzogen wurde.

In Europa, einschließlich der asiatischen Teile der UdSSR, lebten 1939 58 Prozent aller Juden, in Nord- plus Südamerika 33 Prozent und im damaligen Palästina nur 3 Prozent. Der Schwerpunkt jüdischen Lebens hat sich von Europa auf Nordamerika und Israel verlagert; Europa verlor, in Prozenten ausgedrückt, mehr als die Hälfte seines Anteils am Weltjudentum. Der Anteil der deutschen Juden ging von rund 500 000 Menschen oder 3 Prozent des Weltjudentums im Jahre 1933 auf die 0,002 Prozent der Gegenwart zurück. Quantitativ fiel das deutsche Judentum also schon vor dem Holocaust nicht ins Gewicht.

Nur am Rande sei erwähnt, daß die Juden Nordafrikas und des Vorderen Orients in den Sog des zionistisch-arabischen Konflikts gezogen wurden. Auch hier ist von den einst stolzen und großen Gemeinden nicht mehr viel übriggeblieben. Was in Europa der Holocaust bewirkte, schaffte im Orient der israelisch-arabische

Gegensatz: die fast völlige Auflösung großer und traditionsreicher Judengemeinschaften.

Mit anderen Worten: Die demographische Struktur des Weltjudentums ist heute bipolar; 73 Prozent aller Juden leben in der Diaspora, 27 Prozent in Israel. Die Diaspora stagniert zwar, ja, sie wird sogar schwächer, doch sie ist quantitativ immer noch erheblich gewichtiger als der jüdische Staat. Mag die Zukunft der Juden in Israel liegen, in der Gegenwart hätte die Diaspora aufgrund ihres quantitativen Gewichtes durchaus mitzureden. Die eingetretene strukturell-quantitative Veränderung der jüdischen Demographie und Geographie wirft eine ebenso neue wie alte, nämlich mehr als zweitausend Jahre alte Frage auf: Sollen oder können Juden auch außerhalb des jüdischen Gemeinwesens Juden bleiben, als Juden materiell und ideell überleben?

Betrachten wir kurz die Daten über Deutschlands heutige Juden etwas genauer: Berlin hat mit rund 6000 Juden die größte Gemeinde, gefolgt von Frankfurt am Main mit knapp 5000, München 4000, Düsseldorf 1700, Hamburg 1400 und Köln 1300.

Ähnlich wie vor dem Krieg ist das deutsche Judentum, ist das Judentum überhaupt (auch in Israel), in der Regel städtisch. Die Binnenstruktur der bundesdeutsch-jüdischen Gemeinden bestimmt wie vor dem Holocaust die Spannung zwischen Juden, die in Deutschland geboren und aufgewachsen sind, und sogenannten Ostjuden. Ähnlich wie vor dem Holocaust – man will und kann es nicht begreifen – blicken die »echten« deutschen Juden auf ihre aus Osteuropa stammenden Glaubensgenossen herab. Anders als damals überwiegen jedoch heute die aus Osteuropa stammenden Überlebenden des Holocaust und ihre Nachkommen. Sie stellen ungefähr 70 Prozent der jüdischen Gemeindemitglieder in der Bundesrepublik Deutschland. Sie haben aber die politisch und normativ bestimmende Rolle der deutschstämmigen Juden hingenommen. Wir erkennen diese Tatsache an der Zusammensetzung der jüdischen Gremien, der Führungspersönlichkeiten oder (Positions-)»Eliten«, die zu rund 90 Prozent aus deutsch-jüdischen Mitgliedern bestehen.

Diese Führungsrolle in den Gemeinden hatten die deutschstämmigen Juden nach 1945 nicht sofort inne, und sie war auch keineswegs unumstritten. In ihrer Hochburg München versuchten die Juden osteuropäischer Herkunft unter der Führung von Gemeindepräsident Maurice Weinberger bis Anfang der 50er-Jahre, die Führung beizubehalten. Sie verspielten aber ihre demographisch-demokratischen Möglichkeiten durch ihre ideologischen Ziele: Anders als die später tonangebenden deutschen Juden planten sie langfristig den Abbau und nicht den Aufbau neuer jüdischer Gemeinden im »Land der Mörder«.

Mit ihrer Absicht, die jüdische Gemeinschaft in Deutschland aufzulösen, disqualifizierten sie sich als Führungsgruppe selbst vor den deutschen *und* denjenigen osteuropäischen Juden, die mit mehr oder weniger schlechtem Gewissen in der Bundesrepublik blieben. Sie waren natürlich auch für die deutschen Behörden alles andere als der jüdische Wunschpartner.

Diesen Vorteil gegenüber ihren ostjüdischen Rivalen im Münchener Vorstand nutzten die deutsch-jüdischen Spitzenfunktionäre des bundesdeutsch-jüdischen Dachverbandes, des »Zentralrats der Juden in Deutschland«. Sie kämpften dabei mit härtesten Bandagen: Im Streit um die Bewilligung von Geldern für die Jüdische Wohlfahrtsstelle München weigerte sich der Zentralrat Ende 1952, Mittel freizugeben. Die Begründung: Ein Großteil der »unterstützten Personen« (»in der Hauptsache ... ehemalige Schwarzhändler«) lehne es ab, »zu deutschen Wohlfahrtsämtern zu gehen, weil sie gesund sind und dort Pflichtarbeit leisten müßten.« Im Klartext: Diese arbeitsscheuen, zwielichtigen Gestalten (»Schwarzhändler«, auch »unliebsame« oder »zweifelhafte Elemente« wurden erwähnt) bereicherten sich auf Kosten des deutschen Steuerzahlers. »Da die Gemeinde aber gerade diese Kreise benötigt, – es sind dieselben Kreise, die der jetzigen Gemeinde auch zu ihrem zweifelhaften Wahlsieg verholfen haben – ... bekommen diese volle Unterstützungssätze ausgezahlt.« Der Vorstand sei »unter schlimmstem terroristischen Druck (erwähnt werden nur die offenbar mit wahlpolitischen Erwartungen verknüpften Unterstützungszahlungen; M.W.) an das Ruder der Jüdischen Gemeinde München und damit auch in den Vorstand des Landesverbandes gekommen.« Über diesen Vorstand hieß es weiter: »Wir können es nicht verantworten, von Personen, die zum größten Teil erst wenige Jahre in Deutschland sind, soziale Einrichtungen führen zu lassen und ihnen Mittel zur Verfügung zu stellen, deren Verwendung weder im deutschen noch im jüdischen Interesse liegt. (Man beachte die Reihenfolge! M.W.) Die jetzigen Vertreter der jüdischen Gemeinde verstehen weder etwas von den deutschen Verhältnissen noch von den Aufgaben geordneter Wohlfahrtspflege.« Der Zentralrat verlangte als Bedingung der Mittelfreigabe die Wahl eines neuen Gemeindevorstands, zog dabei unmißverständlich die »aus deutschen Juden« bestehende Gemeindeopposition vor und ging mit seiner Deutschtümelei und innerjüdischen Ausländerfeindlichkeit sogar noch weiter: Der neue »Wohlfahrtsausschuß, der die Mittel verteilt«, müsse »aus deutschen Staatsangehörigen ... und nicht aus Ausländern« bestehen.

Dieses erschütternde Dokument mit der innerjüdisch-offiziellen Begründung befindet sich bezeichnenderweise im Archiv einer nichtjüdischen Behörde, im Stadtarchiv München unter der Registratur »Bürgermeister und Rat«. Unterzeichnet hat es ein Mann namens Karl Hefter, der 1952/53 Münchens Oberbürgermeister Thomas Wimmer mehrmals mit ähnlichen Informationen über den Bayerischen Landesverband der Israelitischen Kultusgemeinden und den Präsidenten der Münchener Gemeinde bedachte – »da auch die Stadt mit Herrn Maurice Weinberger ... zu tun hat.« Den Machtkampf gewannen die »deutschen Juden.«

Ihrer geographischen und kulturellen Herkunft nach sind die meisten heutigen bundesdeutschen Juden Nicht-Deutsche. Politisch sind die deutschen Juden tonangebend und gesellschaftlich leben die verschiedenen jüdischen Herkunftsgruppen recht abgeschottet voneinander. Ein sichtbares Beispiel hierfür sind die jüdischen Logen in West-Berlin: Dort gibt es eine deutschjüdische, eine eher polnisch-osteuropäische und eine russischjüdische.

Die Bundesrepublik wurde in den 60er-Jahren, man kann es kaum fassen, ein Einwanderungsland für Juden; andernfalls wäre die Zahl der stets überalterten Gemeinden in den letzten Jahrzehnten nicht weitgehend stabil geblieben. Mit ihren Füßen stimmen immer wieder und immer mehr Juden – ungefähr zehntausend, keine Massen, doch zumindest beachtlich viele – über die israelische und amtlich-jüdische Geschichtspolitik gegenüber Deutschland ab. Über diese Politik wird noch einiges zu sagen sein. Wir beobachten einmal mehr die Kluft zwischen jüdischem Anspruch und jüdischem Alltagshandeln.

Dieser Gegensatz hat zum Beispiel dazu geführt, daß sich in West-Berlin eine bedeutsame strukturelle Veränderung vollzog: Dort wurden zwischen 1973 und 1980 rund 2500 aus der Sowjetunion stammende Juden aufgenommen, die lieber in die ehemalige Reichshauptstadt, die Kommandozentrale der »Endlösung«, als nach Israel kommen wollten: historisch grotesk, geschichtspolitisch ein Mißerfolg Israels und der diasporajüdischen Organisationen; zugleich ein Zeichen dafür, daß (auch) der (jüdische) Mensch nicht von Prinzipien allein leben kann.

Vergleichbare strukturelle Veränderungen haben sich innerhalb des westeuropäischen Judentums nur in Frankreich ergeben. Dort sind gegenwärtig 45 Prozent der Juden französischer Herkunft, 39 Prozent stammen aus Algerien, Marokko oder Tunesien (eine Folge der Entkolonialisierung), und 7 Prozent wanderten aus anderen Staaten ein.

Eine qualitative Folge der erwähnten quantitativen Strukturen des deutschen Judentums besteht in der fast zwangsläufigen Gefahr der übertriebenen, ja fast ausschließlichen Beschäftigung mit der eigenen Gruppe, zur »Provinz«perspektive.

Die deutsch-jüdischen, die Diasporagemeinden überhaupt, werden durch den erkennbaren Trend zu sogenannten Mischehen kleiner. Die Zahlen für die Bundesrepublik weichen nur unerheblich von denen in anderen westeuropäischen Regionen und Staaten ab: In Skandinavien heiraten ungefähr 50 Prozent der Juden nichtjüdische Partner; in Frankreich sind es ebenfalls 50 Prozent aus dem Kreis der passiven und immerhin noch 35 Prozent der aktiven Gemeindemitglieder. In den USA betrug der Mischehenanteil 1948 nur 5 Prozent, inzwischen sind es auch circa 50 Prozent, und der Anteil der Mischehen nimmt tendenziell zu, nicht ab.

Je ausgeprägter das jüdische Wir-Gefühl, ausgedrückt in der Bereitschaft, aktiv am Gemeindeleben teilzunehmen, desto geringer ist die Neigung zu Mischehen. Dieses Wir-Gefühl kann einerseits religiös, andererseits rein gesellschaftlich-gesellig oder auch beides sein. Verstärkt wird es zweifellos durch normativen Druck: Derjenige, der bereit ist, mit Nichtjuden eine Ehe zu schließen, wird beinahe als Verräter am eigenen leidgeprüften Volk abgestempelt. Vom Standpunkt des Kollektivs ist die Haltung verständlich, vom individuellen nicht.

Ein grundsätzlicher, struktureller Konflikt wird erkennbar: Einerseits benötigen die Juden als Gemeinde die Toleranz der liberalen Gesellschaft, andererseits ist das Fundament dieser liberalen Gesellschaft das Individuum, nicht das Kollektiv. Die von den Juden in der Gegenwart erwünschte Gesellschaft birgt unerwünschte Gefahren für die Zukunft der Gemeinschaft.

Um diesen Gefahren offensiver als bisher zu begegnen, betätigen sich Diasporagemeinden unter anderem als Ehestiftungs-Institute; sie organisieren national- und international-jüdische Wochenendveranstaltungen für »Singles«.

Eine andere Möglichkeit, Mischehen zu verhindern, besteht im freiwilligen Rückzug ins Ghetto. Man mindert das vermeintliche Risiko und meidet Kontakt mit Nichtjuden. Aufschlußreiche Umfragedaten hierzu hat Doris Kuschner in den späten 60er und frühen 70er-Jahren in der Bundesrepublik gesammelt. So hatten zu diesem Zeitpunkt 51 Prozent der befragten Juden keinen freundschaftlichen Kontakt mit Nichtjuden. Je größer die Gemeinde, also die Auswahl an jüdischen Partnern, desto seltener war die Begegnung zwischen beiden Welten. Es überrascht nicht, daß »Juden ohne deutsche Kultur«, im Klartext: »Ostjuden«, noch seltener mit Nichtjuden privat zusammentrafen. Daß weder die deutschstämmigen noch die Ostjuden ein »Heimatgefühl« empfanden, kann ebenfalls nicht erstaunen; als erschreckend stark erwies sich jedoch der Grad der Fremdheit: 77 Prozent aller deutschen und 100 Prozent der Ostjuden erklärten, kein Heimatgefühl zu haben. Bei der deutsch-jüdischen Jugend war das fehlende Heimatgefühl mit 95 Prozent sogar noch ausgeprägter als bei deren Eltern, und den ostjüdischen Jugendlichen war die Bundesrepublik genauso ausnahmslos fremd wie ihren Eltern. Bei den Jugendlieben ist die Fremdheit gleichermaßen bedrückend wie erstaunlich, weil immerhin knapp zwei Drittel Kontakte mit der nichtjüdischen Seite hatten. Auf der jüdischen Seite nahm in der zweiten Generation offensichtlich die Verkrampfung zu, auf der nichtjüdischen, so Köcher, die Entkrampfung. Diesen Schluß legt eine Verknüpfung der Ergebnisse von Doris Kuschner einerseits und Renate Köcher andererseits nahe. Man kann aufgrund dieser Daten unschwer die seelischen Nöte der meisten bundesdeutschen Juden nachempfinden, die dort, wo sie leben, sich nicht zuhause fühlen.

Ein wichtiges Instrument zur Stiftung eines aktiven jüdischen Wir-Gefühls ist in der gesamten Diaspora und in Israel der Holocaust. Wir wiesen im Zusammenhang mit der israelischen und deutschen Geschichtspolitik ausführlich auf die politische Mechanik und die Gefahren einer innerjüdischen Entleerung hin, die bei dieser Art der Identitätsprägung besteht; wir sprachen von einem letztlich unjüdischen Welt- und Menschenbild und vom politischen Biologismus. Politischer Biologismus war spätestens seit den Nürnberger Gesetzen von 1935 ein Instrument der nationalsozialistischen Täter. Jetzt dient es, unter freilich völlig veränderten Vorzeichen, den Opfern.

Es gäbe auch andere Möglichkeiten, die Kontinuität jüdischen Lebens zu gewährleisten, das Überleben als Juden zu sichern. Die vermehrte Pflege jüdischer-religiöser und -philosophischer Inhalte wäre eine Möglichkeit, deren Verwirklichung in einer religiös und intellektuell uninteressierten Gemeinschaft jedoch an enge Grenzen stößt.

Bezeichnend für die Wahl des leichteren Weges, für die negative Bestimmung des Judentums durch den Holocaust und nicht durch positive, traditionell-jüdische Inhalte war im Dezember 1987 die Reaktion des Zentralrats der Juden in Deutschland auf die Kritik des britischen Oberrabbiners, Immanuel Jakobovits, an der israelischen und diasporajüdischen Holocaust-Politik (*Allgemeine Jüdische Wochenzeitung*, 23.12.1987). Das (in Deutschland geborene) geistliche Oberhaupt der britischen Juden – er gehört neuerdings dem House of Lords an – sprach im November 1987 in Jerusalem über das Thema: »Die religiöse Antwort auf den Holocaust«. Er erklärte, daß sich alle führenden Rabbiner über die einzigartigen Greuel des Holocaust einig seien; ebenso einmütig würden sie es ablehnen, den Holocaust im Vergleich zu früheren nationalen Katastrophen als einzigartig zu bezeichnen. Jüdische Geschichte bestehe aus Zyklen der schrecklichsten Katastrophen einerseits sowie dem Überleben und der Erneuerung andererseits. Deshalb komme es in der Zeit nach dem Holocaust darauf an, sich weniger mit dem Überleben der Juden als vielmehr mit dem Überleben des Judentums zu beschäftigen. Ohne Judentum sei jüdisches Überleben fraglich und bedeutungslos.

Das jüdisch-religiöse Geschichtsverständnis, das dieser Interpretation zugrunde liegt, haben wir in den ersten drei Kapiteln mehrfach erläutert – gerade weil es weltlich-nichtjüdischen Lesern zunächst wahrscheinlich völlig unverständlich scheint, ja, scheinen muß. Die religiös-rabbinische Sichtweise, so Jakobovits weiter, sei wichtiger denn je – aufgrund der Existenz eines »profitablen Industriezweiges für Schriftsteller, Forscher, Filmemacher, Denkmalbauer, Museumsplaner und sogar Politiker«, die an der Vermarktung des Holocaust beteiligt seien. Auch einige Rabbiner und Theologen seien »Partner dieses großen Geschäftes« (*Jerusalem Post, Internationale Ausgabe*, 5.12.1987).

Dem fast nur aus nichtreligiösen, zumindest nichtrabbinischen Mitgliedern zusammengesetzten Zentralrat der Juden in Deutschland fiel als Antwort auf die wohlbegründeten Thesen des Oberrabbiners nichts anderes ein, als »schärfstens Einspruch gegen die Ausführungen des englischen Oberrabbiners Sir Immanuel Jakobovits« einzulegen. Eine Begründung wurde nicht gegeben, eine inhaltliche Auseinandersetzung fand nicht statt, jedenfalls nicht im amtlichen Organ dieser Institution.

Jakobovits' innerjüdische Warnung war alles andere als ein Persilschein für das alte oder eine Sympathieerklärung für das neue Deutschland oder gar der orthodox-jüdische Beitrag zum innerdeutschen Historikerstreit (in diesen Zusammenhang stellte sie der Zentralrat). Der in Deutschland geborene Jakobovits hat mit Deutschland gebrochen, weigert sich, die deutsche Sprache zu benützen, »die von Millionen Mördern gesprochen wurde.« Deutschen Boden betritt er nicht, weil er »mit dem Blut von Millionen Juden getränkt« sei.

Daß in keinem der fünfzehn inzwischen über den Historikerstreit veröffentlichten Bücher nichtjüdischer Historiker das traditionelle jüdische Geschichtsbild in diesem Zusammenhang erörtert wird, darf nicht erstaunen, wenn nicht einmal die deutschen Juden diese Sichtweise diskutieren. Obwohl die jüdisch-religiöse Weltsicht eher in den Bereich der Heilsgeschichte als in die Geschichte (als Wissenschaft) gehört, dürfte man sie bei Fragen dieser Art nicht einfach übergehen.

Aus israelischer Sicht ist das Identitätsproblem des deutschen ebenso wie des gesamten Diasporajudentums keineswegs unwillkommen. In der Diaspora, so lautet das zionistische Axiom, müsse das Judentum bestenfalls mit Assimilation rechnen, im schlimmeren, und zugleich aus zionistischer Sicht wahrscheinlicheren Falle mit Antisemitismus. Sowohl Assimilation als auch Antisemitismus würden langfristig das Ende des Judentums bedeuten.

Wie wir jedoch festgestellt haben, befindet sich der jüdische Staat in der gleichen geschichtspolitischen Identitätskrise wie die Diaspora. Ihre Krise stärkt daher Israel nicht. Nichtfundamentalistisch-religiös-jüdische Inhalte sind also derzeit weder in Israel noch in der Diaspora erkennbar. Bliebe doch nur der Holocaust als Hilfsmittel gegen Assimilation?

Diese für das jüdische Kollektiv so bedrohliche Anpassung, die sich in vermehrten Mischehen am deutlichsten zeigt, ist gleichzeitig ein Hinweis dafür, daß die nicht jüdische Umwelt es mit ihren Juden gut meint, daß es den Juden gut geht. Gerade dieses subjektive Wohlbefinden des jüdischen Individuums ist mit den objektiv notwendigen Prioritäten des jüdischen Kollektivs kaum zu vereinbaren, denn, wie jedes Kollektiv, möchte es als Kollektiv überleben. Das Gefühl der Fremdheit entspricht dem verinnerlichten jüdischen Über-Ich, die Geborgenheit beim christlichen Partner dem Erlebnis des Ichs im Alltag. Kollektive Normen und individuelle Erfahrungen prallen im Innenleben des Diasporajuden aufeinander, verursachen innere Konflikte, Zerrissenheit und Unbehagen.

Demografisch hat sich die Jüdische Welt inzwischen (ohne Bezug auf »Ewige Schuld«…; Vorsicht: Ironie) dramatisch verändert. Zwei Zahlen mögen das verdeutlichen: Ende der 1980er lebten 73 Prozent der Juden in der Diaspora und 27 Prozent in Israel. 2021 in Israel 45 Prozent und nur noch 55 Prozent in der Diaspora. Der Exodus aus der Ex-Sowjetunion, auch aus Frankreich, Argentinien und Äthiopien sowie die Kinderfreudig- und -freundlichkeit der Israelis haben dazu beigetragen. Das Gewicht des deutschen Judentums beziehungsweise der in Deutschland lebenden Juden nimmt »weltjüdisch« kontinuierlich ab. Die Einwanderung von circa 200 000 ex-sowjetischen Juden in den frühen 1990er-Jahren bremste diese Entwicklung nur kurzfristig. 1989 gab es nur noch 28 000 Juden in der BRD und 400 gemeindlich registrierte Juden in der DDR. Obwohl von den zugewanderten »Russen« nur noch etwa die Hälfte Gemeindemitglieder sind, beweisen diese wenigen Zahlen die Dominanz der neudeutschen Juden. Die »altdeutschen« (meistens Nachfahren polnischer Juden) fühlen sich von »den Neuen« verdrängt, und die Neuen beklagen die Dominanz der »Alten«. Nichts Neues unter der Sonne, ob unter Juden oder Nichtjuden. Wie tröstlich, dass Juden Menschen sind »wie du und ich«.

Langfristig veränderte der Zuzug der »Russen« jedoch die Zusammensetzung im deutschen Judentum. Es wurde in seiner großen Mehrheit »russisch«. Dem alten deutschen Judentum, dem bis 1933 trotz Antisemitismus blühenden jüdischen Neu-Babylon, kann man nur noch in Jüdischen Museen begegnen – wobei man dort, wie gesagt, mehr über Juden als über das Judentum erfährt. Einige wenige »Dinosaurier«, Nachfahren des alten deutschen Judentums, kann man heute (noch) mit dem Mikroskop finden: Josef Schuster, seit 2014 Präsident des Zentralrates der Juden in Deutschland; den Historiker Julius Schoeps; mehr genealogisch als in der deutschjüdischen Bildungstradition die Gemeindechefin aus München, Charlotte Knobloch; und (ich kann nichts dafür) meine Wenigkeit.

Stichwort Mischehen: Strukturell demografisch spricht nichts dafür, dass deren Anteil in Deutschland oder anderen Teilen der Diaspora zurückginge. Unvermeidlich? Natürlich, denn bezogen auf die innerjüdische »Nachfrage« ist das jüdische »Angebot« geschlechtsübergreifend (zu) begrenzt. Allein die Orthodoxie entzieht sich diesen Strukturen – durch strikte Tabuisierung von Mischehen. Nur in Israel besteht zwischen »Angebot und Nachfrage« bei weltlichen und Religiösen beziehungsweise Orthodoxen ein Gleichgewicht – für diejenigen, es suchen. Ein weiterer Grund dafür, dass Juden, denen ihr und ihrer Nachkommen

Judentum wichtig ist, langfristig die Diaspora verlassen – mit und ohne Antisemitismus.

Ironie der Geschichte? Seit den 1990er-Jahren ging der Anteil der in Deutschland lebenden Juden, die sich freiwillig ins selbst errichtete Ghetto zurückzogen, dramatisch zurück. Die Erklärung ist einfach: Die »Russen«, also die neujüdisch-deutsche Mehrheit, hatten nie in einem Ghetto gelebt und dachten nicht im Alb- oder Wunschtraum daran, ein solches für sich selbst aufzubauen. Wie gesagt: Die Hälfte der »Russen« schloss sich keiner jüdischen Gemeinde an. Diejenigen, die sich dazu entschlossen hatten, verschlossen sich jedoch als Folge des zunehmenden verbalen und physischen Antisemitismus mehr als je zuvor – nicht funktional im Alltag, doch mental und sozial – der nichtjüdischen Umwelt. Historisch betrachtet Teil zwei der deutschjüdischen Tragödie – wenngleich natürlich erheblich sanfter als Teil eins, aber eben doch tragisch. Ergebnis der deutschamtlichen Sicherheitslücke, der Lücke zwischen Wort und Tat, zwischen dem »Wir lassen keinen Antisemitismus zu« und dem Antisemitismus von Islamisten, Linken und Rechten, wobei die deutschen Behörden, Gesellschaft und Medien sich zumindest verbal fast ausschließlich mit dem Erstgenannten befassen. Das wiederum widerspricht deutschjüdischen Erfahrungen und Wahrnehmungen, und das wiederum entfremdet einen zunehmend großen Teil der hiesigen Juden von der deutschen Politik und Gesellschaft.

Verändert hat sich seit den End-1980ern auch die deutschjüdische Identität. Sie war damals mehrheitlich unbestreitbar Holocaust-zentriert. Tenor: »Es war so schlimm, und es könnte wieder schlimm werden.« Das sechsmillionenfache NS-Judenmorden ist nach wie vor ein gewichtiger Identitätsfaktor, doch der Tenor klingt anders. Etwa so: »Es war so schlimm. Jetzt ist es natürlich nicht so schlimm. Aber es wurde in letzter Zeit immer schlimmer. Es könnte noch schlimmer werden. Wir sind im neuen Deutschland mehr denn je gefährdet. Dieser Staat will uns beschützen, aber er kann es nicht. Er widersetzt sich den drei antijüdischen Gruppen (und eben nicht »nur« der einen, rechtsextremistischen) nicht wirksam genug.«

Diese Deutschlandsicht führt wieder zu einem stärkeren jüdischen Wir-Gefühl. Es ist weniger religiös als umstandsbedingt politisch, gesellschaftlich und nicht zuletzt medial bedingt. Wieder eine Ausnahme: Die neoorthodoxe, funktional hochmoderne und sozial enorm einsatzbereite Chabad-Bewegung zieht immer mehr säkulare Juden zu sich.

Erweitert hat sich auch das Identitätsspektrum der meisten jüdischen Israelis. Der Holocaust ist nach wie vor ein wichtiger Faktor, doch Israelismus, also die wieder- beziehungsweise neustaatlich jüdische Erfahrung, hat eine erweiterte Identität und Tradition geschaffen. Mit der Israelisierung des Jüdischen Staates haben zwei innerisraelische Gruppen Probleme: Die jüdische Orthodoxie und muslimisch-palästinensisch-fundamentalistische Staatsbürger. Die Extreme berühren sich. Die jüdische Orthodoxie hatte seit jeher den Holocaust religiös interpretiert, als »Strafe für die Abkehr der Juden von den religiösen Geboten und ihrer Hinwendung zum »gotteslästerlichen« Zionismus, der den Aufbau des Jüdischen Staates durch Menschen vollzieht und nicht Gott überlässt«. Den fundamentalistisch-islamistischen Staatsbürgern ist Israel zu jüdisch. Drei Großgruppen werden künftig weit stärker um Einfluss und Macht in Israel ringen: Säkulare Juden, orthodoxe und Muslime. Alle drei sind an und für sich alles andere als einheitlich. Zwischen einzelnen Gruppen der drei genannten, mehrschichtigen Kollektive könnte es, meistens eher kurzfristige, Koalitionen geben. Auf Kommendes weist, ein Vorbote ist wahrscheinlich die seit Juni 2021 regierende Bennett/Lapid (jüdisch)-Raam(arabisch)-Koalition.

Selbstverständnis, Weltbild und Verhaltensweisen

Grundsätzlich sind in bezug auf Selbstverständnis, Weltbild und Verhaltensweisen der deutschen Juden nach 1945 drei Sachverhalte bedeutsam: Erstens eine Weltsicht, die eigentlich nur Opfer auf der einen und Verfolger auf der anderen Seite kennt, was vereinfacht, doch nicht verfälschend, in der Gegenüberstellung von Juden und Nichtjuden beziehungsweise in einem Wir-Ihr-Weltbild gipfelt; zweitens muß der Wechsel der biologischen und der politischen Generationen erwähnt werden; drittens wären die Veränderungen der gemeindlichen Binnenstrukturen zu besprechen.

Von welchen Juden ist überhaupt die Rede? Nicht vom Individualisten, von demjenigen, der gegen den gemeindlichen Strom schwimmt, nicht von demjenigen, der sich weitgehend oder voll integriert hat und hier zu Hause fühlt, sich entweder mit dem Staat, einer der Parteien oder mit hierzulande tätigen politischen Randgruppen identifiziert. Wir reden auch nicht vom tiefreligiösen Diasporajuden oder vom Zionisten, der wirklich nach Israel einwandern möchte und dies nicht nur verkündet. Die Rede ist, um mit dem Begriff von Max Weber zu arbeiten, vom »Idealtyp« des Gemeindejuden, auf den die genannten Merkmale nicht zutreffen und der nun versuchsweise beschrieben werden soll.

Alle jüdischen Überlebenden des Holocaust haben sich direkt oder indirekt fragen müssen: »Warum habe ich überlebt, die anderen aber nicht?« Unabhängig davon, daß es für Lagerinsassen ebenso wie für diejenigen, denen ein weniger schreckliches Los beschieden war, zahlreiche rationale Erklärungsgründe gab, blieb immer ein Rest von dem übrig, was in der Forschung als »survival guilt« bezeichnet wird: als das Gefühl des Überlebenden, schuldig zu sein, allein schon weil er überlebt hat; eine eher metaphysische Schuld den ermordeten Individuen gegenüber, die man kannte, auch eine metaphysische Schuld dem jüdischen Kollektiv gegenüber.

Gleichzeitig gehörten die Überlebenden dem einst verfolgten Kollektiv an. Unabhängig davon, ob man im Machtbereich der Henker gelebt hatte oder nicht, als Jude gehörte man eben dazu, das heißt zur Gruppe der Opfer, gehörte zu den Mächten des Lichtes und des Guten. Die anderen, die Nichtjuden, waren von vornherein als Angehörige der Mächte des Dunkels und des Bösen abgestempelt, gleichgültig, ob sie tatsächlich Henker oder Henkersknechte gewesen waren; eine historisch durchaus verständliche Weltsicht. Die durch die Überlebensschuld bedingte Unsicherheit wurde durch die Sicherheit, der Welt des Guten anzugehören, zumindest teilweise ausgeglichen. Überspitzt formuliert: Jeder Jude, ob Lagerinsasse oder nicht, konnte Auschwitz gegenüber seiner nichtjüdischen Umwelt auf sein Konto buchen, und zwar auf der Haben-Seite seines Kontos.

Dies gilt natürlich für die Auschwitz-Generation aufgrund ihrer Erfahrungen und Betroffenheit. Es gilt aber aufgrund der beschriebenen politischen Mechanik und des politischen Biologismus des Antigermanismus sowie der israelisch-jüdischen Holocaust-Fixierung und deren identitätsstiftender Funktion auch für ihre Kinder und möglicherweise Kindeskinder; sie betrachten sich als zweite oder dritte Generation der Holocaust-Überlebenden, obwohl sie selbst die Greuel der Judenvernichtung nicht erleben mußten.

Diese Denk- und Verhaltensweisen gelten idealtypisch für die Juden Israels, der Diaspora und erst recht für die Juden in Deutschland. Sie sind diejenigen, die im unmittelbaren Machtbereich der einstigen Henker leben. Nicht nur als Juden, sondern als Juden in Deutschland fühlen sie sich in doppelter Weise als Überlebende des Holocaust, auch in der zweiten und dritten Generation. Daß sie sich daher »fremd im eigenen Land« fühlen, kann nicht überraschen.

Zu vermehrten Spannungen im jüdisch-nichtjüdischen Verhältnis muß diese Weltsicht auch deshalb führen, weil die überwiegende Mehrheit der nichtjüdischen Bundesdeutschen, nämlich (laut Allensbach) 57 Prozent, die deutsche Verantwortung lediglich für die vom Holocaust unmittelbar betroffenen Juden anerkennt; nur 23 Prozent sind bereit, die deutsche Verantwortung grundsätzlich auf alle Juden auszudehnen. Zwischen deutschen Juden und Nichtjuden besteht hier eine Wahrnehmungs- und Verantwortungskluft; sie birgt politischen Sprengstoff.

Schuld, direkte oder indirekte, hatten nicht nur Deutsche, sondern auch Alliierte auf sich geladen. Sie waren entweder nicht bereit, verfolgte Juden aufzunehmen, sie nicht nach Palästina einwandern zu lassen oder sie unternahmen nichts, um die Tötungsmaschinerie der Nationalsozialisten zu zerstören. Daher kennzeichnet das Wir-Opfer-Ihr-Verfolger-Weltbild alle Juden, nicht nur die deutschen. Weil aber die »Endlösung« von Deutschland angestrebt wurde, ist dieses Weltbild für die deutschen Juden der Gegenwart schärfer, doch grundsätzlich keineswegs anders als für alle Juden.

Dieses Weltbild bestimmt die Denk- und Verhaltensweise im politischen Bereich, indem sich gewählte oder selbsternannte Sprecher des deutschen Judentums als Schulmeister ihrer nichtjüdischen Umwelt präsentieren. Sie selbst bezeichnen sich eher als »Mahner« und verteilen Zensuren. Als beispielsweise 1983 die »Woche der Brüderlichkeit« eröffnet wurde, erklärte ein führender Repräsentant des deutschen Judentums, er glaube an die Möglichkeit, daß diese noch junge Demokratie auf dem Weg der Grundrechte vorankomme, kritisierte aber gleichzeitig andere, wie er es nannte, »deutsche Sittenwächter« (er bezog sich auf »Vertreter christlicher Kirchen«), die sich nicht gescheut hätten, nationalsozialistische Konzentrationslager als Vergleich im Konflikt Israels mit der PLO im Libanon heranzuziehen.

Die Rolle des Mahners, Wächters und Lehrmeisters in bezug auf die bundesdeutsche Gesellschaft, Toleranz und Demokratie ist in bezug auf die Auschwitz-Generation nachvollziehbar, die Übernahme dieser Rolle durch die zweite oder dritte Generation der jüdischen Nachgeborenen hingegen aus dem politischen Biologismus abgeleitet: Aufgrund der Geburt steht man auf der Seite des Lichtes. Demokratie und politischer Biologismus schließen aber einander aus, denn Rollen werden in der Demokratie erworben, nicht ererbt. Je demokratischer die bundesdeutsche Gesellschaft wird, desto größer ihre innere Ablehnung, die jüdische Mahner- und Wächterrolle hinzunehmen, desto wahrscheinlicher auch deswegen jüdisch-nichtjüdische Spannungen.

Die nicht überall und immer demokratischen, sondern eher autoritären Entscheidungsweisen mancher jüdischer Gemeinden bleiben der Außenwelt nicht unbekannt. Allein die Tatsache, daß viele Gemeinden seit Jahrzehnten von denselben Persönlichkeiten, durchaus erfolgreich, vertreten werden, nährt die begründete Vermutung, daß die jüdischen Gemeinden allgemeinen, landesüblichen Verbänden ähneln, in denen es Dauerfunktionäre, Bonzen und Lebenszeitrepräsentanten, viele institutionelle Interessen, doch nicht unbedingt ebensoviele Inhalte gibt. Die Juden verkümmern so zu einer Interessengruppe unter vielen ebenso autoritär geführten. Nur noch das Gewicht und die Last ihrer Geschichte unterscheidet sie, auch in den Augen der nichtjüdischen Umwelt, von vielen anderen Verbänden. Konrad Adenauer hat dies offen ausgesprochen: Anläßlich eines Staatsbanketts wurde nach einem geistlichen oder wenigstens geistigen Repräsentanten des bundesdeutschen Judentums als Tischnachbar für Kardinal Frings gesucht. Man fand keinen, und es wurde vorgeschlagen, einen offiziellen Repräsentanten des Zentralrates zu benennen. Der Bundeskanzler weigerte sich, neben den Kardinal und andere Geistliche einen »Funktionär« zu plazieren. Widersprüche in tolerantem Verhalten und Verlangen haben wir im Zusammenhang mit dem 1952/53 ausgetragenen, weichenstellenden Machtkampf zwischen der deutsch-jüdischen Führung des Zentralrates der Juden in Deutschland auf der einen und den Ostjuden in Bayern auf der anderen Seite geschildert. Diese wahrlich nicht vom Geist der Toleranz gezeichneten Auseinandersetzungen im Innern wurden, wie bekannt, nach außen getragen.

Während der Jahrzehnte haben Juden und Nichtjuden ihre jeweiligen Rollen des Mahners und Ermahnten nach außen hin geradezu rituell wiederholt, manchmal sogar verinnerlicht, aber selten überdacht: Wenn es die nichtjüdische Seite dennoch wagte, aus der Rolle auszubrechen, spielte sich dies meist hinter scheinbar undurchsichtigen Kulissen ab, die aus unzähligen internen Dokumenten mühelos nachgezeichnet werden können; auf Dauer eine gerade für die Juden höchst gefährliche, weil auf Verklemmung und Unehrlichkeit aufbauende Verhaltensweise der oft aufrichtig bemühten Nichtjuden.

Die jüdischen Mahner und Wächter, in der Regel die Vertreter des bundesdeutschen Judentums, betätigen sich vornehmlich im politischen Bereich; sie betrachten sich nicht als Fremde, sondern als Teil der westdeutschen Gemeinschaft. Es gibt immer noch Ewig-Gestrige in der Bundesrepublik, die dies in einer Weise kommentieren, die die Öffentlichkeit gegen die »selbsternannten jüdischen Wächter der Demokratie« aufbringen soll. So ärgerlich und unbequem für manchen Nichtjuden diese Rolle der jüdischen Vertreter auch sein mag, sie darf nicht als Zeichen jüdischer Fremdheit mißverstanden werden; sie ist der wahrlich nicht immer gelungene Versuch, Zugehörigkeit, Sorge und politische Gestaltungsideen mit den Nichtjuden zu teilen und ihnen mitzuteilen.

Fremdheit zeigt sich im bundesdeutsch-jüdischen *Alltag* an anderen, zugegebenermaßen extremen, doch nicht außergewöhnlichen Verhaltensweisen, in denen die Konfrontation des schlechten bundesdeutsch-jüdischen und nichtjüdischen Gewissens zu starken Spannungen führen kann. Unter den in der Bundesrepublik lebenden Juden gibt es viele, die den Greueln des Holocaust entkamen und hier blieben, oft aus Erschöpfung, selten aus Überzeugung. Sie haben seitdem und deswegen ein schlechtes Gewissen. Sie fühlten sich selbst, ihrer nichtjüdischen, ihrer deutsch-jüdischen, diasporajüdischen und israelischen Umwelt gegenüber fremd, unsicher und verfolgt: Selbstvorwürfe erheben sie, weil sie in Deutschland bleiben; den nicht jüdischen Deutschen mißtrauen sie; viele Diasporajuden billigen zwar die Diaspora an sich, doch nicht die deutsche; Israel erwartet gerade von ihnen die Einwanderung.

»Manche unter ihnen waren von dem verständlichen Wunsch beseelt, es den Peinigern ›heimzuzahlen‹. Die Form, in der dies gelegentlich geschah – Schwarzmarkt, Spekulation, Zuhälterei und ähnliche Milieuvergehen –, war kein Ruhmesblatt jüdischer Ethik, auch wenn die Motive psychologisch mehr als verständlich waren«, beschreibt Yohanan Meroz, von 1974 bis 1981 Israels Botschafter in Bonn, einfühlsam die Situation und innere Not vieler bundesdeutscher Juden.

Die Absicht, es den Peinigern oder ihren Nachkommen »heimzuzahlen«, blieb allerdings keine persönlich-individuell-»geschäftliche« Angelegenheit; sie sprach sich allmählich bei betroffenen und nichtbetroffenen Nichtjuden herum – zunächst, wie so oft bei deutsch-jüdischen Problemen, hinter vorgehaltener Hand; und dadurch wirkte diese Absicht, unsichtbar und für jüdische Ohren nicht wahrnehmbar, politisch.

Diese Spannungen wurden im Spätsommer und Herbst 1985 in den Auseinandersetzungen um das Faßbinder-Stück »Der Müll, die Stadt und der Tod« deutlich. Zu hören waren nicht die altbekannten altdeutsch-rechten, sondern neudeutsch-alternativ-linke Töne. Sie klangen nicht nur in jüdischen Ohren antisemitisch; das Bild, das dieses Theaterstück vom Juden zeichnete, erinnerte an die Fratze des »Stürmers«, doch das täuschte; Bild und Ton waren eher antikapitalistisch, »systemkritisch«. Sie trafen und betrafen in erster Linie ein nichtjüdisches System, in dem sich einige dieser beschriebenen unglücklich-unglückseligen, sich selbst und anderen gegenüber fremden Juden betätigt hatten.

Dieses Stück wirkte dann über die antikapitalistisch-alternative Frankfurter Szene hinaus und bot sich als deutsch-jüdischer Diskussionsgegenstand an, weil es erstmals die Möglichkeit einer Diskussion über das Weltbild des gepeinigten »Heimzahlers«

schuf – vor den Kulissen und (so war es geplant) auf der Bühne. Es war nicht das vermeintliche »Ende der Schonzeit«, sondern der Anfang einer offenen Diskussion über beiderseitige Versäumnisse.

Die bundesdeutschen Juden reagierten auf dieses Stück wesentlich heftiger als ihre Glaubensbrüder in anderen westlichen Staaten oder in Israel. Dies zeigen die besondere Situation und Isolation der deutschen Juden innerhalb der jüdischen Welt. In den Niederlanden hatte der ebenfalls heftige Protest groteske und peinliche Züge, später auch ein gerichtliches Nachspiel. In Dänemark hat die Kopenhagener jüdische Gemeinde die Aufführung des Stücks befürwortet, was wohl eher für ihr politisches Gespür als für ihren literarischen Geschmack zeugt.

Im kulturellen Zusammenhang der deutsch-jüdischen Fremdheit wäre auch die Erfolgsautorin Lea Fleischmann zu nennen. »In meiner Kindheit«, so schreibt sie, »bestand die Welt aus zwei Sorten von Menschen. Aus Juden und Nazis.« Noch deutlicher kann das Wir-Guten-Ihr-Bösen-Weltbild kaum dokumentiert werden. Das gleiche gilt für Henryk Broders Ansichten. Bevor er nach Israel auswanderte, schleuderte er seinen einstigen »linken Freunden« entgegen, daß sie die Kinder ihrer Eltern geblieben seien und deren Rassismus, wie er es formuliert, »geerbt« hätten; politischer Biologismus in Reinform. Broder, Jahrgang 1946, verbucht auf der individuellen Ebene das kollektive Auschwitz-Trauma als Haben-Posten seines historisch-politischen Kontos. »Auschwitz«, erläuterte er im *Spiegel*, »wird um so stärker im Bewußtsein der Juden sein, je länger es zurückliegt.«

Aber Auschwitz wird als politisches Argument inflationär gebraucht und deshalb über kurz oder lang wirkungslos. Um dies vorhersagen zu können, muß man kein Prophet sein. Die Veralltäglichung des Einmaligen führt zur Abstumpfung der Gefühle.

Die nichtjüdischen Altersgenossen der ersten jüdischen Nach-Auschwitz-Generation haben, recht und durchaus bewertend besehen, genauso viel Schuld wie die nachgeborenen Juden Leiden in den Lagern erfahren haben – keine. Allerdings haben viele nachgeborene Juden die seelischen Qualen ihrer Eltern durchaus noch miterlebt, und solche Erfahrungen kann man nicht einfach abstreifen.

Die Denk- und Verhaltensweisen von Lea Fleischmann und Henryk Broder verdeutlichen noch etwas: den Wechsel der biologischen sowie der politischen Generationen im deutschen Judentum. Als »politische Generation« bezeichne ich eine Altersgruppe, die von gleichen politischen Ereignissen oder Entwicklungen geprägt wurde. Diese Prägung erfolgt in der Regel im Alter von 17 bis 25 Jahren. Fleischmann und Broder gehören der politischen Generation der deutschen, jüdischen, nichtjüdischen, europäischen, ja, eigentlich weltweiten Studentenrevolte der späten 60er und frühen 70er-Jahre an. Sie gehören zur 68er Generation, was Verhaltensweise, Begriffswahl und veröffentlichte Erfahrungen belegen. Broder selbst und die politisch bewußt gewordene Lea Fleischmann sind alles andere als typische Gemeindejuden. Aber der Begriff der politischen Generation bedeutet nicht, daß alle, die ihr angehören, identische Meinungen oder Verhaltensweisen zeigten, doch gerade die extremere Ausprägung eines Types verdeutlicht dessen wesentliche Merkmale.

Auch Bernard-Henry Levy, Jahrgang 1949, verkörpert in Frankreich nicht den typischen Gemeindejuden, doch die jüdische 68er Generation. In seinem ebenso aufsehenerregenden wie umstrittenen Buch »L'Ideologie française« holt er zu einem Rundumschlag gegen seine nicht jüdische Umwelt aus: Chauvinismus und Fremdenhaß, Kult des Körpers und der Jugend, Verherrlichung von Ordnung, Technik und Fortschritt, Antisemitismus und Antikapitalismus, Haß auf Amerika und auf die Demokratie: Das sind die Bausteine, aus denen Levy das Gebäude einer französischen Ideologie errichtet.

Abgesehen von erheblichen Niveauunterschieden zwischen Fleischmann und Broder einerseits sowie dem international bedeutenden Vertreter der sogenannten Neuen Philosophie Levy andererseits, handelt es sich um das gleiche Grundphänomen: eine jüdische 68er Generation, die politisch bewußt, aktiv und manchmal aggressiv ist – jedenfalls verbal. Jüdische »68er« gibt es natürlich auch in den USA; es handelt sich also nicht um eine spezifisch deutsch-jüdische Entwicklung, wobei sich das Adjektiv »jüdisch« mehr auf die Herkunft als auf die religiösen Inhalte bezieht.

Die Veränderung der jüdischen Binnensstruktur hat in Deutschland noch keine grundlegenden Veränderungen in der Verhaltensweise gezeigt, und die russischen Juden sind erst seit einigen Jahren hier. Trotzdem sind hier und dort Veränderungen durchaus sichtbar, erste eigenständig bundesdeutsch-jüdische Knospen erkennbar, besonders im Journalismus, an den Universitäten, in freien Berufen, sogar in der Politik. Einige Namen kann man in diesem Zusammenhang nennen: Brumlik, Diner, Schoeps, (Universitäten; Ernst Fraenkel und Richard Löwenthal, Hans Mayer, Ernst Bloch, alle außerordentlich bedeutende Männer, kamen als Rückkehrer); Ginsburg, Joffe (Journalismus; Gerhard Löwenthal gehört einer anderen Generation an); Cohn-Bendit, Oesterle-Schwerin, Friedmann (Politik; Neuberger und Rosenberg wären wieder älteren Generationen zuzurechnen).

An dieser zweiten Generation wird der neue Typ bundesdeutscher Juden erkennbar: Sie sind sich ihrer jüdischen Gruppenzugehörigkeit bewußter und dabei selbstbewußter als ihre Vorfahren im deutschen Kaiserreich oder in der Weimarer Republik; sie bekennen sich offen, manchmal demonstrativ zu ihrem Judentum; sie sind in die nicht jüdische Umwelt integriert, dort akzeptiert und erfolgreich; sie sind aber keine praktizierenden Juden; Judentum ist auch für sie eher Geschichte und Schicksalsgemeinschaft als Religion, und daher können sie das Dilemma künftiger, eigenständig jüdisch-inhaltlicher Identität bestenfalls individuell, doch nicht für das Kollektiv lösen; und typisch sind sie keinesfalls. Einen bemerkenswerten Versuch, zwischen jüdischer Tradition und Moderne, »Ostjuden« und »deutschen Juden«, Juden und Nichtjuden Brücken zu schlagen, unternimmt seit 1982 die Münchener »Literaturhandlung«. Wie stark, lange und wirksam sie in diese Bereiche ausstrahlen kann, bleibt abzuwarten.

Die bundesdeutsche Lebensqualität verändert wahrscheinlich langfristig die deutsch-jüdische Mentalität, ohne ihr zu einer spezifisch jüdischen Identität verhelfen zu können. Wird der künftige Typus des bundesdeutschen Juden in diesem Land mit staatlichen Subventionen, doch ohne religiös-traditionelle Identität leben? Sein Judentum wird nur auf einem Bein stehen: auf dem Bein der Geschichte, das Bein der Religion wäre amputiert.

In Frankreich hat die demographische Nordafrikanisierung eine stärkere Hinwendung zu jüdisch-religiösen Werten der Gesamtgemeinschaft bewirkt, da die Juden Algeriens, Marokkos und Tunesiens in der Regel traditionsbewußter sind. Darüber hinaus sind sie vom klassischen französischen Antisemitismus des 19. Jahrhunderts (man denke an die Affäre Dreyfus) und vom französischen Antisemitismus des 20. Jahrhunderts (Stichwort: »Vichy und die Juden«, also Holocaust) nicht betroffen gewesen.

In Frankreich, dieser einzigen, freilich der größten Gemeinschaft Westeuropas bahnt sich, das Wortungetüm sei erlaubt, eine Entholocaustisierung an, das heißt, ein psychisches Abnabeln vom Holocaust. Entholocaustisierung durch Orientalisierung. Übrigens gilt Ähnliches auch für die Juden in Israel, wo der orientalische Bevölkerungsanteil ständig zunimmt und heute etwas mehr als die Hälfte der Bevölkerung stellt. Auf die Folgen für Selbstverständnis und Verhaltensweisen haben wir in anderen Kapiteln ebenso hingewiesen wie auf die geschichtspolitisch bedingte Rückbesinnung auf den Holocaust.

Politische Ereignisse lösen manchmal politische Konjunkturen aus, fördern sie zumindest. Als »politische Konjunkturen« bezeichne ich mittelfristige, zyklische Schwankungen in politischen Bereichen. Wie die Wirtschaft, kennt auch die Politik Märkte für bestimmte Produkte. Die Anschläge gegen jüdische

Institutionen und Personen, in den vergangenen Jahren häufiger zu bedauern, bestätigen den Wirkungszusammenhang zwischen politischen Ereignissen und Konjunkturen. Natürlich haben diese Anschläge sehr viel, fast ausschließlich, mit dem Konflikt zwischen Israel, seinen Nachbarn und den Palästinensern zu tun. Doch ihre Wirkung scheint mir für das deutsche ebenso wie für das westeuropäische Judentum insgesamt von Bedeutung zu sein: Sie wecken Erinnerungen an Verfolgungen und erzeugen Angst vor erneutem Antisemitismus. Gewiß, Kritik an Israel, auch sehr herbe Kritik, ist keineswegs mit Antisemitismus gleichzusetzen (auch wenn oft das Gegenteil behauptet wird), doch als gebrannte Kinder und aufgrund der geschilderten Gegebenheiten sowie aufgrund des skizzierten Weltbildes reagieren viele Juden so. Menschen, die sich ängstigen, denken und handeln eben nicht rational.

Diese politische Konjunktur, die Angst der Juden vor erneutem Antisemitismus, könnte die ohnehin vorhandenen Denk- und Verhaltensweisen doch wieder festigen, in der Nach-Auschwitz-Generation einen selbst erlebten Holocaust-Ersatz hervorbringen, der auf ständig vorhandene Aufnahmebereitschaft stößt. In Frankreich wäre die durch die Nordafrikanisierung der jüdischen Gemeinschaft erstmals möglich gewordene Entkrampfung vom Holocaust-Syndrom erschwert oder sogar verhindert. Dann aber dürfte der wiederum inflationäre Gebrauch des Antisemitismus-Vorwurfs die nichtjüdische Umwelt, auch die wohlmeinende, so sehr verärgern, daß sie auf Distanz zur jüdischen Gemeinschaft gehen und damit unwillentlich die Selbst-Ghettoisierung der Juden fördern würde.

Freilich muß eingeräumt werden, daß die Anschläge gegen jüdische Einrichtungen und Personen trotz ihrer nahöstlichen Motive eine politische, ideologische und operationale Querverbindung zum organisierten und militanten westeuropäischen Antisemitismus aufweisen. Ein Blick in die Verfassungsschutzberichte der frühen 80er-Jahre genügt, um über die damalige Zusammenarbeit der terroristischen Eurorechten, zum Beispiel der »Wehrsportgruppe Hoffmann«, und der PLO (el-Fatah) aufgeklärt zu werden. Insofern hatten diese Aktionen durchaus auch einen antisemitischen Hintergrund. Die rein palästinensischen Terroraktionen gegen jüdische Einrichtungen und Menschen richten sich in erster Linie gegen Israel, in zweiter Linie gegen die diasporajüdische Infrastruktur Israels und rufen schließlich sowohl in Israel als auch in der Diaspora jüdische Urängste wach, für die Holocaust ein Kürzel ist.

Was hat sich verändert? Hat sich etwas verändert? Das Wir der neudeutschjüdischen »Russen«, Überlebende sowie Nachfahren der Opfer, grenzt sich vom allgemeindeutschen Wir deutlich weniger und unverkrampfter ab, als das herkömmliche bundesdeutschjüdische. Trotz der ungeheuerlichen Verbrechen von Wehrmacht und SS an den sowjetrussischen Juden (und Nichtjuden!) der UdSSR. Doch insgesamt fiel 1989 nicht nur die Berliner Mauer und wurde 1990 nicht nur Ost- mit Westdeutschland vereint. Nachdem die ost- und westdeutsch rechtsextremistischen »Startschwierigkeiten« à la Hoyerswerda, Rostock und Solingen zwischen 1990 und 1993, die Angst vor Deutschland zu bestätigen schienen, sorgten Demonstrationen und Lichterketten bürgerlicher und nicht nur Nenn-Mitbürger sowie Bekundungen und Taten von Politik und Medien für Beruhigung und Vertrauen. Der »Chef« der Juden in Deutschland, Ignatz Bubis, avancierte zum Liebling der Politiker, Journalisten und TV-Talkrunden. Selbst über seine wirtschaftsethischen, sagen wir, Defizite wurde hinweggeschaut. Endlich, so die dankbare Wahrnehmung, kein galliger oder dauermürrischer Judenrepräsentant, sondern charmant und witzig. Selbst sein hörbar nicht lupenreines Deutsch, eher Deitsch, versprühte Charme und wohlige Deutschlandgefühle. Einerseits Kritik am und vom jüdischen Rand, andererseits »mittenmang« im Establishment. Der im Dritten Reich verfolgte und nun Vorzeigejude Deutschlands. Sichtbar bewältigte Vergangenheit. Wohl deshalb holte ihn der damalige Präsident des Goethe-Instituts zur »Förderung der deutschen Sprache im Ausland« ins Präsidium der deutschen Sprachpfleger. »Die« Deutschen liebten den Top-Juden Bubis, und »die«, weil historisch so oft verstoßen und verfolgt, liebeshungrigen Juden »liebten« die sie nun liebenden Deutschen. Die Wir-Ihr-Mauer zwischen der jüdischen Mehrheit und »den« Deutschen schien niedriger zu werden, zu wackeln oder gar zu fallen. Honigmond?

Honigmonde sind meistens von begrenzter Dauer, Strukturen aber wirken langfristig. Demografisch und damit religiös, ideologisch und politisch änderte sich die deutsche Einwohner- und Bürgerschaft. Der Anteil der Muslime wuchs und wächst. Minderheit plus Minderheit zusammenhaltend vor oder notfalls, wenn in der Defensive, gegen die Mehrheit? Hier nicht, weil erstens ein relativ großer Anteil der Muslime in Deutschland sich nicht wirklich vom islamischen Extremismus distanziert und mit Antiisraelismen und, daraus abgeleitet, Antijudaismen identifiziert. Tatsache ist, dass sich sowohl Juden in Deutschland als auch in ganz Europa verbal sowie körperlich von muslimischer Gewalt bedroht fühlen und solche erlebt haben. Amtliche Statistiken besagen anderes: Die größte Gefahr nicht nur, sondern auch für Juden gehe von Rechtsextremisten aus. Mit großem Abstand folgten Links- und muslimische Extremisten. Wie dem auch sei: Ein immer größerer Teil deutscher Juden fühlt sich bedroht und nur unzureichend von Staat, Gesellschaft und Medien verstanden und geschützt. Die Folge: Die Wir-Ihr-Mauer ist wieder höher.

Zu den Mächten des Lichts zählt sich ein Großteil der Juden in Israel und der Diaspora nach wie vor. Nicht aus Arroganz, doch als Dauer- oder Wieder-Opfer. Die traditionell religiöse Sichtweise: Juden als »Licht der Völker« zählt allein deshalb kaum noch, weil die große Mehrheit der (Diaspora)Juden religiös-jüdisch unmusikalisch, wenig wissend und wenig wissen wollend ist.

Die nichtjüdische Welt sieht nicht durchgehend, doch immer mehr und stärker dieselbe Wirklichkeit der jüdischen und vor allem israelischen Gegenwart ganz anders: Anhänger der Gewalt und, im Rahmen der Postkolonialismusdebatte als Teil der weißen, westlichen, post»kolonialistischen« Welt. Dann dieser Faktor: Der Wechsel der Generationen. Die Täter-Nachfahren in Deutschland (und Europa) sehen sich zu Recht nicht mehr als Täter und, logisch, »die« Juden nicht mehr als Opfer. Wenn und wo Opfer, dann aufgrund politischer Konflikte der Gegenwart. Schuld? Nein? Verantwortung? Wenn überhaupt, dann zähneknirschend. Haftung? Kostet Geld, und »wir sind doch nicht mehr schuldig«. Und wieso »den« Juden, die doch zu »den« Israelis halten, die »Apartheid« betreiben und sich den Palästinensern gegenüber »wie einst die Nazis« verhalten. Die Folge: Die Mauer wird noch höher.

Diese gewachsenen und weiter wachsenden Zielgruppen verstopfen jüdischen Moralpredigten gegenüber die Ohren. Amtlicherseits jedoch werden in Deutschland jüdische Repräsentanten nach wie vor als »moralische Instanz« präsentiert – und die meisten (auch bei Juden selbstverliebten) Vertreter präsentieren sich gerne als moralische Instanz. Eine löbliche Ausnahme: Josef Schuster. Erstens ist er nicht eitel, und zweitens hat er sicher verstanden, dass jüdische Mora eher als Moralin wahrgenommen wird. Das liegt jenseits der beschriebenen Strukturen auch an den Personen. Nach den nachgewiesenen Betrügereien von Ex-Zentralratschef Werner Nachmann oder den amtlich verschwiegenen, doch vielen bekannten Usancen von Ex-Zentralratspräsident Ignatz Bubis sind amtsjüdische Moralpredigten, sozusagen »von Amtes wegen«, wenig glaubwürdig – und seien die Nachfolger jener schwarzen Schafe persönlich ethisch auch noch so korrekt und überzeugend.

Weil unwissend und die Folgen nicht bedenkend, hat auf andere Weise, natürlich unfreiwillig, die ehemalige Zentralratspräsidentin Charlotte Knobloch das amtsjüdische Charisma minimiert. Sie machte sich lächerlich, was natürlich weder politisch noch medial so formuliert, wohl aber registriert und hinter den Kulissen landauf, landab belustigt oder beschämt kommentiert wurde. Kein Charisma verträgt Lächerlichkeit, weder die Ausstrahlung von Personen noch Institutionen. Was war geschehen? Vieles, oft. Nur zwei Beispiele.

Die Bayerische Landesausstellung 2020 galt der Stadtgeschichte im Allgemeinen und der bayerischen im Besonderen. Der geplante Titel: »Stadtluft macht frei«. Mit diesem Satz verband man im und seit dem deutschen Mittelalter den Geist der Freiheit im Gegensatz zu Abhängigkeitsverhältnissen der Feudalgesellschaft. Das war Frau Knobloch offenbar völlig unbekannt. Bei »...macht frei« schlug sie sofort die Gedankenbrücke zu »Arbeit macht frei«, also zum Tor der Vernichtungshölle von Auschwitz. Sie protestierte. Laut. Bei »der Politik«. Und die reagierte prompt und brav. Die Ausstellung wurde umbenannt.

Erwähnenswert das Eine oder Andere hinter den Kulissen. Vor der Umbenennung rief mich der Redakteur einer großen süddeutschen Zeitung an. Er klagte sein Leid: »Stadtluft macht frei« gehöre doch zur leider viel zu armen deutschen Freiheitsgeschichte und bedeute das totale Gegenteil von Auschwitz, Unfreiheit und Massenmorden. Ob ich denn nicht... Ich sei doch als Jude unverdächtig. Kommt nicht infrage, antwortete ich. Er wisse genau, dass Frau Knobloch, obwohl bis vor Kurzem »Zentralratsbossin« und immer noch Münchens und Oberbayerns Spitzenjüdin, schlicht und ergreifend nicht wisse, was sie tue, und Falsches sage. Das Falsche richtigzustellen, sei entscheidend, nicht jedoch, ob die Korrektur aus jüdischem oder nichtjüdischem Mund komme. Er schrieb. Zur Zivilcourage musste er ermuntert werden. In gewisser Weise hat Frau Knobloch dabei geholfen, dem Ideal- oder Zerrbild vom Juden das Realbild entgegenzustellen: Auch im »Volk des Buches« lesen nicht alle Bücher des Bildungskanons. Interpretation 1. Interpretation 2: Sie machte »die« Juden, aus tragischem Anlass lächerlich und aus dem Nachspiel der Tragödie, unfreiwillig, unwissend eine Komödie.

Ähnlich Beispiel zwei: Stolpersteine. In die Bürgersteine gesetzt, um an diejenigen, meist Juden, zu erinnern, die an jenem Ort lebten und in der NS-Zeit ermordet wurden. Fast überall in Deutschland gibt es sie. Manche schätzen sie, andere nicht. Frau Knobloch mag sie nicht. Das ist ihr gutes Recht. Die Mehrheit der Münchener sowie des Stadtparlamentes möchte sie, was nicht gegen sie spricht, denn die Stolpersteine dienen »gegen das Vergessen«. Und das wiederum gehört zum guten deutschen Ton. Frau Knobloch möchte auch nicht vergessen. Versteht sich. Doch sie verwahrt sich dagegen, dass auf den Namen der Opfer »herumgetrampelt« werde. Auch darüber kann man sprechen. Kritisch wird es, wenn die »Königin der Münchener Juden« – sie amtiert noch nicht ganz so lange wie Königin Elisabeth II. von England – ihren auch innerjüdisch umstrittenen Willen der Mehrheit von Bürgern und demokratisch gewähltem Stadtparlament praktisch aufzwingt. Noch kritischer, geradezu traurig lachhaft wird es, wenn man weiß, dass täglich unzählige Passanten auf der Kunststoff-Silhouette des bayerischen Ministerpräsidenten Kurt Eisner herumtrampeln müssen, wenn sie auf der einen Bürgersteigseite der Kardinal-Faulhaber-Straße am Bayerischen Hof laufen. Dort wurde jener damalige Bayerische Ministerpräsident – Jude, Idealist, Sozialist und Anführer der Novemberrevolution 1918/19 – von einem deutschen Rechtsextremisten erschossen. Auf die Stolpersteine, das Abstraktum, treten? Nein. Aber ja auf die konkrete und höchst abstoßende Plastiknachbildung eines am Boden liegenden Menschen, eines deutschjüdischen Märtyrers. Der Widerspruch wird politisch, amtlich, medial weder erkannt noch benannt. »Vater, vergib ihnen, denn sie wissen nicht, was sie tun.« Was sie erreichen: Mehr antijüdische Stimmen und Stimmungen, denn nicht nur Dummköpfe und Böswillige behaupten, »nachweislich haben die Juden bei uns zu viel Macht«.

Über Henryk Broder war in der früheren »Ewigen Schuld« die Rede. Damals eindeutig ein Linker. Heute als »rechts« verteufelt. Schubladendenken. Er bedient sich seines eigenen Verstandes, klärt also auf, was denen nicht gefällt, über die Broder scharfsinnig und scharfzüngig in bester Tradition eines Kurt Tucholsky aufklärt. Dabei ist »keiner vor ihm sicher«, weder links noch rechts oder in der Mitte.

Prominente, intellektuell bemerkenswerte Juden wurden in früheren Auflagen genannt. Neue sind hinzugekommen. Muss man sie nennen? Wozu? Es gibt sie, und das ist ganz normal. Dass viele umstritten sind, etwa Broder und (»sogar«) ich, gehört erst recht zur Normalität. Wer einen Juden (oder, Entschuldigung, eine Jüdin) kritisiert, ist deshalb noch lange kein Antisemit. Ton und Inhalt machen die Musik.

Ich hatte geschrieben, dass Deutschlands Juden (wie die Mehrheit in der Diaspora) nur noch auf dem Bein der Geschichte, also der Vergangenheit stehen. Nicht auf dem Bein der Religion. Letzteres gilt unverändert, obwohl gerade die funktional durchaus moderne Neo-Orthodoxie ständig neue Anhänger gewinnt. Inzwischen haben auch nichtreligiöse Juden ein zweites jüdisches Bein außer der Geschichte beziehungsweise Vergangenheit: die Gegenwart. Der muslimisch extremistische, linke und rechte Antijudaismus, auch Zweier-Koalitionen aus jener Dreiheit, zum Beispiel die »Islam-Links-Allianz« (in Frankreich »Islamogauchisme« genannt) treibt sie weniger zum Judentum als vielmehr zu »den« Juden, von denen sie sich vorher auch sozial abgekoppelt hatten. Tagespolitisch entstehen dadurch auch innerjüdisch historisch paradoxe Verbindungen: Bei den französischen Präsidentschaftswahlen stimmten 2012 ca. 13 Prozent der Juden für die Rechts»populistin« Marine Le Pen, 2017 waren es knapp 30 Prozent. Sie ist als rechteste französische Politikerin vom jüdischen Konkurrenten Eric Zamour rechtsaußen überholt worden. Und Deutschland? In der AfD gibt es eine winzige Gruppe von Juden. Wie viele sie wählen, ist (bislang) unbekannt. Ich denke (fürchte) mehr als gemeinhin angenommen – aus Angst vor der islamistischen Gefahr, derer der deutsche Staat nicht Herr wird und die er, im Vergleich zum Rechtsextremismus, nicht nur aus jüdischer Sicht verharmlost.

Diaspora und Israel. Oder: das doppelte Dilemma der deutschen Juden

Der Zionismus hatte vor dem Holocaust den Juden der Welt gegenüber erhebliche Rechtfertigungsprobleme; er mußte seine Ziele, ja, seine Notwendigkeit überhaupt rechtfertigen. Er blieb die Bewegung einer jüdischen Minderheit. Die mit den Füßen erfolgte Abstimmung der Asyl suchenden Juden belegt diese These. Die meisten Juden, die ihre Heimat seit dem ausgehenden 19. Jahrhundert verlassen mußten, wanderten in die USA, nicht nach Palästina aus.

Diesem Rechtfertigungszwang entzogen sich die zionistischen Ideologen dadurch, daß sie sich als Verkörperung des »Allgemeinen Willens« des jüdischen Volkes verstanden und ausgaben. Man könnte meinen, man hörte aus dem folgenden Zitat von Mosche Beilinson, einem Pionier des sozialistischen Zionismus, Rousseau sprechen: »Wir sind der Meinung, daß der zionistische Gedanke den Bedürfnissen des jüdischen Volkes entspricht und betrachten daher die zionistische Bewegung als eine wahrhaft demokratische, ganz unabhängig davon, ob der zionistische Gedanke von der Mehrheit des Volkes getragen wird oder nicht.« Mit anderen Worten: Quantität ist keine Qualität, der Zionismus weiß, was für das jüdische Volk gut ist, er hat immer recht.

Nach dem Holocaust mußte sich nicht mehr der Zionismus, sondern das Diasporajudentum rechtfertigen. Der Gang der Geschichte, so schien es, so wurde er von Zionisten ausgelegt und innerjüdisch weitgehend akzeptiert, hatte dem Zionismus Recht gegeben. Abgesehen von dem Gefühl der Schuld, weil man überlebt hatte, mußte man sich nun als Diasporajude dafür rechtfertigen, daß man nicht in Israel lebte. Für die Juden in Deutschland gab es ein zusätzliches Dilemma: Man lebte nicht nur in der Diaspora, sondern im Land des Holocaust, des schlimmsten Judenmordens seit Menschengedenken. Sich selbst, der übrigen Diaspora und Israel gegenüber mußten sich die deutschen Juden für die Wahl ihres Lebensortes rechtfertigen. Warum wanderten die Diaspora- und die deutschen Juden trotzdem nicht mehrheitlich nach Israel aus? Die entwaffnendste Antwort gab vor einigen Jahren ein junger, französischer Jude, der kurz zuvor noch »Nieder mit der Assimilation!« und »Es lebe Israel« gebrüllt hatte: »Israel ist ein wundervolles Land, aber man kann dort nur schlecht essen.«

In Bezug auf Frankreich fand man sich in der jüdischen Welt mit dieser Begründung ab, auch in bezug auf die USA und Großbritannien. Jüdisches Leben in Deutschland stieß jedoch lange auf Unverständnis, besonders in den ersten Jahren nach dem Holocaust. Man begnügte sich nicht nur mit Worten: Im August 1950 stellte die »Jewish Agency«, die wichtigste aus Vertretern Israels und des Diasporajudentums bestehende Organisation, den deutschen Juden ein Ultimatum. Innerhalb von sechs Wochen hätten sämtliche Juden das Land zu verlassen. Wer sich danach in Deutschland aufhielte, würde nicht mehr als Jude angesehen und könnte deshalb bei einer späteren Einwanderung nach Israel nicht mit den üblichen Vergünstigungen rechnen. Im Oktober desselben Jahres verlangte der Vorsitzende des Generalrates des Jüdischen Weltkongresses von allen jüdischen Organisationen in der Welt den Abbruch ihrer Beziehungen zu den deutsch-jüdischen Gemeinden. Es war folgerichtig, daß die »Claims Conference«, die bei den Wiedergutmachungsverhandlungen das Diasporajudentum vertrat, das deutsche Judentum zunächst ausschloß. Sehr viel offensiver als die meisten seiner Kollegen kämpfte der Vorsitzende der Jüdischen Gemeinde zu Berlin, Heinz Galinski, um Anerkennung: Der Zentralrat sei nicht gewillt, sich ausschalten zu lassen, da er auf dem Standpunkt beharre, daß die in Deutschland lebenden

Juden ein Bestandteil des Gesamtjudentums seien, ließ er die Claims Conference im November 1951 wissen. Anfang Januar 1952 wurde der Zentralrat eingeladen, einen Vertreter in das Richtlinien-Komitee der Konferenz zu entsenden.

Die institutionelle Anerkennung war erreicht, nicht die moralische – bis heute. Um die moralische Verdammung durch Israel, die Diaspora – und sich selbst zu mildern, unternahmen die bundesdeutschen Juden einiges: Sie bezeichneten sich nicht mehr wie vor dem Holocaust als »deutsche Juden« oder gar »deutsche Staatsbürger mosaischen Glaubens« (was das damals unschickliche »jüdisch« umschreiben sollte); sie nannten sich »Juden *in* Deutschland«. Eine Ortsbestimmung nahm man vor, keine inhaltlich-politische Identifizierung mehr. Damit verzichtete man freilich auch auf ein eigenständiges, deutschjüdisches Wir-Gefühl, das heißt, auf deutsch-jüdische Identität; eine inhaltslose Existenz war somit vorgegeben. Indem man sich bewußt vom früheren Selbstverständnis der deutschen Juden abgrenzte, verhalf man unwillentlich der Hitlerschen Judenpolitik zu einem späten Triumph: 1935 wurde auf Veranlassung der nationalsozialistischen Machthaber aus der »Reichsvertretung der deutschen Juden« die »Reichsvertretung der Juden *in* Deutschland«.

Den israelisch-diasporajüdischen Quasi-Bannstrahl versuchten die bundesdeutschen Juden außerdem durch eifriges Spenden für Israel abzulenken. Gemessen an der Größe der jüdischen Gemeinschaften zählen die deutschen Juden zur Spitzengruppe der finanziellen Israel-Helfer.

Auf innerjüdische Anerkennung zielte auch die selbstgewählte Rolle der bundesdeutschen Juden als »Brücke« zwischen Israel und der Bundesrepublik Deutschland. Für diese Rolle ernteten sie in Israel allerdings nie viel Beifall. Der jüdische Staat versteht sich, wie erwähnt, als Vertretung des »Allgemeinen Willens« des jüdischen Volkes und fand sich nur aus realpolitischen Gründen mit der für Israel lebenswichtigen Brückenfunktion der US-Juden ab. Die Absicht der deutschen Diaspora aber empfindet man in Israel als »Anmaßung«. Israels Außenminister Dajan äußerte sich gegenüber den Spitzenfunktionären des Zentralrates im Herbst 1977, Israel nehme seine Kontakte selbständig wahr; es sei nicht auf die »Ghettogebräuche von Mittelsmännern« angewiesen.

Israelempfinden und -empfindlichkeiten zeigen die bundesdeutschen Juden immer noch und immer wieder: Im Frühjahr 1987 gastierte das Stadttheater Haifa in der Bundesrepublik Deutschland. Aufgeführt werden sollte das in Israel selbst umstrittene, aber gespielte Stück »Die Palästinenserin«. Dieses von einem jüdischen Israeli verfaßte Drama handelt von der Liebe zwischen einer Araberin und einem Juden, die an ihrer israelischen Umwelt scheitert. Die jüdische Gemeinde Düsseldorf verhinderte die in der Stadt vorgesehene Premiere; das Stück könne »antisemitische Reaktionen« hervorrufen. In München meinte die Gemeinde im Theater erklärende Flugblätter austeilen zu müssen, die das Stück als Beweis der pluralistischen Demokratie Israels priesen.

Abgesehen vom Protest gegen »Ghettogebräuche« befürchteten die israelischen Politiker, daß Diasporajuden als jüdisches Alibi gegen Israel benützt werden könnten. Der amtlich-israelische Groll gegen den langjährigen Präsidenten der Zionistischen Weltorganisation und des Jüdischen Weltkongresses, Nahum Goldmann, muß vor diesem Hintergrund gesehen werden; Goldmann verkörperte allmählich die Rolle des Diasporajuden, der sich selbst als Vermittler sah, den Israel als »Alibijuden« oder böswilliger als »Hofjuden« bezeichnete.

Im bundesdeutschen Judentum gab es diesen Typus ebenfalls, und jeder einzelne beanspruchte für sich, eine wichtige »Brückenfunktion« zwischen Israel und der Bundesregierung ausgeübt zu haben. Besonders auffallend wirkte Karl Marx, der frühere Herausgeber der »Allgemeinen Wochenzeitung der Juden« in Deutschland, in dieser Rolle: Vor den Kulissen erklärte er in zahlreichen Artikeln Israel gegenüber immer wieder die guten deutschen Absichten und mahnte zu Mäßigung; hinter den Kulissen ermutigte er bundesdeutsche Politiker nicht selten, den Israelis nicht nachzugeben. In den Wiedergutmachungsverhandlungen, auch später, entsprach dies keineswegs dem politischen Geschmack der Israelis. Während der Kontroverse zwischen Jerusalem und Bonn über die in Ägypten tätigen deutschen Raketenexperten ermutigte Marx im Juli 1964 das Bundeskanzleramt in internen Gesprächen, »einen klaren und gut begründeten Standpunkt gegenüber den Forderungen Israels« einzunehmen. Er »bemühe sich, jüdischen und insbesondere israelischen Kreisen gegenüber immer wieder zu erklären, daß ihre Forderungen an die Bundesregierung auf Erlaß eines Gesetzes unberechtigt seien«. Außerdem handle es sich bei den Fachleuten nicht um »Nazis«, und die Tätigkeit dieser Männer sei »weit weniger gefährlich, als wenn dort etwa Wissenschaftler aus dem Ostblock tätig wären«. Nicht nur Israelis mißfiel diese manchmal erkennbare, oft vermutete Alibifunktion; auch Diasporajuden, die der Bundesrepublik durchaus wohlwollend gesonnen waren, zum Beispiel das »American Jewish Committee«, verübelten diese Art hofjüdischer Willfährigkeit. Dort kommentierte man schon im Dezember 1949 Marx' Haltung gegenüber Adenauer als »übersprudelnde, dankbare Unterwürfigkeit«.

Sichtbarer, wirksamer und stärker verinnerlicht ist beim bundesdeutschen und diasporajüdischen Gemeindemitglied freilich weniger die Rolle des Alibi- oder Hofjuden als vielmehr die Israel-Fixierung, der »Israelismus«. Daß der jüdische Staat das Judentum, zumindest dessen allgemeinen Willen verkörpert, haben offenbar nicht nur die meisten Diasporajuden verinnerlicht, sondern auch zahlreiche Nichtjuden. Wie sonst kann man es sich erklären, daß immer wieder die Adjektive »jüdisch« und »israelisch« in der Berichterstattung über den Nahen Osten gleichgesetzt oder beliebig ausgetauscht werden? Bei den einheimischen Diasporajuden, natürlich auch in Deutschland, wird dieser »Israelismus« weitgehend vorausgesetzt.

Der »Israelismus« hat zwei Merkmale, ein mehr oberflächliches, außenpolitisch vor allem in den USA keinesfalls unwichtiges, und ein tiefer gehendes, substantielles: Das oberflächliche betrifft die Unterstützung Israels im Konflikt mit den Palästinensern und den arabischen Staaten. Die Unterstützung Israels durch die Diasporajuden, besonders die US-jüdischen, war bis zur Sadat-Initiative (1977) fast ungebrochen und danach immer noch außerordentlich stark. Dies ist auch diejenige Ausprägung des Israelismus, die die nichtjüdische Umwelt fast axiomatisch erwartet, also die *Identifizierung* mit Israel.

Die substantielle Form des Israelimus betrifft die weitgehende Gleichsetzung von Israel und Judentum, letztlich die jüdische *Identität.* Versteht man unter Identität im ursprünglichen Wortsinn die vollkommene Gleichheit zweier Dinge, dann bedeutet die Gleichsetzung von Judentum und Israel zweifellos eine Einengung des Judentums. Denn unabhängig davon, ob man prozionistisch oder Israel gegenüber indifferent ist, wird man einräumen müssen, daß zwar Zion eine zentrale Bedeutung in der jüdischen Religions- und Geisteswelt zukommt, doch mit dem Judentum nur teilidentisch ist. Israelismus als jüdische Identität bedeutet letztlich die vollständige Verweltlichung des Judentums. Wenn Gott »tot« ist, hat man wenigstens einen Götzen. Die antizionistische Orthodoxie hat diese Gefahr übrigens sehr früh erkannt und Zionismus als »Gotteslästerung« bekämpft, zumal es ohnehin nicht die Aufgabe des Menschen sei, in »Gottes Werk«, in den Gang der Geschichte, einzugreifen.

Nein, an jüdischen Inhalten und Informationen bestand in der bundesdeutschen und allgemeinen Diaspora (natürlich auch in Israel) kein reges Interesse, und wie viele ihrer nichtjüdischen Mitbürger den Kirchenbesuch meiden, umgehen die meisten Juden die Synagoge. In den letzten Jahren mehren sich allerdings in den USA, in Großbritannien und Frankreich, sogar in der Bundesrepublik Zeichen eines neuen Interesses an jüdischer Religion.

Man erkennt allmählich, daß jüdische Identität nicht nur aus jüdischer Solidarität besteht.

Der Oberrabbiner der britischen Juden, Immanuel Jakobovits, hat die Gefährdung jüdischer Diasporaidentität durch Israelismus erkannt und schon bevor innerjüdische Kritik an Israel Konjunktur bekam, also vor der Sadat-Initiative, nämlich im Dezember 1976, davor gewarnt, den übereifrigen Siedlern im Westjordanland nachzueifern: Die »Lebensqualität« im jüdischen Staat sei wichtiger als die Frage seiner Grenzen. Im Februar 1980 wollte er sogar die Gründung eines Palästinenserstaates im Westjordanland und Gaza-Streifen mit Ostjerusalem als Hauptstadt nicht mehr als mögliche Konfliktlösung ausschließen. Äußerungen dieses Inhalts wären von Vertretern des bundesdeutschen Judentums völlig undenkbar. Den britischen Oberrabbiner und den Zentralrat der Juden in Deutschland trennen demnach nicht nur in Bezug auf die erwähnte Holocaust-Interpretation Welten. Der britische Oberrabbiner hat nämlich erkannt, daß extremer Israelismus die Diaspora in israelischen Extremismus, zumindest in innerisraelische Konflikte hineinziehen könnte. Anschauungsunterricht erhielt man 1987: Sowohl Israels Außenminister Peres als auch Ministerpräsident Schamir mobilisierten ihren jeweiligen Anhang bei den US-Juden, um mit ihrer Hilfe die eigene innenpolitische Position in der Palästinenserpolitik zu stärken.

Seit der Sadat-Initiative 1977, das heißt, seit den Auseinandersetzungen um die richtige Friedenspolitik, ist Israel selbst hierüber gespalten, und die innerisraelische Polarisierung schwappte inzwischen auf die Diaspora über. Innerisraelische Polarisierung und Politik provozierte in der Diaspora zunehmend Israel-Kritik; in Deutschland gilt dies freilich nur in Bezug auf Rand-, nicht Führungs- und Mehrheitsgruppen.

Grundsätzlich ist deutsch-jüdische Israel-Kritik außerordentlich schwierig, denn mit Sicherheit würden die israelitischen Diasporajuden und erst recht die israelischen Falken auf die deutschen Juden zeigen und sagen: »Auch ihr? Ausgerechnet ihr, die ihr im Land der Judenmörder lebt, wagt es ...?« Die gegenwärtige Polarisierung in den Diasporagemeinden erinnert an die vor dem Holocaust alltägliche Spannung zwischen Zionisten und Antizionisten; sie ist jedoch nicht mit ihr identisch, da sich heute nicht Zionisten und Antizionisten gegenüberstehen, sondern weniger und mehr Israel-kritische Gemeindejuden.

Noch würde sich die Mehrheit der jüdischen Israel-Kritiker nicht als antizionistisch bezeichnen. Die Gründe hierfür haben wir erwähnt. Doch ausgelöst durch die Sadat-Initiative und verstärkt durch den Libanonkrieg gegen die PLO sowie die israelische Besatzungspolitik stellt sich erstmals seit der Gründung des Staates Israel die Frage nach der jüdischen Diasporaidentität anders, nämlich weniger israelitisch; mit anderen Worten: Auf der Suche nach dem verlorenen Judentum blickt man nicht mehr vor allem auf Israel, sondern auf und in sich selbst; die Diaspora emanzipiert sich von Israel.

Ordnet man diese Entwicklung in die gesamte jüdische Geschichte ein, so stellt man fest, daß diese Identifizierungs- und Identitätsproblematik: »Hier Diaspora, dort jüdischer Staat« nicht neu, sondern uralt ist. Sie ähnelt der Periode des Zweiten Tempels (516 v. bis 70 n. Chr.), in der es außer Zion zwei weitere jüdische Zentren gab: Das eine in Babylon, das andere in Ägypten. Im Gegensatz zur Diaspora der Gegenwart, besonders der westeuropäischen und erst recht der bundesdeutschen, besaß die Diaspora der Vergangenheit ihre eigene Identität.

Das Judentum steht heute zweifellos an einem Scheideweg; die Weichen werden neu gestellt, langfristig auch für das deutsche Judentum. »Was ist jüdische Existenz?« lautet heute die altneue Seins-Frage des Judentums. Und die Anschlußfrage: »Wo kann, wo soll jüdische Existenz bestehen?« Daß die Antwort keineswegs eindeutig ist, belegt die 2500 Jahre währende Diasporageschichte, in der Juden trotz aller Widrigkeiten als Juden überlebt haben.

Zugleich wird die Antwort auf diese Frage darüber entscheiden, ob das Judentum an seine kosmopolitische Diasporatradition oder an die Tradition der Zeloten in Zion, also der nationalistischen Eiferer, anknüpft.

Sollte die Entscheidung zugunsten der Nationalisten ausfallen, würden die Juden endgültig zu dem werden, was die Orthodoxie vermeiden, der Zionismus erreichen wollte: »Wie alle Völker« zu sein. Für den religiösen Bereich, der im Judentum vom politischen kaum zu trennen ist, stellt sich dann sofort eine neue Frage: »Wie kann religiös der Anspruch auf die Auserwähltheit aufrechterhalten werden?« Die jüdische Orthodoxie reagiert auf diese Entwicklungen verständlicherweise beunruhigt. Die Verwirklichung der Zelotenideologie, so der britische Oberrabbiner Jakobovits, hätte schon einmal, im »Jüdischen Krieg« gegen die Römer (66–70 n. Chr.), nicht nur das Ende des jüdischen Staates, andern auch das Ende des Jüdischen Volkes bedeutet und zu, wie er es nannte, »nationaler Euthanasie« geführt. Sinngemäß hieße es: Sterbehilfe für Religion, Volk und Staat durch Nationalismus. Die Tatsache, daß viele israelische Siedlungsfanatiker orthodoxe Juden sind, widerlegt die These nicht; sie beweist nur, daß diese Eiferer ihr Handeln nicht in allen Konsequenzen bedacht haben. Die Tragödie Israels besteht aber darin, daß es ohne ultranationalistische Eiferer vielleicht gar nicht überleben kann und allein mit Kosmopolitismus schon gar nicht.

Der Israelismus ist für die traditionelle Führung der bundesdeutschen und anderer Diasporagemeinden eher eine Herausforderung von außen. Inzwischen muß sich diese Führung einer Herausforderung, zumindest einer Opposition von innen stellen: Diese Opposition wird in der Regel von jüngeren Akademikern getragen, die zumeist der 68er oder der Öko-Generation angehören. Viele sind nicht oder nicht mehr Mitglieder der Gemeinden. Ihre Einstellungen und Meinungen über Deutschland faßt das von Broder und Lang herausgegebene Buch »Fremd im eigenen Land« zusammen. Hervorstechend ist ihre Kritik am Israelismus, an der mangelnden demokratischen und geistig-geistlichen Legitimierung der jüdischen Repräsentanten, an deren Israel-Orientierung, der amtsjüdischen Unterwürfigkeit gegenüber bundesdeutschen Politikern, am mangelnden Verständnis für aktionistische »Basispolitik«. Auch die antiintellektuelle Einstellung der Gemeinden und ihrer Führung wird bemängelt, und dieser Antiintellektualismus im »Volk des Buches« ist gewiß ein Bruch mit der jüdischen Tradition. Dennoch hat auch der Antiintellektualismus der Gemeinden Tradition. Man denke an die Haltung der Amsterdamer Gemeinde dem großen Philosophen Spinoza gegenüber. Er wurde sozusagen exkommuniziert. Ob und wie lange gerade kleine Gemeinden wie die deutschen sich diesen antiintellektuellen Luxus leisten können, bleibt abzuwarten.

Die ständige jüdische Selbstbespiegelung wird von vielen jüdischen »68ern« als abstoßend empfunden. Viele polemisieren gegen das beschriebene »Wir-guten-Opfer-Ihr-bösen-Verfolger«-Weltbild und entdecken in ihrer Umwelt weniger Antisemitismus als die Gemeindejuden.

In Frankreich hat sich die Führung von ihrer potentiellen Mitglied- und Anhängerschaft schon so weit entfernt, daß nur rund ein Drittel aller Juden den Gemeinden angehören. In Deutschland hat sich nur die Hälfte der Juden den Gemeinden angeschlossen. In Großbritannien sieht es besser aus: dort ist die Mehrheit, etwa zwei Drittel, Gemeindemitglied.

Von der 68er Generation, auch den jüngeren, wird die jüdische Führung gedrängt, eine Politik zu betreiben, die etwas bewegt, die Menschen mobilisiert: zum Beispiel Demonstrationen zu organisieren gegen die Nahostpolitik der Europäischen Gemeinschaft. Dies hat man von der nichtjüdischen Umwelt gelernt: Außerparlamentarische Opposition, Aktionen und (Massen-) Demonstrationen. Guy de Rothschild, ein Vertreter der alten Führung, hat diese Forderung 1980 mit einem unwiderlegbaren Argument abgelehnt: »Man spielt nicht Massenaktionen, wenn man keine Massen hat.«

Die bundesdeutsch-jüdische Variante massenloser Massenpolitik erlebte man 1985 in Frankfurt bei den Auseinandersetzungen um das vermeintlich antisemitische Theaterstück von Fassbinder. Die nicht Bilder, aber Theater stürmenden Aktionen waren in den Augen ihrer Organisatoren ein Erfolg, in den Augen ihrer Gegner ein Beleg für den »enormen jüdischen Einfluß«. Die vermeintlichen Massenaktionen wurden, Umfragen zufolge, nur von einem Viertel der Bundesbürger gebilligt. Den Zustimmungsrekord von 54 Prozent registrierte man bei Wählern der Grünen, die ohnehin diesen Methoden der »68er« aufgeschlossener gegenüberstehen, was sie und andere eher Linke freilich auch nicht davor schützte, von einem zitierten jüdischen »68er« als »Kinder eurer Väter« beschimpft zu werden. Dabei genoß, wie Umfragen zeigten, die grundsätzliche Position der jüdischen Protestler durchaus allgemeine Sympathie: Nur ein Drittel der Bevölkerung sprach sich dafür aus, das Fassbinder-Stück aufführen zu lassen.

Fleißig hatten die jüdischen Aktionisten Sympathien verscherzt und selbst an einer uralt-neuen Legende gestrickt: der Legende von der Allmacht der Juden; eine Legende, die oft als Vorwand für wahrhaft antisemitische Ausschreitungen gedient hatte.

Recht besehen bietet die Gruppe der jüdischen Akademiker – zu der sich auch der Verfasser zählt – keine eigenständige Alternative, eher einen jüdischen Aufguß nicht jüdischer 68er- und Ökorezepte. Sie kümmert sich mehr um Aktion und Identifikation als um Tradition oder gar Religion und weicht damit dem eigentlichen Problem der Diaspora aus: dem Problem jüdischer Identität.

Dennoch: Man unterschätze nicht die Erneuerungskraft des deutschen Judentums. Die organisatorische Aufbauleistung aus dem Nichts ist beachtlich. Man konnte nicht alles gleichzeitig anpacken, Außen- und Innenarchitektur des alt-neuen Gebäudes gleichermaßen gestalten. Vielleicht kommt es doch zu einer geistigen Erneuerung wie im deutschen Judentum des 18. und 19. Jahrhunderts? Vielleicht.

Vergleichen wir wieder den alten Text mit neueren Entwicklungen. »Der Mensch lebt nicht vom Brot allein« – aber gerne auch vom guten Essen. Jener Franzose, der nicht darauf brannte, nach Israel einzuwandern, weil man dort schlecht esse, käme jetzt in Israel köstlich und mit hohen finanziellen Kosten (Israel ist teuer) auf seine Gaumen-Kosten. So läppisch dieses Detail scheint, es dokumentiert die deutlich gestiegene, westeuropäische Lebensqualität, die Israel inzwischen bietet. Die Lebensstil-bezogene und nicht nur durch den erstarkten europäischen Antisemitismus bedingte Anziehungskraft des Landes stieg. Nicht zu vergessen: Die lebenspralle Jugendlichkeit der jungen Gesellschaft, die, anders als Europa, kein Seniorenheim ist. Seite eins.

Seite zwei: Die Diaspora hat sich zunehmend von Zionismus und Israel emanzipiert. Das lag unter anderem am Erstarken der jüdischen Rechtsnationalisten, Religiösen und Orthodoxen, »Orientalen« und »Russen« sowie auch der Radikalisierung der Araber in der israelischen Gesellschaft. Besten Gewissens. Beide Seiten, Diaspora und Israel, hatten sich damit mehr oder weniger abgefunden, doch der seit der Jahrtausendwende enorm verstärkte, militante neue, dreifache rechts-, links- und islamisch-extremistische Antijudaismus löste in der Diaspora wieder eine zunehmende Israel-Orientierung aus. Tenor: »Man kann nie wissen, ob...«

Diese Entwicklung hat jedoch keine Flut von Neu- oder die Rückkehr von Alt-Mitgliedern in die jüdischen Gemeinden ausgelöst. Ganz im Gegenteil. Der innerjüdische Gemeindexodus hält an. Ausnahme 1: Die neoorthodoxe Chabad-Bewegung sowie die liberalen Gemeinden. Diese, weil sie anders als die meisten eher pro forma traditionell religiösen Altgemeinden mehr Intellektualität und Weltoffenheit bieten – und weniger Gemeinde»mief«. Wobei dieser Geruch in Gemeinden kein jüdisches Privileg ist. Gemeinden sind Mini-Gemeinschaften, wo jeder jeden kennt, was nicht jedem bekömmlich ist. Echte geistige Anregungen findet man selten in Gemeinden gleich welcher Religion.

Was man jedoch findet: Behaglichkeit einerseits und Rangeleien, Eifersüchteleien, Klatsch und Tratsch andererseits. Manche mögen's. Wo in Deutschland die Religionen sehr wohl Intellektualität und nicht »nur« Spiritualität bieten, das sind die Akademien. Der Zentralrat hat das erfreulicherweise und selbstkritisch erkannt. Eine Jüdische Akademie wird gegründet. In Frankfurt am Main soll sie Ende 2023/Anfang 2024 eröffnet werden.

Passé ist das moralische Rechtfertigungsproblem für in Deutschland lebende, nach Deutschland kommende Juden oder Israelis. Berlin genießt in der tatsächlich oder vermeintlich progressiven Szene Kultstatus. Selbst die »Ungemütlichkeiten« plus, die dort Juden widerfahren, werden schnell und gerne vergessen. »Deutschland ist, nach Amerika, unser bester Freund.« Wahrnehmung ist nicht immer Wahrheit. Oder doch?

Schwurbelnd bleibt die Sprachregelung, Juden betreffend. »Jude«, so die Duden-Redaktion im Februar 2022, werde als »Schimpfwort« in Deutschland verstanden. Aufschlussreich: Seit knapp dreitausend Jahren hätten sich »die« Juden demnach selbst beschimpft. »Fachidioten« hätte man im 68er-Jargon die Duden-Erkenntnis genannt.

Was nun also: »Jüdinnen und Juden«. Genderdeutsch. Auch das mögen manche heiß, andere gar nicht. Folglich polarisierend, kein Konsens.

»Jüdische Mitbürger«? Gut gemeint, wegen der Vorsilbe »mit«. Aber sind Katholiken »katholische Mitbürger«? Wieder eine »Extrawurst« für Juden. Auch wohlwollend gemeinte Unterscheidung trennt. Warum nicht einfach »Bürger«, wenn nötig mit dem Zusatz »jüdisch«, doch wozu?

Deutsche Juden als Brücke nach Israel? Dieser Brücke bedürfen weder »die« nichtjüdischen Deutschen noch »die« Israelis. Tempi passati.

Prägt »Israelismus« immer noch »die« deutschen Juden? Dazu verweise ich auf meinen Text »Israel, die Orthodoxie oder das Nichts« sowie vorangegangene Ergänzungen in diesem Buch.

Können deutsche Juden, allen voran ihr Zentralrat, bei der Lösung des palästinensisch-israelischen Konfliktes helfen? Nein Danke, tönt es aus dem jüdischen Israel.

Können deutsche Juden Massen für ihre oder Israels Interessen mobilisieren? Eine Illusion. Zuletzt erlag ihr im September 2014 der deutschjüdische Zentralrat unter der Regie des damaligen Präsidenten Dieter (eigentlich David, aber aus Angst der Eltern Dieter genannt) Graumann. Im Juli 2014 hatten Palästinenser und ihre deutschen Anhänger auf dem Berliner Kurfürstendamm wild antijüdische Parolen gebrüllt. Die widerlichste: »Hamas, Hamas – Juden ins Gas.« Der Zentralrat rief zur »Demo« am Brandenburger Tor, und alle kamen. Alle Spitzenpolitiker: Bundespräsident Gauck, Kanzlerin Merkel, Oppositionsführer Gabriel, hohe Kirchenvertreter undundund. Doch die alle waren nur fast alle, denn es kamen eben nicht alle oder viele, sondern nur etwa fünftausend. Ein jämmerliches Bild. Was Kraft demonstrieren sollte, geriet zum Offenbarungseid der Kraftlosen. Nicht nur eine Blamage, sondern Bestätigung der im alten Buchtext zitierten französisch-jüdischen Weisheit: »Man spielt nicht Masse, wenn man keine Massen hat.«

»Zyniker haben keine Kathedralen erbaut«, klärte Henry Kissinger Anfang der 1970er-Jahre den Schweizer Schriftsteller Max Frisch auf. Gleiches gilt für den Aufbau jüdischer Gemeinden nach der Katastrophe des sechsmillionenfachen NS-Judenmordens. Dieser Aufbau bestand wahrlich nicht nur aus neu- oder wiedererrichteten Gebäuden, zumal gegen massiven »weltjüdischen« Widerstand. Alle Achtung! Gemäß dem talmudischen Spruch »Ohne Mehl keine Thora = Lehre« haben die Veteranen des neudeutschen Judentums für das »Mehl« gesorgt. »First things first.« Das Wichtigste zuerst. Häuserbau fängt auch nicht mit dem Dach an.

Das nach 1945 mühsam errichtete neue Haus wurde ab 1990 massiv erweitert und erneuert – für die »Russen«, die rund 200 000 »Russen«, die zunächst in die Gemeinden mit ihren damals etwa 28 000 Mitgliedern strömten. Man kann sich leicht das Chaos und die Konflikte vorstellen, die es in der gesamtdeutschen Gesellschaft gegeben hätte, wären, gemessen an den Alt-Einheimischen, proportional ebenso viele neue »Mitbürger« gekommen. Bei aller Kritik am jüdischen »Establishment« kann diese Leistung kann nicht hoch genug geschätzt und bewundert werden.

3.
Ohne jüdische Last? Anmerkungen zum deutsch-arabischen Verhältnis. Oder: der Ausweg als Holzweg

Zwischen Deutschen und Arabern gibt es die von beiden Seiten oft zitierte »traditionelle deutsch-arabische Freundschaft«. Wenn auf diese traditionelle deutsch-arabische Freundschaft so oft das Hohelied angestimmt wird, muß es sich wohl um angenehme Erinnerungen handeln, und bekanntlich ist die Erinnerung das einzige Paradies, aus dem wir Menschen nicht vertrieben werden können. Bei näherem Hinsehen entpuppt sich die traditionelle deutsch-arabische Freundschaft allerdings als weniger paradiesisch – für unser nachnationalsozialistisches Geschichts- und Selbstverständnis. Eine Kurztour durch die deutsch-arabische Geschichte im 20. Jahrhundert mag dies deutlich machen:

Vor dem Ersten Weltkrieg war die deutsche Nahostpolitik proosmanisch beziehungsweise protürkisch und damit automatisch gegen die Unabhängigkeitsbestrebungen der Araber gerichtet. Die Araber wollten sich nämlich von der türkischosmanischen Herrschaft befreien.

Nach dem Ersten Weltkrieg herrschte weitgehende Funkstille zwischen Deutschland und dem Nahen Osten. Naheliegenderes als den Nahen Osten gab es für die Außenpolitik der Weimarer Republik.

In der nationalsozialistischen Frühzeit änderte sich daran wenig, trotz der Bemühungen des »Außenpolitischen Amtes« der NSDAP und dessen Chefs Alfred Rosenberg, der im Kampf gegen den »Bolschewismus und das Weltjudentum« die Araber als Verbündete gewinnen und mit ihnen das britische Imperium im Nahen Osten schwächen wollte. Doch das Auswärtige Amt und vor allem Hitler selbst bremsten.

Der »Führer« hoffte bekanntlich bis 1939, eine Partnerschaft mit den »germanischen Blutsbrüdern« auf der britischen Insel schließen zu können. Von den nichtgermanischen, sondern semitischen Arabern hielt Hitler nicht viel: »Denken wir als Herren und sehen wir in diesen Völkern (er meinte die Araber, M.W.) bestenfalls lackierte Halbaffen, die die Knute spüren wollen«, erklärte er am 22. August 1939 hohen deutschen Militärs auf dem Obersalzberg.

Als 1939 die Konfrontation mit Großbritannien Wirklichkeit wurde, war Hitler trotzdem bereit, aus taktischen Gründen mit den »bestenfalls lackierten Halbaffen« gegen die Briten zu kooperieren. Der »Führer« unterstützte die palästinensische Nationalbewegung unter Amin el-Husseini, erwähnte die beide verbindende Feindschaft zu den Juden und erklärte sich zu Waffenlieferungen an Saudi-Arabien sowie zu Hilfeleistungen an antibritische Iraker bereit. Er versuchte, die arabische Welt gegen die britische Nahostmacht zu mobilisieren. Dabei entdeckte Hitler bei Amin el-Husseini im Jahre 1941 sogar »eine arische Physiognomie, blondes Haar und blaue Augen«, – wie sehr hatte sich doch diese »Rasse« in zwei Jahren verändert.

Nein, die traditionelle deutsch-arabische und deutsch-palästinensische Freundschaft ist, wenn tatsächlich die Tradition, also die historische Dimension, gemeint ist, kein Ruhmesblatt – für beide Seiten nicht.

Man denke zum Beispiel an die arabische Argumentation im Zusammenhang mit dem Abkommen über die deutsche Wiedergutmachung an Israel. Da wurde die Tatsache des Holocaust manchmal ebenso bestritten wie die Berechtigung der Juden und erst recht Israels, Entschädigung zu erhalten.

Man denke auch an den verstorbenen saudi-arabischen König Khalid. Dieser beschwor während eines offiziellen und öffentlichen Staatsbanketts am 27. April 1981 Bundeskanzler Helmut Schmidt, an die Tradition der deutsch-arabischen Waffenhilfe aus der Zeit der 30er-Jahre anzuknüpfen. Der Kanzler hörte schweigend zu, und der saudische Herrscher dürfte wohl kaum an die »bestenfalls lackierten Halbaffen« gedacht haben als vielmehr an das damalige Waffengeschäft. Dieses Geschäft konnte übrigens nie verwirklicht werden, weil Hitlers Zusage im Juni 1939 erfolgte und danach der Transport ins Königreich unmöglich wurde.

Man denke auch an die saudische Zeitung *Al-Riyad*, die im September 1986, nach dem grausamen Terrorüberfall auf die Synagoge in Istanbul, Israel beschuldigte, dieses Massaker verübt zu haben: »Die zionistischen Gruppen, die ihrer höheren Ziele wegen auch zu den Attacken gegen die Juden in der Nazizeit beigetragen haben«, schrieb die Zeitung, zögerten auch heute nicht, Synagogen anzugreifen.

Man denke auch an die proiranisch-libanesische Hisballah-Organisation, die im März 1986 zwar nicht die Bundesrepublik Deutschland, aber Frankreich beschuldigte, vom »jüdischen Bazillus infiziert« zu sein und sich auf die Echtheit der »Protokolle der Weisen von Zion« berief; eine »Quelle« übrigens, die auch woanders im Nahen Osten zitiert wird, als Klassiker der antisemitischen Literatur gilt und den Juden unterstellt, die ganze Welt erobern und unterjochen zu wollen.

Die Beschwörung des Geistes der »traditionellen« deutsch-arabischen Freundschaft führt demnach geradewegs in die Fußangel der Geschichte. Der Ausweg aus der deutsch-jüdischen über die deutsch-arabische Vergangenheit erweist sich als Holzweg.

Bundesdeutsche Arabienpolitik ist aufgrund der bisherigen arabischen Haltung gegenüber Israel (es mehren sich Zeichen des Wandels) immer nahe daran, die antiisraelischen und antijüdischen Ressentiments massiv zu unterstützen – und riskiert, dort wieder anzufangen, wo die »traditionelle deutsch-arabische Freundschaft« begann: im Dritten Reich. Während die deutsch-arabischen Beziehungen auch unausgesprochen an alte Bande knüpfen, reißen die deutsch-israelischen Beziehungen alte Wunden auf.

Deutsche Arabien- oder Iranpolitik bietet genauso wenig Auswege aus der deutschen Geschichte wie deutsche Israelpolitik. Für das nachnationalsozialistische Deutschland entsteht bei der Arabienpolitik die Peinlichkeit, daß insbesondere die Geschichte der Jahre 1933 bis 1945 als verbindender Faktor angeführt wird.

Israelpolitik bedeutet die schmerzhafte, doch für die Bundesrepublik notwendige Auseinandersetzung mit der eigenen Geschichte.

Zwischen Peinlichkeit und reinigendem Schmerz gilt es zu entscheiden. Das soll und kann keine praktisch-politische Alternative sein, denn Arabienpolitik ist häufig rein pragmatisch. Sie ist es aber nicht mehr, wenn die traditionelle deutsch-arabische Freundschaft besungen wird. Denn wer diesen Geist beschwört, muß gleichzeitig Teufelsbeschwörer sein.

Zahlreiche Einzelheiten könnte man ergänzen, sie ändern jedoch nicht das Gesamtbild. Die geohistorischen Zusammenhänge der NS-deutsch-arabisch-palästinensischen Zusammenarbeit beschreibt Dan Diner (»Ein anderer Krieg«) bislang unübertroffen.

Unbedingt zu ergänzen wäre dies: Die NS-deutsch-islamische, nicht nur -arabische, Allianz im Zweiten Weltkrieg wirkte sich auch auf die innerwest- und dann gesamtdeutsche Entwicklung aus. Bis hin zum islamistischen Netzwerk im gegenwärtigen Deutschland und Westeuropa. Stefan Meining hat hierzu bemerkenswerte Recherchen durchgeführt und deren beängstigenden Ergebnisse in seinem Buch »Eine Moschee in Deutschland« beschrieben. Die vermeintlich »tote Geschichte« erweist sich einmal mehr als quicklebendig. Hieraus ergibt sich eigentlich eine gemeinsam zu bewältigende deutsch-arabisch-islamische Vergangenheit.

Ähnliches gilt für die Tatsache, dass viele »Alte (NS-)Kämpfer« nach 1945 vor allem in Ägypten und Syrien Unterschlupf fanden. Darunter auch deutsche Raketenspezialisten. Was Hitlers »Endlösung« nicht geschafft hatte, wollten sie gemeinsam bis weit in die 1960er-Jahre mit alten Freunden in der arabischen Welt gegen den Jüdischen Staat vollenden. Ironie (?) der Geschichte: Seit 1955 war die Sowjetunion, das staatliche Hauptopfer des nationalsozialistischen Deutschland, der politische und militärische Protektor Ägyptens und Syriens sowie, bald danach, auch, damals anderer israelfeindlicher arabischer Staaten. Eine selten erkannte und noch seltener benannte Variante des Hitler-Stalin-Paktes vom August 1939. Bei genauerer Betrachtung war die Neuauflage gar nicht wirklich überraschend, denn es war nicht Stalin, der jenen Teufelspakt gebrochen hatte, sondern Hitler mit seinem Überfall auf die UdSSR am 22. Juni 1941. Auch aus dem NS-deutsch-arabischen Teufelspakt 2 nach 1945 ergibt sich eigentlich eine gemeinsam zu bewältigende deutsch-arabisch-islamische Vergangenheit.

Weder die erste, von Stefan Meining aufgedeckte, altneue Gewaltverbindung noch die zweite der alten Kämpfer in Ägypten und Syrien findet ihren Niederschlag in der deutschen Gedenk»kultur«. Immer wieder werden neudeutsch-islamische Bürger (Amts- und Mediendeutsch: »Mitbürger«) aufgefordert, sich an der deutschen Erinnerung, »Gegen das Vergessen« zu beteiligen. Wie sollen sie? Kein Mensch vermittelt ihnen die Fakten. Stattdessen hören sie nur, dass »damals« »die« Deutschen, also die Altddeutschen, schwere Verbrechen an den Juden begingen. Wieso sollten oder könnten sie als Neudeutsche mit vermeintlich ganz und gar unbeteiligten Vorfahren als Nachfahren »Verantwortung übernehmen« und sich am Gedenkritual beteiligen? Nein, nicht die deutschen Muslime haben hier zu »liefern«, zunächst sind die Nachfahren der Altdeutschen am Zug.

Das wiederum geschieht nicht. Aus gutem Grund, meinen Gutwillige, die damit nur Schlechtes bewirken. Sie fürchten (sofern sie selbst jene Fakten kennen), dass deren Vermittlung sie dem Vorwurf der Holocaust-Relativierung aussetzen würde. Es wird auf absehbare Zeit bei der gut gemeinten, schlecht gedachten und daher schlecht gemachten deutschen Gedenk»kultur« bleiben. Wer nicht den Mut hat, »sich seines eigenen Verstandes zu bedienen«, und »Aufklärung« nur als Vokabel im Mund führt, darf sich nicht wundern, dass und wenn Aufklärung nicht erfolgt.

BILANZ:

ENTKRAMPFUNG OHNE ENTSORGUNG

Schon in den 50er-Jahren war Israels Ministerpräsident Ben-Gurion bereit, in der Bundesrepublik ein neues Deutschland zu erkennen. Damals widersprachen ihm die meisten Israelis und Diasporajuden, Politiker ebenso wie Nicht-Politiker; ihre Einstellungen und Verhaltensweisen waren geprägt von der Vorstellung der »ewigen Schuld« der Deutschen. In Deutschland selbst schimmerte unter dem neudeutschen Anstrich noch altdeutsche Farbe durch; hielten bis Anfang der 50er-Jahre rund zehn Prozent Adolf Hitler für einen »großen Staatsmann«, erkannten nicht, daß er eigentlich zwei »Endlösungen« auf dem Gewissen hatte: die »Endlösung« der Judenfrage und den Verrat am eigenen Volk (Sebastian Haffner), daß er im Krieg gnadenlos bluten und »verheizen« ließ. Die Stumpfheit gegenüber dem fremden, jüdischen Leid wurde durch die Blindheit in Bezug auf diesen Verrat ergänzt.

Inzwischen hat sich nicht alles, aber sehr viel geändert, in Westdeutschland und in der jüdisch-israelischen Welt. Den Bemühungen der Verkrampften und Gestrigen zum Trotz wird die Mauer der wechselseitigen Dämonisierung und Tabuisierung langsam abgetragen, ohne daß sie bisher vollständig beseitigt worden wäre; in die zwischenstaatliche Geschichtspolitik ragt sie häufiger und höher als in den Bereich der Alltagspolitik.

In der Alltagspolitik werden, anders als in den internationalen Beziehungen und in der Welt der Ideologen auf beiden Seiten, Antisemitismus ebenso wie Antigermanismus, politische Mechanik und politischer Biologismus seltener angewendet. Immer mehr Israelis zeigen sich Deutschland gegenüber entkrampft; die Umfragen und Ströme israelischer Touristen in die Bundesrepublik dokumentieren diesen Wandel; die Zahl der sogenannten Mischehen zwischen Juden und Nichtjuden steigt, was einerseits ein Problem für das jüdische Kollektiv ist, andererseits beweist, daß sich beide Seiten einander geöffnet haben, das praktisches Miteinander einstiges ideologisches Gegeneinander besonders auf der privaten Ebene verdrängt hat.

In dem Maß, in dem sich der politische Alltag und die Enthistorisierung in der jüdisch-israelischen Gesellschaft Bahn brechen, wächst mit der »Vergegenwärtigung« die Selbstverständlichkeit der westdeutsch-jüdisch-israelischen Beziehungen. Zwar erkennt die bundesdeutsche Öffentlichkeit durchaus die Besonderheit dieser Beziehungen an; sie überträgt sie allerdings nicht auf die nach dem Holocaust geborenen Juden oder den Staat Israel, der für sie weitgehend ein »Staat wie jeder andere« geworden ist.

Der politisch-zwischenstaatliche Umgang jedoch entspricht nicht dieser gesellschaftlichen Entwicklung. Die bundesdeutschen Politiker haben einsehen müssen, daß die beschriebene Vergegenwärtigung der deutsch-jüdischen Vergangenheit von Juden und Nichtjuden nicht widerspruchslos hingenommen wird. Bei der Beschreibung des Antigermanismus haben wir versucht, die Gründe hierfür zu erklären: Wenn es zu alltags- oder gar geschichtspolitischen Meinungsverschiedenheiten zwischen Deutschland und dem Ausland kommt, eignet sich der Holocaust als Instrument gegen Deutschland, und keiner gibt wirkungsvolle Geräte aus der Hand, auch und gerade nicht in der Politik. Lamentieren und trotzig Gestriges sind dennoch auf der deutschen Seite unangebracht, vor allem aber ineffektiv, denn die bundesdeutsche Wirtschaft benötigt das Ausland und dessen Bereitschaft, deutsche Güter zu kaufen; der deutsche Wohlstand hängt auch vom Wohlwollen der anderen ab. Nun hat es gerade das westliche Ausland der Bundesrepublik Deutschland von Anfang an nicht besonders schwer gemacht; schon bald war sie in der illustren Runde der westlichen Staaten wieder hoffähig und keiner hatte dafür den Nachweis der Wiedergutmachung gefordert; bundesdeutsche Wiederbewaffnung war dem Westen wichtiger als Wiedergutmachung an Israel und den Juden. Der »gebückte Gang« des deutschen Michels ist Legende; er ging schon sehr früh aufrecht, und würdevoller als viele neben oder nach ihm schritt Konrad Adenauer. Durch die Bereitschaft zur Sühne und ohne sich selbst zu verleugnen errang er für sich und sein Land neue Würde. In Österreich belächelte man diese Haltung – damals; in der DDR polemisierte man gegen sie – um Mitte der 80er-Jahre ihre gesamtdeutsche, doch auch ihre außenpolitische Notwendigkeit und Wirksamkeit zu erkennen.

Für seine Geschichtspolitik zugunsten Israels und der Juden nahm Adenauer schon in den 50er-Jahren deutsch-amerikanische Turbulenzen in Kauf; es sollten die ersten, nicht die letzten sein, denn Israel erwies sich oft als Störfaktor insbesondere der deutsch-amerikanischen Beziehungen.

Daß israelische und diasporajüdische Politiker geschichtspolitische Entkrampfungen weniger zulassen, Schutzwälle der Tabuisierung und Dämonisierung- den Warnungen Ben-Gurions zum Trotz – benötigen, ist nicht auf Antigermanismus zurückzuführen. Sie brauchen den Holocaust und damit Deutschland als Instrument und Inhalt der Stiftung eines jüdischen Wir-Gefühls, also der Stiftung jüdischer Identität und Identifizierung. Da auch für die meisten Juden »Gott tot« ist, wirkt die Religion und Tradition nicht mehr als innerjüdisches Bindemittel; jüdische Leidensgeschichte, für die der Holocaust und Deutschland Kürzel sind, ersetzt die jüdische Religion und Heilsgeschichte. Diese Historisierung führt damit ungewollt zur inhaltlichen Entjudaisierung der Juden und des Judentums. Genau davor hatten Ben-Gurion und die jüdische Orthodoxie immer wieder gewarnt. Allmählich wurde diese inhaltliche Entleerung erkannt, und nicht zuletzt deswegen wenden sich mehr Juden der Orthodoxie zu und von den Funktionären in Israel und der Diaspora ab. Ob die orthodox-jüdische Alternative die Identitätskrise Israels und der Diaspora lösen kann, ist freilich ebenso zweifelhaft, denn die guten Antworten von gestern taugen nicht unbedingt heute und morgen; so sind einstweilen nur der Holocaust und der Antigermanismus gesamtjüdische Bezugspunkte. Damit liegen jedoch die Voraussetzungen für den nächsten deutsch-jüdischen Zusammenstoß bereit, der von der politischen auf die gesellschaftliche Ebene überschwappen könnte, bleiben Juden und Deutsche aneinander gekettet, schneidet jeder Fluchtversuch diese Ketten tiefer ins Fleisch.

Die Politiker und Funktionäre auf beiden Seiten scheinen ratlos; sie pflegen Rituale, die grundsätzlich sowohl sinnvoll als auch notwendig sind, doch durch inflationären und gedankenlosen Gebrauch zur leeren Hülse wurden: Deutsche Politiker pilgern zur Holocaust-Gedenkstätte Jad Waschem in Jerusalem, ihre israelischen und diasporajüdischen Kollegen nach Bergen-Belsen oder Dachau – und das alles zwischen Flugplatz, »cocktail party«, »small talk«, Verhandlungen und Staatsbanketten, bei denen sich die Tische biegen. Makabre Geschmacklosigkeiten! Einen neuen deutsch-israelisch-jüdischen Rekord stellte Bundesaußenminister Genscher im Januar 1988 auf: In nur sechsundzwanzig (oder waren es gar achtundzwanzig?) Stunden bewältigte er dieses Programm. Wer Rituale so veranstaltet, verunstaltet sie zur Farce, das Mahnmal wird zur Karikatur, die Opfer werden entwürdigt.

Wie überlegt-überlegen und zugleich geschichtsbewußt war dagegen der ehemalige Intendant des Berliner Schiller-Theaters, Boleslaw Barlog, als er sich 1965 weigerte, die von Peter Weiss verfaßte Dramatisierung des Auschwitz-Prozesses aufzuführen. Von Kritikern nach den Gründen gefragt, antwortete er: »Auschwitz auf der Bühne und dann in der Pause womöglich auch noch Würstchen!«

Dem Ritual der Gewohnheiten entspricht das Ritual um Begriffe: Normalität? Besonderheit? Besondere Normalität? Schuld? Verpflichtung? Verantwortung? Einmaligkeit? Einzigartigkeit? Und so weiter und so weiter. Inhalte? Nein, meistens Worthülsen!

Die früheren Auflagen von »Ewige Schuld?«, die deutsche seit 1988 sowie die amerikanische, britische und japanische 1993 und 1995, sind aus der heutigen Sicht ein zwar kritischer, doch liebevoller Abgesang auf »die gute, alte« Bundesrepublik Deutschland. Ich halte mir zugute, diese kritische »Liebe« (besser: Verbundenheit) ungeschützt und früher als viele (Mit-)Bürger geäußert zu haben. Wegen der Selbstbezeichnung als »(bundes) deutschjüdischer Patriot« wurde ich zumindest symbolisch von Vor-, Nach- und Mitläufern des Zeitgeistes geradezu gesteinigt. Ich habe es überlebt, und so mancher Steinewerfer von damals überzuckert heute die vom ihm und seinesgleichen arg geschmähte »BRD«. Nostalgie. Oft biografisch bedingt. Man wird alt. Manchmal auch verspätete Einsicht. Sei's drum.

An den Grundaussagen von damals denke ich festhalten zu können. Das ist die eine Seite. Die andere: Ich habe die alte Bundesrepublik nie für das Paradies auf Erden gehalten, wohl aber – und auch heute – für den besten deutschen Staat, den es je gab.

Dass die alte Bundesrepublik eine geradezu beispielhafte, stabile Demokratie wurde – und in ihrer Kontinuität trotz erheblicher Defizite auch die neue, vereinigte blieb –, grenzt an ein Wunder. Die alten Nazis, Täter und Mitläufer, durften und haben gemeinsam mit NS-Opfern, daheimgebliebenen und zurückkehrten, Exilanten und den sehr wenigen Widerständlern diese geradezu mustergültige Demokratie aufgebaut. Die alten Nazis samt ihren Mitläufern nicht aus Überzeugung, sondern aus Opportunismus, mangels Alternativen. Die Machtfrage war geklärt. Woraus wir lernen: Erst kommt die Macht, dann die Moral. Zynisch, aber wahr. Die zynische Wahrheit sei personifiziert. Hans Globke – denken und sagen wohl die meisten, weil sie seinen Namen erstens mit dem Kommentar zu den unsäglichen Nürnberger Gesetzen verbinden und zweitens mit seiner Tätigkeit als Graue Eminenz (»Strippenzieher«) in Konrad Adenauers Bundeskanzleramt. Natürlich, schlimme, alte Nazis an Schaltstellen der Macht im neuen, westlichen Deutschland. Vorsicht, der »Fall Globke« ist erheblich komplexer als gemeinhin behauptet. Sonst hätte gerade Israels Staatsgründer Ben-Gurion laut und deutlich seinen Fall verlangt.

Wie wahr jene zynische Wahrheit ist, zeigt, neben unzählig vielen, das Beispiel von Theodor Maunz (1901–1993). Jedem deutschen Juristen ist »der Maunz/Dürig« (später »Maunz/ Dürig/Herzog/Scholz«) bekannt, der Standardkommentar zum Grundgesetz, das zu Recht als bundesdeutschdemokratische Ikone gilt. Der Starjurist Maunz gehörte zu den »Vätern« (korrekt: und Müttern) dieses Grundgesetzes. Er war 1948 Mitglied des Herrenchiemseer Verfassungskonvents und wusste dadurch genau, was die Schöpfer der bundesdeutschen Verfassung gewollt hatten. Maunz, müsste man also denken, eine Idealbesetzung. Müsste, gäbe es da nicht ein Problem. Kein kleines, sondern ein großes: Maunz gehörte auch in der NS-Zeit zur ersten Juristen-Garnitur. Einträchtig saßen Maunz und einige seinesgleichen in Herrenchiemsee neben ausgewiesenen NS-Gegnern und -Opfern. Gemeinsam schufen sie die mustergültige bundesdeutsche Verfassung. Wie war das möglich? Fragt man sich und findet (ich jedenfalls finde) nur zwei Antworten: Erstens die berühmt-berüchtigte Konrad-Adenauer-Weisheit: Andere Leute gab es nicht. Zweitens den realistisch-resignativen, scheinzynischen Satz: Erst kommt die Macht, dann die Moral. Wer meint, dass Maunz' Karriere nach dem Verfassungskonvent beendet war, irrt. Der »gute Mann« amtierte von 1957 bis 1964 als Bayerischer CSU-Kultusminister. Als 1964 seine NS-Vergangenheit »entdeckt« wurde, musste er zurücktreten, behielt aber seine Professur an der ach so renommierten Münchener Universität. Schlimmer noch: Nach seinem Tod stellte sich heraus, dass er bereits in den 1960er-Jahren und bis ins hohe Alter anonym Texte für die rechtsextremistische »Soldaten-Zeitung« verfasst und veröffentlicht sowie deren Herausgeber und DVU-Gründer Gerhard Frey beraten hatte. Maunz war und blieb also überzeugter Nazi – und gehörte zweifellos zu den Weichenstellern der bundesdeutschen Demokratie. Schein-Metamorphosen dieser Art waren kein CSU-Privileg. Maunz' späterer SPD-Kollege als Kultusminister Nordrhein-Westfalens in den Jahren 1970 bis 1983 hatte sich von 1943 bis 1945 als

»Rottenführer« der berüchtigten SS-Division »Wiking« um »Führer und Deutsches Volk« »verdient gemacht«. Auch dieser Mann galt seinen Anhängern als Vorbild – »fortschrittlicher« Bildungspolitik. Es lässt sich nicht bestreiten: Im Sinne seiner bundesdeutsch-»progressiven« Klientel war Girgensohn vorbildlich und erfolgreich. Ebenso, im Sinne seiner CSU-Klientel und darüber hinaus, Theodor Maunz. Und soweit »man hört«, ist die bundesdeutsche Demokratie weder in Bayern noch in Nordrhein-Westfalen in der jeweiligen Ära Maunz oder Girgensohn zerbrochen. Ganz im Gegenteil. Wegen Maunz und Girgensohn? Trotz und wegen. Ein Wunder? Man findet viele rationale Gründe. Einer heißt: Blanker Opportunismus. Der »große deutsche Dichter« legte Mephisto diese Worte als Selbstcharakterisierung in den Mund: Er sei »der böse Geist, der stets das Böse will und doch das Gute schafft.« Natürlich kannte Goethe weder Herrn Maunz noch Herrn Girgensohn, aber »den« Menschen sowie das Teuflische in ihm – welches aber leider nicht stets nur das Gute schafft, sondern das entsetzlich Böse.

Theodor Maunz war wahrlich kein Einzelfall. Weder in der alten BRD noch in der DDR. »Irgendwie« musste »der Laden« laufen, und das Personal hierfür konnte man sich nicht backen. Das waren die Menschen, auf die man zurückgreifen konnte, nein, musste, »and're jab et nich«, scheinwitzelte Konrad Adenauer, eher resignativ. »Alternativlos«, hätte seine erste Nachfolgerin im Bundeskanzleramt gesagt. Wer das Gegenteil behauptet, orientiert sich an sympathischen Werten und leider nicht an der Wirklichkeit.

Jedes Bundes- und Landesministerium, jede deutsche Behörde, die »etwas auf sich hält«, bis hin – Vorsicht, Ironie – zum deutschen Kaninchenzüchterverein lässt die institutionelle Vergangenheit im Dritten Reich sowie die personelle Kontinuität nach 1945/49 »aufarbeiten«. Und siehe da, was für eine »Überraschung«: Lauter Nazis, Täter und meistens, bestenfalls, Mitläufer.

Es bleibt dabei: Dass die Bundesrepublik Deutschland trotz der massiven personellen Kontinuität von Hitler über Adenauer und Erhard zu Willy Brandt und Helmut Schmidt – danach waren Altnazis plus Mitläufer biologisch oder bürokratisch außer Dienst – ein demokratisches Musterland wurde, das gute Beziehungen zu Juden und Israel verbal sowie teilfaktisch – aber nicht in kritischen Situationen – als »Staatsräson« versteht, grenzt scheinbar an ein Wunder. Scheinbar, nicht anscheinend, denn, es sei wiederholt: Erst kam die Macht, dann die Moral. Wobei nach der Art der Moral zu fragen wäre: Echt oder nur verbal?

Eher verbal. Zumindest in der realen Situation vom Oktober 1973, als Worte wenig und Taten alles bedeuteten: Im Jom-Kippur-Krieg drohte Israel anfänglich die Auslöschung. Zum Überleben als Staat benötigte Israel dringend Waffennachschub. Die USA wollten eigene Waffen aus der BR Deutschland liefern. Das war unmöglich, denn: Die Willy-Brandt-Walter-Scheel-SPD/FDP-Koalition verweigerte den USA solche Waffenlieferungen.

Nicht selten Doppelmoral. Musterbeispiel nach der Verfassungsikone Theodor Maunz die Literaturikone: Nobelpreisträger Günter Grass. Sein Denkmal steht für viele immer noch auf dem Sockel der Literatur und (!) Moral. Grass'sche Doppelmoral trifft dabei auf den Doppelstandard seiner Bewunderer. Ihm verzeihen sie seine Zugehörigkeit zur Waffen-SS, die er bis 2006 öffentlich verschwiegen hatte. Anderen werfen sie genau dieses, manchmal kürzere und freilich doch viel zu lange, Verschweigen vor. Dabei hatte sich ihm »bereits« 1985 eine goldene Gelegenheit geboten. Kanzler Helmut Kohl und US-Präsident Ronald Reagan besuchten im April 1985 den Bitburger Friedhof, wo auch junge Gefallene der Waffen-SS begraben sind. Große Aufregung, national und international. Auch Günter Grass empörte sich. Hätte er nicht spätestens da sagen können, ja, müssen: »Halt, stopp, auch ich hätte da liegen können. Verführt von den NS-Verbrechern.« Er zog es vor, Kohl und Reagan mit seinem, wie man damals glaubte, ethischen Zorn zu übergießen. Doppelmoral – hier wurde sie Ereignis. Unverdrossen und immer ätzender setzte er auch nach der überspäten SS-Selbstenttarnung seine Israel-Polemik fort. Höhepunkt war das am 4. April in der Süddeutschen Zeitung abgedruckte Gedicht »Was gesagt werden muss«. Neben anderen Freundlichkeiten über und gegen Israel verkündete er, der Jüdische Staat wäre mit seiner Politik und seinen Atombomben eine Gefahr für den Weltfrieden.

In der alten »Ewigen Schuld« hatte ich die wechselseitigen, deutschjüdisch-israelischen Dämonisierungen erwähnt. Zugleich jedoch hervorgehoben, dass sie »langsam abgetragen« würden, »ohne dass sie vollständig beseitigt worden wären. Ich hatte also den weiteren Abbau erwartet. Diese Erwartung hat sich nur zur Hälfte bestätigt. Die jüdisch-israelische Seite hat ihre Vorbehalte, Dämonisierungen und Tabuisierungen Deutschland und den Deutschen gegenüber eigentlich vollständig abgebaut. Das Wort »Freundschaft« zu Deutschland und den Deutschen ist hier ehrlich gemeint, bei (zu) vielen Deutschen ist es Juden und Israel gegenüber (zu) oft nicht mehr als ein ritualisiertes Lippenbekenntnis. Wie Umfragen, Aussagen und Politik zeigen, gelten gegenüber Juden und Israel weit häufiger als »damals« (während der alten »Ewigen Schuld«) Dämonisierung, Tabuisierung, Isolierung und – siehe Boykott – Deinvestitionen und Sanktionen (BDS) Israels.

Jüdische und israelische »Funktionäre«, so meine frühere Wortwahl, sind Deutschland und den Deutschen gegenüber längst nicht mehr »ratlos«, sondern voller Tatendrang. Benutzen sie noch den Holocaust als politisches Instrument? Mitnichten. Antigermanismus? Mitnichten.

Umgekehrt in Deutschland: Extremisten von rechts, links und muslimischer Seite, doch auch die Damen in Abendroben und ihre Begleiter in Nadelstreifen sprechen und handeln Juden und Israel gegenüber nicht selten schamlos. Selbst linke und linksliberale Postkolonialisten werden von der »feinen Gesellschaft« beklatscht. Dass man Israel mit »den Nazis« vergleicht und

»Apartheid« vorwirft, gehört schon fast zum schlechten Guten Ton. Im UNO-Vokabular hört sich das nur etwas feiner an und gehört seit Jahren zum außenpolitischen Handwerkskasten des Auswärtigen Amtes. Die Antiisraelismus-Medaille hat eine zweite Seite: Antiamerikanismus oder zumindest Distanz zu den USA. Lange vor Donald Trump. Erste Risse gab es bereits zwischen Adenauer und John F. Kennedy, aber keinen bundesdeutschen Antiamerikanismus. Der begann, durchaus nachvollziehbar, als Reaktion auf den von Kennedy eingeleiteten und von Präsident Lyndon B. Johnson gesteigerten, von Richard Nixon/Henry Kissinger weiter geführten und schließlich unter Gerald Ford/Kissinger beendeten unsäglichen Krieg der USA in Vietnam. Und dennoch: Westdeutscher Antiamerikanismus war nur durch den Schutz Westdeutschlands durch die USA möglich. Bis zur Wiedervereinigung. Ohne Amerikas Schutzschirm und Unterstützung gäbe es auch kein wiedervereintes Deutschland. Doch bereits kurz nach dem Tag der Vereinigung vom 3. Oktober 1990 folgte deutsche Undankbarkeit. Der Kanzler der Einheit, Helmut Kohl, versagte ab Januar 1991 den USA unter George W. Bush senior, ohne den die deutsche Wiedervereinigung unmöglich gewesen wäre, tätige Hilfe im Krieg gegen den irakischen Diktator Saddam Hussein. Das war die Ouvertüre zum späteren Neo-Wilhelminismus seines SPD-Nachfolgers Gerhard Schröder. Dessen CDU-Nachfolgerin Angela Merkel ging erst zum unberechenbaren Donald Trump auf sichtbare Distanz, übersah jedoch diese bis heute gültige Fundamental-Tatsache: Deutschland und Europa, der Westen, ist sicherheitspolitisch von den USA abhängig. Wer sich von Amerika »emanzipieren« will, also A sagt, muss auch B sagen: massiv in die eigene Sicherheit investieren. Womit wir wieder bei der deutsch-israelischen Verflechtung wären: Weil, wenn und solange Deutschland bezüglich der Anti-Terror-Prävention und Reaktion sowie im Technologiebereich von Israel zumindest teilabhängig ist, kann es Israel mit Sanktionen zwar drohen, doch damit am Ende auch sich selbst erheblich schaden.

Die skizzierte DEjudaisierung der Diasporajuden setzte sich bis zur Jahrtausendwende fort. Die antijüdischen, besonders die islamistischen Terrorverbrechen führten jedoch zu einer REjudaisierung. Nicht so sehr im Religiösen, als vielmehr im Gemeinschaftlichen. »Die« Juden fühlen sich auch wieder – von außen in diese Re-Identifizierung gebombt – mehr als zuvor als Schicksalsgemeinschaft, deren individueller und kollektiver Fortbestand, wie seit dreitausend Jahren, »Existenz auf Widerruf« (Georges Arthur Goldschmidt) ist. Dazu ausführlich meine »Jüdische Weltgeschichte«.

»Worthülsen« – war das letzte Wort der Erstausgabe von »Ewige Schuld«. Es bezog sich auf die deutsche Seite des deutsch-jüdisch-israelischen Dreiecks. Hat sich daran etwas geändert? Nichts. Das Worthülsen-Vokabular wurde sogar angereichert. Besonders bezüglich der Sicherheit Israels. Hinge Israels Sicherheit militärisch von der maroden Bundeswehr sowie politisch von jedweder deutschen Regierung oder gar der deutschen Gesellschaft ab, würde bald der letzte überlebende Israeli schnell das Land verlassen müssen. Freundlicherweise würde ein Deutscher das Licht ausschalten. Einen »Vorgeschmack« erlebte die Welt Anfang 2022: Deutschland »stand natürlich auf der Seite« der von Putins Russland existenziell bedrohten Ukraine. Die benötigte zum Überleben Waffen. Nein, sagte die Bundesregierung. Stattdessen war sie bereit, 5000 Schutzhelme zu liefern und »weiter mehr als jeder andere Staat zu helfen.« Wie mit einem großzügigen Kredit von 300 Millionen Euro. Als Grabbeigabe? Deutschland, Deine Worthülsen – und Doppelmoral. Und trotzdem: Die Bundesrepublik ist das beste Deutschland, das es je gab. Es bemüht sich aufrichtig um die eigene Judenheit und das Diasporajudentum. Dessen Zukunft ist langfristig eher ungewiss. Israels Zukunft war, ist und bleibt gefährdet, doch der Lebenswille und die schöpferische Kraft seiner jungen, wenngleich mehrfach gespaltenen und vielleicht gerade deshalb so kreativen Gesellschaft sind die bestmögliche Überlebensgarantie.

NACHWORTE

Nachwort 1993

Ist EWIGE SCHULD? ein zu optimistisches Buch, das durch die ausländerfeindlichen und antisemitischen Verbrechen seit Hoyerswerda (1991), Rostock und Mölln (1992) widerlegt wurde? Meine Antwort: Nein. Weshalb?

Die Untaten der Jahre 1991/92 sind leider nicht allein auf den nationaldeutschen Rahmen zu beschränken. Ihre europäische und sogar globale Verschränkung muß gesehen werden. Die Weltgesellschaft durchlebt einen fundamentalen, revolutionären Wandel. Die einst national mehr oder weniger einheitlichen Gesellschaften Europas werden immer mehr multinational. Der gesellschaftliche Wandel verläuft schneller als das veränderte Denken. Anpassungsschwierigkeiten überall; auch in Deutschland, doch nicht nur in Deutschland. Westeuropa durchläuft nur (nur?) diese gesellschaftliche Revolution. Deutschland erlebt außer dieser gesellschaftlichen auch eine politische Revolution: die Wiedervereinigung. Hinzu kommt die wirtschaftliche Revolution in den Neuen Bundesländern, der dramatische Übergang von der kommunistischen Planwirtschaft zur sozialen Marktwirtschaft. Westeuropa erlebt eine Revolution, der deutsche Westen zwei, der deutsche Osten drei. Nur Illusionisten konnten erwarten, daß dies problemlos verlaufen würde.

Während andere westeuropäische Staaten den europäischen Völkerwanderern gegenüber Grenzen und Herzen verschlossen, ließ Deutschland seine Tore weitgehend offen. Allein 1992 kamen nach Deutschland 500 000 Ausländer, in Großbritannien und Frankreich waren es nicht einmal 50 000. Manchmal sind-

Quantitäten auch Qualitäten eines Problems. Die Schlechtigkeit und Dummheit der anderen kann keine Entschuldigung für uns sein, denn mit deutschen Verbrechern und Dummköpfen müssen die Deutschen fertig werden. Aber man muß auch über den nationalen Tellerrand hinausschauen.

Auch nach 1988 steht die überwältigende Mehrheit der Deutschen in West und Ost fest auf dem Boden der freiheitlich-demokratischen Grundordnung, lehnt Antisemitismus und Fremdenfeindlichkeit ab. Die Umfragen, Demonstrationen und Lichterketten beweisen es. Aber ein neues Problem gibt es durchaus: Die Minderheit ist seit 1989 in der Lage, das Image der Deutschen zu prägen, mehr noch: Dieser Minderheit gelingt es, die Themen der deutschen Politik zu bestimmen – weil die demokratischen Politiker nicht oder nur zu spät reagieren. Überspitzt formuliert: Ohne Republikaner keine Petersberger Wende der SPD im Jahre 1992. Ohne die kein Asylkompromiß, keine realistischere Sicherheitspolitik und so weiter. Ein Armutszeugnis der (das Wortspiel sei erlaubt) deutschen demokratischen Politiker. Nur der deutschen? Mitnichten. Hätte jemand jemals ohne die schrecklichen Terroraktionen der PLO das Los der Palästinenser beachtet? Eine rhetorische Frage. Ist unsere Welt so rauh und roh, daß sie nur noch auf Gewalt reagiert – wo vernünftiges, tolerantes, vorausschauendes Denken und Handeln gefragt wären? Eine globale Frage, keine deutsch nationale; erst recht keine allein deutsch-jüdisch-israelische.

München, im März 1993

Nachwort 2023

Die 1993 angedeutete demografische Revolution Deutschlands hält an. Begonnen hatte sie mit Flucht und Vertreibung am Ende des Zweiten Weltkrieges. Es folgte die kumulierte Massenflucht aus der DDR bis 1961. Als diese endete, fehlten massenhaft Arbeitskräfte. Sie wurden nun nicht mehr aus der DDR tageweise und aus Italien, Griechenland oder Jugoslawien, sondern vornehmlich aus der Türkei als »Gastarbeiter« regelrecht »importiert«. Geflissentlich wurde darüber hinweggeschaut, dass man Menschen aus einem ganz und gar anderen Kultur- und Religionskreis, eben aus der islamischen Welt, und keine Waren importierte. Ohne es zu wollen und zu bemerken, wurde Deutschland ein multikulturelles und multireligiöses Einwanderungsland. Jedenfalls verschlossen zu viele vor dieser Elementartatsache die Augen. 1990 Wiedervereinigung, gefolgt von der deutschen Ost-West-Binnenwanderung. Seit Anfang 1991 der nächste Multikulturalitäts- und -religiositätsschub aus dem Balkan. Auslöser waren die Ex-Jugoslawien-Kriege von 1991 bis 1999. 2015 die nächste Masseneinwanderung als Folge des bald eiskalt winterlich gewordenen Arabischen Frühlings. Das Öffnen deutscher Tore bezeichnete Kanzlerin Merkel als »humanitären Imperativ«. Gewiss. Doch die Folgen waren nur teilweise so ethisch. Ebenso bedauerlich wie unbestreitbar bekamen der muslimische Verbalextremismus sowie nicht zuletzt der islamistische Terror in Deutschland und Westeuropa durch die unkontrollierte muslimische Massenankunft und, teils, -einwanderung Auftrieb. Die nicht gerade günstigen Folgen für das deutsch-jüdisch-israelische Verhältnis wurden und bleiben Alltag. Antijüdische und antiisraelische Einstellungen sind auch, so EU-Umfragen, in Deutschland meist noch ausgeprägter als in anderen europäischen Staaten.

Eine »Neue Welt«. Auch deutsch-jüdisch-israelisch. Die jüdisch-israelische betrachtet Deutschland und »die« Deutschen als echte Freunde. »Die« meisten Deutschen sind dieser Freundschaft mehr oder weniger überdrüssig; auch die meisten Politiker, doch offiziell behaupten sie das Gegenteil. Irgendwann wird diese Wirklichkeit nicht mehr durch Worte zu überdecken sein. Wer will, wer kann angesichts dieser Entwicklungen zuversichtlich in die deutsch-jüdisch-israelische Zukunft blicken?

München, im Januar 2023

Literaturhinweise

Auswärtiges Amt (1987): Die Bundesrepublik Deutschland und der Nahe Osten. Dokumentation, Bonn: Reihe Berichte und Dokumentationen.

Bendelac, Jacques (1982): Les fonds exterieurs d'Israel, Paris: Economica

Bethell, Nicholas (1979): Das Palästina Dreieck. Juden und Araber im Kampf um das britische Mandat 1935 bis 1948, Frankfurt am Main usw.: Propyläen

Black, Edwin (1984): The Transfer Agreement. The Untold Story of the Secret Pact Between the Third Reich and Jewish Palestine, New York und London: MacMillan

Blänsdorf, Agnes (1987): Zur Konfrontation mit der NS-Vergangenheit in der Bundesrepublik, der DDR und Österreich. Entnazifizierung und Wiedergutmachungsleistungen, in: Aus Parlament und Zeitgeschichte (= Beilage zu *Das Parlament*), B 16–17/87, 18.4.1987, S. 3–18

Borchard, Michael, Eine unmögliche Freundschaft, David Ben-Gurion und Konrad Adenauer, Freiburg usw. 2019

Brochhagen, Ulrich (1988): Der Standort des deutschen Katholizismus und seiner Publizistik in der Frühphase deutsch-israelischer Beziehungen, in: Verwirklichte Hoffnung – Vierzig Jahre Staat Israel, herausgegeben vom Deutschen Koordinierungsrat der Gesellschaft für Christlich-Jüdische Zusammenarbeit, Frankfurt am Main (dort zu erhalten)

Broder, Henryk M. (1986): Der Ewige Antisemit. Über Sinn und Funktion eines beständigen Gefühls, Frankfurt am Main: Fischer Taschenbuch

Broder, Henryk M./M. R. Lang, Hg. (1979): Fremd im eigenen Land. Juden in der Bundesrepublik, Frankfurt am Main: Fischer Taschenbuch

Brumlik, Micha/D. Kiesel/C. Kugelmann/J. H. Schoeps, Hg. (1986): Jüdisches Leben in Deutschland seit 1945, Frankfurt am Main: Jüdischer Verlag bei Athenäum

Cohen, Michael J. (1982): Palestine and the Great Powers 1945–1948, Princeton University Press

Deutschkron, Inge (1983): Israel und die Deutschen, Köln: Verlag Wissenschaft und Politik, zweite Auflage

Diner, Dan, Ein anderer Krieg, Das jüdische Palästina und der Zweite Weltkrieg 1935 – 1942, München 2021

Diner, Dan, Rituelle Distanz, Israels deutsche Frage, München 2015

Dittmar, Peter (1977): DDR und Israel. Ambivalenz einer Nicht-Beziehung, in: Deutschland-Archiv, Teil 1: S. 736 ff., Teil 2: S. 848 ff.

Elon, Arnos (1972): Die Israelis. Gründer und Söhne, Wien: Maiden Taschenbuch

Feilchenfeld, Werner/Dolf Michaelis/Ludwig Pinner (1972): Haavara-Transfer nach Palästina und Einwanderung deutscher Juden 1933–1939, Tübingen: Mohr

Feldman, Lily G. (1984): The Special Relationship between West Germany and Israel, Boston usw.: George Allen & Unwin

Fleischmann, Lea (1980): Dies ist nicht mein Land. Eine Jüdin verläßt die Bundesrepublik, Hamburg: Hoffmann und Campe

Greschat, Martin, Hg. (1982): Die Schuld der Kirche. Dokumente und Reflexionen zur Schulderklärung vom 18./19. Oktober 1945, München: Kaiser

Hagemann, Steffen und Roby Nathanson, Deutschland und Israel heute, Verbindende Vergangenheit, trennende Gegenwart?, Gütersloh, Bertelsmann-Stiftung 2015

Hansen, Niels, Aus dem Schatten der Katastrophe, Die deutsch-israelischen Beziehungen in der Ära Konrad Adenauer und David Ben Gurion, Düsseldorf 2002

Herbst, Ludolf, Hg. (1988): Westdeutschland und die Wiedergutmachung, Schriftenreihe des Instituts für Zeitgeschichte, München: Oldenbourg 1988

Historikerstreit (1987). Die Dokumentation der Kontroverse um die Einzigartigkeit der nationalsozialistischen Judenvernichtung, München: Serie Piper

Jena, Kai von (1986): Versöhnung mit Israel? Die deutsch-israelischen Verhandlungen bis zum Wiedergutmachungsabkommen von 1952, in: Vierteljahreshefte für Zeitgeschichte, Jhg. 34, Heft 4 S. 457–471

Karrer, Bernd (1987): Israel als Störfaktor deutsch-arabischer Wirtschaftsbeziehungen? Unveröffentlichte Diplomarbeit, Universität der Bundeswehr München, Fakultät Wirtschafts- und Organisationswissenschaften

Knight Robert (1988): Opfer und Eigentum. Eine Dokumentation über Regierung, Politiker und Juden im Nachkriegsösterreich (= Arbeitstitel), wahrscheinlich Frankfurt am Main: Athenäum

Köcher, Renate (1986): Deutsche und Juden vier Jahrzehnte danach, Allensbach: Institut für Demoskopie

Kuschner, Doris (1977): Die jüdische Minderheit in der Bundesrepublik Deutschland, unveröffentlichte Dissertation, Philosophische Fakultät der Universität Köln

Leemhuis, Remko: »Ich muß deshalb dringend von jeder zusätzlichen Aktion für Israel abraten.« Das Auswärtige Amt und Israel zwischen 1967 und 1979. Münster: LIT Verlag 2020

Lichtenstein, Heiner, Hg. (1986): Die Fassbinder-Kontroverse oder Das Ende der Schonzeit, Frankfurt am Main: Athenäum

Meier, Christian (1987): 40 Jahre nach Auschwitz. Deutsche Geschichtserinnerung heute, München: Deutscher Kunstverlag 1987

Meining, Stefan, Eine Moschee in Deutschland, Geheimdienste und der Aufstieg des politischen Islam im Westen, München 2011

Meining, Stefan, Kommunistische Judenpolitik. Die DDR, die Juden und Israel, Münster u.a. 2002

Meroz, Yohanan (1986): In schwieriger Mission. Als Israels Botschafter in Bonn, Berlin-Frankfurt: Ullstein

Münch, Peter L. (1987): Die deutschen Juden und Israel unter besonderer Berücksichtigung ihrer Rolle bei den Wiedergutmachungsverhandlungen, unveröffentlichte Magisterarbeit, Geschwister-Scholl-Institut der Ludwig-Maximilians-Universität München

Neustadt, Amnon (1987): Israels zweite Generation. Auschwitz als Vermächtnis, Bonn: Verlag J.H.W. Dietz Nachf.

Nicosia, Francis R.(1985): The Third Reich and the Palestine Question, University of Texas Press

Nolte, Ernst (1987): Das Vergehen der Vergangenheit. Antwort an meine Kritiker im sogenannten Historikerstreit, Berlin-Frankfurt am Main: Ullstein

Pamperrien, Sabine, Helmut Schmidt und der Scheißkrieg, Die Biografie 1918 bis 1945, München 2014

Rabe, Karl-Klaus (1983): Umkehr in die Zukunft. Die Arbeit der Aktion Sühnezeichen/Friedensdienste, Bornheim-Merlen: Lamuv Verlag

Rendtorff, Rolf, Hg. (1986): Arbeitsbuch Christen und Juden. Zur Studie des Rates der Evangelischen Kirche in Deutschland, Gütersloher Verlag, 3. Auflage

Rendtorff, Rolf/Hans H. Henrix, Hg. (1987): Die Kirchen und das Judentum, Dokumente 1945–1985, Paderborn: Bonifatius-Kaiser

Rensmann, Lars, Die Mobilisierung des Ressentiments, Zur Analyse des Antisemitismus in der AfD, American Jewish Committe, Berlin 2020

Rother, Joachim, Europa und Israel, Umfrage der Bertelsmann-Stiftung, Gütersloh 2020

Sassmannshausen, Felix, Straßen- und Platznamen mit antisemitischen Bezügen in Berlin, erstellt im Auftrag des Ansprechpartners des Landes Berlin zu Antisemitismus 2021

Schauspiel Frankfurt (1987): Der Fall Fassbinder. Dokumentation des Streits um Der Müll, Die Stadt und Der Tod in Frankfurt

Schauspiel Frankfurt (1985): Fassbinder Ohne Ende. Eine Dokumentation anläßlich der Uraufführung von Rainer Werner Fassbinders Theaterstück ...

Schölch, Alexander (1982): Das dritte Reich, die zionistische Bewegung und der Palästina-Konflikt, in: Vierteljahreshefte für Zeitgeschichte, Heft 4, S. 646–674

Schreiber, Friedrich/Michael Wolffsohn (1987): Nahost. Geschichte und Struktur des Konflikts, Opladen: Leske & Budrich

Schultz, Hans Jürgen, Hg. (1979): Mein Judentum, Stuttgart-Berlin: Kreuz Verlag, dritte Auflage

Segev, Tom, Ben Gurion, Ein Staat um jeden Preis, Berlin 2018

Silbermann, Alphons (1982): Sind wir Antisemiten? Ausmaß und Wirkung eines sozialen Vorurteils in der Bundesrepublik Deutschland, Köln: Verlag Wissenschaft und Politik

Skriver, Ansgar (1962): Aktion Sühnezeichen. Brücken über Blut und Asche, Stuttgart: Kreuz-Verlag

Stetter, Stephan und Michael Wolffsohn, Israel – Politik, Gesellschaft, Wirtschaft, 9. Auflage, Wiesbaden 2022

Studienkreis für Tourismus (1986): Urlaubsreisen 1954–1985. 30 Jahre Erfassung des touristischen Verhaltens der Deutschen durch soziologische Stichprobenerhebungen, Starnberg

Sykes, Christopher (1967): Kreuzwege nach Israel. Die Vorgeschichte des jüdischen Staates, München: Beck

Sznaider, Natan, Fluchtpunkte der Erinnerung, Über die Gegenwart von Holocaust und Kolonialismus, München 2022

Wojak, Andreas, Hg. (1985): Schatten der Vergangenheit. Deutsche und Juden heute, Gütersloher Taschenbücher

Wolffsohn, Michael, Eine andere Jüdische Weltgeschichte, Freiburg usw. 2022

Wolffsohn, Michael, Tacheles, Im Kampf um die Fakten in Geschichte und Politik, Freiburg usw. 2020

Wolffsohn, Michael, Friedenskanzler? Willy Bandt zwischen Krieg und Terror, München 2018

Wolffsohn, Michael, Deutschjüdische Glückskinder, Eine Weltgeschichte meiner Familie, München 2017

Wolffsohn, Michael/Tobias Grill, Israel – Politik, Gesellschaft, Wirtschaft, 8. Auflage Opladen – Berlin – Toronto 2016

Wolffsohn, Michael/Thomas Brechenmacher, Denkmalsturz? Brandts Kniefall, München 2005

Wolffsohn Michael/Thomas Brechenmacher, Hrsg., Geschichte als Falle, Deutschland und die jüdische Welt, Neuried bei München 2001

Wolffsohn, Michael/Thomas Brechenmacher, Die Deutschen und ihre Vornamen, 200 Jahre Politik und öffentliche Meinung, München – Zürich 1999

Wolffsohn, Michael, Die Deutschland-Akte, Juden und Deutsche in Ost und West, Tatsachen und Legenden, München 1995

Wolffsohn, Michael, Festrede auf Bundeskanzler Helmut Kohl (1992), in: Verwirrtes Deutschland? Provokative Zwischenrufe eines deutschjüdischen Patrioten, München 1995, S. 135–151

Wolffsohn, Michael (1988): Adenauer und die Opposition in der Regierung, in: Herbst (1988)

Wolffsohn, Michael (1988): Die internationalen Zusammenhänge der Wiedergutmachung an Israel, in: Vierteljahreshefte für Zeitgeschichte, Heft 4

Wolffsohn, Michael (1987): Israel. Politik, Gesellschaft, Wirtschaft, 2. Auflage, Opladen: Leske & Budrich

Wolffsohn, Michael (1987): Die Wiedergutmachung und der Westen – Tatsachen und Legenden, in: Aus Politik und Zeitgeschichte (= Beilage der Wochenzeitung *Das Parlament*), B 16–17/87, 18.4.1987, S. 19–29

Wolffsohn, Michael (1987): Deutscher Patriotismus nach Auschwitz? in: Beiträge zur Konfliktforschung, Heft 4, S. 21–36

Wolffsohn, Michael (1986): Deutsch-Israelische Beziehungen: Umfragen und Interpretationen 1952–1986, München: Landeszentrale für pol. Bildungsarbeit

Wolffsohn, Michael (1986): West Germany's Foreign Policy in the Era of Brandt and Schmidt, 1969–1982. An Introduction, Frankfurt am Main usw.: Peter Lang

Wolffsohn, Michael (1985): German-Saudi Arabian Arms Deals 1936–1939 and 1981–1985. With an Essay on West Germany's Jews, Frankfurt am Main usw.: Peter Lang

Wolffsohn, Michael (1984): Deutsch-Israelische Beziehungen im Spiegel der öffentlichen Meinung, in: Aus Politik und Zeitgeschichte (= Beilage der Wochenzeitung *Das Parlament*), B 46–47/17, 17.11.1984, S. 19–30

Wolffsohn, Michael (1983): Politik in Israel. Entwicklung und Struktur des politischen Systems, Opladen: Leske & Budrich

World Jewish Congress, The 2022 WJC Report on Antisemitism in Germany, New York (via: wjc.org, 1.2.2022)

Zemach, Mina (1987): Through Israeli Eyes. Attitudes Toward Judaism, American Jewry, Zionism and the Arab-Israeli Conflict, New York: Institute on American Jewish-Israeli Relations, The American Jewish Committee

Zick, Andreas und Beate Küpper, Hrsg., Die geforderte Mitte, Rechtsextreme und demokratiegefährdende Einstellungen in Deutschland 2020/21, Bonn 2021, Online-Zusammenfassung https://www.fes.de/referat-demokratie-gesellschaft-und-innovation/gegen-rechtsextremismus/mitte-studie-2021, (Abruf 2.2.2022, 16:45)

Zick, Andreas, Beate Küpper, Wilhelm Berghan, Verlorene Mitte, Feindselige Zustände, Rechtsextreme Einstellungen in Deutschland 2018/19, Bonn 2019

Quellenhinweise

In anderen Veröffentlichungen des Verfassers wurden, in späteren werden genaue Quellenbelege vorgelegt. Hier sei Skeptikern die Liste der Archive genannt, in denen mit der finanziellen Hilfe der *Stiftung Volkswagenwerk* Material zum Thema der deutsch-jüdisch-israelischen Beziehungen ausgewertet wurde:

In der *Bundesrepublik Deutschland:* Bundesarchiv Koblenz, Politisches Archiv des Auswärtigen Amtes, Archiv für Christliche-Demokratische Politik, Archiv der Friedrich-Ebert-Stiftung, Archiv für Christlich-Soziale Politik, Archiv der Friedrich-Naumann-Stiftung, Stiftung Bundeskanzler-Adenauer-Haus, Ludwig-Erhard-Stiftung, Archiv der Evangelischen Kirche in Deutschland, Bayerisches Hauptstaatsarchiv, Staatskanzlei München, Landesarchiv Berlin (West), Senatskanzlei Berlin (West), Stadtarchiv München, Deutscher Gewerkschaftsbund, Deutscher Sportbund, Deutscher Städtetag, Deutsch-Israelische Gesellschaft, die Deutsch-Arabische Gesellschaft lehnte ab, Nah- und Mittelostverein, Archiv Bund Freiheit der Wissenschaft (Bonn), Archiv Notgemeinschaft für eine freie Universität (Berlin), Max-Planck-Gesellschaft, Goethe-Institut.

In *Israel:* Staatsarchiv, Archiv der Zionistischen Weltorganisation, Archiv der Histadrut-Gewerkschaft, Ben-Gurion-Nachlaß (Sde Boqer), Archiv der Mapai/Arbeitspartei, Archiv der Herut-, Mapam- und Achdut Haawoda-Partei, Weizmann-Institut.

In den *USA:* National Archives (Washington und Suitland), Presidential Libraries: Truman, Eisenhower, Kennedy, Johnson, Nixon, Ford, Carter. – Institute for Jewish Research (New York).

In *Großbritannien:* Public Record Office, Institute for Jewish Affairs.

In *Frankreich:* Archive du Ministère des Affaires Etrangères (Quai d'Orsay), Archive Nationale, Archive du Parlement, Archive de l'Armée de Terre

Für die Jahre 1949 bis 1987 wurden die wichtigsten west- und ostdeutschen, israelischen, amerikanischen, britischen, französischen und österreichischen *Zeitungen* ebenso ausgewertet wie die Protokolle des Deutschen *Bundestages* und des israelischen Parlamentes, der *Knesset.*

Bildnachweis

picture alliance: ASSOCIATED PRESS; dpa (dpa, Peter Kneffel, Sebastian Scheiner, UPI); NurPhoto (Majdi Fathi, Jakub Porzyck)